「十四五」安徽省重点出版物规划项目

萬绳楠全集

莊華峰 敬題

文天祥传

万绳楠 ◎ 著

安徽师范大学出版社

ANHUI NORMAL UNIVERSITY PRESS

· 芜湖 ·

图书在版编目（CIP）数据

文天祥传 / 万绳楠著 . —芜湖 : 安徽师范大学出版社, 2023.10（2024.7重印）
（万绳楠全集）
ISBN 978-7-5676-6349-7

Ⅰ.①文… Ⅱ.①万… Ⅲ.①文天祥（1236-1282）—传记 Ⅳ.①K827=442

中国国家版本馆CIP数据核字（2023）第178378号

安徽省高峰学科安徽师范大学中国史建设项目

文天祥传

万绳楠◎著

WEN TIANXIANG ZHUAN

封面题字：庄华峰	策划编辑：孙新文
责任编辑：翟自成	责任校对：孙新文
装帧设计：王晴晴　冯君君	责任印制：桑国磊

出版发行：安徽师范大学出版社

芜湖市北京中路2号安徽师范大学赭山校区　　邮政编码：241000

网　　址：http://www.ahnupress.com/

发 行 部：0553-3883578　　5910327　　5910310（传真）

印　　刷：江苏凤凰数码印务有限公司

版　　次：2023年10月第1版

印　　次：2024年7月第2次印刷

规　　格：700 mm×1000 mm　　1/16

印　　张：24　　　插页：4

字　　数：378千字

书　　号：ISBN 978-7-5676-6349-7

定　　价：196.00元

万绳楠先生

（1923—1996）

序言

曹操诗，古往今来，没有人为之编年。说实在的话，难度较大。然而，如果不知道曹操写的二十首诗的写作年代，就会对曹操的思想看不清楚。人们常说曹操"性不信天命之事"，在济南禁断淫祀，是一个唯物主义的思想家，可是却为他的游仙诗与诗中所表现追求仙道与神药的思想所困惑。人们常说曹操的游仙诗，是我国古典诗歌中游仙诗之祖，可是却为他不信天命的思想与禁断淫祀的行为所困惑。人们常说曹操的诗歌是现实主义的，但是注释起来，又变求理想主义的了。因此巫待为曹操诗作出笺证，进行编年。

20×15=300　　　　　　　　　　安徽师范大学教育处编印

万绳楠先生手迹之一

大家都承认建安文学所表现出来的"建安风力"或风骨，标志着我国"文艺复兴"时代的到临。而曹操是建安风力的开创者，或如鲁迅先生所说，是"改造文章的祖师"。但是如果分开来，认为曹操诗是：理想的诗写理想，现实的诗写现实，游仙的诗写游仙，那就大大地降低了曹操诗的价值，这样的诗，无论如何也不能开创建安一代文学的风力；这样的诗人，无论如何也不能成为改造文章的祖师。

曹操诗的价值之高，就在于能把理想主义、浪漫主义与现实主义作高度的结合。有些诗，看起来是理想主义的，其实那种理想完全建立在现实的基础之上。如《对酒》写的，看来是纯理想主义的东西，其实却是当时的政局在陈蕃、窦武上台后，实现清明的反映。他心目中

万绳楠先生手迹之二

的"太平时",是当时千家万姓心目中的太平时。非他一人闭门造车,突发奇想。有些诗看来神仙思想很浓,其实是浪漫主义的,而这种浪漫主义往往又与现实主义结合在一起。他一直都没有被仙道思想所俘虏,且叹惜过"痛哉世人",见欺神仙。他的游仙诗都不是坐在家里想出,而是到过、看过被称为有仙迹之地,生出连想,才格笔赋诗,诗中必有他当时的感情与志趣。如《游君山》、《华阴山》以及"歌以言志"的《愿登泰华山》、《晨上散关山》,都是这样的作品。还有一些诗,在历史上便是一个谜,没有人解释清楚,如《短歌行·对酒当歌》。

陈寅恪先生常说文与史应当结合起来考察,才能把文章的内容、历史的事实弄清楚。本稿即是采用以史证文和以文证史的方法,阐述曹

万绳楠先生手迹之三

《万绳楠全集》整理工作委员会

治学贵在求真创新

——写在《万绳楠全集》出版之际

卜宪群

2023年是我的老师万绳楠先生诞辰一百周年，母校安徽师范大学历史学院组织整理的《万绳楠全集》（简称《全集》）也即将由安徽师范大学出版社出版。《全集》十卷，近300万字，比较系统地收录了万绳楠先生一生的学术论著。2023年初，负责这项工作的刘道胜院长给我打电话，约我给《全集》写个序。论在先生门下的资历、年龄和学问，我都深感不足以承担这个重任。后与同届师姐陈力通电话，她也认为我应该来写写万先生，因为师兄师姐们大都已经退休，寻找资料不方便，有的则联系不上，而我尚在科研岗位上，对各方面的情况熟悉一些。鉴于此，我也不再推脱了。当然也有另外一层因素，我从安徽师范大学硕士毕业后，学术研究的范围大体不出秦汉魏晋南北朝，随着年龄和阅历的增长，我对先生学问的敬仰之情益发浓厚，对先生在人生理想信念上的追求、在学术上的追求也理解得更通透一些。因此，我便不揣浅陋，以"治学贵在求真创新"为题，谈一点对先生史学研究思想与成就的粗浅看法。

一、治学信奉马克思主义

万绳楠先生是当代著名的魏晋南北朝史学家，在20世纪后半期的魏晋南北朝史学界和中国古代史学界有较大影响。但由于种种原因，关于他的生平事迹、学术经历，大家知道的很有限，对他的学术思想研究得也很不够。我认为，他是一位信奉马克思主义的史学家，这里谈几点看法。

万绳楠先生是一位坚定不移跟党走的史学家。先生1923年11月22日出生于江西南昌县。1929年9月至1935年7月在南昌市滕王阁小学学习，1935年9月至1939年在南昌第二中学学习，1940年至1942年7月在吉安市第十三中学学习，1942年9月至1946年7月在昆明西南联合大学历史系学习，1946年9月至1949年3月在北平清华大学历史研究所学习。在那个风雨如晦的时代，先生不仅饱受社会动荡、外族入侵的苦难，也历经了从小丧失双亲的痛苦。艰苦岁月培育了先生坚强的品格，也培养了他勤奋刻苦、依靠自己努力改变命运的顽强毅力，这是他能够考取西南联大历史系（同时还考取了交通大学电机系和浙江大学土木工程系），后又考取清华大学历史研究所的原因所在。随着解放战争的节节胜利，先生投笔从戎，加入解放军，先是在位于河北正定的华北大学学习（1949年3月至1949年6月），后在解放军南下工作团二分团十四中队（1949年6月至1949年8月）、第十五兵团政治部民运工作队（1949年8月至1950年）、第四十一军政治部宣传部（1950年至1953年）、中南军区文化速成学校与文化师范学校（1953年至1956年）、解放军军委文化师范学校（1956年至1958年）、北京市第五中学（1958年至1960年）工作。1960年，先生从北京来到安徽，先后在安徽大学历史系（1960年至1964年）、合肥师范学院历史系（1964年至1973年）、安徽师范大学历史系（1973年至1996年）工作。①从20世纪40年代末到60年代，先生转换这么多的工作岗位，在当时的环境下，岗位转换显然不完全是出自他自己的挑选，而是服从组织需要的结果。作为一名知识分子，万先生的一生是比较坎坷的，特别是"文革"期间，几乎九死一生。由于他在西南联大时是吴晗教过的学生，后又参加过吴晗主编的《中国历史小丛书》的写作，"文革"初期被作为"三家村"在安徽的代表进行批判，下放基层接受教育改造，直到"文革"结束后，先生才彻底平反回到教学科研岗位。虽然经历了常人难以忍受的痛苦，但丝毫没

---

① 以上先生的学习工作经历均根据安徽师范大学档案馆提供的1988年由其本人填写的"干部履历表"编写。

有动摇先生对党的信念、对教育工作的热爱。在1988年保存的"干部履历表"中，有一份先生亲笔书写的"本人总结"，其中写道："自党的十一届三中全会以来，国家生机蓬勃，四化速度加快，人的精神振奋。我决心把'文革'中失去的时间补上来，为四化多做一些工作，因此不辞教学任务重，科研项目多。当党要我同时担任低年级基础课、高年级选修课并招收指导研究生的时候，我愉快地接受下来。在教学和科研上，我永远是年轻的。任务多且重，是党对我的信任，是我有生之年价值之所在。"文中满满的正能量，哪能看得出这是出自一位曾经饱受文革之苦的人之手呢！对党的热爱是万先生的真诚信念，加入党组织是他一生的追求。1984年12月，万先生被接受为中国共产党党员，实现了他多年来的梦想。在"本人总结"中他写道："1984.12，我实现了自己多年来的梦想，被接受为光荣的中国共产党党员。当此改革之年、充满希望之年，我愿本着共产党员奋斗不息的精神，为教育改革更好地培养青年一代，为发展马克思主义的史学，分秒必争。"那时我在系里读研究生，也幸运地参加了先生入党的支部大会，我清楚记得会上先生是含着热泪说出这段话的。政治上的执着追求是万先生工作上异常勤奋的重要原因，体现了一位知识分子对党的真诚热爱。1996年10月3日，安徽师范大学在先生逝世的"讣告"中写道："万绳楠同志早年投身革命，拥护中国共产党的领导，热爱社会主义祖国，为革命和党的教育事业献出了毕生精力。"这个评价完全符合先生一生的实际。

万先生是一位善于运用唯物史观观察分析历史的史学家。新中国成立前，先生分别求学于西南联大历史系和清华大学历史研究所，那时的大学，马克思主义理论是进不了课堂的。我猜想，他系统学习并接受马克思主义理论应当是他进入革命队伍以后的事。从那时开始，先生的研究就彰显出以马克思主义唯物史观为指导的鲜明色彩。

一是坚持人民是推动历史前进的群众史观。人民群众是历史的创造者，是推动历史前进的动力，这是唯物史观的一条基本原理。评价历代统治阶级的统治政策是否具有进步意义，主要是看这些政策是否能够顺应时代和人民的要求，先生的研究贯穿着这一指导思想。根据"干部履历表"中的《万绳楠著述编年》（据字迹判断应当是先生自己所写），新中国成立后先生发表的第一篇论文是1956年的《关于曹操在历史上的地位问题》。这篇文章否定了历来将曹操作为"一个反面典型"的历史观，从曹操对中国古代经济文化发展所起的积极作用上，得出了"他对社会发展所起的促进作用比他所起的破坏作用是要大的，他在历史上的地位是应该肯定的"[①]观点。这篇短短五千多字的文章，有8处提到"人民"二字（不计算注释），强调曹操的政策符合人民的愿望、解放了人民的思想。这是非常有说服力的看法。关于曹操，先生还写了一系列文章，秉持的都是曹操顺应了历史发展潮流的观点。在《论诸葛亮的"治实"精神》一文中，先生充分肯定了诸葛亮治蜀的政策"符合黄巾起义以来客观存在的要求"[②]，这个"客观存在的要求"当然就是人民的希望与时代的要求，诸葛亮死后"黎庶追思"，就是人民对他的怀念。在《魏晋南北朝史论稿》中，先生认为淝水之战前东晋"镇之以静"的政策"为宽众息役，发展生产，稳定江东社会经济形势，开拓了一条道路"[③]，这个看法一反过去认为东晋政府只是门阀士族利益代表的观点。需要看到的是，虽然先生充分肯定曹操、诸葛亮、王导等人的历史作用，但他认为他们只是统治阶级的代表，真正发展生产、推动历史前进的还是广大劳动人民群众。这种从历史进步的群众史观出发分析历史的立场，在先生的论著中随处可以看到。

二是坚持阶级分析方法。阶级分析是观察历史非常重要的一种方法，唯物史观与阶级分析相结合，是把握一定时期社会经济关系和政治关系变动的钥匙。万先生的论著中，始终秉持这一原则，《曹魏政治派别的分野及其升降》就是一篇具有代表性的作品。此文不仅首次揭示了曹操手下存在着汝颍、谯沛两大政治集团的事实，而且揭示了这两大集团的历史渊源

---

① 万绳楠：《关于曹操在历史上的地位问题》，《新史学通讯》1956年第6期。

② 万绳楠：《论诸葛亮的"治实"精神》，《安徽师大学报（哲学社会科学版）》1978年第3期。

③ 万绳楠：《魏晋南北朝史论稿》，安徽教育出版社，1983年，第162页。

和经济基础的不同，指出汝颍集团可溯源于后汉的党锢之祸，而"党锢人物都是后汉形成起来的大田庄主或田庄主的子弟"①，他们是世族地主势力的代表，谯沛集团则代表了庶族地主的利益，他们在镇压黄巾起义的过程中联合起来，但政治集团上的分野又使他们最终分道扬镳。经济关系是阶级关系的基础，汝颍集团在斗争中战胜谯沛集团，是"封建大土地所有制的胜利，屯田制的失败。这是当时历史发展的必然结果"②，先生将两大集团的政治升降和汉魏政治权力的转移最终归结为经济关系的变动，并视为历史发展的必然，是阶级阶层分析方法的科学运用，有很强的说服力。阶级往往是由等级构成的，等级研究是阶级研究的重要内容。在《南朝的阶级分化问题》一文中，先生对南朝士族和寒门中出现的等级分化做了精辟的分析，认为士族的衰落与寒门的兴起体现的是历史进步③，这使我们对南朝出现的诸多关于士族贫富升降的历史现象有了科学认识。经济基础决定上层建筑是唯物史观的基本观点，也是阶级分析方法的基本出发点。在《从南北朝社会经济与政治的差异看南北门阀》一文中，先生提出北方重农、南方重商，经济基础不同，政治形态也不同。"南方士族既然立脚于家庭与商业之上，聚居于都邑，其社会经济基础自然不及北方士族雄厚。这种士族及由此而形成的士族制度，容易腐朽，经不起风浪。"④这就使我们对为什么南朝士族较北朝士族分化衰落得要快找到了一个答案。阶级分析方法是一把利器，但万先生并不盲目运用阶级分析，即使在十分重视阶级斗争的年代，也能够坚持实事求是的精神。在《魏末北镇暴动是阶级斗争还是统治阶级内部的斗争》一文中，先生对北镇暴动即六镇起兵的性质提出了不同看法。先生坚持阶级观点与历史主义相统一的原则，认为暴动由豪强这一阶级发动并左右，不是人民起义，只能是统治阶级内部

① 万绳楠:《曹魏政治派别的分野及其升降》,《历史教学》1964年第1期。
② 万绳楠:《曹魏政治派别的分野及其升降》,《历史教学》1964年第1期。
③ 万绳楠:《南朝的阶级分化问题》,《安徽师大学报(哲学社会科学版)》1983年第2期。
④ 万绳楠:《从南北朝社会经济与政治的差异看南北门阀》,《安徽大学学报》1963年第1期。

的斗争。①在《五斗米道与孙恩起兵》一文中，先生本着这一原则，同样否定其起兵是农民起义的性质。先生还专门写了《什么是农民起义？什么人才可以称为农民起义军的领袖？——评〈简明中国通史〉关于农民起义问题的论述》，借对吕振羽《简明中国通史》中关于农民起义问题的评价，系统阐释了他对历史上农民起义问题的看法。

三是坚持辩证唯物主义的联系观。辩证唯物主义重视事物之间的普遍联系，用辩证的、联系的观点把握事物的前后关系、局部与整体的关系，把一定的历史现象放到一定的历史环境之中去考察。万先生在《研究问题要注意事物之间的联系》一文中指出："对于历史上的任何一个问题，都不能作孤立、静止的研究，必须充分掌握资料，注意事物之间的联系。"②先生例举了陈寅恪将华佗的记载与佛经故事联系起来看的事例，指出"他（指陈寅恪）不只是根据我国的史籍，孤立地研究华佗，而是比较中印记载、语音影响，在一个大系统中进行全面研究"③，先生用此来强调联系的方法在史学研究中的重要性。他又例举了自己用联系的方法对曹操《短歌行·对酒》一诗解读的事例，指出"曹操的《短歌行·对酒》是建安元年在许都接待宾客时，主人与宾客在宴会上的酬唱之辞，并非曹操一人所写"④。纵览先生的研究，辩证联系的方法始终贯穿其中，正是这种辩证联系观，使先生能够在同一事物之间、众多事物之间或不同事物之间找出其中的联系，每每使他的文章能够发前人之所未发，给人耳目一新之感。

除了上述之外，唯物史观的社会形态学说在先生的论著中也十分突出。他注重奴隶社会和封建社会不同社会形态下的政治经济文化制度特点研究，秉持封建地主土地所有制说，肯定魏晋南北朝时期各民族政权封建化的历史进步意义，强调政治集团与阶级关系演变背后的经济因素，都是坚持社会形态学说的典型表现。从以上这些可以看到，先生虽然毕业于新

---

① 万绳楠：《魏末北镇暴动是阶级斗争还是统治阶级内部的斗争》,《史学月刊》1964年第9期。

② 万绳楠：《研究问题要注意事物之间的联系》,《文史哲》1987年第1期。

③ 万绳楠：《研究问题要注意事物之间的联系》,《文史哲》1987年第1期。

④ 万绳楠：《研究问题要注意事物之间的联系》,《文史哲》1987年第1期。

中国成立前的大学，但新中国成立后他学习马克思主义，坚持马克思主义，运用马克思主义，完全可以说他毕生追求马克思主义，是一位新中国培养起来的马克思主义史学家。

二、广博的治学领域与突出成就

万绳楠先生的治学领域很广博，涉及魏晋南北朝史研究、宋史研究和区域经济史研究等，尤以魏晋南北朝史研究见长。

（一）魏晋南北朝史多领域的突出成就

20世纪中国古代史在通史、断代史、专门史等各研究领域都取得了很大成绩，其中在断代史研究上，魏晋南北朝史所取得的成绩尤为突出。从20世纪初开始，人们逐步改变了对中国历史上分裂时期的历史或所谓"乱世"历史的一些不全面认识，运用新的历史理论与方法，开启了魏晋南北朝历史的新探索。曹文柱、李传军在《二十世纪魏晋南北朝史研究》一文中，将20世纪中国魏晋南北朝史研究以1949年为限划分为前后两个时期。前一个时期可分为1901—1929年和1930—1949年两个阶段。后一个时期可分为1949—1966年、1966—1978年和1978—2000年三个阶段。[①]万先生在魏晋南北朝史研究上，基本上完整经历了后一个时期的"三个阶段"。厚实的史学功底，敏锐的洞察力，勤奋的治学精神，长期的不懈探索，使他在魏晋南北朝史多个领域取得了十分突出的成就，他所思考的许多问题，在当时也明显具有学术前沿的性质。这里我选取若干领域做一简要介绍。

政治史领域深耕细耘。万先生继承了中国史学向来重视政治史研究的传统特点，又得20世纪上半叶以来中国实证史学派的方法精华，以唯物史观为指导，在魏晋南北朝政治史研究领域取得了突出成就，这是他一生学

---

① 曹文柱、李传军：《二十世纪魏晋南北朝史研究》，《历史研究》2002年第5期。

术成就的主要代表。首先，关于曹操和曹魏政治派别的研究。历史上对曹操的评判大体不离正统史观，史家、政治家根据各自的需要取舍，毁誉参半，缺乏科学的指导。受宋元以后戏曲小说的影响，在普通民众中曹操更成为一个反面典型。先生在《关于曹操在历史上的地位问题》一文中，从汉末黄河流域经济衰败的客观历史出发，认为曹操的屯田、抑制豪强兼并、减轻田租、提倡节俭等经济措施具有积极进步的意义。[1]先生又从曹操在思想文化上的贡献，肯定了他破除汉代以来儒家思想束缚的作用和倡导现实主义文风的意义。因此，先生认为"从曹操总的方面来衡量，曹操在历史上的地位是应该肯定的"[2]。这是新中国成立后率先对曹操历史地位提出肯定的史学家。先生对曹操的研究深入细致，《廓清曹操少年时代的迷雾》一文十分精彩，将曹操少年时代的事迹考证揭示出来，有力说明了曹操少年时品行不好却又能举孝廉入仕的原因，也说明了后来曹操政治思想与政治行为与他少年时的经历有十分紧密的关系。[3]在《曹魏政治派别的分野及其升降》一文中，先生对曹魏内部政治集团的精湛划分及其阶级基础的深刻揭示，可以说是为解剖曹魏政治演变和门阀政治的形成提供了一把崭新的钥匙。[4]其次，关于蜀、吴政治和两晋南北朝政治的研究。在《论诸葛亮的"治实"精神》一文中，先生将诸葛亮治蜀的精神归纳为"治实"，并从哲学、政治军事、自然科学三个方面对诸葛亮的治实精神进行了深入阐释。[5]这篇文章发表在"文革"结束后不久，澄清了在诸葛亮问题上被"四人帮"搞乱了的是非，并对诸葛亮这个历史人物，力求作出合乎科学的解释。在《魏晋南北朝史论稿》一书中，先生对孙吴立国江东问题做出了深入考察。先生指出，孙吴政权是靠江东名宗大族的支持建立

---

① 万绳楠：《关于曹操在历史上的地位问题》，《新史学通讯》1956年第6期。

② 万绳楠：《关于曹操在历史上的地位问题》，《新史学通讯》1956年第6期。

③ 万绳楠：《廓清曹操少年时代的迷雾》，《安徽师大学报（哲学社会科学版）》1988年第2期。

④ 万绳楠：《曹魏政治派别的分野及其升降》，《历史教学》1964年第1期。

⑤ 万绳楠：《论诸葛亮的"治实"精神》，《安徽师大学报（哲学社会科学版）》1978年第3期。

起来的，论孙吴的治国之道，必须先明江东经济的发展与大族的产生。孙吴的"限江自保""施德缓刑"以及"外仗顾、陆、朱、张，内近胡综、薛综"等治国方针与政策，是孙吴复客制、世袭领兵制、屯田制等重大政策形成的阶级基础和社会基础。[①]这是史学界较早全面对孙吴政权立国基础的政治考察，对我们理解孙吴政治与魏、蜀政治的区别有重要启示。在《东晋的镇之以静政策和淝水之战的胜利》一文中，先生将东晋前期的政治总结为"镇之以静"，并在王导、桓温、谢安时期一以贯之，认为这是东晋之所以取得淝水之战胜利的原因。[②]这个观点一改东晋政权只是偏安江南的旧识，推进了东晋政治史研究的深化。历史的必然性与人的主观能动性是相辅相成的。在《从陈、齐、周三方关系的演变看隋的统一》一文中，先生对为什么由继承北周的隋朝来统一，而不由北齐或者陈朝来统一做了细密周到的分析，指出"可知统一之所以由北不由南，而北又不由北齐而由北周及其继承者隋朝，是因为本来要与北齐结好的南朝，却偏偏走上了联周反齐之路"[③]。这一观点较以往只重视隋文帝在统一中的作用的观点更加全面。先生的政治史研究不限于魏晋南北朝，如《论隋炀帝》《武则天与进士新阶层》等文章，在隋唐政治史研究上都有新见解。

经济史领域开拓创新。20世纪魏晋南北朝经济史研究主要集中在社会性质问题、土地制度问题、赋税制度问题、户籍制度问题、部门经济与区域经济等问题上。万先生在上述领域中大都有创新性的研究。关于土地制度问题，先生在《魏晋南北朝史论稿》中对曹魏小块土地所有制、屯田制、田庄制三种土地所有制形式进行了比较，认为曹魏以保护自由农为主体的小块土地所有制为主体，但又能使三种土地所有制在一定时期内并存，发挥各自的作用，使汉末受到严重破坏的生产力，得以复苏。[④]这是曹操在经济政策上强于其他军阀之处所在。田庄经济是魏晋南北朝经济的

① 万绳楠：《魏晋南北朝史论稿》，安徽教育出版社，1983年，第62—71页。

② 万绳楠：《东晋的镇之以静政策和淝水之战的胜利》，《江淮论坛》1980年第4期。

③ 万绳楠：《从陈、齐、周三方关系的演变看隋的统一》，《安徽师大学报（哲学社会科学版）》1985年第4期。

④ 万绳楠：《魏晋南北朝史论稿》，安徽教育出版社，1983年，第26—35页。

重要组成部分，先生在很多论著中都谈到这个问题，比如上述曹魏三种土地所有制比较中，就谈到了曹魏时期的田庄"无疑起着组织生产的作用，有一定的活力，不失为当时一支重要的、仍占主导地位的生产力量"[①]。田庄经济不是一成不变的，随着时代变化，田庄经济也在发生变化，先生正是用这种发展变化的观点看待田庄经济，并分别写出了《南朝时代江南的田庄制度》和《南朝田庄制度的变革》二文。在前文中，先生对南朝江南田庄兴起的历史背景和南朝江南田庄的特点进行了仔细分析，得出了南朝时代江南的田庄制度，是随着江南的开发与庶族地主、商人的兴起而发展起来的，是建立在家族而非宗族地主对佃客、奴隶的剥削与压迫的基础之上的重要结论。[②]在后文中，先生指出，南朝的田庄主土地占有形态，和唐朝是一个类型，和汉、魏已自不同。唐朝的庄园制度源自南朝。南朝田庄制度的变革，是中古土地制度的一个重大变化。先生在文中还对南朝大家族（宗族组织）的破坏、田庄中部曲组织的消亡、剥削方式的变化进行了详细论证。[③]先生的系列研究将南朝江南田庄与之前及同时代其他政权下的田庄制度清楚地区分开来，使我们看到了田庄经济在不同时期的发展变化和历史影响。魏晋南北朝是一个人口大流动大迁徙的时期，人口流动所带来的行政区划变化以及户籍制度的新形态，是影响魏晋南北朝社会经济发展的重要问题。侨郡县是东晋南朝时期安置迁徙流动人口的一项行政措施，它是一个政治问题，更是一个经济问题。在《晋、宋时期安徽侨郡县考》和《江东侨郡县的建立与经济的开发》二文中，先生分别对安徽境内和江东地区的侨郡县进行了详细考证，前文首次对晋、宋时期安徽境内的侨郡县状况，以及北方流民进入安徽和安徽本部人向南流动的大致情况进行了系统梳理[④]，后文则对江东侨郡县的分布特点以及江东政权对侨

---

① 万绳楠：《魏晋南北朝史论稿》，安徽教育出版社，1983年，第35页。

② 万绳楠：《南朝时代江南的田庄制度》，《历史教学》1965年第11期。

③ 万绳楠：《南朝田庄制度的变革》，《安徽师大学报（哲学社会科学版）》1980年第2期。

④ 万绳楠：《晋、宋时期安徽侨郡县考》，《安徽师大学报（哲学社会科学版）》1982年第2期。

民的政策进行了全面分析①。侨郡县的设置不仅在政治上稳定了因战乱而造成的流动人口，更重要的是推动了安徽特别是皖南和江东地区的经济开发与文化发展。江东地区尤其是沿江地区经济的开发，与江东政权对待流人的政策不可分。正如先生所指出的那样："论江南经济开发的文章，我所见到的颇为不少，惜乎语焉不详，且不中肯綮，故立论如上。"②从侨郡县的设置及其政策看安徽和江东地区经济开发是一个新的视角，先生的研究走在了当时经济史研究的前列。户籍向来是经济史研究的重要内容，魏晋南北朝的户籍问题因人口迁徙和侨郡县的设置尤其显得复杂化，文献上出现的"白籍""黄籍"究竟何指，"土断"与黄、白籍究竟什么关系，古今史家莫衷一是。先生在《论黄白籍、土断及其有关问题》《江东侨郡县的建立与经济的开发》等文中，对这些问题做了细密考证。先生指出："黄籍是两晋南朝包括士族和庶民在内的编户齐家的统一的户籍。士族的黄籍，注有位宦高卑，庶民无之。士族可凭黄籍上的爵位证明为士族，免去徭役。庶民已在官役的，可以在黄籍上注明何人。白籍则是在特定时期产生的、有特定含义的户籍。它出现在东晋初，为自拔南奔的侨人所持有。他们大都住在侨郡县中。之所以谓之为白籍，是因为夹注有北方原地的籍贯，好作将来回到北方入籍的凭证。持白籍的不交税，不服役。"③由于人口不断南迁给东晋政府带来严重的社会经济问题，因而有了咸和二年（327）土断。这次土断中整理出来的黄籍，称为《晋籍》。它是南方土著人民和以土著为断的北方侨人的统一的户籍，此籍一直沿用到宋元嘉二十七年（450）。咸康、兴宁、义熙年间的阅实编户与依界土断，是咸和二年（327）土断的整顿与补充。侨人一经土断，白籍即换成黄籍。南齐大力进行土断，罢除侨邦，是白籍行将消亡的反映。其最后消亡，可以梁天监元年（502）罢除最后一个侨邦南徐州为标志。此后所谓土断，是土断杂居

---

① 万绳楠：《江东侨郡县的建立与经济的开发》，《中国史研究》1992年第3期。

② 万绳楠：《江东侨郡县的建立与经济的开发》，《中国史研究》1992年第3期。

③ 万绳楠：《论黄白籍、土断及其有关问题》，载《魏晋南北朝史研究》，四川社会科学院出版社，1986年，第286页。

流寓的人户。①先生的这些观点，厘清了复杂多变的东晋南朝政权下户籍变化的线索，辨清了史书上模糊不清的土断、白籍、黄籍等概念，为经济史研究提供了基本的史实基础，可以说是一个重大贡献。先生在经济史上的研究还有西晋的经济制度、北魏的均田制和地主土地所有制以及江南经济开发等诸多问题，彰显出他在经济史研究上的深厚功力。需要指出的是，先生的经济史研究坚持以唯物史观为指导，将地主土地所有制作为观察分析魏晋南北朝经济史的基本出发点，并将经济变化与政治变化相联系，使他的经济史研究充满了时代感。

思想文化史领域视野宽阔。与两汉相比，魏晋南北朝思想文化突破了经学独尊的束缚，呈现出多元化的趋势，域外文化与华夏文明交往交流，开启了文化交融的新时期。20世纪后半期，特别是改革开放以后，魏晋南北朝思想文化史研究呈现出繁盛局面。其中，万先生以其宽阔的学术视野，在魏晋南北朝思想文化史领域独树一帜，取得了突出成就，其研究涉及政治文化、哲学思想、宗教思想、史学思想、艺术与科技、少数民族文化等诸多领域，特别是《魏晋南北朝文化史》一书，是他关于魏晋南北朝思想文化史研究的系统思考。这里我选取若干角度做一介绍。首先，关于文化史研究的理论思考和魏晋南北朝思想文化的整体史观。早在20世纪90年代初，先生在《对文化史研究的思考》一文中就对文化史的概念与研究对象做过界定，指出："现在文化与文明两个概念常被混淆。按照摩尔根所说人类自野蛮时代进入文明时代，以文字的发明为标志，而文字的发明又是文化的开端。可知文化者，乃用文字写下来的各科知识也。"②但是先生认为，文化史又不仅只是各科知识史、有关制度史，而且要把各科知识所达到的深度及所反映的文明程度揭示出来。易言之，即要揭示出黑格尔所说的"时代精神"。③后来他又指出："因此，凡属文化知识领域中的问

---

① 万绳楠：《论黄白籍、土断及其有关问题》，载《魏晋南北朝史研究》，四川社会科学院出版社，1986年。

② 万绳楠：《对文化史研究的思考》，《文史哲》1993年第3期。

③ 万绳楠：《对文化史研究的思考》，《文史哲》1993年第3期。

题，都应当是文化史所应讨论的问题。如果缺了一个部门或项目，那就不是一部全面的文化史，就无从窥探某个时期或时代文化的全貌、相互作用、发展停滞或萎缩的总原因与具体原因。"①文化史绝不是儒术史，也绝不是哲学史。文学、史学、艺术、自然科学、各派经济思想、政治思想、社会思想、各族文化状况、文化交流……无一不在文化史探讨的范围中。从这个角度出发，先生把职官制度、选举制度、学校制度、哲学思想、政治思想、经济思想、社会组织与社会风俗、文学、艺术、史学、自然科学、道教、佛教以及各族文化状况、中外文化交流等内容，都纳入了他考察的范围，形成了他以制度文化和精神文化为主体的文化史观。关于魏晋南北朝思想文化的历史地位，先生认为，魏晋南北朝时代是各科文化蓬勃发展的时代，把汉朝远远抛在后头。现在已经没有人相信甚么"黑暗时代"的陈旧说法。先生还具体指出了这个时期文化长足发展的原因是专制主义的削弱、儒术独尊地位的跌落、官营王有制度的失败、大家族的解体和个性的解放。其次，深入挖掘时代的思想文化精华。在立足魏晋南北朝思想文化整体史观的基础上，先生对这一时期思想文化及其流派和代表人物等很多问题都有自己深刻独到的见解，是他史学思想极具闪光的一面。在《嵇康新论》一文中，先生将嵇康的思想从所谓"竹林七贤"中其他人的思想分离开来，高度赞扬了嵇康反对封建儒学，富有民主精华的进步思想。②在《略谈玄学的产生、派别与影响》一文和《魏晋南北朝史论稿》第五章第二节，以及《魏晋南北朝文化史》第三章中，先生对魏正始年间何晏、王弼创立的玄学及其意义和派别分野进行了开创性研究。他指出："玄学并非消极的东西。它好比一颗灿烂的明星，进入魏晋时代的思想界天空，放出了奇光异彩。"③但是正始之音并不是只有一种声音，何晏标榜无为，把无和有对立起来，是二元的；王弼标榜无为，把无当本体，把有当派生的东西，是一元的，因此何晏与王弼是玄学内部两种不同的声音。究其原因，

---

① 万绳楠：《魏晋南北朝文化史·序言》，黄山书社，1989年，第1页。

② 万绳楠：《嵇康新论》，《江淮论坛》1979年第1期。

③ 万绳楠：《略谈玄学的产生、派别与影响》，《孔子研究》1994年第3期。

是他们各自代表了不同政治集团的思想，是当时曹魏政治上两大派别斗争的反映。先生将玄学研究与政治派别分野结合起来分析，是一卓识。尽管玄学在这一时期高调登场，但先生认为魏晋南北朝时期的主流思想仍然是儒学而不是玄学①，先生在20世纪50年代得出的这个结论，在后来的魏晋南北朝思想史研究中应该是得到了大多数人的认同。在思想文化史研究中，先生始终高举唯物史观大旗，高扬唯物论思想的积极意义，批判唯心论的消极作用，特别是在对君主专制的批判上毫不留情，是他思想文化史研究上极富战斗性的一面。在宗教思想研究上，先生多有发明。在《"太平道"与"五斗米道"》一文中，先生对《太平经》的性质及其与黄巾起义的关系做了细致辨析，认为它们之间既有联系更有本质区别，不能把《太平经》与作为"异教"的"太平道"混为一谈，而五斗米道从一开始，就是地主阶级的宗教，是地主阶级用来剥削、压迫与愚弄农民的宗教组织，教义上没有任何积极的东西，只有消极的影响。②先生的这个思想产生在20世纪60年代初，那个时期对阶级斗争和农民起义高度重视，能够用这样冷静客观的态度对待太平道和五斗米道，是十分可贵的求真精神。先生对道教的研究并不限于这些局部，而是从整体上对魏晋南北朝时期道教的产生与发展做了系统梳理，新意迭出。③在佛教研究上，先生不仅对佛教传入中国的过程及其地位的确立有细致考证，而且提出了佛教"异端"思想产生的背景与斗争这一重要问题，明确指出"中国的佛教异端，是在南北朝时代，在北方形成的"，其原因乃是北朝佛教的僵化所致。④从思想文化史的视角出发，先生还对魏晋南北朝时期的史学、艺术、文学、风俗、科技以及社会生活与文化交流等诸多内容也有精湛研究，这里不再一一介绍。

---

① 万绳楠:《魏晋南北朝时代的思想主流是什么》,《史学月刊》1957年第8期。

② 万绳楠:《"太平道"与"五斗米道"》,《历史教学》1964年第6期。

③ 参见万绳楠:《魏晋南北朝文化史》第十二章"我国道教的产生与发展",黄山书社,1989年,第298—325页。

④ 参见万绳楠:《魏晋南北朝史论稿》第十五章"论佛教在南北朝时期的传播",安徽教育出版社,1983年,第330—350页;万绳楠:《魏晋南北朝文化史》第十三章"佛教的勃兴与弥勒异端的产生",黄山书社,1989年,第326—348页。

（二）宋史研究的倾力奉献

万先生是一个学术旨趣十分广泛的学者，他不仅在魏晋南北朝史领域取得了突出成就，在宋史领域也收获不菲，为宋史研究做出了一定的贡献。先生在宋史领域的贡献主要体现在《文天祥传》和《关于南宋初年的抗金斗争》《关于王安石变法的几点商榷》《宋江打方腊是难以否定的》《诗史奇观——文天祥〈集杜诗〉》等系列文章上，这里重点介绍《文天祥传》。文天祥是南宋后期民族矛盾尖锐时期产生的一位民族英雄，他去世后，事迹广为流传，自古就有不少人为他立传。但如同先生所说的那样，所有的文天祥传都有两个基本缺陷，一是从忠君立论，二是但述事实经过，而又偏重起兵勤王以后的经历。新中国成立以后关于宋代民族英雄的研究明显又偏重于岳飞，对文天祥的研究稍显不足。先生的《文天祥传》就是在这样的背景下从史学传记的角度写作而成的。该传用近30万字、十章（另附事迹编年）的篇幅，详述了文天祥的生平事迹、爱国思想、文学成就、事迹流传等重大问题，首次全面揭示了文天祥的一生经历，考证了很多模糊不清的史事，并对与之有关的宋元历史进行了评论，是传、论、考相结合的典范。《文天祥传》发明甚多。首先，廓清了文天祥籍贯和生平事迹问题。通过详细辩证，先生认为文天祥的籍贯应该是吉州庐陵县富川镇，而不是以往所认为的富田，宋时只有富川而无富田，富田替代富川是元朝以后的事。宋代富川是镇，地位与乡相等，不属于淳化乡，亦不属于顺化乡，将富田归属于淳化乡，是清朝以后的事。[①]籍贯问题虽然很具体，但是研究文天祥必不可少的基本问题。先生还对文天祥中状元时的年龄、某些重要作品的写作年代等问题进行了考证，为进一步研究文天祥奠定了扎实基础。其次，深入挖掘了文天祥的爱国思想。先生认为，文天祥不仅是一个爱国者，而且是一个政治家、思想家，他的爱国思想不是古已有之，而有他的特殊点，这个特殊点就是他的哲学思想和政治

---

① 万绳楠：《文天祥传》，河南人民出版社，1985年，第1—7页。

表现。先生指出："七百年来，都以为文天祥爱国是受儒家思想乃至理学熏陶的结果。殊不知他的爱国思想扎根于他的生气勃勃的唯物思想中，具有强烈的反理学意义。"①与宋代死守祖宗之法不同，文天祥的哲学思想根植于《易》学的唯物辩证思想，特别是他强调自强不息精神对个人和国家的重要意义，正是他一生爱国不息、斗争不息、改革不息的哲学基础。②这个看法虽不无可商榷之处，但却在一定程度上揭示了文天祥为什么能够在社会危机和民族危机深重的南宋后期，坚决为国奋斗不息直至献出生命的根源所在。先生认为，文天祥爱国思想在政治上的表现不只是抗元，更重要的方面"是他不仅要求改革，而且要求改革不息；不仅要求改革宋太祖、太宗制定下来的祖宗之法，而且要求一直改下去，直到实现天下为公"③。先生还具体指出了文天祥主张改革不息"三个具体的、带根本性的问题"④，即地方问题、三省六部问题和用人问题。文天祥的改革思想虽然"近于空想"，不可能在当时的南宋实现，但"应当承认它在我国政治思想发展史上所具有的划时代的意义和里程碑的地位"⑤。改革不息论是文天祥政治思想中也是爱国思想中最本质的东西，也是最重要的内容。不改革便不能抗元，爱国首先就应要求改革。这是我们研究他在抗元中所表现出来的爱国思想时，必须理解的东西。文天祥的抗元是与他"法天不息"的唯物主义思想联系在一起，而非与儒家的忠孝仁义相联系，是为了"生民"的利益，而非与地主阶级、赵家王朝的利益相联系。⑥这些看法都极大丰富了我们对文天祥爱国思想内涵的认识。第三，对宋元之际历史变化的深刻洞察。既往研究文天祥较少考虑宋元之际历史变化的必然性和偶

---

① 万绳楠：《文天祥传》，河南人民出版社，1985年，第266页。

② 参见万绳楠：《文天祥传》第八章第一节"文天祥爱国思想的哲学基础"，河南人民出版社，1985年，第266—275页。

③ 万绳楠：《文天祥传》，河南人民出版社，1985年，第275页。

④ 万绳楠：《文天祥传》，河南人民出版社，1985年，第277页。

⑤ 万绳楠：《文天祥传》，河南人民出版社，1985年，第282页。

⑥ 参见万绳楠：《文天祥传》第八章第三节"文天祥爱国思想在抗元方面的表现"，河南人民出版社，1985年，第282—289页。

然性问题。先生指出，文天祥生活在南宋内忧外患十分深重的年代，"但这个时代并非南宋注定要灭亡、元朝必定要统治全中国的时代，而是黑暗中有光明。这光明就是：只要南宋改革导致社会危机和民族危机的守内虚外之法，就不会是元兵南进，而是宋旗北指"①。但南宋政权并不采纳文天祥的主张，一再错过历史给予的机遇，抱住祖宗之法不放，致使拥有军队七十多万，经济力量远胜于蒙古，且有文天祥这样贤才的南宋，不断屈膝投降，根本原因就是以皇帝为首的最高统治集团的守内虚外的国策，"这个国策培育出来的最高统治集团，对外以妥协投降，对内以镇压人民、削弱地方、排斥贤才、反对任何改革为特征。这个国策不变，统治集团也就不会倒；统治集团不倒，这个国策也就不会变"②。南宋不是必然灭亡，元朝不是必然胜利，文天祥不是愚忠献身。先生对宋元之际历史的深刻洞察，使我们对文天祥抗元斗争直至献出生命的历史意义有了比以往更加深入的认识。第四，确立了文天祥在中国文学史上的地位。先生在传中用一章四节的篇幅论述了文天祥在文学上的成就，指出"文天祥在文学上的成就，比之唐、宋各大名家，毫无逊色"③。文天祥一改南宋文体、诗体破碎、卑弱，朱熹以后鬼头神面之论，"不赞成有意为诗""主张动乎情性"，提出了"自鸣与共鸣之说"，先生认为与自鸣相结合的共鸣论，"是文天祥对文学理论尤其是现实主义文学理论的一大贡献"④。先生还对文天祥的诗歌进行了分期，对其不同时期诗歌的内容与特点进行了细致分析，深刻揭示了文天祥作为"现实主义文学巨匠"，其诗歌具有"振起过一代文风""是我国文学宝库中的无上珍品"的历史地位。⑤先生一生的学术重点不是宋史，但从《文天祥传》中可以看到他不仅对文天祥有深入研究，也对宋代政治史、思想史和文化史有独到的见解。

---

① 万绳楠：《文天祥传》，河南人民出版社，1985年，第18页。

② 万绳楠：《文天祥传》，河南人民出版社，1985年，第97页。

③ 万绳楠：《文天祥传》，河南人民出版社，1985年，第290页。

④ 万绳楠：《文天祥传》，河南人民出版社，1985年，第291—293页。

⑤ 参见万绳楠：《文天祥传》第九章"文天祥在文学上的成就"，河南人民出版社，1985年，第290—336页。

（三）区域经济史研究的开辟

有学者指出："区域经济的研究是80年代以来学者们着意很多的课题，取得的成就相当可观。"[①]但万先生从20世纪60年代开始就十分关注魏晋南北朝区域经济史的研究，从60年代到90年代，他撰写了《六朝时代江南的开发问题》《南朝时代江南的田庄制度》《南朝田庄制度的变革》《江东侨郡县的建立与经济开发》等一系列论文，对长江中下游区域经济史就有了深入研究。在此基础上，1997年，万先生等著的《中国长江流域开发史》一书出版，该书是原国家教委"八五"社会科学重点科研项目的结项成果，也是国家"九五"重点规划图书。全书用八章50万字的篇幅，从历史纵向角度，全面考察了从石器时代到明清时期长江流域开发的整体历程，是我国第一部全面论述长江流域社会经济与文明发展进程的著作。该书首次对长江流域各历史时期的经济开发与文明发展历程做了系统总结。例如关于石器时代的长江流域，该书指出，与黄河流域一样，长江流域也有它自己的石器时代与人类。论文化并不比黄河流域有任何逊色。该书用丰富的考古资料论证了旧石器时代的长江流域是人类起源的重要地区、新石器时代晚期的良渚文化是长江流域跨入文明门槛的前夜。从青铜器的制作和江西清江吴城出土的刻划文字符号看，"炎帝神农氏时期，南方长江流域当已进入文明时代。其文明程度不会下于轩辕氏所代表的北方文明"[②]，甚至"南方长江流域当比北方更早地进入文明时代"[③]。关于列国时期的长江流域，该书认为这是一个经济、文化突飞猛进的发展时期，楚、吴、越、巴、蜀等国农、工、商业综合发展，但秦的征服，则使整个长江流域的开发，遇到了一次大顿挫。关于秦汉时期的长江流域，该书使用了"曲折性"三个字来概括。秦的落后政策，将长江流域的开发拉向后退，开发无闻。汉初政策调整，长江流域的开发也在继续抬头。两汉长江

---

① 曹文柱、李传军：《二十世纪魏晋南北朝史研究》，《历史研究》2002年第5期。
② 万绳楠、庄华峰、陈梁舟：《中国长江流域开发史》，黄山书社，1997年，第25页。
③ 万绳楠、庄华峰、陈梁舟：《中国长江流域开发史》，黄山书社，1997年，第23页。

流域开发虽在继续，但又不断受到"虎狼之政"的破坏，是"曲折性"的反映。关于魏晋南北朝时期的长江流域，该书用"迅速发展与几度猝然跌落"来概括。吴、魏、蜀时期长江流域的交通运输业、城市与商业、农业发展迅速，西晋由于政治原因，长江流域开发陷于停滞状态。东晋"镇之以静"的政策，以及侨郡县的设置与对待流人的政策，促进了江东社会经济的发展，江南腹地及沿海地区得到开发。南北朝末年至隋，由于侯景之乱和隋的政策原因，长江流域开发又陷于停顿。关于唐五代时期的长江流域，该书用"继续发展与经济中心的逐渐南移"来概括。唐继承了南北朝以来的重要经济制度和隋朝留下的大运河，长江流域整体经济结构与发展水平上了新台阶，天宝以后，经济重心南移。五代十国，长江流域有八国，仍可见到长江流域农、工、商业在唐朝开发的基础上进一步深入发展。关于宋元时期的长江流域，该书认为两宋长江流域又获得了进一步的开发，农业、手工业、交通运输业、商业与城市都有了新的发展，经济形态呈现出新变化，四大发明是在长江流域完成的。但由于两宋在政治上都执行"守内虚外"的政策，这种开发仍旧受到限制。到蒙古入主中原，甚至一度逆转。关于明清时期的长江流域，该书用"经济开发的新发展"和"艰难曲折性"来概括。由于统治政策的调整，明清时期长江流域社会经济有了长足发展，生产力水平的提高，资本主义生产关系的萌芽已在明中后期，出现于长江中下游地区商品经济极为发达的苏、杭一带，并逐渐扩展至其他地区。这是一个新现象。清前期，我国资本主义萌芽继续缓慢发展，在整个长江流域显现得更为突出。然而，由于种种历史条件未能具备，中国资本主义的胎儿始终没有冲出孕育了它的封建社会的母体，滋长壮大，这不能不是中国历史发展进程中的一个极大的令人深以为憾的曲折和不幸。纵览该书，其特点非常鲜明：一是十分重视我国历史上统治阶级的政策与经济发展的关系，将经济发展与政治环境相联系，深刻阐明了上层建筑对经济基础的反作用；二是十分重视经济发展与科技文化发展的关系，该书几乎在论述每个时代经济开发之后，都要论述该时期科技文化发展的状况，可以说该书也是一部长江流域科技文化发展史。总之，通过该书，我们不仅可以认识到长江流域文明发展史在中华文明发展史上的重要地位，把握长江流域经济开发的历史经验教训，也能为今天长江流域的开发提供历史借鉴。

以上总结虽远远不能涵盖先生的全部学术成就，但从中也可以窥见先生广博的学术视野、深刻的问题意识和极具前沿性的探索精神。

三、丰厚的治学思想遗产

万绳楠先生用其一生的心血，给我们留下了300余万字的史学论著，这是一笔宝贵的史学遗产。据我目力所及，对先生史学成就评价、总结和研究的文章目前有周一良《评介三部魏晋南北朝史著作》①，朱瑞熙《宋人传记的佳作——评〈文天祥传〉》②，彦雨《一部反映出时代精神的新文化史——评万绳楠教授的〈魏晋南北朝文化史〉》③，汪姝婕《简评〈中国长江流域开发史〉》④，卫丛姗《万绳楠史学成就研究》⑤等，这些文章从不同侧面对先生的史学成就进行了评述和研究。还有不少学者和先生的学术观点进行商榷。⑥无论是评述还是商榷先生的论著，也无论是赞

---

① 周一良：《评介三部魏晋南北朝史著作》，《北京大学学报（哲学社会科学版）》1985年第2期。

② 朱瑞熙：《宋人传记的佳作——评〈文天祥传〉》，《中州学刊》1986年第3期。

③ 彦雨：《一部反映出时代精神的新文化史——评万绳楠教授的〈魏晋南北朝文化史〉》，《安徽史学》1991年第1期。

④ 汪姝婕：《简评〈中国长江流域开发史〉》，《光明日报》1999年8月13日。

⑤ 卫丛姗：《万绳楠史学成就研究》，鲁东大学硕士学位论文，见"中国知网"，2021年。

⑥ 如曹永年、周增义：《论隋炀帝的"功"与"过"——兼与万绳楠先生商榷》，《史学月刊》1959年第12期；魏福昌：《隋炀帝是不折不扣的暴君——与万绳楠同志商榷》，《史学月刊》1959年第12期；孙醒：《试论文天祥的哲学思想——兼与万绳楠同志商榷》，《河南大学学报（哲学社会科学版）》1989年第1期；王琳祥：《赤壁战地辨析——与万绳楠先生商榷》，《安徽师大学报（哲学社会科学版）》1992年第4期；高华平：《也谈陈寅恪先生"以诗证史、以史说诗"的治学方法——兼与万绳楠先生商榷》，《华中师范大学学报（哲社版）》1992年第6期；张旭华：《梁代无中正说辨析——与万绳楠先生商榷》，《许昌师范学院学报》1993年第3期；等等。

同或不赞同先生的观点，都说明先生的论著产生了十分广泛的学术影响。先生取得的这些学术成就与他的治学思想是不可分割的，在前人研究的基础上，我对先生的治学思想谈三点感想。

（一）吸收三种史学的精华

观察万先生治学方法，明显可以看到三种史学思想对他的影响。首先是受我国传统史学求真致用思想的影响。"多闻阙疑，慎言其余"[①]，"故疑则传疑，盖其慎也"[②]。我国传统史学倡导严谨求实的治学态度，在追求史实真相上不遗余力，从不随意揣测，历代史学秉笔直书精神和发达的考据学，就是这种求真思想的具体体现。求真是对事物本来面貌的揭示，对史学研究而言，全面掌握史料是求真的基础。先生十分强调在史学研究上要打好基础，在读书上下功夫。先生指出："说基础知识浅，容易学，这表现出对基础知识缺乏了解。一般来说，基础知识包括三个方面，一是基本理论知识，二是基本专业知识，三是基本技能或基本治学能力。三者缺一，都不能说基础好。"[③]打好基础的关键是读书，先生说："历史上凡是维护真理的人，没有一个不苦功读书。"[④]读书要有一定的方法，先生总结出古人读书的方法，指出："批点、注释和校补，是古人成功的读书方法。"每一种方法都有其独特的价值和作用，"我们总是说要读几本基础书，同时要多读其他书，但总是苦于不知怎么读，怎么掌握，如果能分别或同时采用以上三法，我觉得不管哪一类的书，都可读深读透"[⑤]。仅仅读书还不行，还要做卡片，"卡片一万张，学问涨一丈"是先生的一句名言，就是强调知识积累的重要意义。仅仅有卡片也不行，还要思考，先生说："读书最怕思之不深，览之不博，不然，是会出错误的。"[⑥]刻苦读书

---

① 何晏注，邢昺疏：《论语注疏》卷二《为政》，北京大学出版社，2000年，第22页。

② ［汉］司马迁：《史记》卷十三《三代世表》，中华书局，1982年，第488页。

③ 万绳楠：《基础容易打吗？》，《安徽日报》1962年1月5日。

④ 万绳楠：《"百家争鸣"三题》，《安徽日报》1961年9月27日。

⑤ 万绳楠：《批点、注释和校补》，《安徽日报》1961年11月17日。

⑥ 万绳楠：《白门新考》，《南京史志》1992年第2期。

勤于思考,使先生的论著在很多方面能够发前人之所未发,读过他的论著的人应当感受到,他的许多真知灼见,就是在广博的知识积累和勤奋思考之上而产生的。致用是我国传统史学的又一大特色,是我国传统史家治史的重要追求。我国传统史学的致用思想体现在为现实政治提供借鉴,为社会教化提供是非善恶标准,为文化自信提供精神向导等方面。我国史学的这一优秀传统同样深刻体现在先生身上,他的群众史观思想,就是反映了他的历史研究是为中国共产党领导下的新中国人民服务的。他用唯物史观的基本原理来分析历史人物、历史思潮、历史事件、历史变迁,不仅为史学界,也为社会大众提供了评判历史是非功过的马克思主义观点。他书写的魏晋南北朝政治史、经济史、思想史、文化史、民族史,以及宋史和长江流域开发史等等,为增强文化自信和对中华文明的统一性与多样性认识提供了丰富的精神源泉。其次是受近代实证史学思想的影响。近代实证史学(过去也经常称为近代资产阶级史学)是在吸收传统史学的精华和近代西方史学理论方法基础上产生的,它突破了传统史学方法和视野的局限,开创了中国历史研究的新局面。作为近代实证史学的重要代表人物陈寅恪先生的学生,先生的史学研究明显受到陈寅恪的影响。陈寅恪先生精于史实考证,学术视野宽阔,注重从地域、集团、阶级、文化出发分析历史,"还很重视历史现象的前因后果和历史发展的基本线索,往往能提出一些独到的见解"[①]。先生还将他于1947年至1949年在清华大学历史研究所听陈寅恪先生的讲课笔记整理出来,出版了《陈寅恪魏晋南北朝史讲演录》一书,极大丰富了陈寅恪先生关于魏晋南北朝史研究的系统理论观点,弥补了陈寅恪先生史学思想研究资料缺乏的重大缺憾,这是先生的又一重大史学贡献。先生在史学研究中,明显使用了地域、集团、文化、阶级等理论方法分析魏晋南北朝史中的许多历史问题,如论曹魏时期的政治派别划分及其阶级基础、正始之音与集团斗争、孙吴立国的阶级基础等,都充分运用了这些方法。以诗证史、以史说诗是陈寅恪扩展史料、开拓史学新领

---

① 林甘泉:《20世纪的中国历史学》,载《林甘泉文集》,上海辞书出版社,2005年,第353页。

域的重要方法，先生受其影响不仅对魏晋南北朝文学研究情有独钟，而且经常将这一时期的政治经济状况与诗歌产生的背景相联系，对相关问题进行研究，如《木兰诗》和《孔雀东南飞》的写作时间及故事发生背景，以及运用诗歌中描写的景色来论证江南的开发等等。先生还撰写了《曹操诗赋编年笺证》一书，是他继承老师诗史互证传统并运用于史学实践的最好说明。第三是全面接受马克思主义唯物史观。我认为，传统史学和近代实证史学对万先生的史学思想影响虽然很大，但也只限于方法论层面，决定先生史学研究的根本指导思想还是唯物史观，唯物史观的社会形态理论、群众史观、阶级分析方法、辩证联系的方法，我在前述"治学信奉马克思主义"一节中已经有过分析，这里再做一点补充。在《陈寅恪魏晋南北朝史讲演录》的"前言"中，万先生认为，阶级分析和集团分析（实际上也是阶级分析）方法"贯穿在陈老师的全部讲述之中"，并提出了"陈老师不仅是我国近代资产阶级史学的开创者和奠基人，而且是从资产阶级史学过渡到马克思主义史学的桥梁"的观点。①那么先生的阶级分析方法与陈寅恪的阶级分析方法是什么关系呢？我以为先生秉承的是唯物史观的阶级分析方法，与陈寅恪先生的阶级分析有区别。陈寅恪先生在讲述中确实使用了"社会阶级"这个概念来分析魏晋南朝社会的变化，但是很明显，陈寅恪先生使用的"社会阶级"或指文化（主要指儒家文化）背景不同的"豪族"与"寒族"，或指"高门"与"寒门"（士族与庶族），它与唯物史观以一定生产体系中所处的地位不同、对生产资料的占有关系不同、在社会劳动组织中所起作用的不同来划分阶级的标准是不一样的。纵观万先生的研究，他使用的阶级分析方法显然是唯物史观的阶级分析法而不是前者。我的看法是否符合万先生的原意已不可求证，但我想学术界可以研究。

---

① 参见万绳楠整理:《陈寅恪魏晋南北朝史讲演录·前言》,黄山书社,1987年,第2页。

（二）秉持创新思考的精神

治学贵在创新。万先生学术研究的一个突出特点就是始终秉持创新思考的精神，从不人云亦云。在《魏晋南北朝史论稿》的"前言"中他讲到该书的三个宗旨：一是努力运用马克思主义的立场、观点、方法，研究这段历史，力求得到一个接近科学的解释。二是对这段历史中尚未解决的问题，进行探讨。三是各章各节概以论为主，提出个人的看法，力求言之有理、有据。不重复众所熟知的东西，不作如同教材一类的叙述，并保持一个较为完整的系统，以窥全豹，故也不同于论集。这也可以说是体例上的一个"创新"吧。①可见先生的这部书，除了理论上他使用了"运用"一词之外，其他都是在追求"个人的看法""不重复众所熟知的东西"，甚至书稿的体例也试图"创新"。在《魏晋南北朝文化史》的"序言"中他说道："不因袭，重新思考，在科学的基础上，写出一个综合性的、能反映出时代精神的新文化史，是我写这本书时，对自己所作的要求。"②创新需要一定的方法，先生一生谈治学方法的文章不多，《史学方法新思考》是其中少有的一篇，此文虽然极短，但却是他总结治学方法的一个缩影："要推动历史学向前发展，我感到历史研究的方法，似亦有重新考虑的必要。我深感我们的史学工作者虽然研究各有重点，但无妨去涉猎中外古今的历史；虽然以研究政治经济史为方向，但无妨去学一点文学史、宗教史、思想史。有时候一个问题的解决，有待于运用经、政、文三结合或文、史两结合的方法，以求互相发明。研究问题，列宁是主张全面占有材料，掌握一切媒介的。这确是一个好方法。"③有专攻、通古今、跨学科、求关联、文史结合、相互发明与全面占有材料，正是先生治学的基本方法。读过先生论著的人都可以感受到，他的论著从标题到文风都有自己的特点，从标题上看，每级标题的问题意识都极强，从具体问题入手，抽丝

---

① 参见万绳楠：《魏晋南北朝史论稿·前言》，安徽教育出版社，1983年，第1页。
② 万绳楠：《魏晋南北朝文化史·序言》，黄山书社，1989年，第3页。
③ 万绳楠：《史学方法新思考》，《社会科学家》1989年第4期。

剥茧，层层深入；从文风看，语言洗练干净，抓住问题直奔主题，不绕弯子。这种治学精神，使先生的论著以解决历史问题作为基本出发点，以深厚的史学素养和理论素养洞察历史变化，在众多领域取得了很多创新性认识。限于篇幅，我不再一一例举。

（三）充满时代进步的气息

如何处理历史与现实的关系是古往今来史学家都要面临的问题，往往也要对他们的史学研究产生一定的影响。万先生是一位经历了民国时期、新中国建立直至改革开放后的史学家，长期活跃在新中国的史坛和教坛上。在近50年的革命、教学和研究生涯里，他坚持马克思主义立场，立足现实，以辩证唯物主义和历史唯物主义的观点观察分析历史，使他的研究充满着时代进步的气息。首先，对封建君主专制制度的深刻批判。新中国的建立推翻了压在中国人民头上的帝国主义、封建主义、官僚资本主义三座大山，但影响中国两千多年的封建主义思想在人们的脑海中并不容易消除，对封建主义特别是其总代表君主专制制度的批判，是史学界的重要任务。先生的史学论著中，对封建专制制度的揭示和批判是深刻无情的。在《嵇康新论》一文中，先生指出君主专制制度的最大特点就是"宰割天下，以奉其私"，嵇康主张"以天下为公"，反对"割天下以自私"，抨击君权，把这当作是一切祸害的总根，具有民主进步意义的色彩。[1]君主专制还是一切政治动荡的总根源，先生运用马克思主义观点阐释了中国古代君权产生的政治和经济基础，指出我国君主专制制度是建立在自由农的小块土地所有制和地主的土地所有制基础之上的。这个基础很牢固。但君主专制又表现为个人和"行政权力支配社会"。"当皇帝和封建官僚机构是强有力的时候，或者说个人和行政权力能够真正支配社会的时候，国家尚能保持稳定或苟安；但当皇帝昏庸，官僚机构又转动不灵的时候，那就必然要变乱丛生。"[2]西晋的八王之乱不是分封制度造成的，其内在的或最后的原因，

---

① 参见万绳楠：《嵇康新论》，《江淮论坛》1979年第1期。

② 万绳楠：《魏晋南北朝史论稿》，安徽教育出版社，1983年，第121页。

应当从君主专制制度本身去找。①这一论断改变了过去只从分封角度去看八王之乱的窠臼，令人耳目一新。除了嵇康外，先生还高度肯定了魏晋南北朝时期鲍敬言、陶潜反君主专制的思想。先生指出，产生于两晋之交的鲍敬言的无君无司论，是世界上最早的无政府主义论，鲍敬言看出了"有君"是一切祸害的总根源，看清了"君权神授"的谎言，要求把皇帝连同国家机器一起废掉。君主专制是封建政治制度的骨髓，在我国中古时代，产生这样一种有君有司为害，无君无司为利的思想，无疑是封建长夜中出现的一颗明星。先生认为，陶潜所理想的世界，是一个无君长，无官吏的世界。②"《桃花源诗并记》表现的陶潜思想，可用一言以蔽之——反对君主专制主义及其所维护的封建制度。"③其次，对儒家专制思想的尖锐批判。自汉武帝独尊儒术，以纲常思想为核心的封建儒学与天、神相结合，严重束缚了人们的思想。基于这一认识，先生在其论著中对儒家思想阻碍历史的进步予以深刻揭露，对历史上批判儒家思想、突破儒家思想束缚的种种行为给予高度评价。在评价汉代选举制度中的重"德"因素时，先生指出："而所谓德，是和神学结合在一起的、标榜王道三纲来源于天的儒学。这种儒学，是统治阶级加在人们思想上的桎梏，是图抹在选举制度上的神光。"④君为臣纲是儒学理论的核心，是封建专制主义的灵魂。先生高度赞赏嵇康，也正是从他猛烈地反对儒教、在反对"割天下以自私"的斗争中，形成了他"以天下为公"的带有民主性的政治思想角度出发的。先生在《对文化史研究的思考》一文中认为，魏晋南北朝时代是各科文化蓬勃发展的时代，把汉朝远远抛在后头，其中的重要原因就是这个时期专制主义的削弱和儒学独尊地位的跌落。⑤在《魏晋南北朝文化史》"序言"中

---

① 参见万绳楠:《魏晋南北朝史论稿》第六章第四节"八王之乱"，安徽教育出版社，1983年，第119—123页。

② 参见万绳楠:《魏晋南北朝文化史》第三章第三节"反对封建君主专制主义的思想闪光(嵇康、鲍敬言与陶潜)"，黄山书社，1989年，第81—88页。

③ 万绳楠:《魏晋南北朝文化史》，黄山书社，1989年，第87页。

④ 万绳楠:《魏晋南北朝史论稿》，安徽教育出版社，1983年，第23页。

⑤ 万绳楠:《对文化史研究的思考》，《文史哲》1993年第3期。

先生更明确指出：孔孟之道"并不能代表我国的文化传统。不但不能代表，儒家的三纲五常之教一旦被突破，我国文化便将以澎湃之势向前发展。在文化领域，无疑始终存在着以儒术为代表的封建专制文化与进步的、民主的、科学的文化的斗争"①。先生对儒家思想的批判是要区别古代文化遗产中民主性和革命性的东西，是要剔除其封建性的糟粕，吸收其民主性的精华，是要肃清"四人帮"的流毒，扫除两千多年来地主阶级所散布的封建儒学思想的影响，这正是先生史学思想与时代同呼吸的精神所在。需要看到的是，先生所批判的是儒学中的三纲五常、君权神授等腐朽糟粕，并不是一股脑否定儒学的文化价值。比如先生高度肯定各少数民族政权崇尚儒学、学习传播儒家文化的历史价值，如后秦姚兴大力提倡儒学和佛教"对封建文化和佛教文化的传播，是起了作用的。而这却是一个羌人做出的贡献"②。第三，始终站在人民的立场。万先生批判君主专制和儒学中的封建糟粕，目的都是为了人民，这是他群众史观在历史研究中的具体表现。对一种思想、一种政策、一种制度，一个人物、一个集团的评价，就是要看是否有利于人民，有利于历史的进步。先生指出，东汉的外戚尤其是宦官的统治，给人民带来了巨大的灾难，曹操维护和发展小块土地所有制的政策就是有利于人民的，曹操统一北方是有利于人民的，孙吴对待山越的政策是不利于人民的，是应当否定的，西晋士族地主的腐朽统治和军阀混战是人民大流亡的根本原因，各族人民是推动民族融合的力量，氐族人民对祖国历史发展作出了成绩，《孔雀东南飞》充分体现了我国人民运用文学形式反对封建压迫的优良传统，《吴歌》《西曲歌》形象地反映出劳动人民的情操，孝文帝推行汉化政策使黄河流域的人民生活比较安定，凡此等等，在先生的论著中随处可见，是先生一切皆以人民群众为中心的历史观的生动体现。

先生离开我们近三十年了，今天的魏晋南北朝史研究较三十年前无论在史料的扩展、理论方法的更新、研究视角的转化等方面都发生了很大变

---

① 万绳楠：《魏晋南北朝文化史·序言》，黄山书社，1989年，第2页。

② 万绳楠：《魏晋南北朝史论稿》，安徽教育出版社，1983年，第181页。

化，但是我想，以唯物史观作为历史研究的指导思想没有变，实事求是的史学方法没有变，史学为人民服务的经世致用精神没有变。《全集》是先生给我们留下的丰富史学遗产，它一定会、也能够会为新时代中国史学"三大体系"的构建发挥重要作用，也一定会深深慰藉先生的在天之灵。最后，作为先生的学生，我代表各位师姐师兄师弟，向安徽师范大学历史学院表示深深敬意！向安徽师范大学出版社表示深深谢意！向所有为《全集》出版付出辛勤劳动的各位同志及万先生的亲属、向长期以来关心万绳楠先生的各位同志表示衷心的感谢！

（作者系中国社会科学院古代史研究所所长、研究员）

万绳楠先生的学术成就与治学特色

庄华峰

2023年11月是我国著名历史学家万绳楠先生诞辰一百周年，回忆跟随先生攻读历史学硕士学位、有幸忝列门墙至今已有36个年头，翻阅案头珍藏先生的几部经典著作，顿时百感交集。在感慨先生的论著论证严谨、考述精致、新见迭出之余，也感觉学界对于先生学术成就、治学精神和治学方法的研究尚属滞后，至今鲜见有这方面的成果问世。鉴于此，笔者谨就自己所知，对先生的治学道路、学术成就及其治学特色作一论述，以期对后学有所启迪，同时也借此表达我对先生的崇敬和缅怀之情。

一、风雨兼程：万绳楠先生的治学道路

了解万绳楠先生的人都知道，他的一生充满坎坷，尤其是其前半生苦难总是与他如影相随。先生是江西南昌人，1923年11月出生于一个国文教员家庭，兄弟姐妹4人，4岁时母亲离世，12岁时父亲又撒手人寰。两个哥哥在抗日战争初期当了兵，妹妹也迫于生活压力给人家当了童养媳。先生自己则几乎沦为孤儿。悲凄的家庭命运铸就了先生坚毅的品格，正是这种优良的品格使先生在数十年的风雨历程中踔厉奋发，勇毅前行。

先生天资聪颖，七八岁就开始读《论语》《孟子》《中庸》等书，进入小学、中学后，又广泛阅读其他一些经、史、子、集方面的典籍。还阅读

了包括《诗经》《左传》《庄子》《楚辞》等在内的古典文学作品。先生读书有两个习惯，对于一般图书泛泛浏览即可，而对于重要书籍或文章则反复精读，甚至将其背诵下来，由此锻炼出超强的记忆力。他给学生授课，常常征引大量史料来论证自己的观点，他对史籍十分熟悉，往往达到了信手拈来、如数家珍的程度。他说，这都得益于平时的知识积累。他常跟自己的研究生说，他做学问的一条重要经验是"熟读深思"。他说："旧书不厌百回读，熟读深思子自知。"对于一些重要的书，必须反复阅读，最好能把书中精要的部分背诵下来，使其成为自己的东西，这样，在思考问题时，就能够信手拈来，运用自如。

先生在少年时代所经受的这些训练，为其以后的学术研究奠定了扎实的基础。他不止一次这样谆谆告诫学生说："基础材料如果没有弄清楚，就及早微言大义，肯定不会得出科学的结论。"所以他一直主张做学问要从基础工作做起，要靠日积月累，而积累知识的一种有效途径就是要善于做读书卡片。他曾说："卡片一万张，学问涨一丈。"

由于先生基础扎实，加之学习勤奋，他成为学校的尖子生。读初中时，先生因成绩优异被南昌二中将其姓名刻入石碑；高中时，先生的论文获得过政府奖励，被全班同学传读。1942年，由于成绩优异，先生同时被西南联大历史系、交通大学电机系和浙江大学土木工程系录取。由于家庭经济拮据，先生上了三所学校中助学金较为丰厚的西南联大历史系读书。西南联大，这所"抗战"时由清华大学、北京大学和南开大学合并的集北国学者精英的特殊高校，对先生有着极大的吸引力。先生没有想到，他将在这里与吴晗、陈寅恪这两位著名历史学家相遇、相知，更不会想到他们俩为自己种下一生的因果。在本科学习阶段，先生过人的禀赋和治史才华博得陈寅恪的赏识。四年后，先生如愿考取清华大学历史研究所研究生，师从陈寅恪先生治魏晋南北朝史和隋唐史。陈寅恪被后世称为"教授中的教授"，有幸成为陈寅恪先生的关门弟子，对于当时还是一个青葱小伙的先生而言是一件多么幸运的事情。三年的研究生学习，先生打下了坚实的基础，特别是陈寅恪先生的治学方法和治学精神对先生产生了极大影响。

先生曾在其整理的《陈寅恪魏晋南北朝史讲演录》一书"前言"中说：

> 陈老师（按：指陈寅恪）的学问博大精深，兼解十余种语言文字，为国内外所熟知，无待我来讲。我当年感觉最深的是，陈老师治学，能将文、史、哲、古今、中外结合起来研究，互相发明，因而能不断提出新问题，新见解，新发现。而每一个新见解，新发现，都有众多的史料作根据，科学性、说服力很强。因此，陈老师能不断地把史学推向前进。那时我便想如果能把陈老师这种治学方法学到手上，也是得益不浅的，更不消说学问了。①

在课堂上，先生也曾对研究生如是说："我的老师陈寅恪先生有'三不讲'，就是书上有的不讲，别人讲过的不讲，自己讲过的不讲。我想这里的'三不讲'，是不讲而讲，不重复既有，发前人所未发，成自家独创之言。老师的'三不讲'是我的座右铭，无论是讲课还是搞研究，我都力求有新的东西呈现。"可见，对于老师的治学方法，先生是拳拳服膺，并身体力行的。

1948 年 12 月上旬，东北野战军包围了平津一线国民党的 50 万大军，12 月 15 日，清华园一带已解放。先生受"学运"思潮影响很深，这时，他和无数要求进步的学生一起，穿上军装参加了东北野战军。一向持"独立自由精神"思想的陈寅恪了解到先生这一举动后，大为恼怒，要不是师母唐筼的再三劝说，险些与先生断绝师生关系。我想，先生并非要忤逆老师的尊严，他的所作所为，实质上是在诠释着"我爱我师，我更爱真理"的深刻内涵。

1960 年，先生从北京来到安徽，先后执教于安徽大学、合肥师范学院历史系。自此，先生一边给学生讲课，一边研究魏晋南北朝史，每有心得，写成文章，在报刊上发表。此时，先生已在史学界崭露头角。这段时

---

① 万绳楠整理：《陈寅恪魏晋南北朝史讲演录·前言》，黄山书社，1987 年，第 1 页。

间里，他发表了《关于曹操在历史上的地位问题》（《新史学通讯》1956年第6期）、《关于南宋初年的抗金斗争》（《新史学通讯》1956年第9期）、《魏晋南北朝时代的思想主流是什么》（《史学月刊》1957年第8期）、《论隋炀帝》（《史学月刊》1959年第9期）等文章。这些文章多发前人之所未发，彰显出很高的学术造诣和敏锐的学术眼光。如1959年初，学术界曾经掀起过一场为曹操翻案的运动，郭沫若、翦伯赞等历史学家纷纷撰文替曹操翻案。而先生早在1956年就发表了《关于曹操在历史上的地位问题》一文，对曹操在历史上的地位予以肯定，认为他对我国历史所起的推动作用比破坏作用要大。用今天的眼光看先生的观点几乎是"常识"，但在当时确属"惊世骇俗"的见解。先生的观点在史学界引起很大的反响。从1961年到1965年的几年间，先生发表了《从南北朝社会经济与政治的差异看南北门阀》（《安徽大学学报》1963年第1期）、《六朝时代江南的开发问题》（《历史教学》1963年第3期）、《曹魏政治派别的分野及其升降》（《历史教学》1964年第1期）、《"太平道"与"五斗米道"》（《历史教学》1964年第6期）、《魏末北镇暴动是阶级斗争还是统治阶级内部的斗争》（《史学月刊》1964年第9期）、《南朝时代江南的田庄制度》（《历史教学》1965年第11期）等十多篇文章。这些文章视角新颖，考订精审，为学界所重视。李凭先生充分肯定了万先生对学术研究的贡献，指出："他一直远离学术研究的中心，却独立地作出过大量的深入的研究，是值得我们纪念的。"①诚哉斯言。

先生从北京来到合肥后，吴晗邀请先生为其主编的《中国历史小丛书》写几本小册子，很快，先生撰写的《文成公主》《冼夫人》《隋末农民战争》等相继而成，在安徽，先生与吴晗的师生关系因此被许多人知晓。恰因如此，先生在"文革"中受到牵连，全国批"三家村"，安徽批万绳楠，先生成为安徽"文革"初期第一个被全省批判的"反动学术权威"。1966年6月3日省内一家大报发文批判先生，指责他是"吴晗的忠实门徒，

---

① 李凭：《曹操形象的变化》，《安徽史学》2011年第2期。

'三家村'的黑闯将"。1971年，先生被下放到淮北利辛县农村。在那里，先生经受了精神与肉体上的双重折磨，罚沉重劳役，险些丧生。

面对如此险恶的环境，先生仍不忘初心，一有闲暇时间，就埋头看书、做学问。虽身处逆境，仍心系天下，忧国忧民，并敢于针砭时弊，彰显出一个正直知识分子敢说真话的赤诚之心。

阳光总在风雨后。随着十年"文革"梦魇的终结，先生获得彻底平反，重新回到他魂牵梦绕的大学校园，随合肥师范学院历史系整体搬回位于芜湖市的安徽师范大学历史系任教，找回了一度失落的书桌和讲坛。当时，先生现身说法告诫他的研究生们："人要有一点奋斗精神。对我来说，被耽误的时间实在是太多了，我要用有生之年，为教育事业多做些有意义的工作。"他在实践中践行着自己的诺言。先生重返校园时虽已年近花甲之年，但他仍然牢记使命，壮心不已，一面教书育人，一面笔耕不息，在学术上更臻新境。自20世纪80年代已降，先生先后发表《东晋的镇之以静政策和淝水之战的胜利》（《江淮论坛》1980年第4、5期）、《安徽在先秦历史上的地位》（《安徽史学》1984年第4期）、《廓清曹操少年时代的迷雾》（《安徽师大学报（哲学社会科学版）》1988年第2期）、《江东侨郡县的建立与经济的开发》（《中国史研究》1992年第3期）、《略谈玄学的产生、派别与影响》（《孔子研究》1994年第3期）、《武则天与进士新阶层》（《中国史研究》1994年第3期）等40多篇文章，这些文章或被转载，或被引用，在学界产生很大反响。同时，在这一阶段，先生还出版了5部著作，即《魏晋南北朝史论稿》（安徽教育出版社，1983年）、《文天祥传》（河南人民出版社，1985年）、《陈寅恪魏晋南北朝史讲演录》（黄山书社，1987年）、《魏晋南北朝文化史》（黄山书社，1989年）、《中国长江流域开发史》（黄山书社，1997年）。5部著作总计150余万字，几乎是每两年推出一部专著，而且在大陆和台湾同时出版。先生治学具有不因陈说、锐意创新的特点，因此他的论著阐幽发覆，多有创见，获得一致好评。如对于《魏晋南北朝史论稿》一书，著名历史学家周一良先生指出："本书读起来确实多少给人以清新之感。"①《魏晋南北朝文化史》出版后，有学者指出："万著以扎实的文献材料、考古材料为基础，提出许多创见"，是"一部反映出时代精神的新文化史"②。《陈寅恪魏晋南北朝史讲演录》一书是陈寅恪1947—1948年在清华大学开设"魏晋南北朝史研究"的课程讲义，由先生根据其听课笔记整理而成。陈寅恪著作甚富，但在其已出版的著述中，尚无系统的断代史之作，本书的出版能补陈书之阙，因而被誉为"稀世之珍"。卞僧慧先生评价道：本书"由万教授精心整理，厥功甚伟，至可珍惜"③。先生也因其非凡的学术成就，成为史学界公认的魏晋南北朝史研究大家，被誉为魏晋南北朝研究领域的"四小名旦"之一。④

1995年底，万先生因积劳成疾住进医院，接受治疗。在病床上，他仍为《今注本廿四史》笔耕不辍。在弥留之际，他还念念不忘自己的导师，他用颤抖的手作七律一首《怀念陈寅恪先师》："忆昔幽燕求学时，清华何幸得良师。南天雪影说三国，满耳蝉声听杜诗。庭户为穿情切切，烛花挑尽夜迟迟。依稀梦笑今犹在，独占春风第一枝。"1996年9月30日，先生带着对教育事业的无限眷恋匆匆地告别了人世。已故北京师范大学著名教授黎虎先生在唁电中说："万绳楠先生学术上正达炉火纯青境界，他还可以做出更多更辉煌的成就。先生的学问和道德堪称楷模。他走了，真是太可惜了！"

万先生一生致力于教学和科研工作，取得了丰硕的研究成果，培养了大批优秀人才，他曾于1984年被评为"安徽省劳动模范"，第二年又获全国"五一劳动奖章"和"全国优秀教育工作者"光荣称号。

---

① 周一良：《评介三部魏晋南北朝史著作》，《北京大学学报（哲学社会科学版）》1985年第2期。

② 彦雨：《一部反映出时代精神的新文化史——评万绳楠教授的〈魏晋南北朝文化史〉》，《安徽史学》1991年第1期。

③ 卞僧慧：《陈寅恪先生年谱长编（初稿）》，中华书局，2010年，第245页。

④ 在魏晋南北朝史研究领域，有"四大名旦""四小名旦"之称誉，前者指唐长孺、周一良、王仲荦、何兹全，后者指田余庆、韩国磐、高敏、万绳楠。参见刁培俊、韩能跃：《探索中国古史的深层底蕴——高敏先生访谈录》，《史学月刊》2004年第2期。

二、孤明独发：万绳楠先生的学术成就

万先生从事史学研究近50载，一直致力于中国古代史的教学与研究，发表论文80多篇，出版著作多部，为我国的史学发展做出了突出贡献。先生精于魏晋南北朝史研究，同时在中国古代史其他领域也取得了丰硕的成果。综合起来看，先生的学术成就主要表现在以下几个方面：

（一）魏晋南北朝史研究成就

万先生在魏晋南北朝史研究领域著作等身，成就卓然，限于篇幅，难以悉数呈现，这里仅就其最具代表性的成果略作评述。

1.曹魏政治派别研究。六十多年前，陈寅恪先生在《书世说新语文学类钟会撰四本论始毕条后》一文中说："魏为东汉内廷阉宦阶级之代表，晋则外廷士大夫阶级之代表，故魏、晋之兴亡递嬗乃东汉晚年两统治阶级之竞争胜败问题。"①陈寅恪用他的阶级分析学说，阐述汉晋之际的政治变迁，指出"作为一个阶级来说，儒家豪族是与寒族出身的曹氏对立的"②，具体到曹操本人的作为而言，就是"寒族出身的曹氏"与"儒家豪族人物如袁绍之辈相竞争"。陈寅恪的阶级分析方法很有影响，对后续相关研究具有发凡起例的意义。万先生师承陈寅恪的研究方法，把曹魏政治派别的研究向前推进了一步。他在1964年发表的《魏晋政治派别及其升降》一文中指出，曹操统治集团中有两个以地区相结合的派别，即"汝颍集团"和"谯沛集团"。汝颍集团标榜儒学，主要担任文职。谯沛集团则以武风见称，主要担任武职。在汝颍与谯沛两集团之间，有尖锐矛盾，这种矛盾到曹操晚年就逐步明晰化。高平陵事件成为曹魏政权转移的转折点，最终以

---

① 陈寅恪：《书世说新语文学类钟会撰四本论始毕条后》，《金明馆丛稿初编》，生活·读书·新知三联书店，2001年，第48页。

② 万绳楠整理：《陈寅恪魏晋南北朝史讲演录》，黄山书社，1987年，第13页。

司马师为代表的汝颍集团取得了胜利，"亡魏成晋"之势已成。[①]先生对政治派别研究范式的学术推进，具有重要意义。时至今日，"汝颍集团"和"谯沛集团"的概念仍被学界屡屡援引和强调。

万先生对陈寅恪阶级升降、政治集团学说的拓展主要表现在两个方面。一是在研究的时段上，陈寅恪的研究侧重分析曹魏后期曹、马之争的性质，而对曹魏中前期的政治问题则未涉及，而先生则主要论述曹魏中前期的政治史，通过对汝颍、谯沛这两个政治集团的考述，弥补了陈寅恪东汉末年士大夫和宦官斗争一直持续到西晋初年这一假说在时间链条上所缺失的一环。二是陈寅恪主要以社会阶层、文化熏习来区分曹、马两党，而先生则引入了地域这一分析维度，强调汝颍、谯沛两个政治集团的地域特征，同时揭示了汝颍多任文职、谯沛多为武人这一文武分途的特征。[②]

2.南朝田庄制度研究。史学界历来把汉、魏、两晋及南北朝时代的田庄主土地占有形态，看作是同一个类型。万先生则认为南朝田庄主的土地占有形态与唐朝是一个类型，和汉、魏已有不同。他认为，南朝田庄主土地占有形态的变化主要表现在以下三个方面：一是汉魏田庄主是聚族而居的，社会经济的基本单位是一个个名宗大族。直到东晋和北朝，北方仍然是"百室合户，千丁共籍"。而南方大家族在南朝已经分崩离析，个体家庭已经成为社会经济的基本单位。二是南朝在个体家庭所有制基础上形成起来的田庄或庄园，没有部曲家兵，只有农奴。凡是南朝史料中所见的部曲，都是国家的兵。南朝部曲家兵随着宗族组织的解散而解散，是一个自然的普遍的现象。三是南朝田庄是地主阶级个体家庭的庄园，它实行农业、手工业和商业等多种经营，雇佣和租佃都已在南朝出现。这是一种进步。[③]先生指出，南朝田庄制度的变革，是中古土地制度的一个重大变

---

① 万绳楠：《曹魏政治派别的分野及其升降》，《历史教学》1964年第1期；万绳楠：《魏晋南北朝史论稿》，安徽教育出版社，1983年，第78—92页。

② 参见仇鹿鸣：《魏晋之际的政治权力与家族网络》，上海古籍出版社，2015年，第3页。

③ 万绳楠：《魏晋南北朝史论稿》，安徽教育出版社，1983年，第208—217页。

化。①先生的这些观点发人之所未发，得到学界的充分肯定。有学者指出：
"《论稿》关于南朝田庄制度的变革之说，是近几年来，在土地制度研究
上作了一次值得重视的探讨。这可能影响到对南北朝以及隋唐社会历史的
认识。"②先生所撰《南朝田庄制度的变革》一文也被1981年版《中国历史
学年鉴》作为重点文章予以推介。③

　　3.东晋黄白籍研究。一直以来，学界对于东晋土断后黄、白籍的关系
问题都存有不同的看法，有的学者认为户籍的黄白之分即士庶之别，更多
的学者又认为土断是改黄籍为白籍。万先生不同意这些看法。他认为，黄
籍是两晋南朝包括士族和庶民在内的编户齐家的统一的户籍，白籍则是在
特定时期产生的、旨在安置侨民的临时户籍。由此可知白籍是"侨籍"。
持白籍的不交税，不服役。而咸和二年（327）土断整理出来的"晋籍"
是黄籍，是征发税收徭役的依据。持白籍的侨人，一经土断，白籍就变成
了黄籍，编入当地间伍之中，按照规定纳税服役。那么，史学界为何普遍
认为土断是改黄籍为白籍呢？先生认为这种颠倒来自胡三省。胡三省在
《资治通鉴》中，为成帝咸康七年（341）的令文"实编户，王公已下皆正
土断白籍"做注时误解其意，以为此令意为土断后将南迁的王公庶人著之
白籍，学者据此便认为土断是将黄籍改为白籍了。先生认为此令的重点在
于"实"字，即查验编户的户籍是否皆为黄籍。这说明胡三省对黄、白籍
并未研究过。④

　　万先生关于黄白籍的论说不仅博得国内史学界的首肯，还蜚声海外，
受到国外史学界的关注。1980年5月，先生接受了美国华盛顿大学历史学

---

　　① 万绳楠：《南朝田庄制度的变革》，《安徽师大学报（哲学社会科学版）》1980年
第2期。

　　② 卞恩才：《一部勇于创新的断代史专著——读〈魏晋南北朝史论稿〉》，《安徽史学》
1984年第3期。

　　③《中国历史学年鉴》，人民出版社，1981年，第30—31页。

　　④ 万绳楠：《论黄白籍、土断及其有关问题》，载《魏晋南北朝史研究》，四川社会科学
院出版社，1986年；万绳楠：《魏晋南北朝史论稿》，安徽教育出版社，1983年，第157—
161页。

博士孔为廉的慕名专访，先生如数家珍地解答了孔博士提出的东晋南朝的土断与黄、白籍的关系问题。孔博士指出，日本和中国学者对此问题有不同的意见，日本学者认为黄、白籍为贵贱之别；中国学者认为侨人包括贵族在内，经过土断，纳入白籍。万先生根据自己深入的研究，认为白籍为侨籍，黄籍为土著户籍，土断变侨民为土著，变白籍为黄籍，变不纳税服役户为纳税服役户，并回答了以往中日学者何以出错的原因。孔博士十分信服地接受了先生的学术观点，激动地说："万先生的回答不仅为我本人，而且也为我的美国同行解决了一个历史疑难问题，我不虚此行！"

4.魏晋南北朝民族问题研究。魏晋南北朝时期的民族大融合给中国历史带来长久而深远的变化，并直接为隋唐大一统和经济文化的高度繁荣奠定了基础。恰因如此，大凡治魏晋南北朝史者，都会关注这一时期的民族问题。万先生也不例外。他在这方面的成果主要体现在其力作《魏晋南北朝史论稿》中。该书凡十六章，涉及民族问题的有五章（第七章、第九章、第十二章、第十三章、第十四章），足见先生对民族问题用力之勤。在论及"五胡十六国"历史时，先生强调，各民族要求和平、友好、融合，是一种历史发展趋势。尽管历史有曲折，不过这种曲折不是倒退，而是历史的更高一级的循环。基于这样的认知，先生考察了五胡各国政权的政策。他一方面阐明早期有像匈奴刘氏、羯胡石氏那样采取依靠"国人"武力，背离民族融合大势的举措，同时又指出前燕鲜卑慕容氏凭借汉人和魏晋旧法，消除民族之间的冲突与隔阂，顺应了民族融合的发展趋势。先生指出，在民族问题上，苻坚一反西晋以来民族压迫的弊政，采取了"魏降和戎之术"，这一政策，是永嘉以来，在民族融合的道路上，迈出的极可贵的一步。苻坚的政治眼光，较西晋以来各族统治者为远。在论及淝水战后后秦等政权时，先生也多从它们在民族融合方面所发挥的作用这个角度讨论。在论及"淝水战后北方各族的斗争、进步与融合"问题时，先生这样写道："淝水战后，是北方分裂得最细但也是各少数民族与汉族接触最频繁的时代。透过这一时期各族斗争纷纭复杂的现象，我们可以看到，在北魏统一北方之前，进入中原的各族，都在这一时期与汉族融合。"因此可以说："这一百三十六年（指304年到439年）是北方各个少数民族获得进步之年，与汉族自然同化之年，各族大融合之年，我国这个多民族的国家获得发展之年。"①著名历史学家周一良先生对万先生的这一看法予以肯定，指出："作者这样的估计是不为过分的。"②

5.魏晋南北朝南方经济发展研究。万先生充分肯定魏晋南北朝四百年历史的进步性，其中包括充分认识到这一时期生产力的发展，特别是南方经济的开发和社会的进步，这一认识集中体现在其代表作《魏晋南北朝史论稿》和相关论文中，并在学界产生了很大的反响。

万先生对于此时期南方经济开发的研究，有一个鲜明的特色，即注意揭示政治、经济政策对于经济发展的影响。如先生在论述江左政权对待侨民的政策时指出："建置在丹阳江乘县与毗陵丹徒、武进二县即建置在自今南京东至无锡沿江一线所有的侨郡县中的侨民，在咸和二年第一次土断前，凭所持白籍与政策规定，都曾免除税役多则十一年，少则以太宁元年（323）计算也有五年。这对江东自建康以东至无锡一线侨郡县的开发，无疑是有益的。"③在讨论南朝经济政策的变化与江南的开发问题时，先生坚持"促进江南普遍获得开发的重大因素，是南朝田庄制度的变革，经济政策的变化，生产关系的改造"④的基本判断，指出"占山格"的颁布，第一次以法律的形式肯定了山林川泽的私人占有，是汉末以来南方大土地所有制的一个重大发展；以"三调"为形式的财产税（赀税）的出现，对无财产或少财产的人来说，减轻了负担，提高了他们从事生产的积极性；而营造工人"皆资雇借"，不再是征发而来，是役法上的一个重大进步，这对农业和民间手工业的发展，大有好处。⑤先生同时指出，江东政治的发展，与六朝江南经济开发次第，是相适应的。这表明一点，那就是政治与

---

① 万绳楠：《魏晋南北朝史论稿》，安徽教育出版社，1983年，第188页。

② 周一良：《评介三部魏晋南北朝史著作》，《北京大学学报（哲学社会科学版）》1985年第2期。

③ 万绳楠：《江东侨郡县的建立与经济的开发》，《中国史研究》1992年第3期。

④ 万绳楠：《魏晋南北朝史论稿》，安徽教育出版社，1983年，第223页。

⑤ 万绳楠：《魏晋南北朝史论稿》，安徽教育出版社，1983年，第218—227页。

经济是不可分割的关系。[①]

6.对于魏晋南北朝文化若干问题的思考。万先生对于魏晋南北朝文化的研究，用力甚勤，除了出版《魏晋南北朝文化史》一书外，还发表了系列论文，直接推动了此时期文化史的研究。"不因袭，重新思考"是先生研究魏晋南北朝文化的立足点，因而他在许多地方都提出了不少持之有据、言之成理的新论点，这是十分难得的，仅举几例说明。

先生认为孔孟之道并不能代表中国的传统文化。指出"儒家的三纲五常之教一旦被突破，我国文化便将以澎湃之势向前发展"。"在文化领域，无疑始终存在着以儒术为代表的封建专制文化与进步的、民主的、科学的文化的斗争。进步思想家嵇康以反对儒家纲常的罪名被杀；科学家祖冲之将岁差应用于历法，被指责为'违天背经'。"所以他认为研究文化史的重要任务之一，便是揭露这两种文化之间的斗争，阐发进步文化所蕴藏的生命力与发展的曲折性。[②]这样的论点对于我们深入研究魏晋南北朝文化史无疑具有启发意义。

先生提出了"正始之音"不同一性之说。对于魏晋玄学的分派问题，学界往往将曹魏时期何晏、王弼这两个玄学创始者的言论不加区别地都称之为"正始之音"。而先生则认为何晏和王弼虽然都祖述《老》《庄》，都标榜"无""无为"，但他们所论有本质上的区别。何晏讲圣人无情，认为无和有是相互排斥的，无和有是二元；而王弼则讲圣人有情，认为无和有不是对立的关系，无和有是一元（无生有）。因此，"正始之音应当说是两种声音，不是一种"。先生同时指出，何晏在政治上属于谯沛集团，而王弼的言论所反映的则是以司马氏为首的汝颍集团的要求。值得一提的是，先生不是孤立的研究何、王二人的玄学思想，而是把他们思想的重大差异同"九品中正制"和"四本论"联系起来加以考察，从而说明汝颍和谯沛两大集团在正始时期进入决斗之时，玄学的产生绝不是偶然的。先生把玄

---

① 万绳楠：《六朝时代江南的开发问题》，《历史教学》1963年第3期。
② 万绳楠：《魏晋南北朝文化史·序言》，黄山书社，1989年，第3页。

学思想与当时的政治风云结合起来考察，使研究得到了深化。①

先生还提出了佛教异端之说。认为"中国的佛教异端是在南北朝时代，在北方出现的。高举'新佛出世，除去旧魔'旗帜的法庆起义，揆其实质，即佛教异端的起义"。唐长孺先生在《魏晋南北朝史论拾遗》一书中，也曾提出弥勒信仰为佛教异端的看法。②在佛教异端上，万先生与唐先生同时提出同一个结论，不过万先生讨论的问题更多，他分析了佛教异端产生的佛经依据，又论述了佛教异端产生在北方而不是南方的原因。③这是研究佛教史的一项重要成果。

他如，曹魏时期的外朝台阁制度与选举制度、五斗米道与太平道的关系、"苍天已死，黄天当立，岁在甲子，天下大吉"口号的含义等问题，先生都进行了探讨，提出了颇具洞见的观点。

（二）宋史研究成就

万先生对宋史研究倾心倾力，除了发表《关于南宋初年的抗金斗争》（《新史学通讯》1956年第9期）、《关于王安石变法的几点商榷》（《安徽日报》1962年1月6日）、《宋江打方腊是难以否定的》（《光明日报》1978年12月5日）、《诗史奇观——文天祥〈集杜诗〉》（《中华魂》1996年第5期）等多篇论文外，还于1985年推出了他的精心之作《文天祥传》。本书是作为史学传记来写的，通过文天祥的一生活动，把历史上一个兼具哲学家、政治家、文学家的民族英雄的形象，呈现在读者眼前，并借此对南宋晚期的历史，作些必要的清理工作。综观全书，有这样几个特色：一是叙述全面，内容丰赡。此前有关文天祥的著作，其篇幅都相对较小，最多的也不过13万字。而先生的著作则洋洋洒洒，有近30万字的篇幅。该书对文天祥的生平事迹，尤其是对他的政治、哲学思想和文学成就，作了富有创见的论述，不仅是文天祥传中最为丰富详实之一种，也是宋元之交的一

---

① 万绳楠：《魏晋南北朝史论稿》，安徽教育出版社，1983年，第88—89页。
② 唐长孺：《魏晋南北朝史论拾遗》，中华书局，1983年，第203页。
③ 万绳楠：《魏晋南北朝文化史》，黄山书社，1989年，第346页。

部信史或实录。二是做到传、论、考相结合。书中对以往被忽略的问题，如文天祥的哲学思想、政治思想、文学成就以及具体事迹的思想基础等，进行了论述。对以往记载有出入的问题，如文天祥究竟是哪里人，多少岁中状元，某些作品写于何时等，作了考证。对以往记载较为混乱的问题，如南宋太皇太后谢氏投降的经过，利用各种史料，进行了梳理。对事迹本身，则力求言之有据。凡此，都做到史论结合。三是提出了一些新看法。如先生认为，文天祥是在南宋内忧既迫、外患又深的年代里成长起来的。但这个时代并非南宋注定要灭亡、元朝必定要统治全中国的时代，而是黑暗中有光明。只要南宋政府改革导致社会危机和民族危机的守内虚外之法，就不会是元兵南进，而是宋旗北指。先生进一步指出，如果只看到蒙古兵南犯时所取得的局部胜利及其不可一世的嚣张气焰，那就会得出元朝必胜，南宋必亡的错误结论。而如果既能看到蒙古胜利中也有困难，也看到南宋只要"一念振刷，犹能转弱为强"，那就不仅可以理解南宋本来不会灭亡的道理，而且还可以理解文天祥所进行的斗争其意义之重大。[1]又如在论及文天祥的诗歌成就时，先生指出，文天祥的诗文，尽洗南宋卑弱、破碎、凡陋、装腔作势的文体与诗体，揭开了我国文学史的新的一页。[2]先生还强调，不应当忘记"他在南宋文坛上，振起过一代文风；不应当忘记他是我国古典作家中，现实主义文学巨匠之一"[3]。这样的新见解，都发前人所未发，言前人所未言，颇有学术价值。书中类似的新观点还能举出许多。著名宋史研究专家朱瑞熙先生对该书给予了高度评价，指出"与同类著作相比，万绳楠同志的著作别开生面，具有一些新的特色"，是"宋人传记的佳作"[4]。

---

① 万绳楠：《文天祥传》，河南人民出版社，1985年，第18页。
② 万绳楠：《文天祥传》，河南人民出版社，1985年，第346页。
③ 万绳楠：《文天祥传》，河南人民出版社，1985年，第336页。
④ 朱瑞熙：《宋人传记的佳作——评〈文天祥传〉》，《中州学刊》1986年第3期。

（三）长江流域经济开发研究

万先生的《中国长江流域开发史》一书于1997年出版，该书是原国家教委"八五"社会科学重点科研项目的结项成果，也是国家"九五"重点规划图书。全书按朝代对荆、扬、益三州的农业、工业、商业、科学技术、城市经济以及户口、赋税、生态环境等方面进行了有益探索，是我国第一部全面系统阐述长江流域开发的开创性力作，具有很高的理论意义和学术价值。该书体大思精，屡有创获。例如，对于秦始皇修驰道，学界认为其有利于商业往来，万先生在查阅《史记》后认为这与始皇封禅书"尚农除末"不符，指出"商人都被赶到南方戍守五岭去了，秦朝根本无商业（除末）。从裴骃《集解》中，我们又发现秦驰道为'天子道'，封闭式，只有始皇封禅的车子才能通行"①。它如关于唐朝雇佃、雇借、和市、赀税与南朝的关系的论述、关于五代时期长江流域诸国的政策与开发的关系的论述、关于宋代长江下游圩田开发与生态环境关系的论述，以及关于明清长江流域赋役制度的论述等，也都不囿于传统的观点，提出了具有较高学术价值的新见解。还值得一提的是，先生还着力揭示经济开发与文化兴盛之间的互动关系，如老庄哲学及楚辞的出现之于战国经济的发展，南方文人的涌现之于唐宋经济的开发，明清长江流域的开发与科学技术的兴盛等，都有独到分析，给人耳目一新的感觉与启迪。该书出版后，学界给予了高度评价。有学者指出，该书"是国内外第一部全面、系统研究长江流域经济开发的学术力作"，其特点有四：一、史论结合，析理深邃；二、不囿陈说，推陈出新；三、充分利用考古资料；四、注意经济开发与文化发展之间的相互关系。②

---

① 万绳楠、庄华峰、陈梁舟：《中国长江流域开发史·序言》，黄山书社，1997年，第2页。

② 汪姝婕：《简评〈中国长江流域开发史〉》，《光明日报》1999年8月13日。

（四）学术普及工作

让学术走向大众，用通俗易懂的方式向人民传播优秀的历史文化，这是当代哲学社会科学界专家学者的神圣使命。在这方面，万先生为我们树立了榜样。先生不是一位象牙塔里的专业研究者，只会写高头讲章和专业论文，而是在从事学术研究的同时，十分关注学术普及工作，写了许多深入浅出、通俗易懂的图书与文章，为历史学走向大众做出了较大贡献。这也彰显了先生"经世致用"的治学理念。

20世纪五六十年代，由于当时以青少年为主要阅读对象的历史知识普及性优秀读物很少，于是以吴晗为首的一批学者组织编写了《中国历史小丛书》，万先生受邀为小丛书撰写了《文天祥》《文成公主》《隋末农民战争》几本小册子；20世纪80年代初，吴晗主编的"中国历史小丛书"恢复出版时，先生又为丛书撰写了《冼夫人》。1981年先生又出版《安徽史话》（合著）一书。先生撰写的这几册书虽是"史话"体例，具有普及推广的性质，却不乏学术性和思想性，加上文风活泼，内容生动，所以备受读者青睐。时至今日，几十年过去了，这几本小书并未过时，仍是值得一读的优秀通俗读物。

我们注意到，万先生撰写的通俗性文章，大多是其学术研究的拓展和延伸，并用通俗化的方式将其呈现出来。比如，《鲍敬言：横迈时空的预言家》一文，先生写了东晋时期鲍敬言与葛洪在栖霞山上的几次争论，其中的一次论辩先生是这样描述的："鲍、葛二人攀上了栖霞山巅。山巅风光吸引了鲍敬言，他游目四望，发出了一声慨叹：'江山谁作主，花鸟自迎春。'葛洪眼光一闪，似乎抓到了机会，应声道：'江山君为主，临民有百官。'鲍敬言也不看葛洪，只是一连摇头道：'不行，不行，不行。有君不如无君，有司不如无司……''无君无臣，天下岂不是要大乱？''不会的，先生。'鲍敬言眼里出现了异彩。'上古之世，无君无臣，民自为主，穿井而饮，耕田而食，日出而作，日入而息……势利不萌，祸乱不作，干戈不用，城池不设……但闻天下大治，不闻天下大乱。'葛洪闻言含笑道：

'老弟才高八斗，出口成章。上古之世，无君无臣，民自为主，祸乱不作，诚如弟言。但当今之世，却不可无君无臣，道理何在？老弟自明。'鲍敬言笑道：'晚生并未说现在就要把君臣废掉，但君臣必废，时间或迟或早而已。'葛洪正色道：'天不变，道亦不变。君臣之道，现在不会废，将来也不会废。'鲍敬言哂道：'先生又说天道了。晚生读百家之言，察阴阳之变，以为天地之间，但有阴阳二气。二气化生万物，决定万物的属性。万物各依其性，各附所安，乐阳则云飞，好阴则川处，无尊无卑。若论天道明阳，反足可证天地之间，本无君臣上下。君臣现在虽然存在，可以预言，将来必归于无有。一旦君臣都被取消，太平世界立可出现。''老弟思路何至于此！这是叛逆思想，太危险了！'葛洪叹惜道。'哈！哈！哈！哈！哈！'鲍敬言站在山头，向着苍穹大笑。"①又如，在《萧墙祸——侯景之乱》一文中，先生这样描写江南的繁荣景象："秦淮河的北边有大市场一百多个。连接秦淮河南北两岸的浮桥——朱雀桁，每天天明通桁，过桥的人熙熙攘攘。商人挑着与推着商品，付了过桥税，也就可以把他们的商品运到秦淮河北岸的大小市场中去卖掉。市场里有官员，对每个商人的商品进行估价与征税。商税是梁朝朝廷的大宗收入。江南腹地经济也有起色。永嘉（今浙江温州市）成了闽中与会稽郡（今浙江绍兴市）海上交通的要埠与货物集散的中心。抚河流域的临川（今江西抚州市）成了一个新的粮仓，家家有剩余……江南变得很美。文学家写道：'暮春三月，江南草长，杂花生树，群莺乱飞。'年轻的姑娘们唱道：'朝日照北林，春花锦绣色。谁能不春思，独在机中织？'照这样下去，经济还会有发展，江南还会变得更美。可是，梁武帝老了，八十五岁了，活在世上的日子不多了，他的儿孙正在酝酿着一场争夺皇位的斗争。侯景之乱，成了这场斗争的导火索。自侯景乱起，在南方，历史的车轮突然逆转。"②在这里，先生

① 万绳楠：《鲍敬言：横迈时空的预言家》，载范炯主编：《伟人的困惑：古中国思想者卷》，辽宁人民出版社，1992年，第145—146页。

② 万绳楠：《萧墙祸——侯景之乱》，载范振国等撰：《历史的顿挫：古中国的悲剧·事变卷》，中州古籍出版社，1989年，第81—82页。

用准确简洁、引人入胜的文字，把从来是枯燥难读、只为业内人士独自享用的"史学"，变成通俗的"讲历史"，将点滴菁华烩成众多人可以分享的精神食粮，其意义自不待言。

值得一提的是，万先生在安徽区域历史的普及方面也做出了不俗的成绩。从20世纪80年代以降，先生先后发表了《"江左第一"的音乐家桓伊》（《艺谭》1981年第3期）、《睢、涣之间出文章》（《安徽日报通讯》1981年8月）、《夏朝的建立与安徽》（《安徽师大报》1981年12月16日）、《安徽是商朝的发祥地》（《安徽师大报》1982年2月22日）、《淮夷——安徽古代的重要民族》（《安徽师大报》1982年4月8日）、《安徽是相对论的故乡》（《安徽师大报》1982年6月3日）、《秦末起义与安徽》（《安徽师大报》1982年9月6日）等二十多篇文章。先生的这些文章深入浅出，兼具趣味性和叙事性，既具有深厚的学术底蕴，又充实丰富了相关问题，同时也为宣传安徽，增强安徽文化软实力做出了贡献。

三、沾溉学林：万绳楠先生的治学特色

万先生近50载甘之如饴地奉献着自己的学术智慧，积累了丰厚的治史思想和治学方法，沾被后学良多，厥功甚伟。其治学特色，概而言之，约有五端。

（一）注重运用阶级分析方法

万先生在魏晋南北朝史研究中十分注重阶级的分析，如对于孙恩起兵，先生引用《晋书》卷六十四《会稽文孝王道子传附子元显传》所记，指出司马元显"又发东土诸郡免奴为客者，号曰'乐属'，移置京师，以充兵役"，结果"东土嚣然，人不堪命，天下苦之矣，既而孙恩乘衅作乱"。对照《晋书》卷七十七《何充传》所记庾翼曾"悉发江、荆二州编户奴以充兵役，士、庶嗷然"，先生认为，司马元显征发东土诸郡免奴为"客"者当兵，这样便大大地影响到了士庶地主的利益。"所谓'东土嚣

然'与骚动，十分明白，是士庶地主的不满，与庾翼发奴为兵，引起'士、庶嗷然'正同。"所以，先生得出结论说：（孙恩起兵）"不是农民起义，而是一次五斗米道上层士族地主利用宗教发动的、维护本身利益的反晋暴动。就阶级属性来说，是东晋淝水战后，统治阶级内部斗争的继续与扩大。"①

在讨论六镇起兵的性质时，先生也从对领导人的阶级分析出发，提出自己新的看法。他指出，"分析六镇起兵性质时，必须分析镇人中的阶级性"。他认为破六韩拔陵的起兵，"应看到它是由地位降低了的镇民发动的，且有铁勒部人参加，有起义的意义"。而后期葛荣的斗争，性质有了变化，"葛荣部下将领概非镇兵，而全是北镇上层人物"。先生认为，"六镇降户自转到葛荣手上，斗争性质便转化成为统治阶级内部的斗争，转化成为北镇鲜卑化军人集团反对洛阳汉化集团的斗争，转化成为鲜卑化和汉化乃至鲜卑人和汉人的斗争"②。先生的这些论点是值得肯定的。

（二）娴熟运用文史互证的方法

陈寅恪先生在治学方法上，为世人所称道的，是他考察问题时，从文、史、哲多种视角，博综古今、触类旁通的思考，和由此而总结的"以史证诗、以诗证史"的方法。万先生继承了陈先生的治学方法，文史结合，文史兼擅。这在当代史学工作者中是不多见的。他的许多论文，以及《曹操诗赋编年笺证》等专著，都是文史结合的产物。如曹操的《短歌行·对酒》自问世以来，仁者见仁，智者见智，褒贬不一，先生经过研究提出了此诗并非曹操一人所作的新见解，其理由有三：一是诗中"对酒当歌，人生几何，譬如朝露，去日苦多"诸句，与"老骥伏枥，志在千里，烈士暮年，壮心不已"等语相比，情调极不协调，并非一人所写；二是有些诗句如"越陌度阡，枉用相存"，令人费解。曹操在这里是在对谁讲话呢？是承蒙谁的错爱（"枉用相存"）呢？三是全诗连贯不起来，如"何

---

① 万绳楠：《魏晋南北朝史论稿》，安徽教育出版社，1983年，第204—207页。

② 万绳楠：《魏晋南北朝史论稿》，安徽教育出版社，1983年，第294页。

以解忧，惟有杜康"，一下子转到"青青子衿，悠悠我心"，显得很突兀。带着这些问题，先生查阅《后汉书》《三国志》发现，曹操底下的众多名人（共28人）都是在建安初年来到许都的，再联系春秋战国以来，接待宾客要唱诗的事实，先生得出结论：曹操的《短歌行·对酒》是建安元年（196）在许都接待宾客时，主人与宾客在宴会上的酬唱之辞，并非曹操一人所写。①经先生如此一解读，此诗便豁然贯通了。而这种解读却是从文史结合中得来，即把此诗放到一个更大的系统中考察得来。

万先生在考证《木兰诗》《孔雀东南飞》的写作时间以及故事发生背景时，同样使用了文史互证的方法，他从社会经济发展状况入手，研究出《孔雀东南飞》创作于建安五年（200）到建安十三年（208）的九年中②，《木兰诗》则创作于太和二十年（496）到正始四年（507）的十二年中③。这样的结论是颇具说服力的。

（三）坚持用联系的观点研究问题

万先生认为，研究历史上的任何一个问题，都不能作孤立、静止的研究，因为任何事物都不能孤立存在，都与其他事物存在或多或少的联系，因此，必须充分掌握资料，注意事物之间的联系。④正是基于这样的认识，先生一直坚持用联系的观点探讨问题。如南北朝晚期，为什么由继承北周的隋朝来统一，而不由北齐或者陈朝来完成统一任务，先生对此进行了有益的探讨。先生认为，以往学界研究隋时南北的统一问题，强调的仅仅是隋文帝个人的作用，而忽视了对陈、齐、周三方复杂的外交、军事等关系及其演变过程的分析。为此先生从当时陈、齐、周三方力量的对比入手进行探讨，指出："吕梁覆车后的南北形势是：陈朝只占有长江以南的土地，军队主力被全部歼灭；北周占有的土地则北抵突厥，南抵长江，实力远远

---

① 万绳楠：《研究问题要注意事物之间的联系》，《文史哲》1987年第1期。
② 万绳楠：《魏晋南北朝文化史》，黄山书社，1989年，第152—154页。
③ 万绳楠：《魏晋南北朝文化史》，黄山书社，1989年，第187—189页。
④ 万绳楠：《研究问题要注意事物之间的联系》，《文史哲》1987年第1期。

超过陈朝……北周只要再作一两次重大攻击，就完全可以灭掉陈朝，统一无须等待隋朝。"然而为何北周没有统一呢？先生指出："这是由于北方突厥的兴起，从周武帝起，便采取了先安定北疆而后灭陈的政策。……隋文帝在突厥问题基本得到解决，北疆基本稳定之后，出兵很容易地便灭掉了陈朝，实现了南北统一。可隋的统一，基础却是在北周时期奠定的。"[①]这样的分析与联系，颇具启发意义。

对于"八王之乱"，人们都说是西晋的分封制造成的。先生不同意此说法，认为西晋的分封是"以郡为国"，与东汉、东晋、南朝的封国制度，实质上并无区别，与西周、西汉的分封，则大不相同。他引用干宝在《晋纪总论》中所记及梁武帝的说法指出，"八王之乱，原因在于西晋的封建专制机器转动不灵，在于晋惠帝是'庸主'"。"如果仅仅从'分封'二字立论，我们就必然要犯片面性的错误"[②]。先生这种对事物进行具体分析，辩证地加以考察，发现其间的内在联系的研究方法，是值得肯定的。

（四）注重开展调查研究

我们知道，社会调查在史料学上占着十分重要的地位，从事社会调查，可以使文献的史料得到进一步的补充和印证。在史学研究中，万先生很注意开展调查研究工作。如20世纪六七十年代，学界在研究农民战争过程中，有学者开展了对方腊研究的学术争鸣，引起了学术界的关注。为了进一步弄清楚方腊起义的真实情况，先生等受北京文物出版社委托，于1975年初带领4名学生深入到皖南、浙西一带考察与方腊有关的历史资料。此时，先生已年过半百，他与几位二十几岁的小伙子一道跋山涉水，在歙县、绩溪、祁门、齐云山、屯溪以及浙江的淳安一带民间四处寻找方氏族谱。"纸上得来终觉浅，绝知此事要躬行。"经过近一年的不懈努力，三下徽州，历尽千辛万苦，终于找到了不少散落在各地的方氏谱牒以及碑刻材

---

① 万绳楠：《从陈、齐、周三方关系的演变看隋的统一》，《安徽师大学报（哲学社会科学版）》1985年第4期。

② 万绳楠：《研究历史要尽量避免片面性》，《光明日报》1984年5月9日。

料，这些资料大多是第一次面世，是学术界未曾注意或利用的，弥足珍贵。先生通过对这些第一手资料的研究，最后得出"方腊是安徽歙县人"的结论，推翻了历史上认为"方腊是浙江人"一说，具有重要的史料价值。这一成果很快便在当时的《红旗》杂志上发表，后又出版了《方腊起义研究》一书（安徽人民出版社，1980年），同时还发表了《关于方腊的出身和早期革命活动》[《安徽师大学报（哲学社会科学版）》1975年第3期]、《方腊是雇工出身的农民起义领袖》（《光明日报》1975年12月4日）等文章，对于深入研究方腊起义，促进学术争鸣，是有裨益的。

（五）强调开展跨学科研究

近年来，跨学科研究成为学术界关注的热点。实际上任何一项学术研究单靠本学科的知识都是无法完成的，研究者一定程度上都要借助于其他学科的知识和方法，历史研究自然不能例外。对此，万先生早在20世纪80年代就提出了开展跨学科研究的主张：

> 研究历史，知识要广一点才好，中外历史、文史哲都应当去涉猎，去掌握。研究东方文明，不联系农业与家族社会是不行的。研究孙恩、卢循起兵，不了解道教是不行的。研究玄学中的派别斗争，不分析曹魏末年政治上的派别之争是不行的，如此等等。只有纵横相连，才能左右逢源，得心应手。①

他又指出："我深感我们的史学工作者虽然研究各有重点，但无妨去涉猎中外古今的历史；虽然以研究政治经济史为方向，但无妨去学一点文学史、宗教史、思想史。有时候一个问题的解决，有待于运用经、政、文三结合或文、史两结合的方法，以求互相发明。"②作为一个历史学家，先生闳博淹通，能娴熟地将哲学、文学、政治学、经济学等学科的研究方法

① 万绳楠：《研究问题要注意事物之间的联系》，《文史哲》1987年第1期。
② 万绳楠：《史学方法新思考》，《社会科学家》1989年第4期。

运用于历史研究当中，从而在跨学科研究方面为我们树立了典范。

先生之风，山高水长。万先生作为当代著名的历史学家，其在史学研究领域的卓越成就，绝非本文所能尽述。我们回顾先生近50年走过的治学道路不难发现，先生非凡的学术成就固然缘于其过人的禀赋，但最主要的还是得益于其心无旁骛、奋发进取的品格，得益于其独立思考、勇于创新的精神。他留下的数百万言学术论著，以及他的治学精神和治学方法，对后学而言是一笔宝贵的精神财富，我们应继承好先生躬耕一生不舍昼夜的学人精神，专心致志，踔厉奋发，努力多出成果，出好成果，这应是今天纪念先生应有的题中之义。

（作者系安徽师范大学历史学院二级教授、博士生导师）

整理说明

一、为保存和反映万绳楠先生的学术研究成果及其对中国古代史研究的重要贡献，兹整理编辑出版《万绳楠全集》。

二、全集分卷收录万绳楠先生所撰写的专著、论文、科普文章、小说等文字。由于作者写作时间近50年，中经战乱及运动影响，部分早期文章未能查到原文，只好暂付阙如，待将来查考后再作补遗。

三、全集编排原则为：专著、整本小说，仍作整体收入，不打乱原书；论文及科普文章，大体依所撰内容时代编排，并经编委会讨论后命名为《中国古代史论集（一）》《中国古代史论集（二）》；至于其他书信、诗歌、序跋等文字今后将另编补遗之卷以彰学术成就。

四、全集整理编辑已发表过的著作、论文等，正文部分以保存作者著述原貌为原则，即有关撰著形式、行文风格及用词习惯等均尽量尊重原作，仅对错讹之处进行修改。

五、全集注释体例在遵循著述原貌的基础上，分作夹注与页下注两类。在核查文献史料原文后，尽量写明版本、卷帙、页码等信息，以便读者阅读、查考。所核文献均取用万绳楠先生去世以前版本，以存其真。

六、为尽可能准确反映万绳楠先生的学术思想，全集整理编辑过程中，尽量对所收论著与可见到的作者原稿相核校，或与已出版、发表后作者亲笔修改之处相修正，凡此改动之处，限于体例，不再逐一作出校改说明。

七、尽管编者已尽力核校全集文字，但囿于学识、水平及条件所限，其中仍难免出现讹误之处，责任理应由编者承担，并欢迎各位读者来信指正，以便将来修订重版。

编　者

2023 年 10 月

序　言

本传是作为史学传记来写的，不同于文学传记。

本传力求做到传、论、考相结合。传中对以往被忽略的问题，如文天祥的哲学思想、政治思想、文学成就以及具体事迹的思想基础，进行了论述。对以往记载有出入的问题，如文天祥究竟是哪里人，多少岁中状元，某些作品写于何时，进行了考证。对以往记载较为混乱的问题，如南宋太皇太后谢氏投降的经过，参照各种史料，进行了清理。对被视为定论的问题，如南宋必亡论，根据史实，提出了不同的看法。对事迹本身，则力求言之有据。凡此，均求接近科学，力求做到史论结合。

本传是想通过文天祥一生的活动，把历史上一个兼哲学家、政治家、文学家的民族英雄的形象，摆到读者眼前，并借此对南宋晚期的历史，做些必要的清理工作。如果能对马克思主义的史学，对发扬我国爱国主义的光辉传统有所裨益，那将是我的希望。

目　录

第一章　文天祥的诞生与成长

（一二三六年至一二五五年）

第一节　文天祥的籍贯问题

文天祥是哪里人？这个问题似乎解决了，其实没有解决。一是县籍。元朝修成的《宋史》说文天祥是"吉之吉水人"，而元人刘岳申写的《文丞相传》，又说文天祥是"吉州庐陵人"，后世主庐陵之说的颇多，但并未驳倒甚至未去触及吉水之说。二是乡镇。主庐陵之说的，都说文天祥是庐陵淳化乡人，但为什么是淳化乡人，则未交代。再者，《文信国公集》中，明明有淳化和顺化二乡，而清同治《庐陵县志》却说淳化乡"即宋顺化乡"（卷二《地舆志》淳化乡条）。杨德恩的《文天祥年谱》驳斥了同治《庐陵县志》的说法，以为"今公集中均作淳化，未有作顺化者"。但这是以错攻错，杨德恩没有注意到《文信国公集》中自有"顺化"。由此可见主庐陵之说的人，连淳化乡本身也是没有搞清楚的。三是村落。主庐陵之说的，都说文天祥是庐陵淳化乡富田村人。可是《文信国公集》中只有"富川"，而无富田。文天祥说他的先祖"由永和徙富川"，清林有席《文丞相里居考》（见同治《庐陵县志》卷五十一《艺文志》），在引用文天祥此话时，竟将"川"字改为"田"字。杨德恩的《文天祥年谱》引用文天祥此话，虽未改川为田，但却说富川"即富田也"。这完全是臆测。

凡此都可以说明文天祥的籍贯，至今并未确定，仍有详考的必要。

按《文信国公集》（简称《文集》）卷十《先君子革斋先生事实》，说文氏"由成都徙吉"，文革斋（文仪）的五世祖文炳然"居永和镇"，高祖文正中"由永和徙富川"。这说明从文正中迁富川起，到文天祥止，文氏六代人都居住在富川。文天祥为富川人，且诞生于富川，是无可置疑的。

富川，文天祥说了是吉之富川。吉是州名，非县名。这里要问富川属于吉州哪一县？

文天祥在《邹月近墓志铭》中说道：富川为"庐陵南方"的"上游支水"之名，这条支水来自赣州兴国县。邹氏世居富川，而文氏为邹氏的"邻"居（《文集》卷十）。《与庐陵李知县沈孙书》中，又有"某（文天祥自称）邑人也"的话（《文集》卷三）。据此可以断定：文天祥是庐陵南方的富川人，庐陵是文天祥的县籍。

《纪年录》（全称《宋少保右丞相兼枢密使信国公文山先生纪年录》）中又记有"文山"。从文山所在地可以推知富川文天祥故居的具体位置。文天祥说："山在庐陵南百里，居予家上游（就富川支水而言）。"度宗咸淳七年（一二七一），他在文山起宅（《文集》卷十七）。他的家离文山有多远呢？《纪年录》没有说到，但在《与朱太傅埴书》中，文天祥说过：他曾"于寒舍千步外，得一陂陀，溪、山、泉、石，四妙毕具"，周回"可十余里"。而此陂陀即他在《山中堂屋上梁文》中说到的，"有诡石、怪木、奇卉、美箭之饶"的"坡陀"，亦即文山（《文集》卷三与卷十）。由此可知文山离文天祥故居最近处不过千步，最远处不过十余里。文山既在庐陵城南百里之地，富川文天祥故居也就在庐陵城南百里之地。

文天祥的《回赣守李宗丞雷应书》，又说："仆家青原深处，实与君侯、黄童、白叟接畛而处。"（《文集》卷四）按今江西省吉安县（庐陵）赣江东岸有青原山，蜿蜒南伸。文天祥的话，说明了文山本是青原山南端的一部分，他的富川故居与文山别墅，离赣州边界不远，即离富川上游所经赣州兴国县的县界不远。文天祥给"吉守李寺丞芾"也写过一封信，信中说他"居庐陵南陬，盖受廛（廛里、邑居）之最远者也"（《文集》卷四《与吉守李寺丞芾书》）。之所以说"受廛之最远"，即因为他住在吉州南隅的边界地方。

居地既明，现在要问富川是不是具有水名和地名的双重意义？如果是，它属于何种性质？

按《邹月近墓志铭》说到邹月近一族，从五代时期起，便居住在富川。又《乐庵老人刘氏墓志铭》说到刘乐庵始祖刘邦，本长沙人，"后徙庐陵富川"。《刘定伯墓志铭》说到刘定伯的十世祖刘德远"徙庐陵富川"。至于文氏徙居富川，则在文天祥的五世祖文正中时。而邹氏是文氏的近邻，刘乐庵是文天祥的"邻翁"，刘定伯是文天祥的"东家诗人"。这说明在庐陵富川沿岸，很早便形成了一个姓氏较杂而互为邻居的聚落。文天祥但说庐陵富川，表明这个聚落即以富川命名。富川既是水名，又是地名。

富川这个聚落是村庄还是城镇呢？不妨读一下文天祥写的另外两篇墓志铭。

《邹仲翔墓志铭》记理宗景定五年（一二六四），"寇起兴国"，不久到了太和县（唐武德八年泰和县改为太和县，明洪武二年复为泰和县）的玉山，距富川只有"半舍"之远。幸而邹仲翔早已"率乡人栅东门山为备"，富川赖以保全。邹仲翔的父母均葬于富川东门。文天祥在铭中有这样的话："东门之原，君之父兮；东门之麓，君之母兮；东门之巅，君所构兮；瞻彼东门，相尔后兮。"由此可见富川周围是有门墙的。

《王推官母仇氏墓志铭》记"东庐王先生母"死后，"厝于城西黄腴山之原"。由此可见富川周围的门墙，实为城门、城墙。

读了这些材料，再读明王育仁的《文山旧隐祠记》中的"余宗之居富田（富川）古城者"的话（《文集》卷二十），就可确知富川是一个城镇，非村庄。

为什么文天祥要直称"庐陵富川"呢？就因为富川是一个城镇，直属庐陵县，地位与乡相等。

环绕富川镇的，有淳化和顺化二乡。富川人死后，可以葬在镇外城门附近，如邹仲翔的父母。也可以葬在淳化、顺化二乡，如文天祥的母亲曾氏，葬"于庐陵淳化乡靖居里三采之原"（文璧《齐魏两国夫人行实》，见

《文集》卷十八）；刘乐庵"葬于淳化乡凫塘之原"；刘定伯"封于淳化乡扶竹坑枫树塘之原"；邹月近"葬于顺化乡新安社之原"。之所以二乡皆可营葬，原因就在富川是镇，不属于淳化乡，亦不属于顺化乡。

以此，我们只能像文天祥自己说的那样，称宋人文天祥是"庐陵富川"人。

为什么后人纷纷说文天祥是宋庐陵淳化乡富田村人呢？关键在元明时期，富川之名隐，而富田之名显。

"富田"二字始见于《宋遗民录》龚开《宋文丞相传》。文天祥自说是吉之富川人，而龚开则说文天祥是"吉州富田人"。他是不是别有文字根据呢？没有。龚开只说他曾"见青原人邓木之藏文公手书《纪年》"，而文天祥的《纪年录》中，并无富田二字。我疑龚传田字为川字之衍。

明宪宗成化二年（一四六六），罗伦作《宋丞相文信国公祠堂记》，记中有云："公之子孙祠公于富田。富田之祠，元季兵燹，为横民所夺。"（《文集》卷二十）罗伦所谓富田之祠，原来并无"富田"之名。明彭序《文信国公祠堂祭田记》说："宋丞相文信国公祠在庐陵文山之麓，旧有祭田，为豪强侵夺。"此即罗伦所谓富田之祠。此祠据《纪年录》辛巳注引文天祥《与弟书》："文山宜作一寺，我庙于其中"，应叫作"文山之祠"，而后来却被叫作"富田之祠"了。

明神宗万历二年（一五七四），王育仁作《文山旧隐祠记》，又把富川古城叫作"富田古城"，把距富川文天祥故居最近处不过千步的文山，说成是"距富田里许"的文山。

由此可以得出结论：宋时只有富川，而无富田。川字被田字所代替，是元朝以后的事。因为元朝以后人人这样写，这样喊，便导致川隐而田显了。但这毕竟是元朝以后的变化。文天祥既然明明白白说文正中"由永和徙富川"，既然明明白白说邹月近等都是富川人，我们自不能以讹称富田代替富川。

富田又是怎样和淳化乡产生联系的呢？按文天祥的墓地"富田东南二十里木湖之原"，在明罗元泰《墓田记》中，作"鹜湖大坑之原"，鹜湖属于庐陵。明曾罂记但说文天祥"葬庐陵鹜湖上"，未说鹜湖属于何乡。而到同治《庐陵县志》卷六《山川·茔墓》中，则说文天祥墓"在舜化乡鹜湖大坑"。舜化即淳化，同治元年（一八六二）避载淳之讳而改。明人不提鹜湖属于淳化乡，表明此乡建置或所辖范围，在明、清两代并不一样。庐陵富川人文天祥，在元、明时期尚只作为庐陵富田人，到清朝才变作庐陵淳化乡富田人，是非常明白的。历史上地名的更改总是有的，但文天祥既非清人，称呼他的籍贯，自不能按照清朝的建置。

根据上面所作的考察，完全可以肯定：文天祥是吉州庐陵县富川镇人。那么，《宋史·文天祥传》又为什么要说文天祥是"吉之吉水人"呢？王雅《原刻文丞相集序》有一个猜测："《宋史》详注信国吉水人，《宋史》成于元初，去信国不远，必有所据。信国有诗云：'田园荒吉水，妻子老幽州。'吉水为家，此亦一证。"王雅因此不敢否定《宋史》的说法，只是说："按公集住庐陵日久，则往来接壤以备阙疑可矣。"（《文集》卷二十）

王雅的猜测是有一些道理的。元顺帝元统年间，许有壬为刘岳申的《文丞相传》作序，说到他"早读《指南录》《吟啸集》，见公自述甚明"。表明文天祥诗文中的《指南录》《吟啸集》，很早便已流行。《宋史》的作者无疑看过《指南录》《吟啸集》。而"田园荒吉水，妻子老幽州"之句，正在《吟啸集》的《生朝》一诗中。这诗是《吟啸集》的第一首诗。

但许有壬的话也告诉我们：除了《指南录》《吟啸集》之外，文天祥的其他诗文，在元朝尚未流行，《宋史》的作者不可能占有文天祥的全部著述。在修《宋史》时，他们显然未看到文天祥自述家世的文章。《宋史·文天祥传》一字未提文天祥的家世，便是一个证明。

"田园荒吉水"能不能说明文天祥就是吉水人呢？不能。诗中的吉水与幽州对举，意为吉州之水，非指吉水县。这是写诗的常识，我们不难理解。文天祥说他是"吉之富川"人，此吉即指吉州，此富川即是吉州之水或"吉水"。

至于王雅说"往来接壤"，富川是与兴国、太和二县接壤，并不与吉水县接壤。接壤说在杨德恩的《文天祥年谱》中也有反映。杨谱引同治《庐陵县志·地舆志》，说淳化乡"东北接吉水中鹄乡，东界吉水文昌乡……"殊不知这是清末的淳化乡（舜化乡），不能套用。接壤说实际上是一个不确定或不可知的说法，并不可取。

第二节　文天祥诞生和成长的时代

一二三六年，文天祥诞生于庐陵富川镇。这一年是南宋理宗赵昀端平三年，蒙古太宗窝阔台八年。理宗在位四十一年（一二二四至一二六四）。在理宗时期，文天祥诞生前后，南宋进入了一个阶级矛盾迅速激化、民族危机空前严重的时代。

要明白理宗时期南宋的内外形势，须先了解享国时间很长的理宗的治国之道。

理宗治国，牢牢守住一条：利用朱熹阐发过的理学思想，贯彻祖宗的根本大法"守（防）内虚外"（吕祖谦《历代制度详说》卷十《屯田》）。他之所以被称为"理宗"，原因也在这里。《宋史》卷四十五《理宗纪五·赞》说：

> 自帝继统，首黜王安石孔庙从祀，升濂、洛九儒，表章朱熹《四书》，丕变士习。……后世有以理学复古帝王之治者，考论匡直辅翼之功，实自帝始焉。庙号曰"理"，其殆庶乎？

初看理宗大倡理学，大变士习，以复古帝王之治，似欲有所振刷，辅佐他的大臣也应都是道貌岸然的"正人君子"。可是，在他统国的四十一年间，"若李宗勉、崔与之、吴潜之贤，皆弗究于用；而史弥远、丁大全、贾似道窃弄威福，与相始终"。史、丁、贾是"外"丞相，尚有一个"内"丞相董宋臣，理宗对于他，更是宠之如邓通，信之如张良。须知理宗和史、丁、贾、董结合的基础正是理学。而理学的最终目的，在宋是要强化封建专制统治，是要维护祖宗的大法——"守内虚外"。在理宗看来，史、丁、贾、董这种人，才是理学家制定的、无所逃于天地之间的、君臣之道的真正拥护者，是既忠又贤。要守内虚外，就得靠他们。像李宗勉之辈，动不动就爱提什么"修内治""严边防""节冗费""招强勇"（《宋史》卷四百五《李宗勉传》），未免像王安石，未免与守内虚外的祖法背道而驰，损害赵家王朝专制的利益，是既不忠又不贤。循祖宗之法者忠，欲变祖宗之法者奸；顺封建专制利益者忠，欲逆封建专制利益者奸。这就是理宗的忠奸之辨，这就是理宗的哲学观。

赵必愿说：理宗"断出于独，固欲一切转移之"（《宋史》卷四百一十三《赵必愿传》）。"一切转移"，也就是要把一切都转到理学的轨道，封建专制的轨道，皇室、官僚、地主利益的轨道，守内虚外的轨道。社会和国家的危机虽然日深一日，但些微改革也被视为叛逆。宋朝已经走到它的尽头了。

对于理宗提倡理学，变更士习，看得最清楚的，无过文天祥。他说："今之士大夫之家，有子而教之……择其不戾于时好，不震于有司者，俾熟复焉。"不戾于时好，不震于有司，正是理宗所要求的士习。时好包括理学，有司指封建专制机器，那是丝毫也不能违背，不能触动的。在理宗的大力倡导下，这种士习算是养成了。而养成这种士习的人，一旦"取青紫而得车马"，所作所为，无非"利而已矣"。那时，"奔竞于势要之路者无怪也，趋附于权贵之门者无怪也，牛维马絷，狗苟蝇营，患得患失，无所不至者无怪也"。整个官场"清芬消歇，浊滓横流"（《文集》卷一《御试策一道》）。须知理宗提倡理学，丕变士习，所要造就的正是这样的官场。官场如果振作，对因循守旧不利。

经理宗改制的专制机器的运转，为害更烈。文天祥指责过朝廷与官吏的病民，他说："今之民生困矣！自琼林、大盈积于私贮而民困，自建章、通天频于营缮而民困……自所至贪官暴吏视吾民如家鸡圈豕，惟所咀啖而民困。"僻处东南的南宋，一面是"民力竭矣"，另一面是"琳宫梵宇，照耀湖山""霓裳羽衣，靡金饰翠""量珠辇玉，幸宠希恩"（《御试策一道》）。形成尖锐的对照。

民困、民竭的严重后果是造成了南宋土地制度的畸形发展。理宗端平元年（一二三四），刘克庄曾说："至于吞噬千家之膏腴，连亘数路之阡陌，岁入号百万斛，则开辟以来未之有也。"（《后村大全集》卷五十一《端平元年札子》）淳祐六年（一二四六），谢方叔又曾说："豪强兼并之患，至今日而极""百姓膏腴皆归贵势之家"（《宋史》卷一百七十三《食货志》）。所谓"贵势"即官家。南宋晚期，某些地方的农民，如秀州（今浙江嘉兴）的农民，竟全部丧失了土地，变成了佃户（方回《续古今考》卷十八《附论班固计井田百亩岁入岁出》条，有秀州农民"皆佃户也"的话）。佃户处境极为悲惨，"主户生杀，视佃户不若草芥"（《元典章》卷四十二）。

中国封建社会的土地制度，有一个显著的特征：地主从来不出一个钱、不花一点力去经营土地，而是毫无例外地把土地出租给一点经营能力也没有的、日与死为伍的所谓"佃户"去耕种，地主但求做官。这就产生了两个严重的后果。一个是地主因为不须投入"资本"去经营土地，地里就是全部长草，也亏不了本，而地租照收。因此，地主无不放心大胆地去占土地。而占有土地的多少，往往与政治势力的大小成正比。做官占地，就成了众矢之的。到南宋，终于出现了"吞噬千家之膏腴"，年收租百万斛的贵势之家。在古代农业中，雇佣劳动并非不曾出现过，但对地主来说，雇人经营土地要出钱出力，且要冒风险，何如坐着做官，出租土地安稳？另一个是土地主要靠佃户去经营，佃户最穷也最"贱"，佃户越多，社会生产力就越下降。秀州农民全部变成佃户，说明农业到南宋已濒临绝境。

如此民安得不怨？理宗以后，阶级斗争激化了。绍定元年（一二二八），赣州农民在陈三枪领导下起义，"出没江西、闽、广间，势炽甚"（赵汝腾《庸斋集》卷六《资政许枢密神道碑》）。斗争持续到端平元年（一二三四年，文天祥出生前二年）才失败。波及地区之广，声势之大，时间之长，在南宋中晚期，可以说绝无仅有。度宗咸淳年间，广西农民在秦孟四领导下起义，打到湖南。"所至攫剽财物之外，出其余以散之贫者。"（《文集》卷七《提刑节制司与安抚司平寇循环历》）佃户的斗争，在理宗以后，也有发展。淳祐末年，秀州德清县的佃户发动过降斗斗争，"民蜂起附之，至数万人"（黄震《黄氏日钞分类》卷七十《申提刑司乞免一路巡尉理索状》）。南宋末年，福建莆田的佃户发动抗租斗争，竟"廿载不纳主租"（黄仲元《四如先生文稿》卷四《寿藏自志》）。

由上可知文天祥是在南宋内部社会危机严重化、阶级斗争白热化的时代诞生的。再说外部。

十二世纪兴起的蒙古，是建立在对奴隶（孛斡勒）和下民（哈剌除）奴役的基础上的。战争成为官人（那颜）和他们的伴当（那可儿）经常的职业。《蒙古秘史》写道：

> 星天旋转，诸国争战，连上床铺睡觉的工夫也没有，互相抢夺，虏掠。世界翻转，诸国攻伐，连进被窝睡觉的工夫也没有，互相争夺，杀伐。没有思考余暇，只有尽力行事。没有逃避地方，只有冲锋打仗。没有平安幸福，只有互相杀伐。（策·达木丁苏隆编译，谢再善译，中华书局1956年版，第249页）

这种杀伐先在蒙古草原各个部落间进行，到十三世纪初，蒙古部落的铁木真征服其他部落，成为成吉思汗以后，又被带到蒙古以外各个民族中。

金哀宗完颜守绪说过：蒙古"灭国四十，以及西夏；夏亡，及于我；我亡，必及于宋"（《金史》卷十八《哀宗纪下》天兴二年十一月）。这是南宋面临的残酷现实。铁木真称成吉思汗，在宁宗开禧二年（一二〇六）。灭西夏，在理宗宝庆三年（一二二七）。窝阔台灭金，在理宗端平元年（一二三四）。民族危机，到理宗时，逼到了南宋的大门口。

理宗对于民族危机所持的态度，恰如守内虚外方针的制定者、宋朝祖宗说的那样："国家若无外忧，必有内患，外忧不过边事，皆可预防，惟奸邪无状，若为内患，深可惧也。帝王用心常须谨此。"（太宗语，见《续资治通鉴长编》卷三十二）他需要外忧，因为"国家若无外忧，必有内患"。这是祖宗的教导，是国策，是赵宋帝王须臾也不可忽略的大事。外忧不过边事，并不可怕，最可怕的是内患。所谓内患，在宋有两个含义：一是人民起义，二是方镇拥兵自重。由于外忧是消除内患的法宝，所以没有外忧，也要制造外忧。

恩格斯在《1848年至1850年的法兰西阶级斗争·导言》中说过，由于需要用对外政策问题转移革命意向，结果就产生了战争。列宁在《中国的战争》中说过，人民的不满是无法消除的，必须设法把这种对政府的不满转移到别人身上去。理宗乃至整个宋朝的对外政策宗旨，也是这样的。尽管具体情况不同，虚弱的反动派都有这个特点。

理宗时期阶级斗争很激烈，蒙古兵实际上是理宗引到大门口的。金哀宗懂得，"唇亡齿寒，自然之理"。南宋如与金"连和，所以为我者，亦为彼也"（《金史》卷十八《哀宗纪下》）。他派完颜阿古岱至宋，要求连和，宋不但不许，而且积极与蒙古联合，卖力扮演助蒙灭金的角色。理宗绍定五年（一二三二），窝阔台派王檝至宋，要求理宗出兵，助蒙灭金，允许灭金之后，以河南之地归宋（《宋季三朝政要》卷一绍定五年）。谁都知道这种许诺是假的，理宗却满口答应。次年，蒙古出兵夺取了金朝的南京（开封），哀宗逃到蔡州，蒙古都元帅塔察儿又派王檝到南宋襄阳，约攻蔡州。南宋的孟珙、江海，"帅师二万，运米三十万石，赴蒙古之约"（《续资治通鉴》卷一百六十七）。蔡州之役，竟是宋军首破南门，然后招引蒙兵入城。

理宗之所以如此积极配合蒙古灭金，是因为对南宋来说，金已不成为外忧。"若无外忧，必有内患"，把蒙兵引到家门口，形成一个外忧，有了"边事"，就能把人民的视线引到边境，长保其专制统治。

可外忧并不就是边事。新兴的尚处在奴隶制向封建制过渡时期的蒙古汗国，是一个按军事编制组织起来的国家，其所谓十户、百户、千户、万户，都是大大小小的军事集体。这个汗国以灭人之国为国策。即在金国灭亡这一年（一二三四），窝阔台便问群臣："惟东南一隅尚阻声教，朕欲躬行天讨，卿等以为何如？"国王塔思闻言，便自请"扫清淮、浙"。窝阔台大喜，立即派他与王子曲出"总军南征"（《元史》卷一百一十九《塔思传》）。外忧真的来临了。

为了"守内"，宋朝对付外忧，有一个传统办法，就是先让它进来（此之谓虚），而后求和。从不想加强地方兵力，委实要打一下，也是抽东补西，捉襟见肘。文天祥说过："自东海城筑而调淮兵以防海，则两淮之兵不足；自襄、樊复归而并荆兵以城襄，则荆湖之兵不足；自腥气染于汉水，冤血溅于宝峰，而正军忠义空于死徙者过半，则川蜀之兵又不足。"江淮之兵已经不足了，"又抽而入蜀，又抽而实荆"，则更不足了。荆湖之兵已经不足了，"又分而策应，分而镇抚"，那就更不足了（《御试策一道》）。某地之兵被抽，某地立见空虚。这种对付外忧的办法，正是"虚外"政策的反映。在这种政策下，蒙古兵步步得势。

到端平三年（一二三六），也就是文天祥出生这一年，金国灭亡后的第二年，南宋出现了第一次民族危机。李宗勉谈到自西蜀至两淮的战况时说：

> 蜀之四路，已失其二，成都隔绝，莫知存亡，诸司退保夔门，未必能守。襄、汉昨失九郡，今郢破，荆门又破，江陵孤城，何以能立？两淮之地，人民奔逬，井邑丘墟。（《宋史》卷四百五《李宗勉传》）

西自巴蜀，东至两淮，长江北岸的广大地区，都听得见蒙古兵的马蹄声了。

这次危机的缓和，只是靠了爱国将领杜杲、孟珙等人的坚决抗击。

嘉熙年间，杜杲一破蒙古昆布哈于安丰，二破蒙古察罕于庐州。（见《宋史》卷四百一十二《杜杲传》）安丰之战，蒙古招敢死之士为"巴图鲁（拔都鲁）"，拼命攻城，杜杲募善射者，使用小箭专射眼睛，巴图鲁即使敢死，也不顶用。庐州之战，蒙古集中了大军"八十万"。察罕筑坝高过了庐州城楼，意在居高临下，攻破庐州。杜杲一面用油灌草，点火焚烧于坝下；一面又架层楼，用炮向坝上轰击。蒙军惊扰，杜杲开城出击，蒙军大败而逃（详见《续资治通鉴》卷一百六十九）。

入侵襄、樊与四川的蒙军，在宋军的猛烈反击下，也纷纷败退。端平三年，孟珙大破蒙军于江陵。到嘉熙年间，孟珙的部将张俊收复了郢州，贺顺收复了荆门军，曹文镛收复了信阳军，刘全收复了樊城，进而又收复了襄阳，谭深收复了光化军，息、蔡二地的蒙军向宋朝投降（均见《宋史》卷四百一十二《孟珙传》）。孟珙之兄孟璟收复了夔门。四川为蒙军所占领的地方，都渐次被宋军收复。

嘉熙二年（一二三八），窝阔台派王檝来宋议和（事见《元史》卷一百五十三《王檝传》），弥漫于江北的乌云向北消退。

窝阔台发动的这次侵宋战争，是蒙古军的首次侵宋战争。它至少可以说明两个问题：一是蒙古必欲灭亡南宋；二是南宋军民并不是不能打仗，蒙军也并不是不可战胜。如果南宋能适时地进行政治改革和军事改革，采取有效的战略与战役决策，是完全可以打败蒙军的入侵的。

南宋改革的时机是有的。蒙古窝阔台死后，朝政由"皇后"乃马真（尼玛察）氏操持。"诸王近属，自相攻战，国内大乱。"（《续资治通鉴》卷一百七十二）乃马真氏又"崇信奸回，庶政多紊。奥鲁剌合蛮以货得政柄，廷中悉畏附之"（《元史》卷一百四十六《耶律楚材传》）。这就更增加了政局的混乱。这种政治局面，导致了蒙古社会经济危机的发生。《元史》卷二《定宗纪》三年说道："是岁大旱，河水尽涸，野草自焚，牛、马十死八九，人不聊生。"危机这样严重，新兴的蒙古，简直有夭折的危险，可诸王及各部，却不管这些。他们仍旧热衷于财利，或"遣使于燕京迤南诸郡，征求货财、弓矢、鞍辔之物；或于西域回鹘索取珠玑；或于海东楼取鹰鹘，驲骑络绎，昼夜不绝"。民力由此益困。当时的蒙古，真是国已不国。而这时的南宋，倒显得安定得多。

在这种形势下，蒙古对宋的政策是求和。

窝阔台一死，乃马真氏就曾派月里麻思"使宋议和，从行者七十余人"(《元史》卷一百二十三《月里麻思传》)。理宗也知道窝阔台死后蒙古陷入了混乱中。他在淳祐四年(一二四四)春正月壬寅朔诏中,说过"上天助顺,敌国乖离"的话(《续资治通鉴》卷一百七十一)。理宗若能趁着这个时机,进行政治和军事改革,宋朝必将转危为安。可是他错过了机会。以倡导理学为己任的理宗,对祖宗的守内虚外的专制之法,行之唯恐不及。对于蒙古,他只求在敌国的乖离中,在个别地方守将的拼死抵抗中,苟延残喘。在他看来,无外忧不如有外忧,改革不如亡国。理宗如此,宋朝皇帝不说全部,大多数也是如此。

有一件事情很能说明理宗的态度。《宋史》卷四百一十二《孟珙传》记载:"初,珙招镇北军驻襄阳,李虎、王旻军乱,镇北亦溃。乃厚招之,降者不绝。行省范用吉密通降款,以所受告为质。珙白于朝,不从。珙叹曰:'三十年收拾中原人,今志不克伸矣!'"孟珙是很想有所作为的,他在江陵,把镇北军重新收拾了起来。蒙古行省长官范用吉向他表示愿意投降,这对他来说,又是"收拾中原人"的一个大好机会。他报告理宗,理宗竟不准他接受范用吉的投降。《续资治通鉴》系此事于淳祐六年(一二四六),亦即蒙古定宗贵由即位的那一年。这正是蒙古内政极为混乱的时候。蒙古行省长官想投降宋朝,宋朝皇帝竟不允许,孟珙由此忧郁而亡。这一事实,说明理宗的虚外之心是何等严重。

因此而有南宋的第二次民族危机。

理宗淳祐十一年(一二五一),蒙古蒙哥(宪宗)即大汗位,政局稳定了下来,国势有了好转。次年,蒙哥命其弟忽必烈师师征云南,发动了大远征。

宝祐六年(一二五八),蒙哥亲率四万大军南侵,进入西蜀。他命忽必烈攻鄂州,命塔察儿攻荆山,并命远征到安南的兀良合台自交、广北进,与忽必烈会师于鄂。这又是一次欲亡南宋的大进攻。理宗得到边报,问丞相丁大全,丁大全却说三边有备无患。

开庆元年(一二五九),蒙哥死于合州钓鱼山,而董宋臣却请理宗迁都四明,以避锋镝。这第二次危机,因蒙哥之死,总算过去。

由此可见，即使是蒙哥时期，蒙古仍然是没有足够的力量灭亡南宋的。这一点，蒙古的郝经也看出来了，他在蒙哥死前，曾对忽必烈说过：

> ……惟宋不下，未能混一，连兵构祸，逾二十年。何曩时掇取之易，而今日图惟之难也？……国家建极开统，垂五十年，而一之以兵。遗黎残姓，游气惊魂，虔刘蹢荡，殆欲歼尽。自古用兵未有如是之久且多也，其力安得不弊乎？（《元史》卷一百五十七《郝经传》）

蒙哥死后，他又对忽必烈说：

> 国家自平金以来，惟务进取，不遵养时晦，老（劳）师费财，卒无成功，三十年矣。（《元史·郝经传》）

这就是说，蒙古侵宋之所以卒无成功，是因为只知道凭借军事手段，不知道军事之外，尚有政治。现在力弊、师老（劳）、财费，再打是不行了。他劝忽必烈把军队撤回蒙古，夺取大汗的宝座，然后派使臣赴宋，"姑为之和，偃兵息民，以全吾力，而图后举"（《元史·郝经传》）。

与理宗只知苟且偷安，不思改革相反，忽必烈（元世祖）即位之后，即进行了改革，其中心是"行汉法"。他的改革也曾遇到阻力，《元史》卷一百二十五《高智耀传》记载西北藩王曾派人入朝质问："本朝旧俗与汉法异，今留汉地，建都邑城郭，仪文制度，遵用汉法，其故何如？"但元世祖能坚持下去。他深知不行汉法，不仅不能灭掉南宋，连蒙古本身也不能维持长久。许衡说得好：

> 考之前代，北方之有中夏者，必行汉法乃可维持长久。故后魏、辽、金历年最多。他不能者，皆乱亡相继。史册具载，昭然可考，使国家而居朔漠，则无事论此也。今日之治，非此奚宜？（《元史》卷一百五十八《许衡传》）

许衡所想的，也正是元世祖所想的。从中统元年（理宗景定元年，一二六〇年）起，汉法便次第推行。《元史》卷一百五十七《刘秉忠传》记载：

> 世祖即位，问以治天下之大经，养民之良法。秉忠采祖宗旧典，参以古制之宜于今者，条列以闻。于是下诏建元，纪岁，立中书省、宣抚司。朝廷旧臣，山林遗逸之士，咸见录用。文物粲（灿）然一新。

最可注意的是所谓"养民之良法"。元世祖采取了减常赋、商酒等税，悉罢各色占役人户、坑冶所役民夫、工局所役绣女等种种"养民"政策，同时设置了"劝农""司农"机构，主管农业生产，"提举诸路河渠"，发展水利事业。这一系列养民政策的推行，使蒙古的社会经济有所发展，国力也有所增长。"姑为之和，偃兵息民"这步走过了，下步就是"图后举"，兴兵伐宋了。对宋来说，蒙古国力越增长，意味着第三次民族危机越迫近。

但是，宋朝如果能在忽必烈推行汉法、励精图治的同时，革易时政，自强不息，那宋、蒙究竟谁胜谁负，谁存谁亡，仍旧未可预料。马天骥对理宗说过："周世宗当天下四分五裂之余，一念振刷，犹能转弱为强。陛下有能致之资，乘可为之势，一转移间耳。"（《宋史》卷四百二十《马天骥传》）可是宋朝皇帝，自理宗以迄恭帝，就是不肯"一念振刷"，而专门坐在那里看敌人偃兵息民，做好一切南侵准备。他们是在等着把国家当作礼品，双手送给"大元"。

文天祥正是在这样一个民族危机阴影笼罩的时代，诞生和成长起来的。他诞生之年（一二三六），正值蒙军深入川、汉、两淮，第一次民族危机严重化之年。他诞生的第二年，由窝阔台南侵带来的民族危机虽然缓和，但未消除。在他脱离童子时代不久，由蒙哥发动的大远征，又给南宋带来了第二次民族危机。他中状元（一二五六），即在这次危机中。

总起来说，文天祥是在南宋内忧既迫，外患又深的年代里成长起来的。但这个时代并非南宋注定要灭亡、元朝必定要统治全中国的时代，而是黑暗中有光明。这光明就是：只要南宋改革导致社会危机和民族危机的守内虚外之法，就不会是元兵南进，而是宋旗北指。我们看问题，最忌"不从根本之点出发，而从许多局部和一时的现象出发"（《矛盾论》）。如果只看到蒙古兵南犯时所取得的局部胜利及其不可一世的嚣张气焰，那就会得出元朝必胜，南宋必亡的错误结论。如果能"把握住现象的整体"（《黑格尔〈逻辑学〉一书摘要》），既看到蒙古胜利中也有困难（这种困难在乃马真、蒙哥统治时期都出现过），也看到南宋只要"一念振刷，犹能转弱为强"，那就不仅可以理解南宋本来不会灭亡的道理，而且还可以理解文天祥所进行的斗争其意义之重大。

第三节　文天祥的家庭出身和所受的教育

文天祥诞生在一个怎样的家庭呢？他在《先君子革斋先生事实》中写道：

> 先君子尝考次谱系，文氏由成都徙吉，五世祖炳然，居永和镇；高祖正中，由永和徙富川；曾祖利民，妣郭氏；祖安世，妣刘氏；考时用，妣邹氏，继母刘氏。世有吉德，乡以君子长者称，一是方寸，留耕于子子孙孙。

他的父亲革斋先生文仪，"名声不昭于时"。文天祥的先辈，自六世祖文炳然到他父亲文仪，都未中过科举，没有当过官。可见文天祥出身于一个道道地地的庶民家庭。

文天祥的外家也没有人当过官。他在《义阳逸叟曾公墓志铭》中，记他外家曾氏世系时说：

> 曾氏世家旴江，徙吉之泰和梅溪，族号长者。曾祖邦宁，祖知

和，考昌权，妃张氏，先公（曾珏，字天锡，号义阳逸叟）十九年卒。子二：棐、槩。女四，适钱光延、康师颜、于天秩，其仲（曾德慈），天祥母也。孙男六：端孺、淳孺、文孺、俊孺、良孺、明儒。女一，适郭泳。曾孙甫中。

据此可知文天祥的母亲，也出身于庶民家庭。

至于文氏旁支，文天祥只在《答欧阳秘书承心制说》中写道："先伯祖生男三：长曰行，是为先伯；次为先人；又次曰信，是为先叔。女一，是为吾姑。先人生岁余嗣先祖后。"

由此可以断定：文天祥以前，文氏的祖祖辈辈，与官场是绝缘的。

庶民出身也有阶级的区别，文家属于哪一个阶级呢？

《先君子革斋先生事实》说："给饦（粥）数亩，耕者多不输，宁令负己，不忍直于有司。莳园渔（鱼）池，相效无一偿，亦不较。"又说文仪为文天祥兄弟招聘名师端友，"至时，先畴给费。久之，室罄，力弗逮。……虽贫，浩然自怡。有未见书，辄质衣以市"。文璧的《齐魏两国夫人行实》还说到母亲"相夫、子以俭勤，自奉极菲薄，惟延师教子，至鬻簪珥给费，无吝色"（《文集》卷十八）。

据此，可以看到文家虽有土地、园、池，但并不多；其家为文天祥兄弟聘请老师，甚至要卖簪珥凑师资，买书也要卖衣服聚书钱。这样的家庭，最多只能算是一个中等地主。文天祥说他做官后，"阖门二百指，皆仰禄焉"（《文集》卷四《与洪端明云岩书》）；"阖门长幼，无虑二百指，悉从官居，糜（靡）费俸粟"（《文集》卷四《贺签书枢密江端明古心书》）。由此，也可见他富川老家的财产是不多的。

文天祥做官后，家产有无增多呢？从刘岳申《文丞相传》说的家用之余，"尽以散族姻乡友之贫者"来看，并没有增多，且他个人的生活，也不是很好的。可是《宋史·文天祥传》却有这样的记载："天祥性豪华，平生自奉甚厚，声伎满前。"相信《宋史》这段话的人很多。但这是不可靠的。且看文天祥的自述：

予于山水之外，别无嗜好，衣服饮食，但取粗适，不求鲜美。于财利至轻，每有所入，随至随散，不令有余。常叹世人乍有权望，即外兴狱讼，务为兼并。登第之日，自矢之天，以为至戒。……其天性澹如也。（《纪年录》辛未咸淳七年）

于此，可见"自奉甚厚""声伎满前"的说法，是不可信的。

再说文天祥的父亲文仪是一个怎样的人。

文仪非常好学。文天祥在《先君子革斋先生事实》中，说他"嗜书如饴，终日忘饮餐，夜擎灯密室，至丙丁，或达旦。黎明，挟册檐立，认蝇字"。说他"蓄书山，如经、史、子、集皆手自标序，无一紊。……至天文、地理、医、卜等书，游骛殆遍"。他著有《宝藏》三十卷，《随意录》二十卷。

文仪好与人交往，来访的客人很多，无论亲疏贫富，他都曲意、体面接待。他性格旷达，常邀友人作文字之游，得意时"浩歌、纵奕（棋）"，世间纷扰都不在他心里。他对于劳苦的乡里，充满同情心。佃户租粟，不输不较。有人笑他呆，他说这些农民够贫困了，我为什么要逼迫他们交租呢？孤贫的戚友，家有丧事买不起棺材，他购买；没有丧服，他捐赠。文仪的形象，恰似中国古代所谓"贤士大夫"的形象。

文仪的治学态度、治学宗旨，值得注意。《先君子革斋先生事实》说："先君子尝言：'滞学，守固；化学，来新。'以一'革'字志韦佩，人皆称'革斋'。"这说明文仪在治学上，是一个反对照搬古义、前言（守固），主张推陈出新（来新）的人。他认为滞学（机械地学）必然守固，化学（批判地学）才能来新。因而反对守固，就要反对滞学；主张来新，就要主张化学。他在衣带所佩玉饰上，刻上一个"革"字，也就是把"化学，来新"当作他一生坚定不移的治学宗旨。

文仪主张"化学，来新"，有"补世"的目的。文天祥在《谢江枢密万里启》中说过："虽家庭畴昔之教，动欲行其本心，然山林朴野之资，知无补于当世。"在《谢何枢密梦然启》中又说过:"幼被家庭之训,颇欲得其本心;长读圣贤之书,初无补于当世。"他说的本心也就是"补世"之心,而这种本心来自家教。

文天祥的父母都曾用尽心报国来要求文天祥。据宋郑思肖《文丞相叙》,文仪临死的时候,曾对文天祥说:"我死,汝惟尽心报国家。"文天祥的哭母诗又说:"母尝教我忠,我不违母志。及泉会相见,鬼神共欢喜。"(《吟啸集·邳州哭母小祥》)父母都曾用报国来要求文天祥,以至郑思肖认为文天祥"尽死于国家,无二心焉",即在"父母之训"。补世、报国而且尽心,这就是文仪主张"化学,来新"的目的。在文仪看来,如果不是"化学,来新",而是"滞学,守固",那就无补于世,无补于国,报国也就无从谈起。

了解文天祥的家庭出身和文仪的为人与治学态度,对于我们了解文天祥的成长,有着非常重要的意义。因为他在青少年时代所受的教育,主要是家庭教育,也就是父亲的教育。文天祥在《与中书祭酒知赣州翁丹山书》中,说他本是"青原、白鹭书生"。青原书生是说他在青原深处富川家里读过书,白鹭书生是说他在吉州白鹭洲书院读过书。而他读书于白鹭洲书院,据他写的《祭欧阳巽斋先生文》:"某弱冠登先生之门",可知其时要晚到二十岁。文天祥二十一岁即中状元,在中状元以前的二十年,他主要是在家里度过的。在家时,教他读过书的、姓名见于记载的名师,只有曾凤。曾凤,据邓光荐《文丞相督府忠义传》:"字朝阳,庐陵人。丞相尝从凤学。自太学释褐,为衢州教授。累迁国子监丞。随行府之汀。丁丑春,添差梅州通判,以病卒于汀。"(《文集》卷十九)可见文天祥在家时,虽从曾凤读过书,但时间并不长。文天祥的家庭教师,主要的不是别人,而是他的父亲文仪。

文天祥读书较早,《先君子革斋先生事实》说到他还在"幼且长"的时候,文仪就每天教他读书。得到一本书,总是先给他,他读了,再叫他"转教诸弟",要求很严。"夜呼近灯,诵日课,旁摘曲诘,使不早恬。"夜深了,"小失睡,即示颜色"。严寒盛暑,也不让稍有懈怠。

文仪也为文天祥兄弟招聘"名师端友"。"久之，室罄"，请不起老师了，只好自己来教。他把所有的书，都拿出来，引导文天祥兄弟，如何从书里面"抉精剔华，钩索遐奥"，探寻宝珠。他还要求文天祥兄弟写出的文章，必须有风骨，有正气。如果缺乏新见、骨气，便不高兴，"必维以法度"。在"敛襟各静坐潜讽，或掩卷相与戚嗟人情世道"中，文天祥一天一天地长大了。

文仪的教育给文天祥的影响是很大的。《宋史·文天祥传》记载：文天祥"自为童子时，见学宫所祠乡先生欧阳修、杨邦乂、胡铨像，皆谥忠节，欣然慕之曰：'没不俎豆其间，非夫也！'"自为童子，《纪年录》注作"方为童子"。按《谷梁传》昭公十九年（前五二三）"羁贯成童"注："成童，八岁以上。"方为童子时，便是八岁时。八岁而能羡慕并且立志要学欧阳修、杨邦乂、胡铨，没有家庭的正确教育，是不可能做到的。

这里需要说一下，杨德恩的《文天祥年谱》，谓"古人通称十九岁以下为童子"，据此把文天祥方为童子时游乡校，断在十八岁文天祥在邑校之年。按《增韵》："十五以下谓之童子"，非十九以下。八岁以下为幼，方为童子只能是八岁时。又"在邑校"不等于"游乡校"。杨谱的推断显然有误。

文天祥在《与汪安抚立信书》中，还曾写道："某少也驱驰，尝有意事功，鸡鸣奋发，壮怀固在。"这几句话，形象地把一个卓然不群、立志有所作为的少年，推到了我们的眼前，也把文天祥八岁时说的慕欧阳修等人的话具体化了。

文天祥十八岁时，在邑校参加"帘试，全篇论题曰《中道狂狷，乡原如何》，冠榜"（《文集》卷四《与文侍郎及翁书》道体堂跋）。这篇文章未传于世，内容不可得知。二十岁时，文天祥进入庐陵白鹭洲书院，继续攻读。

白鹭洲书院的山长，是欧阳守道。关于欧阳守道，《宋史》卷四百一十一《欧阳守道传》说道：他"少孤贫，无师，自力于学。……年未三十，翕然以德行为乡郡（吉州）儒宗。江万里守吉州，守道适贡于乡，万里独异视之。淳祐元年（一二四一）举进士"。江万里于吉州创建白鹭洲书院，置山长，"首致守道为诸生讲说"。文天祥进入白鹭洲书院时，他已是这个书院的山长了。欧阳守道在治学上，不同于当时的儒家。文天祥的《祭欧阳巽斋先生文》曾说："先生之学，如布帛菽粟，求为有益于世用，而不为高谈虚语，以自标榜于一时。"由此可知欧阳守道治学，是以"有益于世用"为宗旨的。这和文天祥有意于事功与补世，正好相合。在学生中，欧阳守道对文天祥最赞赏，也最喜爱。文天祥说："先生爱某如子弟，某事先生如执经，盖有年于兹。先生与他人言，或终日不当意。至某，虽拂意逆志，莫不为之解颐。"这种师生关系之所以能够建立，正是因为欧阳守道与这个学生，在治学宗旨上，志同道合。

一个有意于事功、有益于世用的人，是不会满足于书本知识的。读过文天祥殿试所写《御试策一道》的，都会惊叹这个二十一岁的青年，竟能对宋朝的内外情况了如指掌；竟能把《易经》中的"不息"二字，与形势结合起来，针对宋朝的积弊，提出切合时宜的改革主张。如果不是关心国家大事，不是重视实际知识，怎样也写不出这样的好文章。文天祥对国事的关心，我们可从他写的《与吉守李寺丞苪书》，得知一二。此信说："某居庐陵南陬，盖受廛之最远者也。其于当世人物，无所交际，惟从田间侧听舆论。"他僻居庐陵南隅时，竟热心到"从田间侧听舆论"，无怪乎他对形势那样熟悉了。

以上说的是父教、师教对文天祥治学方法的影响。我们还须注意文天祥自己在治学宗旨上的创造。《文信国公集》卷一《赠叶大明》有两句诗："袖中莫出将相图，尽洗旧学读吾书。"尽洗旧学不是不滞学而已，而是凡旧学都要批判，并从批判中形成自己的新学。同卷《送卓大著知漳州》还有两句诗："愿观宏济学，四海放一舟。"宏济就不是小其用于一身，而是大其用于四海。这四句诗，是文天祥对他自己的生平治学宗旨的概括。这个治学宗旨虽然来自父教与师教，但却远远超出了父教与师教。

了解文天祥的治学宗旨，对于我们了解文天祥的哲学思想与政治思想，了解文天祥的爱国主义精神，具有重要的意义。不然，时代条件相同，南宋晚期何以只出文天祥一个突出的民族英雄，就很难理解了。时代条件是客观条件，治学宗旨属于主观条件。在当时，如果不能尽洗旧学，就会为理学所俘虏，就做不成任何事业，乃至逆历史潮流而动。

下面说一下文天祥其他方面的爱好。

文天祥很喜欢游泳和下棋，特别是下棋，在当时，没有人能战胜他。

《纪年录》壬午注说道：文天祥"平生嗜象弈，以其危险制胜奇绝者，命名自'玉层金鼎'至'单骑见虏'，为《四十局势图》，悉谶其出处始末。玉层盖公所居山名也"。此《四十局势图》是文天祥所著的象棋名谱，惜乎不传。

《纪年录》壬午注还说到文天祥"家居，当暑日，喜溪浴，与弈者周子善于水面以意为枰，行弈决胜负。他人久浸不自堪皆走，惟公逾久逾乐，忘日早暮"。以意为枰即下盲棋。一边游泳，一边下盲棋，愈久愈乐，情趣可以想见。

周子善是文天祥的棋友之一。与文天祥起兵赣州、列入《文丞相督府忠义传》的刘沐，及"老夫"萧耕山、诗人刘定伯也是他的棋友。文天祥有四首七言绝句，总名《象弈各有等级，四绝品四人高下》。四人，喻周子善、萧耕山、刘沐、刘定伯。四绝都有跋。第一绝跋语说道："右一为周子善言。萧耕山能胜二刘，不觉败于子善，子善败于我。"第四绝跋语说道："右四为刘定伯言。与渊伯上下也。"可知他们的棋艺，文天祥高居第一，周子善第二，萧耕山第三，刘沐、刘定伯第四。

文天祥在《刘定伯墓志铭》中曾说：刘定伯"嗜弈，最入幽眇，兔起鹘落，目不停瞬，解剥摧击，其势如风雨不可御"。第四名尚且如此，第一名的文天祥，棋艺之高，便可想而知了。

刘沐的棋艺，也达到了"坐踞河南百战雄，少年飞槊健如龙"的水平，虽不敌文天祥，可"穷思忘日夜"，遂能与文天祥对垒（见邓光荐《文丞相督府忠义传》）。他是文天祥最亲密的邻居和棋友。

文天祥一生都喜欢下棋，即使在燕京监狱中也不例外。在他的诗歌中，经常出现棋字。例如看棋："巡檐静看棋"（《入山即事》），"羽扇看棋坐"(《又赋》),"煨芋炉头看下棋"(《用前人韵赋招隐》)。下棋:"夜静不收棋局"(《山中六言三首》其二),"商山奕(弈)棋老,赤壁洞箫宾"(《病愈简刘小村二首》其一),"棋淫诗兴薄"(《指南后录·世事》)。喻棋:"夕钓江澄练,春行路布棋"(《山中即事》),"世人空黑白,一色看坡棋"(《山中》),"纷纷玄白方龙战,世事从他一局棋"(《又送前人琴棋书画四首》其二)。在他殉国前夕,元麦术丁下令"千户所(监狱)收其棋弈笔墨书册"(《纪年录》壬午注引邓光荐《文丞相传》),他下棋的生命才终止。

文天祥哪年结婚?没有记载。从文天祥《六歌》中的话"有妻有妻出糟糠,自少结发不下堂"来看,他结婚似较早,夫人欧阳氏出身低微(出糟糠),家庭情况未见记载。

第二章　为"法天不息"，实现公道与直道之政而斗争

（一二五六年至一二七四年）

第一节　在殿试与初官的时候

据《纪年录》，宋理宗宝祐三年（一二五五）"大比"，文天祥"以字举郡贡士，弟璧同举"。什么叫以字举呢？原来文天祥降生的时候，名字不叫天祥，而叫云孙，这是祖父的命名。"既长，朋友字曰天祥，后以字贡于乡。"即以文天祥之名举郡贡士。而字则改为"履善"。

宝祐三年的冬天，文天祥的父亲文仪决定带着文天祥兄弟二人取道玉山，到临安去参加来年的进士考试。由提举、知吉州庐陵郡李迪举送。临行，文天祥写了一首《次鹿鸣宴诗》。这是文天祥集子中的第一首诗，也是可以见到的文天祥写的第一首诗。这诗已经不同凡响，全录如下：

> 礼乐皇皇使者行，光华分似及乡英。贞元虎榜虽联捷，司隶龙门幸缀名。二宋高科犹易事，两苏清节乃真荣。囊书自负应如此，肯逊当年祢正平。（《文集》卷十一）

在这首诗中，文天祥用苏轼、苏辙兄弟，来比方、要求他自己和文璧，认为真正光荣的，不是高科，而是"清节"，并以此自许、自负。这与他少年时代"鸡鸣奋发"的志向是一致的，与他来年在殿试对策中直率

而且激烈的言辞,也是一致的。他的怀抱,完全不同于但求功名的举子。

宝祐四年(一二五六)开春的时候,文天祥兄弟在临安参加了礼部的考试。"二月朔,礼部开榜,中正奏名",文天祥与"弟璧同登"。夏五月八日,理宗"御集英殿策士,召(王)应麟复考"。这叫殿试或大廷试策、廷对。殿试只有通过礼部考试被奏名的人,才有资格参加。文天祥的对策有一万多言,"不为稿,一挥而成"(《宋史·文天祥传》)。原被考官王应麟列为"第七卷",即被录取为第七名进士。"考第既上,帝欲易第七卷置其首。应麟读之,乃顿首曰:'是卷古谊若龟镜,忠肝如铁石,臣敢为得士贺。'遂以第七卷为首选。"卷子上的姓名是密封的,"及唱名(五月二十四日),乃文天祥也"(见《宋史》卷四百三十八《王应麟传》。《纪年录》作"及大庭试策,有司置予第五,理宗皇帝览予对,亲擢为第一")。

宝祐四年是丙辰年,这年以文天祥为首选(状元)的进士榜叫丙辰榜,共五百六十九人。同榜登科的宋末名人有谢枋得(第二甲第一名)、陆秀夫(第二甲第二十七名)。(见《四库全书总目提要》卷五十七史部传记类《宝祐四年登科录》)

文璧殿试落选。三年后(一二五九),文天祥携文璧再赴廷对(见《纪年录》己未开庆元年),文璧才中选。故同治《庐陵县志》卷二十《选举志》列文璧为开庆元年的进士。单通过礼部考试被奏名于皇帝,尚不是进士。要成为进士,还须通过殿试(复考)。文璧之例,便是明证。

由《纪年录》所记文天祥出生的年月日——端平三年(一二三六)五月二日推算,文天祥中状元时——宝祐四年(一二五六)五月二十四日,年龄为二十一岁。如按阳历推算,也满了二十岁。宋郑思肖《文丞相叙》说"公宝祐四年年二十一岁,廷对擢为大魁",是正确的。元刘岳申《文丞相传》说的"宝祐乙卯(三年)年二十,以字贡",是指在吉州考贡士,非指在临安考进士。刘传未说廷对时间。惟《宋史·文天祥传》说文天祥"年二十举进士,对策集英殿"。证之以《纪年录》,《宋史》的说法显然错了,二十应易为二十一。

文天祥以二十一岁的年纪,"廷对擢为大魁",在人们看来,再没有比这更能光宗耀祖，比这更能猎取"黄金屋""颜如玉""千钟粟"的东西了。文天祥自己是怎样想的呢？

且不要说别的文章，别的场合，就在殿试对策中，他便痛斥了那些以"取青紫而得车马"为目的的"较艺于科举"之辈，说他们应试，不过是为了一个"利"字罢了。他想的根本不是一举成名，不是皇帝能给他黄金屋、颜如玉、千钟粟，而是皇帝看过他的对策，或许有所警觉，从此法天不息，革易时政，励精图治。

文天祥的廷对《御试策一道》，在第一章中已有引述。这里，我想指出：他的对策之所以被考官王应麟视为"古谊若龟镜，忠肝如铁石"，便在于找不到一点为个人的功名利禄作想的杂质，而全是从国家的利益出发。他这篇对策中心是"法天不息"。第一部分是论述他的世界观。他对天、对道作了唯物主义的解释，从而使他站到了理学家的对立面，而理学正是理宗大力提倡的东西。第二部分是阐述他的政治见解。他用了许多无可辩驳的事实，把宋朝民政、吏政、兵政、财政以及对外方面的黑暗可怕的东西，都摆到理宗御案之前。他甚至敢于在理宗耳畔大声疾呼："操斧斤，淬锋锷，日夜思所以斩伐"人民命脉的"贪官暴吏"，"滔滔皆是"；痛斥他们视人民如鸡、豕，"惟所咀啖"。敢于直刺宫廷戚畹"霓裳羽衣，靡金饰翠""量珠辇玉，幸宠希恩"。他还看出了政治黑暗，原因一在皇帝揽权力于一身，二在官吏视万民如草芥。他提出要行公道和直道之政，而这必须从改革专制制度、官吏制度着手。皇帝的权力必须下放到三省六部，贪官暴吏必须用"正人君子"来代替。这二者都应用制度的改革来作保证。他还阐述了自己的政治理想，在这篇对策中，破天荒地提出了改革不息论。（详第八章）如果他热衷于功名利禄，即使不是殿试，他也不敢讲这样一些话。文天祥敢于在殿试的时候讲出来，他应试到底是为个人，还是为国家，便十分清楚了。

文天祥的这种"切至之论"，与理宗的思想是合不到一块的。理宗虽然点他为状元，可他的建议，一条也未见实行。理宗之所以要点他为状元，那是因为理宗需要这种切至之论，作为他不是昏君而是明君的点缀。

只要看一看理宗出的试题上的话:"朕以寡昧,临政愿治……子大夫明先圣之术,咸造在廷,必有切至之论,朕将虚己以听",就不难明白理宗的心理了。同榜第二甲第一名谢枋得,"对策极攻丞相董槐与宦官董宋臣"(《宋史》卷四百二十五《谢枋得传》)。这种指名道姓的攻击,应该说很难中选,但也被选上了。谢枋得的中选,可以帮助我们了解文天祥的中选。

《御试策一道》是一篇光辉的文字,它体现了文天祥哲学上的唯物思想和政治上的改革不息思想。它是文天祥在爱国的道路上,走出的第一步,或者说作出的第一次斗争。这次斗争,从他被点为状元来看,可以说是胜利了。他抱着愉快、感激的心情和对未来的幻想,参加了理宗为丙辰进士所设的"闻喜宴",并进了一首谢宴诗。诗云:"于皇天子自乘龙,三十三年此道中(理宗于一二二四年闰月登极,至一二五六年,已三十三年)。悠远直参天地化,升平奚羡帝王功?但坚圣志持常久,须使生民见泰通。第一胪传新渥重,报恩惟有厉清忠。"(《文集》卷十一《集英殿赐进士及第恭谢诗》)这时候的文天祥,尚以为点他做状元的理宗,是个愿意改革、自强不息的明君。他所顾虑的,不是他的改革主张能否实行,而是理宗会不会坚定而且持久地进行改革。他看错了,爱国的道路并不好走,以后的斗争正多。可喜的是,随着对君主专制制度、对皇帝的认识越来越深化,在斗争上,他不是退缩,而是更加坚决,更能打中要害。他的一生,波澜起伏,但他无一日不在履行他的改革主张。

文天祥中状元后,并未立即出来做官。就在他中状元的后四日(二十八日),送他和文璧来应试的他的父亲文仪,不幸病逝于临安客寓期集所。六月一日,文天祥兄弟奉枢南归。七月二十四日,回到庐陵富川。九月九日,安葬文仪于佛原。古代一守父丧便是三年,文天祥出来做官,要等到一二五九年了。而一二五六年至一二五九年这三年,正是蒙古大汗蒙哥欲亡南宋之年。

蒙古远征吐蕃、西南夷取得成功后,于一二五八年,蒙哥命忽必烈进兵鄂州,命塔察儿进兵荆山,并命自西南夷进迫交州、安南的兀良合台挥师北上，与忽必烈会于鄂州。又命阿里不哥居守和林，自将大军四万进入西蜀。长江中上游，战云密布。

这三年也是宋朝政治进一步败坏之年。

《宋史》卷四百一十四《董槐传》说：理宗"年浸高，操柄独断，群臣无当意者，渐喜狎佞人"。他喜狎哪些人呢？董宋臣和丁大全。董宋臣是一个宦者，最为理宗所宠爱，理宗之所以宠爱他，是因为他不仅能"为之聚敛以媚之"，而且能"作芙蓉阁、香兰亭宫中，进倡优傀儡，以奉帝为游燕"（《宋史》卷四百七十四《贾似道传》）；且"召妓入禁中"（《宋史》卷四百一十一《牟子才传》）。大臣既然没有一个能中理宗的意，皇权自然就免不了要落到他喜爱的内侍宦官董宋臣手上。董宋臣窃弄起权柄来了。"引荐奔竞之士，交通贿赂，置诸通显。又用外戚子弟为监司、郡守。"（《宋史·贾似道传》）内侍俨然成了内相，赵氏天下俨然成了董氏家业。

丁大全就是巴结董宋臣等人上去的。《宋史》卷四百七十四《丁大全传》，说丁大全本来是"戚里婢婿，寅缘以取宠位，事内侍卢允升、董宋臣"。宝祐六年（一二五八）得拜参知政事、右丞相兼枢密使，进封公。他拜相之年，正是蒙哥分兵数路，大举进攻南宋之年。他有什么"德政"呢？监察御史饶虎臣说得好，他有四罪："绝言路，坏人才，竭民力，误边防。"那时候的南宋，"丁大全与（董）宋臣表里浊乱朝政"（《宋史·牟子才传》），哪管蒙军进攻不进攻，国家危险不危险。

军情送到了理宗御座，理宗想不到蒙军竟然大举进攻，害怕到了极点。他以为重要的地方是鄂州，急忙起用贾贵妃之弟贾似道，命贾似道"军汉阳，援鄂。即军中拜右丞相"（《宋史·贾似道传》）。开庆元年（一二五九）七月，蒙哥死于钓鱼山，史天泽与群臣奉丧北还，合州解围。郝经看到了南宋难灭，向忽必烈进计："姑为之和，偃兵息民，以全吾力，而图后举。"（《元史》卷一百五十七《郝经传》）忽必烈决计北归。在这种情况下，身负军事重任的贾似道做了些什么呢？理宗的化身内侍董宋臣又做了些什么呢？

贾似道一到鄂州,便派宋京到忽必烈军中,"请称臣,输岁币"。蒙哥的死讯报到鄂州,贾似道应该敢战了,事实不然,他认为蒙哥之死,有助于他乞和,"再遣京议岁币"(《宋史·贾似道传》)。这对忽必烈来说,是求之不得的。宋京说:北兵如果回师,愿割长江为界,岁奉银、绢各二十万。贾似道是唯恐忽必烈不走,唯恐忽必烈走而复来,只要肯走,肯不再来,他就可报功请赏。至于这种和议是君命还是私议,他是不管的;礼物是多还是少,他也是不管的。

忽必烈走了,贾似道高兴得很,"上表以肃清闻",私自议和却一字不提。理宗"以其有再造功,以少傅、右丞相召入朝。百官郊劳,如文彦博故事"(《宋史·贾似道传》)。真是好一派荣光。原来的右丞相丁大全被罢免了。

这中间有一个插曲。开庆元年九月壬子,贾似道曾"表言大元兵自黄州沙武口渡江",致使"中外震动"(《宋史》卷四十四《理宗纪四》)。那时,蒙哥已经死了两个月,形势已经缓和。贾似道虽然还不知道蒙哥的死讯,但正在进行乞和活动。他的表报,完全是在恐吓理宗,为他的乞和开路。这一恐吓,使理宗六神无主。惯会逢迎的董宋臣,立刻"赞帝迁幸"四明(《宋史》卷四百六十九《董宋臣传》)。真可谓内外配合紧密,乱国从不后人。去了一个丁大全,来了一个贾似道。董、贾表里浊乱朝政,又超过董、丁。

再说文天祥。

在董、丁用事之际,有人曾劝文天祥通书丁大全求仕。文天祥深知丁大全的为人,断然拒绝说:"仕如是其汲汲耶?"也有人"欲为言于朝,除初官。力辞谢,得止"(《纪年录》戊午宝祐六年)。开庆元年正月,文天祥携弟文璧赴临安应廷对,取道长江,在镇江上岸,一路上游历了不少地方。五月殿试,文璧得中进士,文天祥被旨"差签书宁海军节度判官厅公事,朝廷检会照格,授承事郎"。文天祥"闻命辞免,乞行进士门(朝门)谢礼。旨令朝谢讫之任"(《纪年录》己未开庆元年)。为什么要先门谢后当官呢?因为文天祥在三年前虽中状元,但"未除官而即持服"(《文集》

卷一《己未上皇帝书》道体堂跋)。这是初除官，按理需要门谢。这一来，耽误了上任的时间。文天祥的《门谢表》说过："臣某言，伏准省札：'五月二十八日，三省同奉圣旨，文天祥添差签书宁海军节度判官厅公事，仍厘务。'臣以赐第之初，未经门谢……申乞指挥。续准省札：'七月十日，三省同奉圣旨，令朝谢讫之任。'"（《文集》卷二）五月二十八日授官，七月十一日接奉复旨，"令朝谢讫之任"。在等待复旨的时候，文天祥回到了庐陵。复旨既下，文天祥再次赴临安，时间，据《纪年录》所载"九月入京"之言，是在复旨下达两个月之后。至于"造朝门谢"，据《己未上皇帝书》道体堂跋，则在"己未冬"十月至十一月间。

搞清楚这些月份，不无意义。自夏五月授官到冬天，文天祥一直未到宁海军去。七月是蒙哥死于钓鱼山之月，九月是董宋臣请理宗迁都四明之月，冬十一月则是文天祥上书（《己未上皇帝书》）乞斩董宋臣，建议"仿方镇以建守"之月。如果是别人，初次得官，只怕发生波折，对朝贵拍马屁还愁来不及，怎敢乞斩董宋臣，把自己的脑袋当儿戏？

文天祥的开庆元年（即己未）"十一月吉日"的上皇帝书，写在贾似道虚报军情，董宋臣怂恿迁都之日。他门谢已毕，大可立即上任，可他却驻脚不行，而掉过头来，怒对奸佞，火烧董宋臣并及朝廷祖宗大法，这正如他自己所说："有仓卒等死之虑，无毫发近名之心。"（《文集》卷五《谢江枢密万里启》）这篇《己未上皇帝书》，是继三年前殿试所写《御试策一道》之后，又一篇卓越的政论文章。如果说《御试策一道》着重从理论上阐述他的改革不息的光辉论点，这篇政论便是他依据改革不息论提出的第一个改革方案。在这个方案中，最重要的东西是要求废止祖宗旧法，为改革不息迈开决定性的一步。请斩董宋臣，不过是为变更祖宗之法开道而已。

宋朝为强化封建专制制度，死守"守内虚外"方针，这已经成了宋朝一切弊端的根苗，成了宋朝内外危机的源头。外患再大，在宋朝看来，只不过称臣纳币罢了，只不过奉表献土罢了，这比被人民推翻要好得多。宋朝的专制是用来对内的，而非用来对外的，因而要守内虚外，或者说防内不防外。这一点不可不搞清楚。由此而产生宋朝的一系列的政策,其中最重要的一项是"使兵、财尽关于上,而守令不得以自专"。文天祥《己未上皇帝书》的主攻方向,正是这项政策。他很清楚,这个堡垒如果攻破,就不仅抗蒙有希望,而且为改革不息打开了一个缺口。因为利在抗蒙,他觉得这个缺口或许易于攻破。为此他提出了"仿方镇以建守"的建议,指出"祖宗"徒知矫唐末五代方镇之弊,使守令"各拱手趋约束,卷甲而藏之",国势衰弱,实由于此。宣和、靖康以来,"天下非无忠臣义士,强兵猛将",然而只是"各举一州一县之力,以抗寇锋,是以折扎不支,而入于贼",当今陛下自己,虽"命重臣建宣阃,节制江东、西诸州,官、民、兵、财尽从调遣",想要改变祖宗之法,可是"既有宣阃,又有制司,既有制置副使,又有安抚副使,事权俱重,体统未明",且"方帅海门,随迁建邺;甫镇建邺,又进上饶;布置变换,如弈棋然。卯诏辰行,奔命不给。大者措画之如此,小者迁徙之更多"。搞得"人无定志,事无成谋"。这叫什么"建宣阃"?他大声疾呼:"今日之事,惟有略仿方镇遗规,分地立守,为可以纾祸。"

光喊"仿方镇以建守",是不足以打动"圣"心的。他根据蒙军的特点:以"舍坚攻瑕,弃实击虚"为得策,具体建议在江西,"莫若立一镇于吉,而以建昌、南安、赣隶之;立一镇于袁,而以临江、抚、瑞隶之。……仿此而行之,江东、广东无不可者"。果能把吉州、袁州等镇建立起来,则旬月之间,天下必"雷动云合,响应影从,驱寇出境外,虽以得志中原可也,尚何惴惴宗社之忧哉?"他以此为"今日之第一义"。

仿方镇以建守,牵涉了镇将的选择和镇兵的征集问题。文天祥在《己未上皇帝书》中,提出了解决办法。他指出:宋朝用人"专守资格",以致"有才者常以无资格而不得迁,不肖者常以不碍资格法而至于大用"。一旦天下有变,"不肖者当之,而有才者拱手熟视",因此常遗国家之忧。贾似道以不肖出当制阃大任,便是一个活生生的证据。他告诫说:"今天下事势,溃决已甚,一有蹉跌,事关存亡。百夫不可轻择将,一垒不可轻界守,况其重者乎?!"他要求"破资格以用人",在建立方镇的同时,"收拾人才"。选择镇将如果拘拘孑孑于资格之末，那方镇虽建，也难起作用。

至于兵，他建议："陛下忱能委数州立一方镇，莫若俾为帅者，就团结之中，凡二十家取其一，以备军籍。一郡得二十万家，则可以得一万精卒。例而行之诸州，则一镇新兵当不下二三万。"州郡现存的租赋"可以备兵食"，现存的财利"可以备军需"。他认为"于二十家取其一，则众轻而易举，州县号召之无难，数月之内，其事必集"。他指出："如此兵者，一镇得二三万人，当凛凛然不下一敌国。今诸路列镇，则精兵虽十余万可有也。"宋太祖"南征北伐，所至如破竹，计其兵，曾不满二十万。使吾于诸阃之外，别得十万精兵，则何向而不可哉?"

仿方镇以建守，还牵涉朝政问题。如果还是皇帝一人独断，就难保佞人如董宋臣之流，不窃弄威权，方镇也就难保不受牵制、损害，以至发挥不出应有的作用。文天祥认为诸葛亮之所以能"以区区之蜀，抗衡天下十分之九"，就在"集众思，广忠益"。为今之计，就是要集众思，从众谋，皇帝不可操柄独断。他建议理宗"于禁中择一去处，聚两府大臣，日与议军国大事"。并"仿唐谏官随宰相入阁故事，令给舍台谏从两府大臣日入禁中聚议。其有不可，应时论难，不使退有后言"。如此，"则国事无聚讼之讥，宸命无反汗之失，事会无濡滞、蹉跌之悔"。六部也不可以无权，"日与文书期会相寻于无穷"。吏部"得受丞相除授之旨而行省札"；兵部"得禀枢密调遣之命而发符移。其他事权，一仿诸此"。

文天祥认为他的建议"简便易行"，做来并不难。然而，他所建议的每一条款，都触及了祖宗专制之法。实行他的建议，就放弃了祖宗之法，就改变了三百年来，守之唯恐有失的守内虚外的方针。以倡导理学为己任的理宗，焉能实行文天祥之法。

文天祥在《己未上皇帝书》中，最后要求"斩董宋臣以谢宗庙神灵，以解中外怨怒，以明陛下悔悟之实"。他要求斩董宋臣，是因为看到了"社稷安危之权，国家存亡之故，不在于境外侵迫之寇，而内之阴邪，常执其机牙"。是因为看到了"奸人当国，指天下能言之士，谓之好名哗竞"，他的主张不可能付诸实施。斩不斩董宋臣是对理宗想不想改革的一个考验。文天祥书奏不报，他绝望了，上路不是去宁海军，而是回庐陵。

与十一月上皇帝书同时，文天祥写了一篇《缴奏稿上中书札子》。这个札子是给十月出任左丞相兼枢密使的吴潜的。在宋蒙关系上，吴潜主张"法当以和为形，以守为实，以战为应"（《宋史》卷四百一十八《吴潜传》），不同于同时出任右丞相兼枢密使的贾似道。文天祥对吴潜抱有希望。他在札子中说到宋朝的"病根"问题，他上书皇帝，目的在铲除病根，也就是要改革"在内胶结不去"的祖宗之法。这是他的改革不息论的首要内容，既是为了抢救国家，又是为了替改革不息开路。从这个札子，我们可以看到文天祥《己未上皇帝书》的精神实质。因为事情关系宋朝的病根，书上之后，吉凶未卜。但他想好了，"人非不知爱身"，之所以"如此冒死"，正因为"今日之事急矣"。这又可见文天祥为实现自己的主张，不惜生命的精神。至于做不做签判，则微不足道了。他估计到他的话虽有千钧之重，但对理宗来说，可能视同鸿毛之轻，"不足以感悟天听"。他希望吴潜能"徇通国之心，出回天之力，以措世道于清夷光晏之域"。果能如此，他"九殉无悔"。可吴潜在次年（一二六〇）便被贾似道排挤掉，要使世道"清夷光晏"，除了他自己，还有谁呢？

迁都之议被打消了。这一则由于军器太监何子举、御史朱貔孙反对于前，二则由于文天祥请斩董宋臣于后。何子举曾对吴潜说："若上行幸，则京师百万生灵何所依赖？"百万生灵的命运，理宗并不担心。作为左丞相的吴潜却不能不考虑这个问题。朱貔孙则说："銮舆一动，则三边之将士瓦解，而四方之盗贼蜂起，必不可。"盗贼蜂起，这才是理宗最害怕的事情。理宗皇后谢氏权衡利害，觉得还是不迁都为好，枕畔私言，起了作用（引自明陈邦瞻《宋史纪事本末》）。再加上冒出一个文天祥，上书要变法，要斩董宋臣，理宗就再也不敢提迁都的事了。

十二月，忽必烈派迈铁赤率兵至潭州，迎兀良合台，自荆湘撤兵回蒙古。临安西湖，又荡起了往日的歌声，映出了往日的舞影。

文天祥第一次出来做官，是在景定元年（一二六〇）。做的是建昌军（江西南城县）仙都观的主管。这种官最不重要，文天祥不过借以奉香火，

"以安分守"而已（事见《纪年录》与《己未上皇帝书》道体堂跋）。这年是忽必烈即位之年（中统元年）；是吴潜罢相，被窜于循州之年；也是蒙古派翰林侍读学士郝经充当国信史，来宋"告即位，且定和议"，被贾似道幽禁于真州忠勇军营之年（事见《元史·郝经传》）。

文天祥真正做官，是景定二年（一二六一）十月，"除秘书省正字"（《纪年录》）。做这种官，不比做一个道观的主管，单"感谢信"便写了不少。在《文信国公集》中，为做正字，有《谢丞相启》《谢皮枢密龙荣启》《谢何枢密梦然启》《谢江枢密万里启》（以上见卷五）及《上丞相书》等。值得注意的是《谢丞相启》和《上丞相书》，前者写于"除秘书省正字日"，后者写于"除秘书省正字，辞免不允"之时。丞相指贾似道，这是文天祥首次和贾似道打交道。这两封信都写得不亢不卑。无阿谀之辞，而有"许国"之心。特别是《上丞相书》，内中写到用人问题。他说："用人者非私于其人，为人用者非私于其用。……此意不明，上之人操其公器大柄以自私，曰：'吾能以富贵人'；下之人失其灵龟，贸贸于势利之途而不知返"，那就大谬。这无疑是向贾似道表明：请你不要以为"吾能以富贵人"，不要以为我会成为你的私党，我只知"用人者非私于其人，为人用者非私于其用"，在用人和被人用上，是公字当头，而非私字当头。最后，他说："公尔忘私，国尔忘家，某之补报知遇，将有日也。"这就是他对出任秘书省正字所持的态度。

文天祥在《御试策一道》中，曾痛斥宋朝官场趋炎附势、狗苟蝇营之风狂吹。《上丞相书》的重要意义，在于宣告：他既进入官场，绝不会与那些趋炎附势、狗苟蝇营之辈，同流合污；他将秉着公尔忘私、国尔忘家的精神，踏上仕途，走自己应走的路。

景定三年（一二六二）四月，文天祥"供正字职，寻兼景献府教授"。五月，"充殿试考官，进校书郎"（《纪年录》）。景定三年是壬戌年，南宋的著名人物邓光荐、刘辰翁，便是壬戌榜的进士。考官即文天祥。此年文天祥不过二十七岁。景定四年（一二六三）正月，又"除著作佐郎"；二月，"兼权刑部郎官"。正字、教授、校书郎、著作佐郎，都是文职。

"权刑部郎官",便要和刑事打交道了。文天祥是怎样对待这一官职的呢?他在《纪年录》中说:"刑部事最繁重,居官者率受成于吏,号清流者尤所不屑。"而他却"为之钩考裁决,昼夜精力不倦。吏不能欺,慑服焉"。这叫"公尔忘私"。正是由于公尔忘私,他的才华、能耐,也就在办案中充分显露出来,为下属所慑服。

官场从来不是没有风波的。像文天祥这样公尔忘私、国尔忘家的人,必将遭受一阵又一阵风浪的冲击。除非随波逐流,否则便要被恶风浊浪打出官场。就在景定四年,理宗又把已被派往保康军当承宣使的董宋臣,叫到内侍省来当官,并叫他主管景献太子府事。当时,文天祥以著作佐郎兼景献府教授,董宋臣成了他的顶头上司。是与董宋臣妥协,听由董宋臣调遣呢?还是继续与董宋臣斗争,无令国政坏于董宋臣之手呢?文天祥毫不迟疑地选择了后者。这年七月,他又向理宗上书,谈到他阅读报状,得知董宋臣"复授内省职事",不由"惊叹累日,不遑宁处"。又听说"使之主管景献太子府",他义不与董宋臣"联事",只有"请命以去"。但他想到国家的安危,不能"不言而去",去之前还要讲几句话。他说董宋臣此人,"京国闾巷,无小无大,辄以董阎罗呼之""天下之恶名萃诸其身"。这样的人,怎能"又使之内居要地,日觑宸光"呢?他恐怕董宋臣复用之后,"势焰肆张,植根既深,传种益广,末流之祸,莫知所届"。他要求理宗"收回成命,别选纯谨者而改畀之",则国家幸甚。

这是文天祥的《癸亥上皇帝书》。此书表现了文天祥对坏人坏事的绝不妥协的精神。书奏上去,又是不报。文天祥"束担将出关,丞相遣人谓公不可,差知瑞州"。虽然,他没有被排挤出官场,但被排挤出了京城。

文天祥在廷对后,又二次上书,要求改革政治,除去佞臣,与南宋的政局,与他的法天不息的思想,密切相关。他既认定"圣贤非坐视民物之屯者而安于需(释见第八章第二节),若此,则其道所存也"(《文集》卷三《跋番易徐应明梯云帙》),就不能该讲不讲,该斗争不斗争。他给何尉写过一封贺信,内中说道:"别后不图世变沄沄,天下大事几去。某始而骇,中而疑,继而忧愤,又继而大声疾呼,以至于流涕出血。"(《文集》卷三《贺何尉书》）这正是他的本色。

廷对和初官之日的历场斗争，历次大声疾呼，证明了文天祥一开始做官，便忠于自己的思想主张。

第二节　在知瑞州、江西提刑与知宁国府任内

文天祥出任地方官，自知瑞州（今江西高安市）开始。他这个地方官与一般的地方官有点不同。这里先说一下他的态度。

在《回聂吉甫书》中，文天祥说到天下大势之所以削弱不支，"实坐于文物制度之密"，即祖宗之法之密。他"直欲割去缭绕，使内、外手轻脚便。如此而后可以立国"。可他失败了，朝廷并不欣赏他的主张。但他绝不退缩，不能行于国，便退求行于州县；不能行于州县，便退求"为一乡一宗之谋"。总之，他绝不放弃自己的主张，能在多大范围实行，就在多大范围实行；能行到何种程度，就行到何种程度。他要斗争到底。我们始终不要忘记他是一个法天不息的人，如此而后可以了解他如何出任地方官。

景定四年（一二六三）十一月，文天祥离开临安，出任瑞州知州，年龄二十八岁。

忽必烈北撤之时，瑞州曾为蒙军攻破，"民皆被兵，存者奔窜它所"（《宋史·理宗纪五》景定元年二月）。文天祥一到瑞州，便对瑞州进行了整顿。《纪年录》癸亥景定四年说：

> 郡兵火后，疮痍乍复，予抚以宽惠，镇以廉静。郡兵素骄，取其桀黠置之法。张布纲纪，上下肃然。于交承外，积缗钱万，创"便民库"。去之日，填兵出前窠名，为楮百万有奇。遗爱在民，久益不忘。

欧阳守道说得好："余友文君天祥……出守，期月间，百废俱兴。"（《碧落堂记》）从百废俱兴中，我们可以看到改革，创"便民库"便是一种改

革。改革的出发点是殿试时文天祥所要求于理宗的"公道"和"直道"四字。抚以宽惠,镇以廉静以及创便民库等,正是行公道之政;张布纲纪,取郡兵骄横不法者,置之以法,正是行直道之政。"遗爱在民,久益不忘",说明他治瑞时间虽只一年(景定四年十一月至五年十月),但取得了很大的成绩。

在修复之中,有一件事,值得一提。景定元年(一二六〇)蒙军破瑞,"瑞之文物煨烬十九"。文天祥很注意收集文物,"修复以来,得十年间残编断简"。并得到杨万里的《锦江尺牍》一帙,内中有四篇为杨万里的手笔。文天祥兴奋地说:"方其文物俱备之时,此帙非郡之所得有",而不意"收拾散亡之余,乃能有前日之所未尝有,斯不谓之益奇乎!"(《文集》卷九《跋诚斋锦江文稿》)《杨万里全集》传世,文天祥很有功劳。封建时代,像他这样重视文物的官吏极少。

出知瑞州,是文天祥退而求其次在地方实行他的主张的好机会。可他一刻也没有忘记国家的危难,一刻也没有放弃在全国范围内推行他的主张的要求。他修复瑞州碧落堂,题诗抒怀,诗中有"修复尽还今宇宙,感伤犹记旧江山。近来又报秋风紧,颇觉忧时鬓欲斑"之句(《文集》卷十一《题碧落堂》)。忧国之思,溢于言表。他作《瑞州三贤堂记》,借"吾知在瑞之时,乃心罔不在王室,呜呼!此其所以为三贤欤",来表达他自己身虽在瑞州,心却无日不在国家。

景定五年(一二六四)十月,理宗死,度宗立。同年,文天祥被召赴临安。不久,叫他做礼部郎官。十一月,又叫他做江西提刑。文天祥曾兼过短期的权刑部郎官,表现了他钩考裁决的才能。刑狱,在封建时代,最不讲公道和直道,冤案累累。文天祥出任江西提刑,掌管一个大地方的刑狱,不比在京做权刑部郎官。这对主张公道与直道之政的文天祥来说,是一个更大的也更实际的考验。

文天祥做江西提刑的时间极短。度宗咸淳元年(一二六五)"二月,就瑞州交割提刑职事",四月,就被台臣黄万石"以不职论罢"。黄万石(此人以后还要说到)说文天祥"不职",只是因为文天祥在这两个月的极短时间内，平反了一起冤狱。

据《纪年录》乙丑宋度宗咸淳元年注引赵君厚言："临江（今江西漳树县）城中金地坊银匠陈，见负关、会过于市者，叹曰：'我等困苦，止欠此驮耳。'"第二天早晨，"盗杀负关、会人慧力寺后山中，捕司迹盗急"。市中有一个"荷担行鬻馍饵者，以所闻陈语告捕司"。捕司即"鞠陈棰楚"，陈银匠吃刑不住，"诬服"，被处以死刑。凭几句话，就断定某人为某人所杀，不承认就用酷刑，承认了就向上报功，将人"明正典刑"，封建时代办案，鲜不如此。其间种种黑幕，又非局外人所可得知。文天祥行郡至临江，陈银匠的母亲来告冤枉，文天祥一听便知道是一起冤狱，世上哪有凭一个人几句话就判人死罪的道理？此案上级已批，人也已被杀，他大可不必干预，以免发生麻烦。但他却毫不迟疑，立刻决定重新处理这个案子。他调查到关子、会子（宋代钞票）"乃府衙后李某家所得，关、会俱在暗阁上竹笼内"。关子、会子是物证，找到了关、会，这件图财害命案，便一清二白了。他下了判决："以李偿负关、会人死，推司及元（原）捕人偿陈死，官赡养陈母终身。"这个判决是非常合理的，而最合理的，是将"推司及元（原）捕人偿陈死"。他懂得不重重打击那些草菅人命、制造冤案的官吏，冤案便会不断地制造出来，公道与直道之路便会被堵塞。可是一个"浊滓横流"的社会，是不允许文天祥行什么公道与直道之政的，此案平反未几，他便被罢官了。

从咸淳元年夏罢江西提刑，到咸淳三年（一二六七）秋除尚书郎官，文天祥被排挤出官场，达两年多之久。这是文天祥第一次被排挤出官场。

在这两年多的时间里，文天祥的政敌，讨厌、反对公道和直道的人，没有放过对文天祥的攻击。与黄万石论罢文天祥同时，文天祥的祖母梁氏死了。梁氏早年改嫁刘姓，按礼只能是"承心制"。但政敌却抓住梁氏是文天祥的亲祖母不放，说她死了，文天祥应"持齐衰"，对文天祥的"承心制"攻击不休。特别是他们搞了一本《龙溪友议》，"板行天下"，说什么文天祥"当有重服，匿而不行"。以致"一时闻者为之疑惑"，攻击达到了不择手段的程度。这激起了文天祥的老师欧阳守道和曾凤的义愤。欧阳守道写《或问》,曾凤写《详目》,说明梁氏既然改嫁,从她改嫁那天起,她死了,文天祥便只当承心制,持重服的只能是刘氏的子孙(《文集》卷三《通庙堂》)。这才将他们的攻讦打了下去,维护了文天祥的声誉。后来朝命下达,允许文天祥"承心制","仍著为令"(《通庙堂》道体堂跋)。一场风波,才告平息。但政敌既不能容忍文天祥搞公道与直道之政,更大的攻击和打击,仍在等着他。

以平反陈银匠冤狱为起点的文天祥所受到的打击,表明了横亘在他的法天不息、改革不息、自强不息、救国救民不息、使万物各得其所不息前面的屏障,是宋朝的整个官场,整个国家机器。他怎么办?

在他被排挤出官场的两年多时间里,他在家门千步外,发现了一个风景优美的去处,"溪、山、泉、石,四妙毕具,委曲周遭,可十余里"(《文集》卷三《与朱太傅埴书》)。这就是文山。此山倒是一个很好的"养其气体,和其心志,而居《易》以俟命"的地方(《文集》卷九《跋番易徐应明梯云帙》)。他想在文山修建一所别墅,不久便动手开辟。在他的文集中,有《辟山寄朱约山》诗(卷十二),内有"一笠一蓑三钓矶,归来不费买山资"之句;又有《文山即事》诗(卷十二),内有"开滩通燕尾,伐石割羊肠"之句。这两诗正是咸淳元年罢官归来后,开辟文山时所写。似乎他要隐居了,其实不然。

文天祥给文山幽奇之处题的名称颇可注意。他曾给当年在白鹭洲书院共读的同学胡天牖(字端逸)写过一封信,信中说到他"日在山间搜奇剔怪,得二所,曰'阆微',曰'上下四方之宇'。幽闲旷邈,超伟轩张,其奇又在中矶两峰之间之上。……'翠晚'又改曰'浮岚暖翠','钓雪'改曰'六月雪','特立'改曰'至大至刚以直'"(《文集》卷三《与胡端逸书》)。这些名称非仅"地适足以当之",而且反映着文天祥的思想、个性。微和上下四方是对立的,微称事物的精微,所以要阆。宇名"上下四方",喻宇宙在我胸中。"翠晚"不如"浮岚暖翠"一片生机。"钓雪"不如"六月雪",六月降雪,事物改变常态,符合《易经》交感、变化、发展义。"特立"不如"至大至刚以直"更能反映他的思想、性格与情操,更能表现他一向秉着至公、至直的精神，立于天地之间。《与朱太傅埴书》中说到"我自为我"，又说到"青蝇纷纷"。这些名称便是对群蝇的回答。

还须注意，文天祥经营文山数年，始终没有把别墅盖起来，只是"日日骑马来山中"（《出山》，见《文集》卷十二），"朝往夕还，率以为常"（《与朱太傅埴书》）。"起宅文山"，是在咸淳七年（一二七一）第三次被排挤出官场之时，这又表明文天祥并不想真正蛰居于文山，他随时准备出山，扫除群蝇，跻国家于"清夷光晏之域"。

度宗咸淳三年（一二六七）九月，文天祥被起用为"尚书左司郎官"。十二月，赴临安就职。咸淳四年（一二六八）正月，复"兼学士院权直，兼国史院编修官、实录院检讨官"。不料就在这个月，台臣黄镛又奏免了他所任的职务（见《纪年录》），这是他第二次被排挤出官场。这次做官，时间只有一个多月。

咸淳四年是戊辰年，文天祥写的《文山观大水记》（见《文集》卷八），说到"戊辰岁，余自禁庐罢归，日往来徜徉其间，盖开山至是两年余矣"。他又到两年前开始经营的文山中来徜徉了。这是被迫造成，并非他的心愿。他依然是日往山中，夜归旧居。

这年冬天，文天祥被起用为福建提刑。可还未上任，台臣陈懋钦便"奏寝新命"（见《纪年录》），照这样下去，他这个状元，几乎没有做官的可能了。

可是正如文天祥除了相信必然外，还相信偶然一样，咸淳五年（一二六九）三月，江万里被度宗任命为左丞相，他昔年曾出守吉州，白鹭洲书院就是他创建的，山长欧阳守道也是他任用的；文天祥在江万里"门墙诸孙辈行中"。江万里很器重文天祥，对文天祥"知爱绸缪，独出乎诸生之右"（《文集》卷三《通潭州安抚大使江丞相书》）。江万里做左丞相，文天祥便得到了出山的机会。同年四月，文天祥被起用为宁国府知府。这年，他三十四岁。

文天祥取道水路，浮船赣江与长江，去宁国府。《文集》卷十一有一首诗《题滕王阁》，这首诗是哪一年写的呢？从最后两句"回首十年此漂泊,阁前新柳已成行"来看,无疑是咸淳五年赴宁国府,乘船经过隆兴(今江西南昌市)时所写。十年前(开庆元年,一二五九年),他携文璧赴京应考,取道水路,曾经到过隆兴。这就是"回首十年此漂泊"之句的由来。在这首诗中,我们可以看到他当时的心情。他写道:

> 五云窗户瞰沧浪,犹带唐人翰墨香。日月四时黄道阔,江山一片画图长。回风何处挢双雁,冻雨谁人驾独航?回首十年此漂泊,阁前新柳已成行。

全诗好似一幅彩色点染的山水图卷。它不仅使我们感受到江山的香气与美丽,而且使我们感受到江山之所以又香又美,正是由于日月四时运行不息,天地常新。他这时的心情是欢快的,舒畅的。

十一月,他在青弋江边的昭亭上岸,到达宁国府(《文集》卷三《与知吉州江提举万顷书》)。宣州宁国府在历史上很有名气,可是南宋末叶的宁国府却使新任知府文天祥大吃一惊,路上欢畅的心情,全部化为乌有。《文信国公集》中多处谈到宁国府。《纪年录》说:"府极雕弊……宁国为郡,居上流斗绝,税务无所取办,则椎剥为民害。"《与知吉州江提举万顷书》说:"(宣州)大坏积枏,触手病败,虽日夜爬梳,会肯繁然,盲竖浸淫,非轻剂可药。"《复江州李都丞与书》说:"某漫浪出山,落身枏瓠,问官官靡,问吏吏荒……如之何其淑后也?"《复潘检阅书》也有"郡枏然虚,真山涧水瘵"的话。《文信国公集》中有一首诗《题宣州叠嶂楼》,内有"檐隙委残榴,屋隅连宿莽。荟蔚互低昂,熹微分散聚。城郭谅非昔,山川俨如故。童鬓已零落,姝颜慰迟暮"之句。残榴、宿莽、零落、迟暮,正是写宣州的山涧水瘵,人物零落。这样的府,任何人来治理,都要感到头痛。除非贪官污吏。

为什么一座名府会坏到如此地步?须知"屠割天下"(鲍敬言语)是封建专制制度的内在本质。徐荣叟说过:南宋"苛征横敛,无所不有;严刑峻罚,靡所不施"(《宋史》卷四百一十九《徐荣叟传》)。文天祥也说过：南宋统治者视人民如鸡豕，"惟所咀啖"。如此地方怎能不虚？文天祥出知瑞州之年（景定四年，一二六三年），贾似道献买公田之策。此策评论不一致，我想指出，它的目的不过是损百姓、益朝廷而已，细民并未见其利，"六郡之民破家者多"。到文天祥出知宁国府前一年（咸淳四年，一二六八年），贾似道又请行经界推排法于诸路，"江南之地，尺寸皆有税，而民力弊矣"（《宋史》卷四百七十四《贾似道传》）。其实不是"弊矣"，而是愈弊。他这两法都是适应封建专制需要之法，加速了细民的破产。宁国府郡邑皆虚，山涸水瘵，已是历年甚久了。

文天祥以咸淳五年十一月领宁国府事，次年正月朔，即"除军器监，兼右司"（《纪年录》）。在宁国府只有一个多月。宁国府如此雕弊，要在短短一个多月中做出成绩来，是很难想象的。可是，文天祥却做出了成绩。

他日夜爬梳，在"洗垢爬痒"（《文集》卷三《与赵知郡孟薖书》）中，他清楚地看到宁国府的问题，还不是一个贫者愈贫、富者愈富、贫富悬殊的问题，而是一个"大坏积枵"，几乎连人烟都没有的问题；他清楚地看到这种惨象的造成，就在专制国家的"椎剥为民害"。他立即上奏度宗，要求免除宁国府的赋税。他知道只是要求免除赋税，不会被批准，因而在奏文中又写了"别取郡计以补课额"的话。这封奏文生效了，度宗批准了他的请求，宁国府的老百姓至此长长地舒了一口气。他去后，百姓"争醵钱立祠"，以表示对他的怀念（事见《纪年录》）。

文天祥在《回宁国陈节推容书》中说道："宣之弛征，执事首从更之，幸而集事，仅足了吾辈之责，非相与为赐也。书来，乃知宣人以此为多，祠之，以识其不忘之意。"宣人为他立祠，是他去后，节推陈容写信告诉他的。他过意不去，叹道："怵惕于孺子之入井，岂为内交要誉设？抑桐乡父老此意，亦能使人感激耳。"他想到宁国为郡"凋剧"，"盘错纠结"，希望陈容继续治理好宁国府；还想到像宁国这样雕弊的地方多得很，"天下事正有赖于方来"。

文天祥还在《回宁国交代孟兵部之缙书》中说道：他离开宁国的"前

一二日,宣州弛征之命下"。他为宣州(宁国府)百姓"顿足起舞,即拜书望双溪叠嶂,为贤主人贺"。又说:"吾辈读书临民,正为今日行志,凡此者各尽其分,固非相与为赐也。"

从这两封信中,我们可以看到:文天祥出任地方官,无论是知瑞州也好,任江西提刑也好,知宁国府也好,又无论时间多长多短,之所以都能取得成绩,都有"公论在人心,不可磨灭处"(《文集》卷三《与知吉州江提举万顷书》),是因为他抱有"读书临民,正为今日行志"(《回宁国交代孟兵部之缙书》)之心。而他的志向,也就是他在《赠莆阳卓大著顺宁精舍三十韵》中说过的:"天之生贤才,初意岂无为。民胞物同与,何莫非己累。"在《御试策一道》中说过的:"臣始以不息二字为陛下勉,终以公道、直道为陛下献。"正因为他有这种"怵惕于孺子之入井"的感情与为公道、直道斗争不息的志气,所以取得显著的政绩,就非偶然的了。

第三节 在讲读与当制任内,山居与起复

一、说度宗,斥师臣

咸淳六年(一二七〇)正月,文天祥受任军器监,兼右司。四月,离开于国府,赴临安供监职,免兼右司(《纪年录》)。但不久又用文天祥兼崇政殿说书、学士院权直、玉牒所检讨官(《纪年录》)。重要的是兼崇政殿说书、学士院权直。

《宋史》卷四十六《度宗纪》,记咸淳六年夏四月戊寅,"以文天祥兼崇政殿说书"。这个官职使他获得了一个向度宗阐述他的哲学思想和政治见解的机会。以法天不息为宗旨的他,是不会放过任何机会的。

学士院权直这个官职,是替皇帝起草诏书的。权直,顾名思义,是临时性的。宋朝的皇帝不会把起草诏书的权力,永久赋予任何一个人。但权直的职责,又使文天祥获得了一个伸张正义的机会。

《文信国公集》卷九载有一篇《熙明殿进讲敬天图周易贲卦》,道体堂

跋说:"此先生兼崇政殿说书日讲篇也。讲篇非一,如讲诗之《定之方中》一篇,讽当时修缮事,今亡其辞云。"又卷一载有《轮对札子》一篇,内有"伏念臣职在讲读,今日圣学,关天下治忽不细,辄因封事,毕吐其衷"之言。这两篇都是在兼崇政殿说书时所写。

贲卦,离(火☲)下,艮(山☶)上。离之为体,以一柔(阴⚋)间两刚(阳⚊);艮之为体,以一刚乘两柔。离,篆称"柔来而文刚";艮,篆称"刚上而文柔"。文天祥解释"文"字的意义说:"使独刚独柔,不相为用。则不成文矣。"此两卦组成贲卦。贲,篆称有"天文",有"人文"。又称"观乎天文,以察时变;观乎人文,以化成天下"。文天祥解释说:天之文即天之贲,人之文即人之贲。理宗皇帝(文天祥谓之为"先皇帝")作《敬天图》,"以敬天为名,其于贲卦,实摘取'观乎天文以察时变'一条"。天,在理宗皇帝看来,是有意志的东西,所以看天文可以知时变。文天祥以为这是不对的,他是怎样解说的呢?

首先,他指出:"天一积气耳,凡日月星辰、风雨霜露,皆气之流行而发见者。流行发见处有光彩,便谓之文。""天之文,为二曜、五行、象纬交错。"这对天与天文,都作了唯物主义的解释。而"先皇帝"把天看作有意志的东西,把天文看作天的意志的表现来敬它、观它,这就是荒谬的了。

其次,他指出天文"有顺有逆,有休有咎,其为证不一",怎么能但取"观乎天文以察时变"一条呢?世界上的事,"莫不以人事为主",观察时变,重要的是根据"人文",而非根据"天文"。他解释"时"字说:"时,世也。"时变就是世变。观察世变,是"观乎人文"之变,非"观乎天文"之变。

再次,他指出:在天变与时变或者天(文)与人(文)的关系上,是天变"系于时",非时变系于天。是天(文)系于人(文),非人(文)系于天(文)。在这个意义上,他没有否定天变可以反映时变(世变)。他说:"天道人事实不相远","观天文可以察善否"。意思很明白,天文系于人文,从天灾的小与大,往往可以看出政治的好与坏,为主的仍然是人事。

文天祥在进讲《敬天图》、《周易》贲卦时,敢于直斥"先皇帝作图之旨,以敬天为名,其于贲卦,实摘取'观乎天文以察时变'一条"的片面性,是要有相当的胆量的,特别是在度宗面前讲。目的很清楚,他要求度宗鄙弃理宗那一套天理之言,重视人事。

《轮对札子》主旨在阐明"合于理者昌,违于理者僵"。文天祥所谓"理",是"物理""物则""公道""直道""法天不息""改革不息",非理学家、理宗之理。在这个札子中,他根据化学来新的宗旨,用他所理解的古籍上合乎他所谓理的东西,对后世也就是当时违理、悖理的东西进行了批判,要求度宗依理而行。

他借"《书》曰:'民可近,不可下。予视天下愚夫愚妇一能胜予'",批判了"后世犹有以民为黔首,以复其宗,为天下笑者"。这既是批判秦始皇的封建专制主义,又是批判宋朝的祖宗专制之法。他借"《书》曰:'内作色荒,外作禽荒',《诗》曰:'乱匪降自天,生自妇人'",批判了"后世犹有昭阳、华清、霓裳羽衣,以阶渔阳之祸者"。这既是批判唐玄宗"内作色荒",又是批判宋理宗作芙蓉阁、香兰亭,引西湖妓入禁中。《诗经》说乱事生自妇人,文天祥说渔阳之祸(安禄山之变)生自唐玄宗,非生自杨贵妃,是他对《诗经》所作的新解。他借"《书》曰:'谨乃俭德,惟怀永图',又曰:'不作无益害有益,不贵异物贱用物'",批判了"后世犹有葡萄天马,甲帐翠被,以致四海萧然者"。这既是批判汉朝皇帝作无益,害有益,贵异物,贱用物;又是批判宋朝皇帝不惜兵民之苦,不讲节财之道,"霓裳羽衣,靡金饰翠","量珠掔玉,幸宠希恩"(《御试策一道》)。名府如宁国"枵然虚",四海可以知其萧然皆虚了。

他还借"《书》曰:'兢兢业业,一日二日万几'",说明"一事不谨,则万事之几,自此而兆"。要求度宗"拨乱本,塞祸源,无一息不当用功"。他把兢兢业业解释为"所谓必有事焉者也"。天下不是无事,而是有事。一件坏事可以影响局部乃至全局,所以,"无一息不当用功"。而最重要的是要抓住乱本、祸源，予以变革、堵塞。他所谓乱本、祸源或病根，就是"在内胶结不去"的祖宗专制之法。改要不息地改，既求坏事一个不留，又求抓住病根，以防坏事重演。

度宗自然不会听他的。但哪怕是对牛弹琴也罢，他还是要弹，这正是文天祥之所以为文天祥处。

度宗最相信的人是师相贾似道，宋朝很多事都坏在他手上。文天祥和贾似道之间的矛盾，是不可避免地要爆发的。为了解文天祥在权直任内与贾似道的斗争，先要谈一下贾似道究竟是一个什么样的人（参见《宋史·贾似道传》）。

贾似道是台州人，制置使贾涉之子。少年落魄，"为游博，不事操行。以父荫，补嘉兴司仓。会其姊入宫，有宠于理宗，为贵妃，遂诏赴廷对"，被擢为太常丞、军器监。他得宠了，可是"恃宠不检，日纵游诸妓家，至夜，即燕游湖上不返"。一天晚上，理宗凭高"望西湖中灯火异常时，语左右曰：'此必似道也。'"理宗明知贾似道不是个好东西，却步步给他加官。淳祐十年（一二五〇），贾似道"以端明殿学士移镇两淮，年始三十余"。开庆初，蒙哥大举攻宋，理宗恐慌极了，派贾似道援鄂，"即军中拜右丞相"。理宗以为贵妃之弟必能解"朕"之忧，谁知贾似道始则虚报蒙军渡江，引起惊扰，董宋臣因此请理宗迁都；继则私自进行讲和活动，允许割江为界，岁奉银、绢各二十万两、匹。忽必烈自鄂州撤军北还，他上表"大战数合皆有功"（《宋史·理宗纪四》开庆元年闰十一月），鄂州肃清。理宗嘉其再造国家之功，以少傅、右丞相召入朝中。哪晓得忽必烈登极后，派郝经来"申好息兵，且征岁币"。贾似道"方使廖莹中辈撰《福华编》，称颂鄂功"，通国都不知道所谓和。贾似道生怕讲和密谋败露，密令李庭芝幽禁郝经于真州兵营（参见《续资治通鉴》卷一百七十六宋理宗景定元年）。这给了忽必烈进攻南宋的一个借口。贾似道归朝后，干了些什么呢？他"进用群小"，有才干的人，如李芾等"小忤意辄斥，重则屏弃之，终身不录"。他创买公田法、经界推排法，不过是损庶民以富朝廷而已。他的飞黄腾达，只是因他最擅长搞祖宗守内虚外之法。

度宗为贾似道所立，贾似道每次朝见，度宗"必答拜，称之曰师臣而不名"，朝臣则都称他"周公"。理宗刚刚下葬，贾似道忽然"弃官去，使吕文德报北兵攻下沱急，朝中大骇"。度宗与谢太后"手为诏起之"，而"下沱之报，实无兵也"。这不过是使个花招，要挟皇帝、太后，借以提高他在皇帝、太后乃至大臣心目中的地位罢了。似乎少了他这根"擎天柱"，宋朝立刻就要垮台。由于第一次耍花招获得成功，接下去，第二个、第三个……花招都来了。但形式乃至内容都和第一个花招差不多，他只有这样大的本事。咸淳三年（一二六七），他"又乞归养，大臣、侍从传旨留之者，日四五至；中使加赐赍者，日十数至；夜即交卧第外以守之"。为了留住这根"擎天柱"，度宗特任他为"太师、平章军国重事"。请他"一月三赴经筵，三日一朝，赴中书堂治事"。并"赐第葛岭，使迎养其中"。他这次获得了更大的成功。咸淳五年（一二六九），他"复称疾求去，帝泣涕留之，不从"。度宗不得已，"令六日一朝，一月两赴经筵"。咸淳六年（一二七〇），又"命入朝不拜"。

他在葛岭作何营生呢？朝政，他并不管。"大小朝政，一切决于馆客廖莹中、堂吏翁应龙。"他则"日坐葛岭，起楼阁亭榭，取宫人娼尼有美色者为妾，日淫乐其中。惟故博徒日至纵博。人无敢窥其第者"。又"酷嗜宝玩，建多宝阁，日一登玩"。然而，他内心是空虚的，"畏人议己，务以权术驾驭"。为收买人心，他"以小利啖之"，用官爵来牢笼一时"名士"，"加太学餐钱，宽科场恩例"。他很懂得小利也能封人之口，只要愿意上钩。上钩的，确有不少。"由是，言路断绝"，他也就更加作起威福来了。

咸淳六年，贾似道又"托疾归绍兴，乞致仕"。度宗"旨令学士院降诏不允"。这时，恰逢文天祥兼学士院权直，"当制"。挽留贾似道的制书，遂由文天祥起草。他熟知贾似道"有要君之志"，也熟知贾似道要君的花招，利用起草制书的机会，给了贾似道当头一棒。

他对贾似道的要君，"裁之以正义"（《纪年录》）。他替度宗拟了两个批示。在第一个批示《拟进御笔》中，他要求贾似道"尚鉴时忧，永绥在位"。在第二个批示《又拟》中，他更进一步，指出常情虽"以去就为轻，惟大臣以安危为重，苟利诸国，皇恤其身?""古者之赐几仗，虽当七十，而不得引年；我朝之重辩章，虽过九旬，而尚使为政。"你贾似道不过年五十余，身为帅相，"胡为以疾而欲告休?"最后一句话是："所请宜不允。"（二批均见《文集》卷一）二批无一句褒辞，《又拟》等于质问。

宋朝"内制相承，皆呈稿当国"。当国过目后，再送皇帝。而一经当国过目，便必有"改窜"。文天祥对于这种制度很不满意。特别是在佞人当国的时代，所谓呈稿当国，不过是给佞人以蠹国害民的威风、权力而已。文天祥起草制书后，一反常规，不呈给当国过目，而"进呈御前"。这是明目张胆反贾似道，并反内制。贾似道一怒文天祥不把所拟制书给他看，二怒"所拟无过褒之辞"，遂"讽谕别直院官，改作进呈"。在度宗面前，于是有了两种代拟的批示。

当时是文天祥当制，按理，度宗应当采用文天祥代拟的批示。但度宗做事，毕竟不能如文天祥所希望的"合于理"，他把文天祥草拟的批示摆到一边，采用了贾似道指使的、别个直院官写的挽留贾似道的批示。文天祥十分气愤，立即援引"先朝杨大年在翰林草诏，以一字不合真宗圣意，明旦援唐故事，学士作文书，有所改，为不称职当罢，因亟求解职"。贾似道一面假惺惺地"以漆木史作字"挽留，自言每年春帖，"上每令似道谕词臣再三改定，诸公亦惟知谨承上意"，直院"特未知之耳"；我叫他人别拟批示，又有什么要紧，直院何必"过为突兀，而有遐心"。一面指使台臣奏罢文天祥。文天祥看了贾似道的来字，觉得贾似道实在可恶，他"缴还来椟，又上第二章"求去，不等批复，即刻"束担出国门"。这时，"台疏罢命"下来了，文天祥第三次被排挤出了官场（所引均见《又拟》道体堂跋）。

文天祥这次罢官，不仅表明他对贾似道斗争的失败，而且表明他对度宗希望的落空。

文天祥这次罢官，不仅表明他对权奸具有不妥协的斗争精神，而且表明他对任何人、任何事，都是凭"直道而行"（《纪年录》），他永远也不会放弃在《御试策一道》中所表述的思想和主张。

二、身在深山,心在云表

"当年只为青山误,直草君王一诏归。"（《又拟》道体堂跋引）咸淳六年（一二七〇）七月,文天祥罢官归家,又与青山为侣了。

咸淳七年,"起宅文山"南涯（《纪年录》）,所谓"啜菽水尽其欢,先庐固在;得谖草植之背,别墅何妨"是也（《文集》卷十《山中堂屋上梁文》）。如果只从"被褐而环堵,却轨而杜门,弹琴以咏先王之风,高卧自谓羲皇之上"（同上）来看,我们将会得出错误的结论,以为文天祥既于官场屡次碰壁,将不得不退隐,遗落世务。实则在他的头脑中,一点点退隐思想的波澜也从未浮现过。起初,他只是感到恶势力太大了,抱着"风雨深山,避影却走"（《文集》卷四《回罗子远就贺除京榷书》）"避影深山"（《文集》卷四《与安抚李大卿芾书》）"避影杜门"（《文集》卷四《与江西黄提刑震书》）这样一种愤激的心情,回到庐陵富川。随着岁月的流逝,国家危机的加深,他的忧国忧民、补世益时思想,与日俱增。起宅文山的速度也慢下来了。

话题转到襄、樊。咸淳六年八月（文天祥罢官后一月）,蒙军攻围襄、樊甚急,朝野皆知,只有度宗不知。有个女嫔向度宗透露了襄、樊军情,度宗问贾似道,贾似道反问度宗:"北兵已退,陛下何从得此言?"度宗把女嫔的话告诉他,他竟"诬以他事"（《宋史纪事本末》）,恶狠狠地把这个女嫔处死。什么才是贾似道的军国重事呢? 贾似道与群妾"踞地斗蟋蟀,所狎客入戏之曰:此军国重事耶?"（《宋史·贾似道传》）这才是他的"军国重事"。此年十二月,蒙古用张弘范之策,"宜城万山以断其西,栅灌子滩以绝其东"（《元史》卷一百五十六《张弘范传》）,断绝了襄、樊的粮道,襄、樊更加危险了。

咸淳七年,蒙古建国号为"大元"（后文一律易蒙为元）。这年,襄阳虽然得到民兵部辖张顺、张贵的支援,但重围未解。咸淳八年,元世祖忽必烈用阿里海牙之策:"宜先攻樊城,樊城下,则襄阳可不攻而得"（《元史》卷一百二十八《阿里海牙传》），集中重兵攻打樊城，并命将回回所献巨石炮，送襄阳军前使用。咸淳九年春正月，元将阿术攻破樊城，守将京湖都统制范天顺自缢。二月，襄阳守将京西安抚副使吕文焕以襄阳降元。

南宋之亡，以襄阳、樊城的失陷为契机。而襄、樊之失，失在不派一兵赴援，失在贾似道误国，失在守内虚外。

文天祥避影深山之日，正是襄、樊危急之时。他无时无刻不在担心国事，不在盼望出山。我们从文天祥避影深山之日所写的诗文中，就可以看出他这种思想感情。

他忧念襄、樊军情，写道："故人书问至，为言北风急。山深人不知，塞马谁得失？挑灯看古史，感泪纵横发。"（《文集》卷十二《山中感兴三首》其二）

他讨厌文山了，巴不得早日出山，为国驰驱。这种感情，在他和谢爱山之间的诗文往来中，充分表达出来。像《生日和谢爱山长句》：

> 寓形落落大块间，嘘吸一气自往还。桑弧未了男子事，何能局促甘囚山？……今年避影却闭门，捧觞自寿白头母。故人忆我能远来，虹光满袖生琼瑰。一杯相属慰岑寂，使我发笑愁颜开。簸扬且听箕张口，丈夫壮气须冲斗。夜阑拂剑碧光寒，握手相期出云表。

你看，溪、山、泉、石四妙毕具的文山，被他说成了囚山。他避影闭门，岑寂极了，故人远来，愁颜才开。他那气冲斗牛的壮气，一点也没有消退。夜阑看剑，握手相期。越早出山，越趁他心愿。这首诗写出了他避影深山时期的真实思想。

他还有《回谢教授爱山四帖》（见《文集》卷三），在帖中他向谢爱山倾吐："山中度日如年，落叶萧萧，凉月堕砌，起视寥沉，安得知己握手长吟，写胸中之耿耿，以相慰藉耶？"时间越长，他越不能在文山蹲下去了。

咸淳八年，他病过两个月。在病中写过几首《病中作》，虽然是病中所作,也非同凡响。他写道:"一病忽两月,蓬头夏涉秋。形羸心自壮,手弱笔仍遒。""倚床腰见骨,览镜眼留眶。倦策吟诗仗,频烧读易香。"病得虽然如此虚弱,但吟诗,读《易》,写文章,样样照旧,因为壮心长在。"睡余吸海龙身瘦,渴里奔云马骨高",这就是病中的他,所具有的壮心。他无时无刻不想振衣而起,吸海奔云。

江州都丞李与写信来慰问他,他听到"九江未除人",甚至想到九江去做官,"为太平安民"之政。他回信给李与,请李向朝廷代言。(《文集》卷三《复江州李都丞与书》)虽然没有成功,但从中可知他对出山,对太平安民,怀想得何等焦急。

在避影深山之日,文天祥也并非单有一腔义烈之气。他很关心民食民生。咸淳六年秋,庐陵"晚稻半亏,颗粒并是入官之数"。而"早稻不过二三分",以致"民食十减七八""田里憔悴,不堪举目"。但赣州不同。此年七月,赣州"膏雨沛流,嘉气坌集……粟米在市,蚕麦满野"(《文集》卷八《赣州重修嘉济庙记》)。赣州知州李雷应是文天祥的同年进士。文天祥写信给李雷应,要求李雷应允许庐陵人民赴赣州收籴,以救庐陵人民的饥饿。他在信中说:"苟可通融,兼爱秦晋,公之惠也。"同时,他又写信给知吉州的江万顷,说他已给李雷应写了信,请江万顷再写一封信给李雷应,"俟得其要领,然后大榜境内,许人赴赣收籴"。并且说明"此亦权宜之一策也"(参见《文集》卷四《回赣守李宗丞雷应书》、卷三《与知吉州江提举万顷书》)。

知吉州事江万顷是白鹭洲书院的创立者江万里之弟。吉州晚稻半亏,颗粒入官,人民饥饿,田里憔悴,是江万顷面临的问题,避影深山的文天祥完全可以不管。他为什么要管呢?江万顷拿不出解决办法,是一个原因,更重要的原因,是"民胞物同与,何莫非己累"的思想,在促使文天祥这样做。避影深山时,他一刻也没有放弃这种思想。

文天祥是一个法天不息,将以有为的人,山居是被迫造成的。但即使是山居,他也没有休息。读《易》,写诗,作文,关心民生疾苦,就是"不息"。可见文天祥,任何时候都要抓住"不息"二字。

咸淳九年五月，文天祥的老师、白鹭洲书院的山长欧阳守道病逝。他很痛心，写了一篇《祭欧阳巽斋先生文》。文中盛称欧阳守道的治学态度"求为有益于世用，而不为高谈虚语，以自标榜于一时"。像欧阳守道这样的人，应当得到朝廷的重用。叵直到他死，不仅未得到大用，而且"家无一钱"（《宋史》卷四百一十一《欧阳守道传》）。文天祥深为欧阳守道抱不平，写道："以先生仁人之心，而不及试一郡，以行其惠爱；以先生作者之文，而不及登两制，以仿佛乎盘诰之遗；以先生之论议，而不及与闻国家之大政令；以先生之学术，而不及朝夕左右，献纳而论思。"他这样为欧阳守道抱不平，也是为自己的遭遇抱不平；他为文祭欧阳守道，也是写自己"胸中之耿耿"。

三、在湖南提刑与赣州知州任内

也就在咸淳九年（一二七三）正月，起复的诏令下达了。文天祥被任命为湖南提刑。四月赴任。但在他到任的前两个月（二月），襄、樊陷落，元朝在积极准备大举南伐。他这次出任地方官，是在宋朝危急的时期。

四月八日，文天祥离富川，取道清江、宜春、醴陵（《文集》卷三《通潭州安抚大使江丞相书》），于"五月朔吉，受印于衡阳"（《文集》卷四《与邓校勘林书》）。也就在这年夏天，文天祥到了长沙，见到江万里。江万里时任湖南安抚大使。他热烈欢迎文天祥的到来，席间"从容语及国事"（《纪年录》）。当他想到襄、樊已经失守时，看到文天祥依旧"英姿隽爽，目光如电"（见刘岳申《文丞相传》），不禁怃然叹道："吾老矣！观天时人事，当有变。吾阅人多矣，世道之责，其在君乎！"（《纪年录》）南宋末年最了解文天祥的人，只有江万里。天倾东南，不要多久，文天祥便作为一根擎天柱，在东南耸起。

在湖南提刑任内，文天祥做了两件事。

一是处理了一批案件。《文信国公集》卷七载有《湖南宪司咸淳九年隆冬疏决批牌判》《断配典吏侯必隆判》《委金幕审问杨小三死事批牌判》《平反杨小三死事判》《门示茶陵周上舍为诉刘权县事判》，都是文天祥任湖南提刑时所作的判决辞。我们来看他是怎样判决这些案件的。

《湖南宪司咸淳九年隆冬疏决批牌判》,是把以前湖南州县拖下来的案件扫数予以处理,不使案件再拖。判文说:"凡情轻当放释者,从所委官逐名点对,取判施行",不要再叫他们坐牢了。"其有情理重恶,累经疏决,及恩赦不原,而手足未经椎折,膂力正自精强者",也不叫他们坐牢了。"与其幽囚于牢栅之中,骙寻而死,不若驱于极边,被坚执锐",去抵抗元军,"庶几死中求生"。他所谓"驱于极边",是"发往荆、蜀、淮海"。他认为"古之强兵猛将,得之于盗贼髡囚者,正自不少",安知在这批重囚中,不出强兵猛将呢?他真是思想新,判决也新。

《断配典吏侯必隆判》,是制裁违法的官吏,决不姑息养奸。判文说:"近世以来,天下以吏奸为病。"他说到了点子上。既然是病,那就要治。"侯必隆何为者,辄敢于呈押之时,脱套花字;于行移之后,捺掇公文。"虽然侯必隆"自称无他情弊",也不能"姑息行之"。如果姑息,"将来必为司存无穷之蠹"。他判云:"侯必隆决脊杖十五,刺配千里州军。……五日押发,仍牓。"法重于吏,这是文天祥的精神。

杨小三死事一案,原来认为杨为施念一、颜小三、罗小六三人"谋杀"。既是谋杀,施、颜、罗便都当死。文天祥"看颇不入,不能无疑"。他查明杨小三是被"殴致死",不在"谋杀之例"。他根据施、颜、罗殴击杨小三的不同情况,不同程度,判决颜、罗"各决脊杖二十,刺配广南远恶州军"。施"于同谋为元谋,于下手为从,合减一等,决脊杖七十,刺配千里州军"。

对茶陵周上舍申诉刘权知县一案,也觉得周的申诉有问题。刘权县先"申周监税父子为豪强把持,且谓不法不可枚举"。此"必非无故而为之辞者"。现在周反诉刘权县,"讦其短以相攻击",显然是泄愤。他判云:"并备词帖,刘权县果如所诉,则宜尽与改更,布过失于境内,洗手以勤公……仍门示周上舍,宜知自爱。"

这些案件的处理,表现了文天祥办案的求实、从快、依法、人道而又不姑息养奸的精神。其出发点依旧是公道、直道四字。

二是协助江万里平"秦寇"。秦指秦孟四。秦孟四起于广西,打到湖南。江万里平"秦寇",在《宋史》中无记载,仅见于文天祥《与湖南大帅江丞相论秦寇事宜札子》《提刑节制司与安抚司平寇循环历》中。二文载《文信国公集》卷七,可补《宋史》之缺。

"秦寇"有两个特征:一为"杀死知县,杀伤县尉主学,卷去县印,屠民居,掳妇女,掠去财物"(《与湖南大帅江丞相论秦寇事宜札子》)。二为"所至攫财物之外,出其余以散之贫者"(《提刑节制司与安抚司平寇循环历》)。这显然是宋朝末年广西与湖南一带的农民起义。文天祥协助江万里平秦寇,是参与镇压农民起义,我们不必为文天祥翻案或辩护,如同不必为岳飞平杨幺翻案或辩护一样。

但是,文天祥毕竟不同于其他官吏,他向江万里指出:"盖贼有出于田里之饥荒,激于官吏之贪黩,弄兵之情,出不获已。"在对策上,宋朝历来对农民起义有招与捕两个方法,而"秦寇"是"一面受招,一面劫杀"(《与湖南大帅江丞相论秦寇事宜札子》)。有人以为不如"一概杀去",文天祥则认为"若愤招安之非策,只一概杀去,却又欠斟酌"。他特别反对杀降民,抢财物,要求严明军纪。建言:"但一贼寨来降,其中有老幼,有财物,军人不免杀戮攫拿,此须捕督总统先明秋毫无犯,不杀一人之令,使降者以我为信。"(《提刑节制司与安抚司平寇循环历》)不此之图,"秦寇"是平不了的。

文天祥参与平秦孟四,从某种意义上说,是制止了一场大屠杀。

文天祥任湖南提刑,只有八个月。但却获得了"惟使者使民不冤"的好评(知衡州宋遇语,见《文集》卷八《衡州上元记》)。他两任提刑,时间都很短,但都能为民做点好事,与历史上为人民所痛恨的掌刑之官,大异其趣,这只有从他的思想才能得到解释。

咸淳九年冬,文天祥调任赣州知州。这次调任,是应他自己的请求。他在《知赣州到任谢皇帝表》中说:"家有重亲,晚相依于白发。"在湖南"不遑将母,私切怀归"。因"恳恳以陈情","乞便郡侍亲"(此语见《纪年录》)。度宗遂差他知赣州。赣州与吉州是邻郡,"奉亲地近"。他很感激,表示臣敢不"由家达国",不老老及人。应该说:这种感情是爱国者的共同感情。

咸淳十年孟春正月二十五日,文天祥乘船离开衡阳,过衡山(《文集》卷八《五色赋记》),在湘潭上岸(《文集》卷十二《湘潭道中赠丁碧眼相士》),再由湘潭取道萍乡(《文集》卷十二《赠萍乡道士》),到达庐陵。这条路正是咸淳九年四月,文天祥离庐陵来衡阳之路。那时,江西与湖南的陆上交通,以赣江边上的清江、湘江边上的湘潭为起讫点,中经宜春、萍乡与醴陵等地。文天祥回庐陵,是先由湘潭到清江,然后再由清江乘船,溯赣江而上。文天祥到庐陵时,已是仲春二月了。他回到富川,接取家属,乘船再溯赣江去赣州。到赣州时,是暮春三月(见《纪年录》)。

文天祥离湘赴赣,适值春季。他写过不少诗篇,录二首以见他这时的思想心情。

《别李肯斋》:"潇湘一夜雨,湖海十年云。相见皆成老,重逢便作分。啼鹃春浩荡,回雁晓殷勤。江阔人方健,月明思对君。"

《将母赴赣,道西昌(今江西泰和)》:"重来鸥阁晓,帆影涨新晴。倚槛云来去,闲帘花送迎。江湖春汗漫,岁月老峥嵘。手把忘忧草,夔夔绕太清。"

春意浩荡,岁月峥嵘,江阔天青,花红人健,一个爱国者所具有的乐观向上的精神,在这些诗篇里,来回荡漾。

文天祥知赣州事,也只有十个月。第二年正月,他便起兵"勤王"了。在这十个月中,他是如何治理赣州的呢?在《与吉州刘守汉传书》中,他曾经说过:

赣去吉一水三百里,而气候、风土、习俗,事事不同。未春已花,才晴即热。山川之绸缪,人物之伉健,大概去南渐近,得天地阳气之偏。看来反不可以刑威惧,而可以义理动。书生出其迂阔之说,

尝试一二，观听之间，稍觉丕变。（《文集》卷四）

从这席话可知他治赣能根据赣州气候、风土、习俗的特点，定出治理方针。做到这一点很不容易，因为一则需要有为民办事的愿望，二则需要有调查研究的精神。

文天祥的治赣方针是"不可以刑威惧，而可以义理动"。什么叫作"以义理动"呢？他在写给文及翁的一封信中，说到一件事：

> 某治郡以来，书生迂阔之说，颇有效验。祖母六月生日，集城中内外老人，自七十一至九十六，为男女一千三百九十名，犒恤有差。老者既踊跃，而少者始皆知以老为贵，礼逊兴行，词讼希省。（《与文侍郎及翁书》）

所谓"书生迂阔之说"，即"以义理动"。而他所谓以义理动，不是去作儒家三纲五常的说教。他趁着祖母生日，把全城七十一岁至九十六岁的老人都请来，亲自进行慰问和犒恤，遂使老者踊跃，少者都知以老为贵。这也是一种以义理动。这种以义理动，来自他对赣州"人物之伉健"，难以威刑慑、说教劝的认识。不要以为这是笼络人心，在封建时代，能这样做的官吏，少之又少。

从这件事可见他对赣州民物的关心。在《与宋衡州书》中，他还说到治州十旬，"初至如人家，风雨四壁，逐处经理，久之方成纶绪"。为治理好赣州，他向所属各县都发出了信件，要求各县注意"积弊"，"可革者革"（《与赣州属县宰书》）。在他的治理下，赣州终于出现了前所未有的"诸县民皆乐业"（《与文侍郎及翁书》），"八境烟浓淡，六街人往来"（《石楼》）的兴旺景象。

也就在文天祥出任赣州知州这一年，元世祖决定命诸将率兵南伐，先取鄂州，然后顺流长驱，直下临安。北方战云密布。文天祥在"逐处经理"赣州的时候，一天也没有忘记北方的战局。《文信国公集》中有一首

诗《题郁孤台》,此诗写道:

> 城郭春声阔(起句不凡),楼台昼影迟。并天浮雪界,盖海出云旗。风雨十年梦,江湖万里思。倚阑时北顾,空翠湿朝曦。

这首诗表明他身虽在赣州,心却到了万里之外。他回想起多年来为实现改革不息所曾作过的斗争,现在已是梦了。他幻想着云旗盖海,义师北指日子的到临。可他万万没有想到,当他在郁孤台上倚栏北顾时,望来的不是云旗,而是一纸诏书,上面写着鄂州失陷,元兵东进,临安危急,即起勤王之兵。十万火急!历史对他来说,又进入一个新阶段了。

综上所述,可知文天祥做官,不同于其他封建官吏。这能不能从理论上说明?可以说明的。列宁在《黑格尔(逻辑学)一书摘要》中引述过黑格尔的一段话:

> 要观察事物的本身,一方面要从事物的普遍性去观察,另一方面也不要脱离事物……而是要唯一地注意这些事物,并且要意识到它们的内在的东西。

这就是共性与个性的关系。看事物包括人物,不仅要看到共性的东西,而且要看到个性的东西。后者是属于"具体地分析具体的情况"的问题,是"马克思主义的最本质的东西、马克思主义的活的灵魂"(列宁《共产主义》)。而这,尤其重要。就文天祥来说,他出身于地主阶级,做的是封建官吏,这和其他封建官吏是相同的,是共性的东西。然而,我们不能只看到这个共性的东西,还要特别注意文天祥这个人物的个性的东西,尤其是他内在的东西。他的个性及内在的东西是什么呢?是法天不息,为实现公道与直道之政而斗争。这是当时其他封建官吏所没有的特殊点。因而他做官,无论做京官或地方官,行政官或刑法官,又无论做官的时间短长,他都能做出别的封建官吏所不能做出的业绩来。

第三章　第一次起兵抗元

（一二七五年至一二七六年）

第一节　"剑戟挥挥过赣城，勤王又会数千兵"

"战争是政治通过另一种手段的继续。"（《列宁选集》第三卷《革命与战争》）元世祖偃兵息民，推行汉法，目的在于再图大举侵宋。咸淳九年（一二七三）襄阳失陷，次年参政阿里海牙（阿尔哈雅）进言：荆、襄自古用武之地，汉水上流已为我有，"顺流长驱，宋可必平"。同平章事阿术（阿珠）赞同其议，也说：臣略地江淮，"备见宋兵弱于往昔，今不取之，时不能再"（《元史》卷八《世祖纪五》）。襄阳陷落之时，元朝国力已有所增长。阿术所说"今不取之，时不能再"，是个很现实的问题，万一宋朝"一念振刷"，元朝就难办了，世祖遂决定兴兵伐宋，命伯颜（巴延）以丞相身份都督诸军，命阿术、阿里海牙随伯颜一同南进。

元朝侵宋的兵力到底有多少？阿里海牙说旧军不足，非益兵十万不可。阿术亦请"益兵十万"，世祖遂诏中书省签军十万人（《元史·世祖纪五》至元十年）。这是新军。《元史·伯颜传》记伯颜"将二十万众伐宋"。则新旧军加到一起才二十万人。须知蒙哥侵宋，军队也仅四万。

再看宋朝。元出兵前，宋京湖制置使汪立信写信给贾似道，说到宋现有兵力可"七十余万人"，抗击元军，绰绰有余。他向贾似道提出抗元三策，上策：尽出内郡兵于江干以实外御，"距百里而屯，屯有守将；十屯为府，府有总督……立为统制，分东西二府以莅任"。中策：礼遣郝经，许输岁币，以延缓元朝出兵日期。我则加强战备，元军若来，可战可守。下策："衔璧舆榇之礼"，请早做准备（《宋史》卷四百一十六《汪立信传》）。贾似道得信，竟掷之于地，大骂汪立信"瞎贼，狂言敢尔！"而心里却在想着"衔璧舆榇"投降之礼。

九月，元军"会师于襄阳，分军为三道并进"。伯颜与平章阿术由中道"循汉江趋鄂州"（《元史》卷一百二十七《伯颜传》），鄂州有新旧二城，夹汉水而立。宋将张世杰将兵屯鄂州，守备坚固。元军来攻鄂州，因张世杰力战，未能得逞。伯颜决定放过鄂州，顺汉江而下，至沙洋，不料又遇到宋将王虎臣、王大用的坚决抵抗。伯颜命吕文焕招降不成，乘某日日暮，狂风大起，命顺风以"金汁炮"轰破沙洋城。沙洋虽破，到新城，又遇到了宋都统制边居谊的坚决抵抗。吕文焕招降，险些被边居谊射死。城破，边居谊全家自焚，所部三千人奋战到死，无一投降。

但也有投降的，元军逼复州，知州翟贵即以城降。

元军进围汉阳，声言取汉口渡江。从长江下游来救鄂州的淮西制置使夏贵，调阳罗堡西沙芜口的守军援汉阳，伯颜乘机攻占了沙芜口，得到了一个过江的口岸。

伯颜派人到阳罗堡招降，守将王达又是一个硬骨头，拒绝投降。伯颜指挥诸将，以"白鹞子"（船名）千艘攻打阳罗堡，三日不克。又使用了"放过"之策，放过阳罗堡，命阿术渡江。阿术乘天昏时，率军溯江而上，至青山矶。此夜大雪，黎明，阿术见大江南岸多露沙洲，即指挥所部，渡过江来。宋荆鄂都统程鹏飞败走，阿术房获宋船一千多艘，遂架起浮桥，请伯颜过江。夏贵听到阿术渡江，大惊失色，带三百条船，扬帆东下逃跑，沿途纵火大掠。伯颜攻破阳罗堡，诸将请追夏贵，伯颜说：不如让他去向宋朝报告我们的胜利。遂渡江与阿术会合。当时还有一个从长江上游的江陵来救鄂州的宣抚使朱禩孙，听到阳罗堡被伯颜攻破，紧接着夏贵也跑回江陵。这二人一跑，鄂州便力弱势危。文天祥后来说到过这件事，他叹道：

开庆己未，江陵阃帅自上而下，奔救鄂渚，令朱禩孙任宣阃，乃自鄂渚走还岳阳（继走江陵）。朱与夏（贵）通任长江之责，一上而一下，使中流荡然，虏安行入无人之境，国安得不亡？呜呼痛哉！（《集杜诗·京湖宣阃第九》）

夏、朱既跑，知汉阳军王仪以城降元。吕文焕列兵鄂州城下叫降，鄂州无正守，权守张晏然以州降于吕文焕。程鹏飞也投降了。

伯颜既得鄂州，命阿里海牙以兵四万戍守鄂州，巩固后方，自与阿术带领大军攻向长江下流。（见《元史》卷一百二十八《阿里海牙传》）

从鄂州失守的经过，我们可以看到：元军虽然强大，但并不是锐不可当，势如破竹。元军始则被阻于郢州城下，不得不放过郢州不打；继则被阻于阳罗堡，又不得不放过阳罗堡。可以看到宋朝虽有吕文焕这样的投降变节、替敌人拼死卖力的国贼，虽有夏贵、朱禩孙这样的逃兵、懦夫，但宋军不是没有忠勇奋发的将领，郢州张世杰、新城边居谊、阳罗堡王达便是实例。还可以看到宋将的投降，实际上是宋朝的投降政策造成。吕文焕投降，说过"襄守六年不救"的话（《指南录·纪事》）。襄阳失守后，应该加强鄂州的战备了，但宋朝就是不去加强，连一个正守也不派出。等到鄂州危急，才派夏贵、朱禩孙去援救，而这种"援救"，倒不如说是应付。由此促成权守张晏然的投降。政策是"衔璧舆榇"，将领的投降就丝毫也不奇怪了。时至南宋，人们都看清了"守内虚外"是宋朝坚定不移的国策，忠勇如岳飞是要被处以死刑的，投降才合乎宋朝的要求。宋朝虽然不会说出"你们投降好了"这样露骨的话，但确实是听任州县各自为计，或战或降或走，悉听尊便。吕文焕投降，他的侄儿吕师孟可以当兵部尚书；夏贵、朱禩孙临阵逃走，官位依然如故。这只能从政策上去解释。宋朝也打一下，那不过是提高卖国的价钱罢了。

政策如果不是这样，而是采纳文天祥的主张，改革内政，建立方镇，调集全国财力、兵力，发动人民抗元，虽然个别降元的还会有，但像大批将领转变成敌人的能征惯战的军将的现象，就必然不会出现。不此之图，虽有一些誓与城池共存亡的将士，甚至虽有文天祥这样的擎天柱，也难力挽狂澜于既倒。鄂州陷落了，敌人东进了，仍然有这样两条路摆在宋朝面前：一条是继续走祖宗之法守内虚外之路；一条是痛下决心，立即走文天祥所主张的改革内政，救国救民之路。就看宋朝走哪一条了。这是我们在谈文天祥起兵前所应认清的形势。

宋恭帝德祐元年（一二七五）正月，文天祥接到了一道以太皇太后谢氏的名义，于去年十二月二十日下达的《哀痛诏》。诏中说到元军"阚我长江""国步之阽危"，要求"文经武纬之臣，食君之禄，不避患难"；忠肝义胆之士，同仇敌忾，"以献其功"。"起诸路勤王之师"，救君王于"危急之机"。虽然也说了"田里有愁叹之声，而莫之省忧；介胄有饥寒之色，而莫之抚慰"的话，但又说："非不受言也，而玩为文具；非不恤下也，而壅于上闻"。把皇帝应负的责任一把推掉了。除此以外，再无别的内容。十分明显，这只是一道救君诏，不是救国诏。它表明宋朝将坚持祖宗之法不变，将视价格高低，随时把江山售给敌人。

未几，文天祥又接到了一道下达给他的专旨："文天祥，江西提刑。照已降旨挥（指《哀痛诏》），疾速起发勤王义士，前赴行在（京城，即临安）。"（《纪年录》注引太史氏管发《国实》）专旨是正月十三日接到的，文天祥"捧诏涕泣"（《宋史·文天祥传》），十六日即"移檄诸路，聚兵积粮"（《纪年录》）。

起兵，对文天祥来说，标志着救国救民时机的来临。但他起兵，有两个很大的难题：一是兵源，二是粮饷。宋朝只给了他一个江西提刑的头衔，叫他速发勤王义士，义士到哪里去找，粮饷如何解决，宋朝是不管的。以救国救民为己任的文天祥，日夜都在焦思苦想。

赣州有个陈继周，"以贡士有军功"，历任州县官吏二十八年，家居赣州郭中。一日，文天祥"造门问计"，陈继周"具言闾里豪杰子弟与凡起兵方略甚详"。其子太学生陈逢父也"昼夜参预（与）筹画调度"（邓光荐《文丞相督府忠义传》）。依靠陈继周父子，文天祥先把赣州豪杰乃至溪峒蛮民都发动了起来（《宋史·文天祥传》）。单有赣州的义士，是远为不足的。文天祥又派出刘沐、萧明哲、方兴等人，去发动邻郡以至广东、湖南的义士。刘沐是文天祥的"邻曲、朋友"，邓光荐说他"号召同乡义士数千人"，从文天祥勤王（《文丞相督府忠义传》）。《集杜诗·刘沐第一百二十》又说："凡江西忠义，皆渊伯（刘沐字）所号召，昼夜酬应，精力不倦。"则刘沐所号召的，先是他乡里（吉州庐陵）的义士，而后扩大到了整个江西地区的忠义人民。《纪年录》注记文天祥领兵到吉州时，有"会合诸郡民丁"的话。明胡广《文丞相传》又记文天祥说过："宁都六姓，招募数千人，驻吉州候旨入卫。"这都是江西的忠义。萧明哲是吉州的贡士（《集杜诗·萧架阁第一百二十四》），被文天祥派往吉州太和县的野陂里，"连结诸寨"。野陂里社溪人胡文可"罄家资，招义勇"，开赴赣州。胡文可曾给弟弟胡文静寄来一首诗，诗中写道："剑戟挥挥过赣城，勤王又会数千兵。丹心一寸坚如铁，矢石前头定不惊。"（《文丞相督府忠义传·胡文可》）这首诗写出了人民踊跃参军的盛况，抒发了他自己丹心如铁、爱国不移的壮志。方兴是吉州乡兵的召集者（见郑思肖《文丞相叙》）。文天祥尚派出何时"驻吉，聚兵财"（《文丞相督府忠义传·何时》）。为了训练，文天祥采纳了乡友、太学生王炎午的建议："请购淮卒，参错戎行，以训江、广乌合之众。"（王炎午《生祭文丞相文》）于是文天祥军中又有了淮士。

文天祥自己说过：他奉诏入卫，带领的有"江右（江西）、湖南、淮、广诸项军马"（《纪年录》乙亥宋幼主德祐元年注引），"所统纯是百姓"（同上），总人数为"五万"（《指南录·气概》）。这是他费尽心血，在极短的时间内，组织起来的一支以人民为主体的、强大的爱国新军。

《宋史·文天祥传》所说文天祥"有众万人"，仅只是指陈继周所发"郡中豪杰"与溪峒蛮民，方兴所召"吉州兵"。郑思肖《文丞相叙》所说文天祥有众"三万"，也仅只是指"吉、赣乡兵"。这都不是文天祥军队的全部人数。

这支五万人的新军，吃穿是一个重大问题。在宋朝，老兵多少还有粮饷，像文天祥这样一支自组的、由太皇太后谢氏所谓"忠肝义胆之士"构成的新军，一粒粮食宋朝也不会拿出，而必须由文天祥自己筹办。要解决五万人的吃穿问题，没有别的办法，只有靠人民自己拿出钱粮。穷人能参加勤王就不错了，不能再叫他们拿东西，有钱的又不愿意破费钱财，这怎么办？"公尔忘私，国尔忘家"的文天祥，毅然作出了一个决定："尽以家资为军费"(《宋史·文天祥传》)，"以倡士民助义之心"(王炎午《生祭文丞相文》)。须知当时士民都看着文天祥，文天祥如果不拿出家资，他们是绝对不会拿出来的；文天祥拿出的家资如果不多，他们也不会拿出，或者拿得很少。只有"尽倾家资"(郑思肖《文丞相叙》)，才能打动他们，造成争先捐献的热潮，也才能真正解决五万人的生活需要。

有一个问题，文天祥既然尽以家资为军费，他家庭的生活怎么办？如果说尚留了一部分，那又怎能说"尽倾"？按《文丞相督府忠义传》萧资条说：文天祥统兵前赴临安，书史萧资"随丞相家入岭，忠勤曲尽"。《集杜诗·萧资第一百三十一》说："予家先避地入广，资于患难中扶持尽力。"《集杜诗·母第一百四十一》又说："先母齐魏国太夫人，盖自虏难后，弟璧奉侍赴惠州，弟璋从焉。"文璧的《齐魏两国夫人行实》也写到文天祥兵下临安，他"以知惠州，迎养"母亲。这就可以确信文天祥拿出家资没有保留，他家的生活，由惠州知州文璧担负起来了。家人都离开了故乡，前往广东惠州。尽倾家资，说明他已越出本阶级，看到了民族。

这里要说一下随文天祥起兵抗元、与文天祥生死与共的人物。杨德恩的《文天祥年谱》，列举了邹洬、张汴等十人，其实远不止此十人。文天祥的《集杜诗》和邓光荐的《文丞相督府忠义传》等，一共写了二十三人，均从文天祥于赣州起兵。这二十三人是：陈继周、陈逢父父子，刘沐，萧明哲，胡文可、胡文静兄弟，方兴，何时，朱华，王辅佐，尹玉，麻士龙，张云，邹洬，刘伯文，彭震龙，刘子俊，萧敬夫、萧焘夫兄弟，金应，萧资，何见山，张汴。在这二十三人中，有"老将"(王辅佐)，军将(广东统制始兴人方兴、广军将领朱华、赣州三寨巡检宁都人尹玉、赣军将领麻士龙、吉州敢勇军将官张云)，州县官吏(进士出身的兴国知县乐安人何时、武进士出身仕于州县的吉水人刘伯文），退隐官吏（赣人陈继周），太学生（陈逢父），贡士（萧明哲），书史（吉水人萧资、金应），幕客（何见山、蜀人张汴），地方小吏（领漕贡庐陵人刘沐、刘子俊），山寨义士（太和人胡文可、胡文静），豪杰（吉水人邹㵮、文天祥二妹大彭震龙），诗人（永新人萧敬夫、萧焘夫）。这二十三个出身爱好都不相同的人物，以他们共有的爱国之心，与文天祥紧密地结合到了一起，成了文天祥爱国事业的不可缺少的辅佐者。如果说文天祥是红花，他们就是绿叶。

现在要转过笔来再写宋元斗争的形势。

咸淳十年（一二七四）十二月鄂州失守后，元军沿江水陆东下，江北元军由平章政事阿术率领，江南元军由伯颜自己率领。身为师相的贾似道不得不"上表出师"。他"抽诸路精兵"浮江西上，"金帛辎重之舟，舳舻相衔百余里"（《宋史·贾似道传》）。德祐元年（一二七五）二月，"贾似道驻师鲁港（地属芜湖市）"，精兵达十三万人之多（《纪年录》注）。此数即使不超过伯颜自率的元军人数，至少与之相当。元军总数二十万，分为伯颜、阿术、阿里海牙三路，上流阿里海牙分去四万人，元军沿江东下，兵力只有十六万。这十六万人又分为江北、江南两路，伯颜所统江南一路元军加上投降元朝的宋军，充其量不过十多万，贾似道是可以与伯颜决一雌雄的。可他表面上摆出一副要打的样子，背地里却派人与投降元军的、提举江州兴国宫吕师夔联系，请吕师夔带话给元军，要与元和。后来又派宋京出使元军，请求称臣，纳岁币。这还打什么仗？贾似道将精锐七万余人交给他任命的总统诸军孙虎臣，孙虎臣领着这七万余精兵驻于池州下流的丁家洲，先锋将姜才与伯颜所统元军接战，战斗打得正激烈的时候，拥兵七万余的孙虎臣却谋与妾乘舟逃跑。消息一传开，军队便乱起来。使用战舰二千五百艘横亘江中阻挡元朝水军的淮西制置使夏贵，一见孙虎臣的军队发生混乱，马上乘偏舟不战而走。自率后军驻于鲁港的贾似道，惶恐万状，在鸣钲收军声中，也便掉转坐船，向扬州逃遁。在不到二十天的时间内，这一支十三万人的大军，宋朝军队的精华，便全部丧失。

文天祥后来在《集杜诗·鲁港之遁第十四》中，曾慨叹"鲁港之遁，何衰也！人心已去，国事瓦解"。他认为"首祸之权奸（贾似道）无救祸之理"，那个时候，除了"豪杰拔起"之外，别无它法可以救国。

而他正是在当时拔起的第一个豪杰。鲁港之败在二月二十二日，四月一日，一支由他率领的救国新军，迈开大步，从章、贡二江的会合处出发了。

这支救国新军能不能力挽狂澜于既倒呢？过去的回答，往往是否定的。我们来看文天祥本人是怎样想的。《宋史·文天祥传》记文天祥以江西提刑、安抚使入卫，友人阻止他说：元军"三道鼓行，破郊畿，薄内地，君以乌合万余（应作五万）赴之，是何异驱群羊而搏猛虎？"文天祥回答道：国家有急，"征天下兵，无一人一骑入关者，吾深恨此，故不自量力，而以身殉之，庶天下忠臣义士，将有闻风而起者"。这种想法，与他在《集杜诗·鲁港之遁第十四》中说的非豪杰拔起，不可以救国难，是一致的。"义胜者谋立，人众者功济。"一旦天下豪杰都起来了，便会有救国的良谋，便可成救国的功业。伯颜入建康，得知汪立信向贾似道提的上、中、下三策，曾说："宋有是人，有是言哉！使果用，我安得至此！"（《宋史·汪立信传》）伯颜的话，说明了敌人最害怕的，也就是宋朝豪杰的拔起，人谋的施展。

事实上，当时江北、江南大片土地仍在宋朝手上，敌人貌似强大，但军队才二十万。且敌人的进攻是非正义的，姚枢便对元世祖说过：伯颜过江，虽然"降城三十，户逾百万"，但从夏天来临的日子起，宋朝却"一城不降，皆由军官……利财剽杀所致"（《元史》卷一百五十八《姚枢传》）。所谓"利财剽杀"，暴露了元朝所进行的不义战争的野蛮性。这导致了战局的变化：从"降城三十"变成"一城不降"。由鄂州失陷带来的江州及南康、德安、六安、安庆等军、府的降元，由鲁港军溃带来的建康及宁国、隆兴、太平、和州、无为、涟州等府、州、军的降元，曾造成浓厚的悲观空气。但自夏四月起，投降事件少起来了，仗打得很坚决，姚枢便说到扬州、焦山、淮安，人人"殊死战"。常州、吕城被宋将刘师勇克复，蒲圻、通城、崇阳、平江被宋将吴继明克复，浙西诸城降元的，复与张世杰合军(《续资治通鉴》卷一百八十二宋帝㬎德祐元年)。敌人的野蛮性激起了南宋广大军民的义愤,天下事仍然大有可为,豪杰仍然大有施展自己才华的余地。

然而,也要看到宋朝的皇帝如果拒绝改革,厌恶良谋,就不仅不会起用豪杰之士,而且必然要打击他们,直到陆沉。

第二节 "出师自古尚张皇,何况长江恣扰攘"

抱住祖宗守内虚外之法不放的南宋朝廷,不可能让文天祥的爱国如愿以偿。

当文天祥在赣州招兵的时候,南宋朝廷先给了文天祥右文殿修撰、枢密副都承旨、江西安抚使兼知赣州的头衔,后又给了兼江西提刑,进集英殿修撰、江西安抚使的头衔,似乎要重用文天祥了,其实不然。鲁港师溃之后,南宋朝廷在舆论压力下,罢免了贾似道,但却起用了陈宜中做右丞相。之所以起用他,是因为南宋朝廷觉得只有他才能继承贾似道,维护祖宗守内虚外之法。这时候所谓"守内",就是要防止豪杰趁着抗元之机拔起;这时候所谓"虚外",就是随时准备向元奉表献土。据刘岳申《文丞相传》:"初,左相王爚主天祥迁擢,屡趣天祥入卫,与右相陈宜中不合,爚引嫌去国。"王爚主张用文天祥,催文天祥入卫临安,竟遭到了陈宜中的排斥,以致不得不引嫌离京。这就足以说明南宋朝廷不仅对豪杰之士满怀恐惧,而且连不久前号召起兵入卫、勤王,也不过是偶然发生的一阵子风而已。风过去了,他们"清醒"了,在准备投降了。陈宜中正是太皇太后谢氏看中的一个得力的投降派。陈宜中极力反对王爚起用文天祥,连带着不惜打击王爚,表明谢氏没有看错他。

那时候的南宋朝廷,牢靠地掌握在投降派手上。他们拿定了主意,能和就和,不能和就降。对他们来说,国与家是分开的,国算得了什么,家才要紧。只要保住身家性命,当亡国奴也是荣耀的。只是要记住,投降派并不单是以右丞相陈宜中为首的朝廷大员,最大的投降派是执政的太皇太后谢氏自己。他们既然要投降，那么他们抵御且要拼死抵御的对象，就不是元军，而只能是一切主张抗元并且正在抗元的志士仁人，其中文天祥是第一个。文天祥起兵于危难之际，只要是稍微有一点良心的人，都支持这支军队。可是谢氏、陈宜中以及他们所树置的内外投降分子，却把这支爱国军队和它的组织者文天祥，看作眼中钉、肉中刺。他们勾结起来，对这支军队开刀了。

《纪年录》乙亥宋幼主德祐元年注说：文天祥在"四月，用老将王辅佐为总统，领兵下吉州。王寻卒，以广东统制方兴代之"。这才刚刚出发，就碰到了麻烦。江西安抚副使黄万石以文天祥军"乌合，儿戏无益，言于朝，近臣与厚者佐之"，太皇太后谢氏便下了一道圣旨：着文天祥军"留屯隆兴府（今江西南昌市）"，不得开往临安。原来正月十三日下达给文天祥的专旨，是要求文天祥"疾起发勤王义士，前赴行在"，现在变成只准留屯隆兴，不准开赴行在，真使文天祥哭笑不得。

须知不准文天祥军开赴临安的，是太皇太后谢氏、右丞相陈宜中和太皇太后谢氏用来代替王爚当左丞相的留梦炎，黄万石则不过是他们安插在江西、安插在文天祥身旁的丑角而已。王爚便是因为要大用文天祥，催他入卫而被陈宜中排挤掉的。现在文天祥自己要来了，怎么办？临安的太学生看得很清楚，他们上书朝廷，"讼宜中沮天祥事"（刘岳申《文丞相传》），是陈宜中不准文天祥来。黄万石所谓"乌合，儿戏无益"，则不过是他通过黄万石制造的一个借口。太学生都起来替文天祥说话，陈宜中未免尴尬，不得已暂时"出关"，即离开临安，躲避一下风险。于是"留梦炎代相"。此人素厚陈宜中，又偏爱黄万石，索性奏请由黄"万石入卫，以天祥移屯于洪（隆兴），经略九江"。太皇太后谢氏立即批准，派天使将留屯隆兴的圣旨，快马加鞭，送给正在向临安进发的文天祥（刘岳申《文丞相传》）。这幕戏剧至此闭幕。

文天祥勤王受阻的消息传开了，不少人为文天祥抱不平。《纪年录》注引太史氏管发的话说：

　　人心天理，谁独无之，文魁（状元文天祥）义声一倡，而土豪蛮蜑，裹粮景从，斯亦壮矣。而或者犹以猖狂议之。时士友为之歌曰："出师自古尚张皇，何况长江恣扰攘。闻道义旗离漕口，已驱北骑走池阳。先将十万来迎敌，最好诸军自裹粮。说与无知饶舌者，文魁元（原）不是猖狂！"

　　这首诗既斥责了黄万石等人，又指出了文天祥的起兵，具有首倡的性质，必将产生影响。而这正是饶舌者害怕之处。

　　文天祥毕竟是硬骨头，他接到留屯隆兴的圣旨后，知道其中有鬼，内心十分愤慨。他把军队驻扎在吉州，并不遵旨转道向隆兴，而在吉州向投降派进行反击。

　　文天祥上奏朝廷，要求收回留屯隆兴的诏命。他说："天祥以身许国"，抗元义不容辞，何况起兵勤王，是秉承太皇太后谢氏的圣旨。他起兵完全依靠自己徒手奋斗，朝廷并未给一兵一卒，一钱一米。现在好不容易组成了一支军队，于四月一日，从赣州出发，取道吉州，奔赴临安。全军忠义愤发，锐气方新，以为报国有日。哪知才从赣州走到吉州，忽然接到留屯隆兴之旨，"观听之间，便生疑惑"。即不知朝廷打的是什么主意。这支军队纯粹是由爱国的百姓组成，他们所要求的，是向敌人发起进攻，而不是消极防御。如果闭之于城郭，责之以守御，时间一长，势必解散。他断定他这支军队如果用之于冲锋陷阵，反击元军，必定可以打胜仗。是让他们到临安勤王有利于国，还是叫他们留屯于隆兴有利于国，答案不能不是前者。最后，他毫不含糊，坚决要求"收回留屯隆兴之命"，让他照以前所下圣旨，"将所部义兵，来赴阙下"（《纪年录》注）。至于所谓"乌合，儿戏"，他认为不值得一驳。

　　奏文送到了临安，复旨下达到了吉州。复旨是怎样说的呢？旨中首先批驳了文天祥说的"勤王与留屯"哪一种更有利于国家之说，说什么：留屯隆兴，"其为效与勤王等"。就是不敢说其为效比勤王大。接着假惺惺地称赞了文天祥所说的他这支军队忠义愤发，"锐气方新，战斗可望胜捷，不可闭之城郭"之言，是"词气甚壮，此朝廷之所乐闻"。最后虚掩一着，要求文天祥"暂驻隆兴府"，等待今后圣旨（《纪年录》注）。这就是以太皇太后谢氏为首的妥协投降派对文天祥的复旨。

文天祥失望了。他借"丁祖母刘夫人忧，解官承重"（《纪年录》乙亥宋幼主德祐元年五月）。隆兴，他坚决不去。部队留屯在吉州。他深知一去隆兴，那就是与投降派妥协，那就只能成为一支地方军，而不能成为一支救国军。安葬刘夫人之后，复官的命令下达，文天祥却"累疏乞终制"，不想复官。为什么呢？因为朝廷虽然恢复了他的官职，可是仍然催他把军队带到隆兴去（见刘岳申《文丞相传》）。

文天祥拒绝去隆兴，驻军于吉州达三个月之久（四月至七月）。不妨再看一下这三个月中，宋元交战的形势。

前面说到侵宋元军的野蛮性，激起了南宋各地军民的义愤，人人殊死战。这大大地延缓了元军进展的速度。这个变化是在四月间发生的。按理说，这时双方都应根据新的局势，提出新的作战方案。可是，我们能看到的只是元朝作战方式的改变，而宋朝还是一动也不动。元世祖认为不能再一城一池，与宋较量，而应选择重点，发动进攻。他看到"宋重兵皆驻扬州，临安倚之为重"，如果能吃掉扬州的宋军，退一步说，如果能切断扬州与临安的联系，整个战局就活了。即在四月间，他命阿术攻打扬州（《元史·阿术传》）。扬州因有李庭芝、姜才坚守，阿术未能得逞。阿术筑起长围，"自扬子桥竟瓜洲，东北跨湾头至黄塘，西北至丁村，务欲以久困之"（《宋史·姜才传》）。从此，扬州孤悬江北，临安失去了依恃。

元军每逼进一步，宋朝出卖国土的要价也就降低一格，因此有时也不得不出兵打一下，而兵只交给贾似道之流的妥协投降派掌握，以防出轨。扬州被围，宋朝曾"命张世杰等四道进师"，由"二丞相（陈宜中、留梦炎）都督军马"，但又不出督，只是坐在庙堂上指挥。怎么指挥，下面"不得而知"。且因"二相并建都督"，究竟听谁的，心里也无数。这就使得"诸将心力不一"，打也是应付（引见《宋史》卷四百一十八《陈宜中传》）。宋军在镇江江面以"十船为一舫，联以铁锁"，"舳舻连接，旌旗蔽江"，像打又像不打，可却正好给了阿术以火攻的机会。阿术命令元军用火箭猛射宋船，"继以火矢烧其蓬樯，烟焰涨天"，宋军一败涂地。此战之后，"宋人不复能军"，极大地支持了伯颜进取临安（引见《元史·阿术传》）。

临安越来越危险了。太皇太后谢氏虽然曾下《哀痛诏》，急征勤王兵，可是，时间一天天过去，"征诸将勤王，多不至"（《宋史》卷四百五十一《张世杰传》）。临安没有多少兵，守城出战，都捉襟见肘。马上投降，又显得太仓促，太不自爱，更不消说讨价还价。朝廷免不了要想起吉州还有一支文天祥军，人数颇为不少，而且锐气方新。

留梦炎不是奏请过用黄万石代替文天祥入卫临安吗？可就是这个黄万石，贪生怕死，他才不想去临安送死呢！他"阴与吕师夔通，自隆兴退屯，置司抚州"。他继续中伤文天祥，嗾使抚州守臣赵必岊向朝廷控告文天祥。他们用宜黄县令赵时秘的名义，写了一张状子，状子说："宁都连、谢、吴、唐、明、戴六家义士，劫乐安、宜黄，将至抚州。"状子送到临安，枢密院奉旨查问。文天祥对这种攻击，嗤之以鼻。他申言"宁都六姓，招募数千人，驻吉州，候旨入卫，未尝有一足至抚州境内"，何来抢劫乐安、宜黄之事？"守臣张皇诳惑"，不过是"欲阻挠勤王大计"而已。这一次申辩，获得了一个出乎文天祥意料之外的喜讯："有旨，责降必岊、时秘，趣天祥入卫。"（引文均见胡广《文丞相传》）

张世杰镇江焦山之败，在七月二日（辛未。《续资治通鉴》卷一百八十一宋帝㬎德祐元年）。文天祥军离吉赴京，在七月七日（《纪年录》）。这次太皇太后谢氏叫文天祥军入京，主要原因显然不在文天祥申辩有力，而在扬州、镇江前线军情的紧急，而在投降派改变主意，想把他这支新军夺到手上，一免文天祥拥兵捣乱，二作向元朝讨价还价的本钱。

初秋的早晨，文天祥的大军从吉州出发，取道抚州、衢州，直插临安。那时虽已入秋，天气仍然十分炎热。可文天祥的军队，"伉健有纪，所过秋毫无犯"。就是饥渴而死，也不扰民。宋朝的军队，过境抢劫，是早就出了名的。夏贵从鄂州逃还庐州，就曾在长江沿岸，纵火大掠，而文天祥这支"纯是百姓"组成的新军，军纪却如此严明。这不仅击破了黄万石等人的谣言攻势，而且使"近臣大惊"（引见《纪年录》注）。最近的近臣是二相陈宜中、留梦炎，他们惊怕什么呢？惊怕又将出现一个"岳飞"。当这支军队到达衢州的时候，给文天祥加官的圣旨来了，"除权工部尚书"。管工部，是想剥夺文天祥兵权的信号（引见《纪年录》）。

八月，文天祥军到达临安，驻在西湖之滨。朝廷又给他加了一个"兼都督府参赞军事"的头衔，"职任依旧"。当时是"相臣督师于外"，都督也就是陈宜中、留梦炎。新命是叫文天祥当陈、留的参佐，也就是叫他把军队交给陈、留，他可以当参谋。在陈、留看来，马上叫他去工部，管土木，未免太露骨，他底下的将领也难保不反对主帅去掌管工部，不如再给他加上都督府参佐一职，有这个军职打掩护，就不知不觉地把他的军队夺过来了。文天祥洞察他们的奸谋，具状辞免"兼督赞事"（《纪年录》注）。

文天祥的这个行动使南宋朝廷进退维谷。在事实面前，朝廷不得不承认他"首倡大义，纠合熊罴之士，誓不与虏俱生"。不得不承认他"师律严肃，胜气先见，宗社生灵，恃以为安"（《纪年录》注）。朝廷如果接受文天祥的辞职申请，那不仅将使自己脸上无光，而且将遭到人们的唾骂，甚至将遭到文天祥军队的反对。退让吗？投降派对此是决不会退让的，因而他们又作出了一个决定：把文天祥的军队连同文天祥排除出临安。这个决定预兆着他们即将举临安乞和，乞降。

八月二十六日，内批："文天祥依旧（权）工部尚书，兼督赞。除浙西、江东制置使，兼江西安抚大使，知平江（今江苏苏州市）府事。"这个批示的来历，文天祥在《集杜诗·苏州第五十四》中讲得很明白："予领兵赴阙，时陈宜中归永嘉，留丞相梦炎当国，梦炎意不相乐，出予以制阃，守吴门（平江）。"文天祥是来"勤王"的，自然不会接受。他上奏辞免权工部尚书、江东制置使、兼知平江府事。投降派的决策定了，哪里还能容许文天祥辞免。诏令一下，他们就催。九月七日，三省勘会：文天祥既出知平江府，"今已日久，秋风浸致，事不可缓，合行催促，须议旨挥"。接着便有太皇太后谢氏的圣旨："令文天祥不候辞朝，疾速前去之任。"（《纪年录》注）连辞朝都不要了，简直比星火还急。可文天祥就是不去，牵延到九月十六日，朝廷又给文大祥加了一个端明殿学士的头衔。其中说道："朕若稽先朝之旧章，最重承明之邃职，内以传畿廷之彦，外亦褒帅阃之贤。"（《纪年录》注。又见王应麟《四明文献集》）这只是个光荣的头衔，南宋是不惜给"畿廷之彦""帅阃之贤"加上这种头衔的。各种头衔都可用来为妥协投降派服务，其中最重要的则只有一种，对文天祥来说，便是知平江府事。妥协投降派认为给文天祥加上"端明殿学士"的头衔，蛮可以表明他们是器重文天祥的，并不排斥文天祥。以端明殿学士出知平江府，不是很光荣吗？你怎能不快点走呢？

冬十月，陈宜中自永嘉回朝了。陈宜中原是右丞相，后来右丞相的位置给了留梦炎，他成了左丞相。南宋是右丞相重于左丞相。十月间，南宋给留梦炎、陈宜中换了座位，陈宜中复为右丞相，留梦炎居左，二人并兼枢密，都督诸路军马。陈宜中这才回朝。他一回朝，便做了两件事：一是立遣文天祥至平江；二是煽动朝议，"擢吕师孟为兵部尚书"，封吕师孟的父亲吕文德为和义郡王，"欲赖以求好"（《宋史·文天祥传》）。所谓"求好"，就是向元军求和，用吕氏为兵部尚书，是因为吕氏中出了一个吕文焕，正在为元朝大卖力气。事情明白了，他们之所以非把文天祥立即排挤出临安不可，是因为有他在临安，"求好"就难以实现。

谁都知道在元军迫近家门口的时候，"求好"就是投降。陈宜中的魄力不愧高过留梦炎，太皇太后谢氏看中他，叫他当右丞相，就是因为他在投降上，一点也不迟疑，比留梦炎得力。他的两个"决策"，喜坏了投降分子。特别是新任兵部尚书吕师孟，自以为是朝廷"欲赖以求好"的柱石，趾高气扬，不可一世。投降的论调在狂吹，亡国的危险就在眼前。

难道国家就这样完了吗？文天祥在冷静地思考着。不，绝对不能让那些投降分子的阴谋得逞，只要改变祖宗守内虚外之法，国家仍旧有救。就在投降分子得意忘形的时候，他利用"陛辞"的机会，奏了一本。他在本中，劈头便斥责了"朝廷姑息牵制之意多，奋发刚断之义少"。接着就要求把主张求和的兵部尚书、叛逆遗孽吕师孟斩首。他十分明白，不杀掉吕师孟这个兵部尚书，投降的论调就压不下去，将士之气就振作不起来。然后针对投降派散布的只有求和，别无良图的论调，重新提出了十六年前(一二五九)，他在《己未上皇帝书》中提出过的"仿方镇以建守"的主张。他说：祖宗"惩五季(五代)之乱，削藩镇，建郡邑，一时虽足以矫尾大之弊，然国亦以寝弱。故敌至一州则破一州，至一县则破一县，中原陆沉，痛悔无及!"这是问题的症结所在。认清了这个症结问题，立即变通，战胜元军，并非不可指望。他提出了一个适合于当时形势的非常具体的挽救危机的方案：

> 今宜分天下为四镇，建都督统御于其中，以广西益湖南，而建阃于长沙；以广东益江西，而建阃于隆兴；以福建益江东，而建阃于番(鄱)阳；以淮西益淮东，而建阃于扬州。责长沙取鄂，隆兴取蕲、黄，番(鄱)阳取江东，扬州取两淮。使其(长沙、隆兴、番阳、扬州四镇)地大力众，足以抗敌，约日齐奋，有进无退，日夜以图之。彼(元军)备多力分，疲于奔命。而吾民之豪杰者，又伺间出于其中。如此，则敌不难却也。(《宋史·文天祥传》)

这个方案有三点可注意：一、改变祖宗守内虚外政策，改变州县既弱而又各自为战的局面，设置长沙、隆兴、番(鄱)阳、扬州四镇。为使四镇"地大力众，足以抗敌"，长沙镇可统御湖南、广西的军事，隆兴镇可统御江西、广东的军事，番(鄱)阳镇可统御江东、福建的军事，扬州镇可统御淮东、淮西的军事。四镇也不是各自为战，应"建都督统御于其中"。二、改变消极防御的方针和被动挨打的局面，责四镇发起进攻，长沙可取鄂州，隆兴可取蕲、黄二州，番(鄱)阳可取江东，扬州可取两淮。"约日齐奋，有进无退"。变我守为我攻，敌攻为敌守。四镇俱进，元军必"备多力分，疲于奔命"。三、与此同时，发动全国人民群众，伺间打击敌人。他认为如果能够这样做，则必可驱逐北虏。这是一个彻底改变宋朝传统打法的方案，是一个符合客观情况、调动全国军民抗元积极性、主动进攻、充满活力的方案。可以想见，这个方案如果实行，消极、沉闷、悲观、失败主义的情绪，必将一扫而空，前方必将出现大转机。可是，这个方案，却被投降派假借"阔远"二字，打入冷宫。至于要求杀吕师孟，那就更谈不到了。文天祥满怀愤慨，带兵到了平江。

这年十月，常州告急。

在江南，元军统帅伯颜分兵三路，阿剌罕帅右军，自建康出广德四安镇，攻向独松关；董文炳帅左军，出江入海，以范文虎为响导，攻向澉浦、华亭；伯颜及阿塔海帅中军，以吕文焕为响导，攻向常州。相期会合于临安（参见《宋史》卷四十七《瀛国公纪》德祐元年十月，《元史》卷八《世祖纪五》至元十二年十一月。《元史》作十一月，误）。常州一道的元军，是伯颜亲自率领的主力军。常州靠江南运河，是元军的主攻方向。常州如果失守，元军就可以顺运河攻向平江、秀州、临安。

为投降派所掌握的南宋朝廷，派了一个叫张全的，带淮兵两千人去救常州。鉴于常州面对元军的主力，常州的得失，关系大局，文天祥从平江派出朱华、尹玉和麻士龙所部三千人，前往常州支援张全。

常州战役，在文天祥的《指南录·吊五木序》中，说得最为详细。投降派派出的张全，既"无统驭之材"，又别有用心。十月二十六日，张全提淮军前往横林，设伏于虞桥。元兵既至，麻士龙第一个与元军接战，不幸战死。埋伏在虞桥的张全，竟坐视不救，走回五木。五木是朱华所部广军的驻地，朱华要构筑防御工事，"如掘沟堑，设鹿角，张全皆不许朱华措置，殊不晓其意"。张全，据《宋史·陈宜中传》，为陈宜中直接派出。他不许朱华掘沟堑，设鹿角，显然是想把常州双手送给伯颜，贯彻主子陈宜中向元军"求好"的意图。麻士龙与元军殊死战，张全坐视不救，道理与此相同。与其说陈宜中派张全救常州，倒不如说陈宜中派张全破坏常州的守御，以便早日促成和议。

十月二十七日，元军攻打五木。五木为江南运河所经，摆在运河右岸

（西岸）的，是朱华所部广军。张全则龟缩在运河左岸。朱华与元军"自辰至未"战了四个时辰，打得极其顽强，张全却在那里隔岸观火，不仅不指挥军队渡过运河，支援朱华，而且下令所部不得向元军发射一支箭。朱华支持不住了，为保存有生力量，指挥军队渡河撤退。军士有渡水攀登张全兵船的，张全竟下令水军：凡攀船者，一律砍断手指。（参见胡广《文丞相传》）

麻士龙、朱华两军失利，张全带着淮军"宵遁"。他向陈宜中"报功"去了。剩下来的，只有尹玉所率赣军五百人。这五百人面对元军主力，毫无畏惧。他们和成百倍的敌人，展开了激战，自黄昏一直打到天亮，杀死元军无数，田野间元兵尸体"委积"。尹玉几乎全身都中了箭，犹自"健斗"，元军"无如之何（无可奈何）"。这五百人"惟余四人脱归"。此仗打得壮烈无比。（参见《文丞相督府忠义传·尹玉》）

这是文天祥所组织的新军参加的第一次抗元战斗。这场战斗，充分证明了文天祥军不愧是一支爱国的军队；也充分证明了一支具有爱国心的军队，在战场上能够发挥出多么大的战斗力量。

常州战役，宋军并无必败之理。文天祥在《吊五木序》中总结这场战斗时说："呜呼！使此战张全稍施援手，可以大胜捷。一夫无意，而事遂关宗社。"虞桥之战，张全、麻士龙俱在，张全如果能支援麻士龙，麻士龙不至于败死，且有获胜的希望。五木之战，且不谈张全以军队支援，即以弓矢支援，朱华的广军也可以战胜敌人。即使到最后，张全如果不是宵遁，而是与尹玉内外配合，尹玉在包围圈内殊死作战，张全指挥淮军，从包围圈外冲击元军，胜利也非完全无望。这一仗如果打胜，那就是元军主力的一次大失败，那就不仅将挫折元军的攻势与锐气，而且将极大地振奋南宋的军心与民心，壮大南宋的抗元力量。可惜却因张全的蓄意破坏而失败了。这不能不使文天祥慨叹："一夫无意，而事遂关宗社。"

朱华没有战死，他逃出来了，后面还要谈到他。

胡广《文丞相传》在说到"元师破常州，屠其城"之后，接着便说：元军"进攻独松关急，留梦炎、陈宜中、陈文龙（同知枢密院兼权参知政事）议弃平江，趣天祥移守余杭。……守独松关。"胡广的话，把元军急攻独松关和常州之破，连在一起，从中可以看出常州战役的失败，给独松关战场带来多大的影响。留梦炎、陈宜中、陈文龙"议弃平江"，调文天祥守余杭独松关，且不说政治上有何图谋，即就军事而论，也是个大失策。因为元军的主力，是伯颜率领的中军，平江（吴门）如果放弃，伯颜的中军便可由平江沿流（运河）直下临安。且独松关已经告急，从平江到独松关非一二日可达。事实上也是"丁亥（二十一日），独松关告急，趣文天祥入卫。……己丑（二十三日），独松关破"（《宋史·瀛国公纪》德祐元年十月）。文天祥即使星夜赶赴独松关，也来不及。而近处非无兵可调，张世杰军当时就在临安，从临安到独松关比从平江到独松关，要近得多。文天祥是了解平江的重要性的，他奉命移守，"犹豫未决"，因为"两府札再至"；才不得已率军离开平江（胡广《文丞相传》）。从《纪年录》所载，我们还可看到在"两府札再至"之前，文天祥曾"辞以吴门空虚，愿分兵戍守"。可是，未得到两府的同意。陈、留不调近处的、别的军队增援独松关战场，而要放弃平江，调文天祥的军队远道赶往独松关，用心便昭然若揭了。他们是要使平江、独松关两头落空，是给元军开赴临安让路。元军到达临安之日，便是他们最佳的"求好"之时。

在从平江到临安的路上，文天祥写了一首诗《赴阙》。此诗抒发了他当时的情怀。全诗如下：

> 楚月穿春袖，吴霜透晓鞯。壮心欲填海，苦胆为忧天。役役惭金注，悠悠叹瓦全。丈夫竟何事，一日定千年。

穿行在楚月、吴霜中的文天祥，感伤日月在流逝，家国虽在，只是瓦全。但他的填海壮心，忧天苦胆，依然如昔。他在马背上发出了震撼人心的呼喊："一日定千年！"这首放在《指南录》最前面的诗，是一首序曲。在这首序曲奏过以后，我们将会看到他在抗元斗争的道路上，用他从不停息的斗争精神，奏出一曲又一曲响遏行云的乐章。

文天祥率军到达临安。独松关、平江都丢了，临安被围之日已经迫近。为挽救危局，文天祥与张世杰进行了商讨。他以为现在淮东仍旧"坚壁"，更兼"闽、广全城"，一地未失。若与元军在临安"血战"，万一得捷的话，则命淮军截其后路，国事犹有可为。张世杰非常赞成。奏文递了上去。陈宜中却"白太后降诏，以王师务宜持重"为理由，不许背城一战（引见《宋史纪事本末》）。所谓"持重"，不过是乞和、乞降的代名词罢了。

在"血战"和"求好"两种意见激烈交锋的时候，左丞相留梦炎，怕敌之心，胜过了友敌之心，偷偷逃跑了。南宋丞相出逃，他是第一个。

这时候的右丞相陈宜中，已把"求好"付之于实际行动。他奏请太皇太后谢氏，派柳岳、陆秀夫、吕师孟等，"求称侄纳币"。如果元朝不肯依从，"则称侄孙"。且请太皇太后谢氏"敕吕文焕，令通好罢兵"。（《续资治通鉴》卷一百八十二系此事于德祐元年十二月）

一声爆竹除旧岁，德祐二年（一二七六）来临了。岁新政治不新，军事不新，乞和活动正在积极进行。文天祥忧心如焚。一个谋略未被采纳，他又在想另一个谋略。可拿定主意的太皇太后谢氏，右丞相兼枢密使、都督诸路兵马陈宜中，对他的任何一个谋略都不会考虑，这他是知道的。但他并不闭口不言，他是只要身在，便有言在。这时候，他担任了浙西江东制置大使、江西安抚大使、签书枢密院事（《纪年录》乙亥宋幼主德祐元年条）。朝廷还曾任命他为临安府府尹，他辞去府尹不拜，利用"签书枢密院事"的官衔，与兼枢密使陈宜中接近。他觉得当面谈也许可起作用。《指南录·自序》说："予辞尹，引帐兵二千人，诣行在，日夕赞陈枢使宜中。"他几乎无日不在向陈宜中献谋了。又说，他"谋迁三宫，分二王于闽、广"，以备万一，且作复兴之计。他想到了临安失陷以后的出路问题。当时能想到临安万一落入敌手后的出路问题的，只有文天祥一人。他曾请求太皇太后谢氏用吉、信二王镇闽、广，太皇太后谢氏不听。但后来太皇太后谢氏投降，益（吉）、广（信）二王走温州，显然是文天祥的话起了作用之故。

陈宜中急着要听的，不是文天祥的话，而是伯颜的话。

陆秀夫自元军统帅伯颜驻地平江回来后，说伯颜不肯接受称侄、称侄孙的条件。太皇太后谢氏被敌人的威风吓得发抖，她不等陈宜中开口，竟自命陆秀夫"用臣礼复往"。这连陈宜中也感到难堪。谢氏哭道："苟存社稷，称臣非所较也。"（《宋史纪事本末》德祐二年春正月）其实，此时想借称臣来存社稷，也是梦想。称臣，就是投降。

正月初八，"刘察院廷瑞进称臣表"（《纪年录》丙子德祐二年五月改景炎元年注），谢氏派监察御史刘岊奉此表去见伯颜。表中包含了"称臣，上尊号，岁贡银、绢二十五万两匹，乞存境土，以奉蒸尝"的内容。并"约伯颜会长安镇以输平"。（《宋史纪事本末》）

这不是文天祥所能容忍的，与刘廷瑞进称臣表同时，他针锋相对，提出"以福王、秀王判临安，以系民望"，他自己"身为少尹，以死卫宗庙"。谢氏哪里听得进去。张世杰驻重兵于六和塔，文天祥见谢氏、陈宜中听不进他的话，又对张世杰说："京师义士，可二十万，背城借一，以战为守"，犹有可为。这时的张世杰，已不想在临安和敌人血战了，他请文天祥"归据江西，己归淮埗，以为后图"。（《纪年录》德祐二年注）

陷入绝望中的文天祥，未料正月十三日白天，竟遇到一件大喜事，使他心头又燃起了希望之火。这天，天台杜浒求见文天祥于西湖之上。杜浒"纠合四千人，欲救王室"（《指南录·杜架阁序》）。他不求见别人，而求见文天祥，说明文天祥的爱国声名，已经传遍临安内外。

杜浒，据《集杜诗·杜大卿浒第一百三十二》："字贵卿，丞相立斋之侄也。性刚猛，为游侠京师。"又据《文丞相督府忠义传》："号梅壑，天台人，游侠于临安。及临安危，纠合义兵四千人。"可知他门第虽高，却是一个游侠者流。他所纠合的四千人，从他游侠临安来看，当是临安一带的人。这反映了临安人民保国保家的壮志。

十三日这一天，对文天祥来说，本是一个好日子。他不仅意外地得到了杜浒这一支拥有四千人的军队，而且进一步了解到人民的意向。他觉得南宋还是有希望的，因而斗志更加坚定了。可是，同日夜，却又给文天祥带来了忧虑。

这夜，文天祥听说"陈枢使将以十五日会伯颜于长偃（长安镇）"，商签称臣投降条款，不由地愤怒极了。他连夜去见陈宜中，"力言不可"。这次，他胜利了。陈宜中毕竟怕背负卖国的骂名，十五日未去长安镇。

不去长安镇签订投降条款，敌人就要发动进攻，后路不能不考虑。文天祥曾力主"迁三宫，分二王于闽、广"。陈宜中想请太皇太后谢氏用文天祥为江东西、广东西制置大使，兼广东经略，知广州，湖南策应大使。文天祥的军队也已于富阳结聚待命。看来陈宜中似乎要改弦更张，可是朝命就是迟迟下不来。像陈宜中这种人是改变不了的，何况上头还有太皇太后谢氏，不容许他改变主意。他在为自己找出路。

这时，伯颜打来了。正月十八日，伯颜进至皋亭山，离临安修门只有三十里。"文天祥、张世杰请移三宫入海，而己帅众背城一战。"陈宜中不肯答应。任用文天祥为江东西、广东西制置大使、湖南策应大使的事，此刻已被他抛到了九霄云外。他"白太后遣监察御史杨应奎上传国玺降"。伯颜接受了宋朝的传国玺，遣使要求南宋"诏宜中出议降事"（《宋史纪事本末》）。陈宜中此人"实无经纶"（《集杜诗·相陈宜中第十六》），他力主求和，求降，但又怕当祸首。谢氏叫他出使北营议降，他既不想当祸首，遂于十八日夜间，"遁归温州之清澳"（《宋史纪事本末》）。他是南宋第二个逃跑的丞相。走留梦炎之路，这就是为自己找到的出路。

右丞相没有人了。到这个时候，叫谁来当右丞相，谁都会摇头。于是右丞相的头衔，便加到了文天祥身上。

正月十九日一早，南宋任命文天祥为枢密使；午时，又拜文天祥为右丞相兼枢密使，都督诸路军马，替代了陈宜中的职务。自这一天起，人们便呼文天祥为文丞相。

南宋这时拜文天祥为右丞相，是不是想叫他抵抗呢？不是的。是想叫他替代陈宜中，出使北营议降。文天祥则有自己的想法。

就在他拜相之日，他看到"房帅引董参政（董文炳）以兵屯榷木教场"，临安城中宋朝的兵将，纷纷自往榷木教场纳降，简直是国已不国。

他自己的兵在富阳，要调也调不过来了。伯颜派出使者，约请宋朝"当国"相见，当时当国的就是文天祥。宋朝大小官吏都恳求文天祥到北营走一趟，保他们的命。在这种情况下，文天祥想到"国事至此，予不得爱身，且意北尚可以口舌动"（《指南录·自序》）；更想到"欲一觇北，归而求救国之策"（《指南录·后序》），遂同意前往元营一行。他决定辞右丞相不拜，以端明殿学士的身份前往，以表明他无议和、议降的权力，他不是来谈和、谈降的。但这只是他个人的决定，太皇太后谢氏还是把他当作右丞相看的。真以学士的身份前往，伯颜将不予接待。文天祥的出使，从他个人来说，是学士的身份；从太皇太后谢氏、伯颜来说，是右丞相的身份。这是我们要分清的。

德祐二年正月二十日，南宋太皇太后谢氏临朝，特派文天祥和左丞相吴坚、同知枢密谢堂、安抚贾余庆、中贵官邓惟善出使元营。文天祥受命后，大踏步走出了朝门。

纵观这段历史，可以看到这样一个问题：拥有军队七十多万，经济力量远胜于蒙古，且有文天祥这样的贤才的南宋，之所以一心要向二十万落后的蒙古兵屈膝，是因为以皇帝为首的最高统治集团，害怕本国人民和贤才志士，远胜于害怕落后而又愚昧的蒙古兵。打仗，南宋是千城各自为战，兵力分散，而蒙古则注意集中兵力。因此，在各次战役或战斗上，蒙古兵都远比宋兵为多。鲁港之役，镇江焦山之役，南宋总算出动了较多的军队，但只是摆开架势而已，并未做好作战的准备，因而最后或是遁逃，或是被敌人歼灭。这种失败的打法，南宋朝廷就是不想改变。为什么？因为南宋最高统治集团根本就不想抵抗，相反地，倒想把国土和人民献给敌人，为敌人建立大功劳。这样，为官的都可得到敌人的大奖赏与大封官。钱财，比亡国前可能还要多；地位，比亡国前可能还要高。只有皇帝不能像过去那样"以天下私亲"了，但在敌人的卵翼下过日子，不是比被本国人民推翻好得多吗？

或许要问，南宋最高统治集团，何以这样丧心病狂呢？难道他们真以为亡国比不亡国还好吗？

黑格尔非常重视"事件的内在精神"。列宁说黑格尔的"内在精神"，"非常深刻地指出事件的历史原因"（《黑格尔〈逻辑学〉一书摘要》）。须知"守内虚外"是宋朝的历代国策。这个国策培育出来的最高统治集团，对外以妥协投降，对内以镇压人民、削弱地方、排斥贤才、反对任何改革为特征。这个国策不变，统治集团也就不会倒；统治集团不倒，这个国策也就不会变。这就是宋朝三百年的"内在精神"，而导致宋朝灭亡的也正是这种"内在精神"。

能看清宋朝三百年来的国策之害，而又能大声疾呼改革内政，抵御外侮，直到最后一息的，在宋朝只有一个文天祥。他几乎无时无刻不在作出努力。然而，他努力越多，遭到的中伤、毁谤、排斥就越大。他战胜不了盘根错节的妥协投降派，战胜不了皇帝和太皇太后，更战胜不了宋朝三百年的"内在精神"。他失败了，而他的失败，正是宋朝灭亡的象征。

第四章 "不是谋归全赵璧，东南那个是男儿"

（一二七六年一月至三月）

第一节 舌在纵横击可汗,虏中方作丈夫看

这节要先探讨一下文天祥出使元营的日期。

文天祥出使和太皇太后谢氏投降的经过，很多书都没有说清楚。这两件事性质不同，时间紧接而又人物交错，如果不搞清楚，历史就成了一笔糊涂账。其中，先要搞清的便是日期。日期清楚了，事件也就可以分辨清楚了。

关于文天祥出使元营的日期，《纪年录》丙子宋德祐二年（一二七六）、《宋史·瀛国公纪》德祐二年春正月和元无名氏《昭忠录·文天祥传》，都说是正月二十日（丙戌）。惟元刘敏中《平宋录》、《元史·伯颜传》、明陈邦瞻《宋史纪事本末》、清毕沅《续资治通鉴》，作正月二十二日（戊子）。相差两天。按文天祥自记出使元营的日期，不仅《纪年录》作正月二十日，《指南录·纪事》也作正月二十日。《纪年录》注又谓"二十一日，宰相吴坚、贾余庆等以国降"。则文天祥等人的出使，必为二十日无疑。如果照《平宋录》等书说的那样，是二十二日，那就是宋先投降，文天祥后出使。这不仅不符合史实，而且对文天祥的认识也要产生问题了。

下面分开日期来说文天祥在元营的斗争和以太皇太后谢氏为首的投降

派的投降活动。

正月二十日,文天祥和吴坚、谢堂、贾余庆、邓惟善到了元营因明寺。文天祥在因明寺对元军统帅伯颜讲的话,不仅出乎伯颜意料之外,而且出乎同来的吴坚等四人意料之外。他是怎样说的呢?

《指南录·纪事》说:他到北营,"辞色慷慨",初见伯颜,便对伯颜说:讲和,"乃前宰相首尾,非予所与知"。现在太皇太后谢氏"以予为相,予不敢拜,先来军前商量"。这就把太皇太后谢氏命监察御史刘岊奉表称臣;约伯颜与陈宜中会于长安镇,签订投降条款;陈宜中说太皇太后谢氏遣监察御史杨应奎上传国玺投降;伯颜要求派陈宜中出议投降事宜,都推得一干二净。他说得好,前宰相说的做的,他都不知道。他虽然受命为右丞相,但他不敢拜,也就是他当右丞相的手续,尚未了结。既未了结,刻下自无资格代替前宰相出议投降一事。他今天来,是先来商量的,不是来谈投降的。伯颜一时摸不着头脑,反而说:"丞相来勾当大事,说得是。"

接着,文天祥诘问起伯颜:"本朝承帝王正统,衣冠礼乐之所在,北朝欲以为国欤?欲毁其社稷欤?"伯颜但求宋朝早日投降,竟用元世祖的诏书对文天祥作解释,说"社稷必不动,百姓必不杀"。既然如此,文天祥就更有话说了。

他说:"尔前后约吾使,多失信。今两国丞相亲定盟好,宜退兵平江或嘉兴,俟讲解之说达北朝,看区处如何,却续议之。"他说这话的用意是:当时元兵"已临京城,纾急之策,惟有款北以为后图"。因为刚见伯颜,他便说了是"先来军前商量"的,伯颜也说他"说得是",且答应"社稷必不动",所以,他要求元军退往平江或嘉兴,等"讲解之说"送到北朝(元朝),看区处如何,再作商议,便很有理由了。

伯颜明知这是缓兵之计,但又没有理由动怒,只是与文天祥"辩难"。文天祥的声音越来越高,甚至说:"能如予说,两国成好,幸甚;不然,南北兵祸未已,非尔利也。"伯颜沉不住气了,"辞渐不逊",并想用死来威胁他。他无一丝恐惧,冷笑道:"吾南朝(宋朝)状元、宰相,但欠一死报国，刀锯鼎镬，非所惧也。"这时候的元军统帅伯颜，完全被他的有理、有力的话和一股正气所压倒，"为之辞屈而不敢怒"。坐在和站在旁边的"诸酋"，也"相顾动色"，称文天祥为"丈夫"。

敌人认识到文天祥是怎样的人了。伯颜把希望押在吴坚、贾余庆等人身上，叫他们回去，扣住文天祥不放。这件事情是我们了解二十一日太皇太后谢氏投降的关键。可惜除了《平宋录》以外，各书都未谈到伯颜遣吴坚等人还朝一事。《平宋录》对文天祥出使的日期，记述有错，但记述吴坚等人被遣还朝，却为澄清一个重大的历史事件立了功劳。此书说：

> 丞相（伯颜）温语慰之，遂遣吴坚、邓惟善、谢堂、贾余庆还临安。丞相顾文天祥举动不常，疑有异志，惟留文天祥于军中。文天祥坚请归国，丞相但笑而不听。文天祥于是怒目曰："我此来为两国大事，实是好意，况彼各男子（指吴坚等）已各释之，何故将我执留？"丞相以温语答曰："君勿怒，汝为宋氏大臣，责任非轻，此来既是好意，今日之事，正当与我共之，愿为数日之留。"遂令忙古歹、唆都馆伴羁縻焉。

记述多么具体！吴坚等四人被放回去了，文天祥被拘留了。伯颜温语慰劳吴坚等人，放他们回朝，是要他们回去叫太皇太后谢氏投降；伯颜羁縻文天祥，不放他回朝，是怕他回去不知又要想什么谋略，来对付元军。有他这个右丞相在朝，伯颜所巴望的宋朝的投降，不仅不能立即实现，而且永远也不会实现。

吴坚等人当日回朝之后，进行了什么活动，各书无记载。但有两个迹象，证明他们必定进行了活动。一是贾余庆突然当了右丞相。文天祥在《指南录·自序》中曾说："贾余庆者逢迎卖国，乘风旨使代予位。"二是投降迫不及待。刘岳申《文丞相传》说："明日，左丞相吴坚，右丞相贾余庆，同知枢密院事谢堂，金书枢密院事家铉翁，同金书枢密院事刘岊，与吕师孟奉降表至。"所谓明日，即二十一日。《纪年录》注记有："二十一日，宰相吴坚、贾余庆等以国降，且降诏副以省札，俾各州县归附。"这就说明他们了解了伯颜对于他们，有的是善意而无恶意，了解了投降越快，越彻底，越对他们有利；这就说明他们一回来便进行了投降活动，而且很成功。原来除了文天祥，无人敢当右丞相，现在贾余庆敢当了，且当得快得很。因为一当右丞相，便可奉表献土，便有奖赏。三是文天祥在《指南录·纪事》中写道："正月二十日晚，北留予营中，云：'……今程鹏飞面奏大皇，亲听处分，程回日，却与丞相商量，大事毕，归阙。'"这说明伯颜曾派鄂州降将程鹏飞与贾余庆等同去临安城中，处理宋朝投降大事，并以此来搪塞文天祥，解释不让他回朝的原因。程鹏飞同贾余庆等进城，还可从刘岳申《文丞相传》所记：二十一日贾余庆等人奉降表至，文天祥大骂贾余庆卖国，"且责伯颜失信"，得到了解。他责伯颜失信，是因为二十日晚上，伯颜说过，等程鹏飞处理好大事回来，就放他回朝。现在大事了却，程鹏飞与贾余庆同归，应当放他走了，可还是不放。此之谓"失信"。

刘岳申《文丞相传》说贾余庆等人"奉降表至"，这降表是怎样写的呢？表曰：

> 宋国主㬎谨百拜言：㬎眇焉幼冲，遭家多难，权奸贾似道背盟误国，至勤兴师问罪。㬎非不欲迁避以求苟全，奈天命有归，㬎将焉往！谨奉太皇太后命，削去帝号，以两浙、福建、江东西、湖南、二广、四川、两淮见存州郡，悉上圣朝，为宗社生灵祈哀请命。伏望圣慈垂念，不忍㬎三百余年宗社遽至陨绝，曲赐存全，则赵氏子孙世世有赖，不敢弭忘！

第一，表中把误国之罪算到贾似道一人身上，其实真正误国的是宋朝的皇帝，是祖宗专制之法。

第二，宋朝尚跨有两浙、福建、江东西、湖南、二广、四川、两淮一大片辽阔的国土，却以"天命有归"一语，拱手送给元君。而文天祥两次要求建立方镇，守土抗战，都遭到拒绝。这说明宋朝皇帝认定了守外不如守内，被人民推翻不如被敌人灭亡，坚持抗战不如早日卖国。

第三，为宗社生灵祈哀请命是假，为赵氏子孙世世有赖是真。抵抗下去，赵氏难望存全，现在就投降，把大片国土送上，百万生灵虽然涂炭，赵氏子孙却世世有赖。

这张降表是一面镜子，照出了一切卖国贼的原形。

这表不是监察御史刘岊早些日子送往平江的《称臣表》，那张表上还"乞存境土"，这张表上，却一寸土地也不要了。

这表不是与传国玺一起奉上，传国玺是伯颜到达皋亭山之日，陈宜中要太皇太后谢氏交出去请求投降的。伯颜因之要求陈宜中出议降事，议降与奉表投降不是一回事。

清毕沅《续资治通鉴》记述南宋投降过程，似未注意文天祥自己写的《纪年录》《指南录》，以致显得很混乱。在卷一百八十二中，毕沅把杨应奎上传国玺和帝㬎上投降表拉到了一起，并且置于文天祥出使元营之前。文天祥出使的目的因而不明。毕沅不知帝㬎的降表系出于贾余庆等人之手，由贾余庆第二次出使元营带去。毕沅对贾余庆等人来过元营两次，也是不清楚的。

伯颜接受了帝㬎的降表后，嫌表上用了"宋国主"三字，未用"臣"字，命贾余庆拿回去换。并派元将程鹏飞、张弘范等人陪贾余庆去。太皇太后谢氏乖乖地换上了臣字。伯颜怕君降臣不降，又命程鹏飞取太皇太后谢氏手诏及三省、枢密院吴坚、贾余庆等人檄文，晓谕天下州郡降附。宋朝执政都署了名，独家铉翁不署。家铉翁虽然是奉表献土大臣中的一个，这一点做得还不错。程鹏飞要绑他，他说："中书省无缚执政之理，归私第以待命可也。"（《宋史纪事本末》）文天祥因此在《集杜诗》中记了他一笔。文天祥称他"则堂先生"，说他"签书枢密，见虏持正议。左丞相吴坚、右丞相贾余庆以省札遍告天下，令以城归附，先生不押字。虏自省中胁以无礼，公不为动，竟未如之何。"家铉翁多少有点骨气，不像贾余庆等人从头到脚，一身媚骨。

现在回头再写文天祥。

文天祥于正月二十日晚，被留于元营中。二十一日，新任右丞相贾余庆等人奉表献土，"伯颜引天祥同坐"。文天祥做梦也没有想到昨天同他来元营的安抚贾余庆，今天竟变成了领头奉降表、献国土的右丞相贾余庆。他怒不可遏，当场"大骂贾余庆卖国"。贾余庆等奉表献土后，"各就车归"（刘岳申《文丞相传》），勾当大事。伯颜又留住文天祥不遣，文天祥想回去当面质问太皇太后谢氏也不可能了。

文天祥回去不得，大骂"虏酋失信，盛气不可止"。二十二日，襄阳降将、伯颜的响导吕文焕，前兵部尚书吕师孟与"诸酋"来劝文天祥，与文天祥同"坐野中，以少迟一二日即入城"为言，实则"皆绐辞也"。吕文焕想起文天祥曾经要求"斩吕师孟衅鼓"，曾经痛骂吕师孟为乱贼、叛逆的遗孽。乱贼叛逆也者，吕文焕也。他不禁问道："丞相何故骂焕以乱贼？"文天祥被他这么一问，不由怒火上升，骂道："国家不幸至今日，汝为罪魁，汝非乱贼而谁？三尺童子皆骂汝，何独我哉？"吕文焕辩解说："襄守六年不救"，怎能怪他投降？文天祥斥道："力穷援绝，死以报国可也。汝爱身惜妻子，既负国，又隳家声。今合族为逆，万世之贼臣也。"吕师孟在旁听到文天祥大骂其叔为乱贼，又听到文天祥怒斥他们合族为逆，忍不住跑到文天祥面前，悻悻地说道："丞相上疏欲见杀，何为不杀取师孟？"文天祥恨手中无"击贼笏"，怒目痛斥吕师孟道："汝叔侄皆降北，不族灭汝，是本朝之失刑也，更敢有面皮来做朝士？予实恨不杀汝叔侄，汝叔侄能杀我，我为大宋忠臣，正是汝叔侄周全我，我又不怕。"吕师孟再想说什么，也说不出来了。他被文天祥的正气镇住了。

文天祥痛骂吕文焕叔侄，使坐在一旁的"诸酋皆失色"，馆伴、羁縻文天祥的唆都，把情况告诉了伯颜，"伯颜吐舌云：'文丞相心直口快，男子心！'"唆都闲时也说："丞相骂得吕家好！"（上引均见《指南录·纪事》）

文天祥一骂贾余庆卖国于营内伯颜坐，二骂吕文焕叔侄乱国于野外诸酋坐，伸张了正气，连敌人也说文天祥心直口快，男子心肠，骂得好。叛徒、卖国贼真丑死了。

文天祥被拘留后，他在赣州好不容易组织起来的抗元救国的军队，又怎样了呢？

据元刘敏中《平宋录》："辛卯（二十五日），遣唐古歹（唐兀儿）、赵兴祖（《纪年录》注作赵兴相）等先置文天祥所招义兵二万（应作五万）余众，令各归乡里，给与文榜。"又据刘岳申《文丞相传》："贾余庆归，令学士院诏天下州郡归附，放还天祥所部勤王义士西归。其渡浙归闽者，惟方兴、朱华、邹沨、张汴数人耳。"可知文天祥所部（包括杜浒在临安一带召集到的四千人），在太皇太后谢氏投降后，在敌人和贾余庆的合作下，被遣散了。文天祥听到他的部队被遣散，"流涕不能堪"（《纪年录》注）。

《指南录》留下了文天祥当时写的怀念战友的两首诗。

《思蒲塘陈》："扬旌来冉冉，卷旆去堂堂。恨我飞无翼，思君济有航。麒麟还共处，熊虎已何乡？南国应无恙，中兴事会长。"

题中的"陈"字，指陈继周。陈继周是赣州义士的发动者、召集者，对勤王勋劳卓著。在此诗中，文天祥用"南国应无恙，中兴事会长"之句，寄托了他对战友的思念和对未来的希望。

《思方将军》："始兴溪子下江淮，曾为东南再造来。如虎如熊今固在，将军何处上金台？"

方将军指方兴。方兴原是广东统制，文天祥勤王军总统。方将军为东南再造而来，现在虽然不知道在哪里，但"如虎如熊今固在"，将来总会有上金台之日。这首诗表现了文天祥对战友们的信任。

文天祥后来被逼迫去元京，在路上，又有《思小村》一首赋。小村即刘沐。赋中写道："春云惨惨兮春水漫漫，思我故人兮行路难。君辕以南兮我辕以北，去日以远兮忧不可以终极。……思我故人兮怀我亲，怀我亲兮思故人。怀哉怀哉不可忍兮，不如速死。"读了这首赋，可知文天祥对战友们怀念到了什么程度。刘沐是文天祥的邻居与棋友，与文天祥一家关系密切，赋中"思我故人兮怀我亲，怀我亲兮思故人"之句，表现了文天祥因思念刘沐而想到家人，又因思念家人而想到刘沐，思友、思亲之情，交织在一起，以至于"不可忍兮，不如速死"。但文天祥是不会死的，之所以不死者，冀望有为也。

文天祥所部将领们的去向，是一个值得注意的问题。兹据《集杜诗》等的记载，分述如下：

金应。《集杜诗·金应第一百一十》："余陷虏，左右星散，惟应无叛去志，在镇江得同脱。"这表明金应随文天祥在元营中。

杜浒。《集杜诗·杜大卿浒第一百三十二》："予北行，浒愿从。镇江之脱，浒之力也。"又邓光荐《文丞相督府忠义传》："丞相北行，诸客莫敢从，浒慨然请行。"这个在临安加入文天祥部队的"游侠"，也伴随文天祥在元营中，身份是客。

以上两人，是文天祥后来在镇江逃脱时，在江北奔波时，随从中最忠心、最得力的两个人。

方兴。刘岳申说他渡浙归闽。考邓光荐《文丞相督府忠义传》萧兴条："萧兴，南雄州摧锋军。丙子（德祐二年，一二七六年）秋，赵溍、方兴等兵复广，摧锋军寨于韶州仁化县山谷间，推兴（萧兴）为主，遣使间受同督府（文天祥）文书，号召寖盛。"则方兴后来又率军到了广东。萧兴的韶州仁化县摧锋军山寨，是方兴等兵复广东时建立起来的。

邹洰、张汴、朱华。《纪年录》丙子德祐二年注：文天祥脱走，"四月八日，至温州……旧客张汴、邹洰，部曲朱华等，皆自闽来迎。"据此可知他们确为渡浙归闽。又《集杜诗·邹处置第一百二十七》记邹洰说："景炎换文（德祐二年五月），以寺丞领江西招谕副使，聚兵宁都，气势甚盛。宁都被执，变姓名为卜者，虏不知其为招谕使也。入赣城，得脱。寻聚兵永丰、兴国间。"从这个记载，又可知在七月文天祥聚兵南剑之前，邹洰已独当一面，斗争非常坚定。

彭震龙、萧敬夫、萧焘夫。《集杜诗·彭司令震龙第一百二十二》说："及归，郡邑已陷，乃结湖南诸峒豪杰谋兴复。"《集杜诗·萧从事焘夫第一百二十三》说："及归，赞彭司令收复乡邑（吉州永新县）。"《文丞相督府忠义传》萧敬夫、焘夫条说:"与彭震龙收复永新县。"据此可知这三人回归之后,连结湖南诸峒豪杰,收复了吉州永新县城。彭震龙原为永新县令,萧敬夫兄弟为永新县人。

张云。《集杜诗·张云第一百一十一》说:"余既陷虏,张云引兵自婺、建、剑、汀归里(吉州)。虏已据吉城,云不胜愤。七月,引所部袭虏于南栅门,击杀甚众。本为散退之计,会天明战渴,赴江饮水,寻被冲溺死。使能少忍,当为吾用。哀哉!"据此可知张云引兵归里后,曾经攻打吉州,不幸牺牲。《文丞相督府忠义传》张云条记南栅门外之战,"云众举炮发唉",打得非常英勇。

刘沐、刘子俊。《集杜诗·刘沐第一百二十》说:"予陷,渊伯(刘沐)领诸军还。及予归国,渊伯收部曲赴府。"据此可知刘沐领军还吉后,部曲暂时解散了。又《集杜诗·刘监簿第一百二十九》说:"余开督兴国,民章(刘子俊)来计事。"没有提到刘子俊是否曾去临安。但从他和刘沐同领漕贡、同从文天祥勤王来看,当与刘沐同往临安,同返故里。

陈继周、陈逢父。《文丞相督府忠义传》说:"丞相使北营,有旨放散义兵,继周父子领众归,则赣已失守。继周蛰兵于农,盘辟草莽,将以有为也。会景炎登极(德祐二年五月改景炎元年),以继周知南安军。八月二十二日,赣州总管杨子袭执继周父子,杀之。"陈继周父子领众归赣后,一天也没有停止斗争,死得很壮烈。

刘伯文。《文丞相督府忠义传》:"义兵散而归,见乡国沦陷(刘伯文为吉水人),居常愤悒。"他回到吉水后,郁郁寡欢。但到文天祥驻兵兴国时,他又出来了。

胡文可、胡文静。《文丞相督府忠义传》说,胡文可兄弟从文天祥起兵勤王之后,"由南赣间关海上,与参谋议,丞相礼为上宾"。则胡文可兄弟未随大军由吉州、衢州一路到临安去,而是由海上间关与参谋议。因而他们不在遣散之列。

何时。《文丞相督府忠义传》说,他从文天祥勤王,驻在吉州,供应军需。后来,文天祥"奏除知抚州。江西陷时,家居"。他也不在遣散之列。

萧明哲。《文丞相督府忠义传》胡文可条,说文天祥起兵时,曾派他连结太和诸寨;萧明哲条说他"从丞相汀、梅"。中间一段行踪不明。有两种可能:一种是他随文天祥到了临安,后被遣散归里;一种是如同王炎午一样,曾为文天祥起兵出过力量,但未去临安。他本是吉州的贡士。

没有什么事情比最亲密的战友离开自己更难过的了。但这种难过,对文天祥来说,将转化成一种力量。

文天祥在北营,馆伴唆都常劝他降元,每次都碰了钉子。唆都怕他自杀殉国,有一次,对他说:"大元将兴学校,立科举。丞相在大宋为状元宰相,今为大元宰相无疑。丞相常说国存与存,国亡与亡,这是男子心。天下一统,做大元宰相,是甚次第!国亡与亡四个字休道。"文天祥"哭而拒之"。为此他写了一首诗,从中可见他在元营中,在帝㬎投降后,所持的情操。

> 虎牌毡笠号公卿,不直人间一唾轻。但愿扶桑红日上,江南匹士死犹荣。（上引均见《指南录·唆都》）

要我做元朝的公卿吗,休想。当敌人的公卿,比人间一唾还轻。我但愿扶桑红日重新升起,到那个时候,我这个江南匹士,就是死了,也是光荣的。这是文天祥在被拘留后,最基本的思想。在以后的岁月里,他抱着这种思想,斗争,失败,再斗争,直至于死。这一首诗,为我们了解文天祥后期的斗争,又提供了一把钥匙。

文天祥在元营,既愤慨太皇太后谢氏的投降,又对南走的吉（益）、信（广）二王,寄以极大的希望。他基本上是乐观的。有一天,唆都、忙古歹问他度宗有几个儿子,帝㬎是第几子。他说有三子,帝㬎是第二子。唆都、忙古歹又问第一、第三子是否封王,今在何处。他说一封吉王,一封信王。要问今在何方吗,"大臣护之去矣"。唆都、忙古歹大惊,又忙问到底去哪里了,文天祥从容说道:"非闽则广,宋疆土万里,尽有世界在。"真是，本来尽有世界在，而太皇太后谢氏却甘心和敌人签订城下之盟，再大的世界她也不要，未免太不知羞耻了。唆都、忙古歹被文天祥的回答，弄得六神无主，说了一声，"既是一家，何必远去？"文天祥冷笑道："何为怎地说？宗庙社稷所关，岂是细事？"唆都、忙古歹竟"为之愕眙不能对"。为此，文天祥又写了一首诗，表达了他身在敌营，心向二王的思想。在这首诗中，闪耀着希望和乐观的火光。

　　一马渡江开晋土，五龙夹日复唐天。内家苗裔真隆准，虏运从来无百年。（上引均见《指南录·二王》）

　　虽然二王并未开宋土，复宋天，但文天祥根据历史的经验，在这首诗里，预言了元朝不会超过百年。宋太皇太后谢氏投降后九十二年（一三六八），元朝被朱元璋推翻，文天祥的预言变成了现实。

　　文天祥在元营，还和唆都谈过打仗。有一天，唆都问他为什么离开平江，他说："有诏趣入关。"又问他兵若干，他说："五万人。"唆都喟然叹道："天也，丞相在平江，必不降。"文天祥问唆都："何以知之？"唆都说："相公气概，如何肯降，但累城内百姓。"文天祥道："果厮打，亦未见输赢。"唆都大笑（《指南录·气概》）。

　　唆都是懂得文天祥的。这不是笑话，文天祥有众五万，而元世祖南伐，军队也才二十万人。文天祥部队的战斗力，在常州战役中有充分的表现。失败只是因为兵权握在张全手上，遭到张全的破坏。如果在平江再打，输赢就很难预料了。太皇太后谢氏和右丞相陈宜中，始则不让他在平江打，继则不让他在临安打，原因就是怕他取得胜利，使议和、议降难成。高宗、秦桧虽怕岳飞胜利，但是还让岳飞与金兵接触。太皇太后谢氏和陈宜中却干脆不让文天祥亲率所部与元军较量，这是他们比高宗、秦桧更聪明、更狡猾之处。

　　文天祥在北营很难找到一个"可语"的人，使心情舒畅一些。有一天，唆都带来了一个人，姓信名世昌，是东平府人，"常为虏太常丞，北方之儒也,隶唆都,唆都使之来伴"文天祥。他"知古今,识道理,可语"。他是"中原遗黎,甚惓惓于本朝"。闲谈之间,对文天祥颇为"输情"。这使文天祥喜出望外。

信世昌能作诗,常向文天祥问句法。他写过这样的诗句赠给文天祥。

东风吹落花,残英犹恋枝。莫怨东风恶,花有再开时。

文天祥解释说:"言予之不忘王室而王室之必中兴也。"他很了解文天祥,文天祥很感激他,有诗道:"我爱信陵冠带意,任教句法问何如。"(上引见《指南录·信云父》)

二月到了。这月初五(辛丑),赵㬎"率百官拜表祥曦殿"(《宋史·瀛国公纪》),正式降元。伯颜命贾余庆、吴坚、谢堂、家铉翁、刘岊捧着赵㬎的降表去大都,上给元世祖,号此五人为"祈请使"。文天祥对这五人有个评论:"贾幸国难,自诡北人,气焰不可向迩。谢无识附和。吴老儒畏怯不能争。刘狎邪小人,方乘时取美官,扬扬自得。惟家公非愿从者,犹以为赵祈请,意北主或可语,冀一见陈说,为国家存一线,故引决所未忍也。"五人中最坏的是贾余庆、刘岊。至若家铉翁,心向到底和贾、刘等人有所不同。吴坚以老病求免,得到了伯颜的允许,"祈请使"只剩贾、刘、谢、家四人。二月初八,这"四人登舟"上路。文天祥本不在祈请使之列,可在四个祈请使上船的时候,伯颜忽然要求他"与吴丞相俱入北"。文天祥当时"陷在虏中,无计自脱"。懦弱的吴坚,没有想到伯颜说话不算数,又要叫他北去,他更无计得脱。初九,文天祥和吴坚"同被逼胁,黾勉就船"。他们不是"祈请使",而是被当作祈请使的附庸,被迫上路的(见《指南录·使北》)。

文天祥有诗一首,记他被迫北去时的想法。

初修降表我无名,不是随班拜舞人。谁遣附庸祈请使,要教索虏识忠臣。

我与赶修降表、随班拜舞的贾、刘之辈，不可同日而语。你要叫我附庸贾、刘等人北去，我倒要叫你认识忠臣。爱国的文天祥，法天不息的文天祥，无论遇到什么情况，斗志都不会减弱。

二月初九，从文天祥登船北行的，有十一人。《指南录·出真州》说道："同行通十二人，行止未决，余元庆、李茂、吴亮、萧发遽生叛心。"又说："予与杜架阁及金应、张庆、夏仲、吕武、王青、邹捷共八人。"据此可知这十一人是：杜浒、金应、张庆、夏仲、吕武、王青、邹捷、余元庆、李茂、吴亮、萧发。与文天祥通为十二人。

杜浒、金应二人，前面已经述及。吕武，据《集杜诗·吕武第一百一十三》："环卫官吕武，太平人，面旗为军。余陷虏，应募随从北行。其人劲烈，面折人，触忌讳不避。然忠鲠，人皆服之。"张庆等人则只见于《指南录》中。《高沙道中》提到"虞候张庆""帐兵王青""仆夫邹捷""亲随夏仲"。《定计难》中提到"帐前将官余元庆……真州人也"。这是身份可知的五个人。李茂、吴亮、萧发的身份，则不可知。

《昭忠录·文天祥传》谓"与从者巩信、尹玉、赵时赏、张汴、刘洙（刘沐）、缪朝宗、孙桌、陈龙复、萧明哲、彭震龙、萧焘夫十二人"，大谬。

文天祥打定主意要在路上逃走。船顺着运河启程了，他想在晚间能逃便逃。二月十日船泊谢村，"是夜，几与梅壑（杜浒）逃去"。因为元"遣刘百户二三十人拥一舟来"，逼迫下船，船换了，刘百户监视得很紧，遂未逃脱。刘百户是中原人，不是蒙人，卖国贼贾余庆不放心，对元将铁木儿说：文丞相别有心肠。铁木儿懂得他的意思，十一日一早，便自驾一舟来，令命里千户捽文天祥上船，凶焰吓人（见《指南录》之《闻鸡》《命里》）。船又换了，戒备更森严了，逃，在谢村是不可能了。船从谢村开行，眼望临安，越来越远。文天祥心里很悲痛。后来他集杜诗，有《发京师》一首，写此时心情。

东下姑苏台（《壮游》），挥涕恋行在（《北征》）。苍茫云雾浮

(《发秦州》),风帆侍翠盖(《幽人》)。

这不是杜甫的诗,而纯粹是文天祥的抒情诗。别了,临安。但这只是暂时的告别,文天祥终究是要回来的。

二月十一日晚上,船泊留远亭,文天祥在《指南录·留远亭》中,用他特有的史笔记道:

> 北人然(燃)火亭前,聚诸公列坐行酒。贾余庆有名风子,满口骂坐,毁本朝人物无遗者,以此献佞,北惟叠叠笑。刘岊数奉以淫亵,为北所薄。文焕云:"国家将亡,生出此等人物。"予闻之,悲愤不已。及是,诸酋专以为笑具,于舟中取一村妇至亭中,使荐刘寝,据刘之交坐,诸酋又嗾妇抱刘以为戏。衣冠扫地,殊不可忍,则堂(家铉翁)尤愤疾云。

这是揭露卖国贼丑恶灵魂最好的史料。这样的史实,在《宋史》《元史》和其他各家著作中,都是找不到的。文天祥悲愤之余,为诗痛骂贾余庆、刘岊。骂贾的一首是:"甘心卖国罪滔天,酒后猖狂诈作颠。把酒逢迎酋虏笑,从头骂坐数时贤。"卖国贼总是不骂自己而要骂爱国志士的,贾余庆是典型代表。骂刘的一首是:"落得称呼浪子刘,樽前百媚佞旃裘。当年鲍老不如此,留远亭前犬也羞。"卖国贼兼浪子刘岊,真是连狗也不如。吕文焕说:"国家将亡,生出此等人物。"这话说对了一半。殊不知国家无必亡之理,亡,正是此等人物包括太皇太后谢氏、吕文焕本人在内促成的。

船到了平江府。平江是文天祥曾经驻守的地方。他过平江,感念凄怆,"托病卧舟中"。有"旧吏三五人来"看望他。平江遗民听说文天祥经过,"无不垂涕者"。元兵害怕出问题,"舟到一时,顷即解缆,夜行九十里"。文天祥睹景生情,深感当初朝命如果不是令他入卫而是令他死守,则不致有今天。他拿起笔来写道:

楼台俯舟楫，城郭满干戈。故吏归心少，遗民出涕多。鸠居无鹊在，鱼网有鸿过。使遂睢阳志，安危今若何？（《指南录·平江府》）

唐朝的张巡、许远，能坚守睢阳，确保东南。如果当初南宋朝廷不放弃平江，叫他坚守，难道就不能抗住元军，保住临安，保障东南吗？南宋将领中不无张、许之辈，至于文天祥，比张、许还要高。可皇帝就是没有"唐肃宗"，致使国土沦丧，遗民垂涕。

沿途的所见所闻，件件都增添着文天祥的故国之思。他的脑海，无片刻平静。

无锡到了，他为诗道："英雄未死心为碎，父老相逢鼻欲辛。夜读程婴存赵事，一回惆怅一沾巾。"

五木到了，他的思潮骤然如大海波涛，激起百尺巨浪。五木，是尹玉、麻士龙和无数优秀的爱国战士牺牲的地方，他似乎觉得这里的水，都是眼泪汇成。他想为五木的英雄们招魂，但身在敌船中，行动何由自主？他寄语重泉："中兴须再举"，你们安眠吧，死，是会有补偿的。

五木属于常州，元兵因为遭到文天祥部队和常州军民的打击，杀光了常州人民。舟过常州，"山河千里在，烟火一家无"的悲惨景象，又怎能不激起文天祥的愤慨。他痛斥野蛮的敌人"杀戮无遗种"。他心里在呼喊："苍天如可问，赤子果何辜?!"

文天祥的《指南录》，用了《吊五木》《哭尹玉》《常州》三章，来写他经过常州时的思想感情。如果说《指南录·留远亭》一章，暴露了卖国贼的本质，《平江府》《无锡》二章，表达了遗民、父老故国之思，则《吊五木》《哭尹玉》二章，歌颂了英雄的业绩，《常州》一章，揭露了元军的野蛮本性。而各章都饱含着文天祥爱国、爱民的思想感情。这些篇章的出现，是文天祥在元营斗争的继续。

这样一个爱国者、诗人，怎会俯首帖耳，随敌人、卖国贼到元都去？二月十八日，镇江到了，逃走的机会终于来临。历史又进入了新的一章。

第二节 万难脱京口,九死走通州

德祐二年(一二七六)二月十八日,船到了江南运河的北端镇江府。马上就要和江南父老告别了,打定主意要逃走的文天祥,心里更加焦急。

主持江北军事、掩护伯颜向临安进军的元朝大将阿术,当时驻军于瓜洲,听说"祈请使"贾余庆等人到,马上邀请他们十九日渡江到瓜洲来,文天祥也在被邀请之列。阿术是想见见这些宋朝大臣,并在这些大臣面前,摆一摆战胜者的威风。

文天祥的《指南录·渡瓜洲》记十九日瓜洲之会,阿术"鲜腆倨傲,令人裂眦。诸公皆与之语,予始终无言。后得之监守者云:'阿术言文丞相不语,肚里有偻罗。'彼知吾心不服也"。文天祥把瓜洲之会,概括成这样一首绝句:

> 眼前风景异山河,无奈诸君笑语何?!坐上有人正愁绝,胡儿便道是偻罗。

贾余庆等人笑脸相承,争着巴结阿术,文天祥为之齿冷。他不发一言,与贾余庆等人形成鲜明的对照。他肚里确实有"偻罗"。坐中他不仅与阿术不交一言,而且脑子里正在想着如何出逃("坐上有人正愁绝")。阿术只知文天祥不服他,却不知文天祥在想什么。文天祥肚里的偻罗,阿术只猜到一半。

随同文天祥等人北上的元军,在镇江耽搁下来,这给了文天祥一个极好的出逃机会。

文天祥在谢村想逃走,没有成功,在平江想逃走,也没有成功。经验使他深知:要逃走,凭一两人想逃就逃,是不行的;要逃走,必须把志同道合的人牢靠地团结到一起,"集众思,从众谋",凭众人之力。《指南录·定计难》写道:

予在京城外，日夜谋脱不得。间者谢村几去，至平江欲逃，又不果。至镇江，谋益急，议趋真州（今江苏仪征）。杜架阁浒与帐前将官余元庆实与谋。元庆，真州人也。杜架阁与予云："事集，万万幸；不幸谋世，皆当死，死有怨乎？"予指心自誓云："死靡悔！"且办匕首挟以俱，事不济，自杀。杜架阁亦请以死自效，于计遂定。

逃走计谋泄露要死，逃到半路被捉回要死，大家都能以死自誓，就有了互相信任的气氛，就都能出谋定计。文天祥是丞相，敌人等着他回心转意，以便重用。他带头表示就是死，也决不后悔（"死靡悔"），这最为重要。他坚定了，杜浒等人也就坚定了。大家心一齐，计谋也就想出来了，也就有人敢于依计而行。

逃到哪里去？长江南岸都被元军占领，无处可逃。只有江北还有很多地方在宋军手中。那时，淮东制置使李庭芝在扬州，安抚苗再成在真州，这两个地方离镇江较近。当时，元朝大将阿术坐镇瓜洲，瓜洲是扬州的门户，过江到扬州去，显然不是办法。真州在镇江上游，虽然要溯江而上，但州城就在江边不远，元军防真州不像防扬州那样严。文天祥他们于是决定逃到真州去。

要去真州，一定要有船只。找船，成了文天祥他们出逃遇到的第一个大难题。文天祥把这个任务交给了生死与共的杜浒。

杜浒不愧是一个游侠、义士。文天祥在《指南录·谋人难》中，写他找船：

如颠狂人，醉游于市，遇有本朝而感愤追思者，即捐金与之，密告以欲遁之谋，无不愿自效，以无舟而辍。前后毋虑十数，其不谋泄，真幸耳。

杜浒为了找船，装作颠狂人，日日醉游镇江市，与人谈本朝，寻找知心人。因为酒醉颠狂,元军以为他是疯子、醉鬼而不管;镇江市民也以为他是疯子、醉鬼而与之交谈。而他在酒醉颠狂中,时而露出几句思念故国的话,用以打动怀念故国的镇江市民的心,从中他可以发现谁是思念本朝的人。而一经发现,他便不疯了,不醉了,立即以金相赠,告以密谋,请相助找船。人民是爱国的,一旦得知实情,无不愿意自效。可是,"北船满江,百姓无一舟可问"(《指南录·得船难》)。杜浒虽然与人为谋,"前后毋虑十数",最后"皆以无船长叹而止"(《得船难》)。

在现实生活中,往往有这样的情形:"山重水复疑无路,柳暗花明又一村。"在哲学上,有一对范畴叫必然性和偶然性,其意也就是文天祥说过的"自然之命"和"事之适相值者"(《跋彭叔英谈命录》)。出乎意料,就是事出偶然,或事之适相值者。文天祥他们"壮心万折誓东归"(《定计难》),如要把东归的壮志转化为现实,抓住任何一个偶然的机会不放,是十分紧要的。偶然的机会终于来临了,"是后,余元庆遇其故旧,为北管船,遂密叩之,许以承宣使,银千两",请他代找船只。这人虽然为元军管船,可心在宋朝。他对余元庆说:"吾为宋救得一丞相,回建大功业,何以钱为?"他只要求一张"批帖",为他日趋承、报效的证明。几句话把一颗爱国志士的心,完全端出来了。文天祥后来给了他一张批帖,并赞叹他真是一个"义人",如果不是遇到他,逃走,就只能是一场空梦而已。这位义人把帖上文天祥批的字当作自己爱国的证明,满怀喜悦,找船去了(引见《得船难》)。

船的问题解决了,但还有第二个、第三个……大难题。

文天祥初到镇江,下船住在府治。这算是元军对宋朝"诸宰执"的款待。要从镇江府治逃走,是不可能的,门卫便通不过。文天祥看到吴坚以病不离舟,在府治住了一夜,便托故还舟中,"得沈颐家坐卧"。从这里逃跑,比从镇江府治逃跑,容易多了。可元军的监视很严。元军派来监视文天祥的人,叫王千户。此人"狠突可恶,相随上下,不离顷刻"。连文天祥睡眠时,他也"同卧席前后"(《指南录·出门难》)。如何对待王千户,是文天祥要周密考虑的一个问题。他在盘算着。

京口（镇江）没有城墙，街头巷尾，元军关卡很多。从沈颐家到他们预定好了的上船地点甘露寺下，约有十里。如果没有向导，是走不出去的。

恰巧杜浒，"偶得一老校马"（《指南录·踏路难》），"口与之饮，颜情甚狎"（《指南录·定变难》）。这老校马答应为杜浒等人引路。

单有人引路还不行。元军"禁夜不得往来"，通宵有兵巡查。路上要躲过所有的元兵，看来不可能。这个难题，令文天祥日夜不安。又是一个偶然的机会来了，在逃走的前两天，有一个叫刘百户的元酋，"忽入沈颐家"。文天祥问他何职，他说"管夜禁"。问他做官的有事，夜间要出去，怎样才能通行？他说："官灯提照，往来从便。"这使文天祥喜从心生。如果能有"官灯提照"，往来就可以从便，什么人也不会盘问你了。作为通行用的官灯，就在刘百户手上。杜浒毫不迟疑，在刘百户从沈颐家出去的时候，"即随刘百户出，强与之好。已而约为兄弟，拉之饮于妓舍"。杜浒强迫刘百户在妓舍过夜，刘百户也要杜浒在妓舍过夜。杜浒面有难色，说我丞相在此，要我宿妓，须等夜间安置丞相睡了，我才好出来。但夜间走路"怕夜禁"。刘百户忙说：不要怕，"俺送尔灯，送小番随着，不妨事"，你尽管来妓舍好了。杜浒便与刘百户约定：兄弟后天（二十九日）晚上准来，不过，大哥你一定要叫小番送官灯来（《指南录·出巷难》）。

万事齐备，文天祥决定二月二十九日夜间逃走，派两个人先到管船人已经找好了的船上去，密约在甘露寺下等待（《指南录·候船难》）。哪知就在二十九日午时，元军"催过瓜洲"，继续北行。元军这个突如其来的决定，将使文天祥的逃走计划，变成泡影。贾余庆等人都过瓜洲去了，文天祥和吴坚，因为不住在镇江府治，得报最迟。文天祥抓住这一点，说来不及收拾，请宽容一晚，明日同吴坚一起准过江（《指南录·绐北难》）。元军勉强答应下来。事情看来都已办妥，临时又不知要出什么问题。这就要随机应变了。

与文天祥一起出逃的，有十一人之多。加上文天祥，是十二人。除了先上船的两人以外，还有十人。文天祥感到十人一齐走，容易被发觉。到江边必经老校马家门口，临时，他分出三人，到老校马家去等候（《指南录·定变难》）。剩下七人，从沈颐家出走。

夜幕降临，安排已妥。现在就是对付王千户的问题了。文天祥借口明天要走，特意"买酒辞别乡土"（《纪年录》丙子宋德祐二年注），兼以酬谢房主人沈颐。王千户作陪，因以醉沈颐，"复醉王千户"（《指南录·出门难》）。之所以要醉沈颐，倒不是单纯怕他作梗，更重要的是，须为沈颐摆脱干系。沈颐先醉，王千户看在眼里，文天祥逃走后，王千户就没有理由找沈颐算账了。这是文天祥的极精细处。"民胞物同与，何莫非己累"，在这件事情上，也表现出来。王千户被醉倒后，鼾声大作。文天祥正要启门而出，突然杜浒带老校马来了。

又发生什么变故了呢？原来"老兵（老校马）中变，醉不省，其妻诘问之，欲唤四邻"。好在文天祥派了三个人到老校马家等待，他们中的一个，把情况告诉了杜浒。亏得杜浒平息了这场风波，把老兵喊出来，一同到了文天祥跟前。那三人也回来了。杜浒怕老校马再变，"以银三百两系其腰"，老校马这才心定。文天祥在《指南录·定变难》中，曾说"此举垂成，几为老兵、老妪所误，全得杜架阁机警"，化险为夷。杜浒，不愧足智多谋。

老校马藏在帐中，杜浒在门外等小番送官灯来。二更时分，果然有一个十五六岁的小番，提着官灯来了。杜浒大喜，喊出老校马，带着小番就走。换了服装的文天祥，紧随杜浒便出。其他随从，一个个从黑暗里跟上。刘百户只叫小番给杜浒送官灯，没有说杜浒要同他一起到妓舍里过夜。杜浒要到哪里去，小番并不知道。因为有"官灯提照"，"诸巷皆不呵问"。到了人家渐尽之处，杜浒给了小番一些银子，约他明天再在某地等候。小番无知，听杜浒这样说，便回去了，官灯却落在杜浒手上。文天祥后来说过："天假汉儿灯一炬，旁人只道是官行。"（《指南录·出巷难》）过大街，穿小巷，全靠了这盏灯。市井尽头处，元军设险，"以十马拦路"。马被惊动，幸而元军都睡了，也闯了过来（《指南录·出隘难》）。

老校马"引间道出三数巷，即荒凉野。走至江岸，路颇近"（《指南录·踏路难》）。文天祥十人到了甘露寺下，没有看到船，也没有找到先上船的两个人，大家愣住了，都说："船已失约，奈何？"余元庆涉水寻了一二里，终于找到了船。这是一条贩私盐的船，有两个水手（艄公）（见《指南录·真州杂赋》第三首）。要不是先派了两个人上船，这条船都不知开到哪里贩私盐去了。

文天祥一行上船了，船向长江上游驶去，这时候，他们的心情该多么酣畅！

可他们没有料到"江岸皆北船，连亘数十里，鸣榔唱更，气焰甚盛"。文天祥船"皆从北船边经过"，如有人查问，他们又将前功尽弃。"幸而无问者"。险境并未过去，到了七里江，"忽有巡者喝云：'是何船？'梢（艄）答以河鲀船。巡者大呼云：'歹船！'"巡者所乘的船，向文天祥船驶过来了，"适潮退阁（搁）浅，不能至。是时舟中皆流汗"。文天祥自己说："其不来，侥幸耳。"这确实是侥幸（引见《指南录·上江难》）。

过七里江后，文天祥船得到了顺风，船行较快，文天祥以为"五更可达真州城下"。哪知后来风又平静了，天色已明，离真州还有二十余里。舟中人深恐北船在后追赶，又恐江北岸有元军骑兵在放哨，尽力帮着艄公摇桨，撑篙，拽缆。然而心越急越觉路远力弱。真是：

> 自来百里半九十，望见城头路愈长。薄命只愁追者至，人人摇桨渡沧浪。（《指南录·望城难》）

真州有濠与长江相通，但潮水涨时，船方可顺着濠水抵达城下。这时潮水未涨，他们只得在五里头上岸。文天祥望见真州"城外荒凉，寂无人影，四平如掌，一无关防"，发出了"城外荒凉鬼也愁"之叹。他们向城门走去，边走还边回首，"惟恐有追骑之猝至"（《指南录·上岸难》）。

文天祥一行，终于到了真州城下。他们叫城，告以"文丞相在镇江走脱，径来投奔城子"。真州将校闻讯，喜出望外，都出城来迎接文天祥。安抚苗再成迎见，不免谈起国事，相对感慨流涕。苗再成设宴款待，当天,安排他们住在清边堂(《指南录·入城难》)。

文天祥终于回到了尚未沦陷的国土上。他到真州的这一天,正好是暮春三月的第一天。

文天祥"脱京口"极不容易。《指南录·脱京口》组诗,由《定计难》《谋人难》《踏路难》《得船难》《给北难》《定变难》《出门难》《出巷难》《出隘难》《候船难》《上江难》《得风难》《望城难》《上岸难》和《入城难》十五难组成。这十五难是一部爱国交响曲,我们从中仿佛可以听到文天祥的爱国心声,看到文天祥指挥若定的风貌,与文天祥一行,同领入险与出险的惊惧和欢乐。这十五难又是一部英雄史诗,它宣告度过这十五难,历史将进入一个新的篇章。

文天祥到真州后,感触很多。他把当时的感触,都记入《指南录·真州杂赋》中。如果说十五难是惊涛骇浪,《真州杂赋》则是澄江如练。杂赋共存七首,每一首都有序。第一首写他"一入真州,忽见中国衣冠,如流浪人乍归故乡"。他想不到"重睹天日至此"。赋中有"山川莫道非吾土,一见衣冠是故乡"之句。第二首写他入真州,真州人民看到他们脱险归来,从内心爆发的感情。赋中有"聚观夹道卷红楼,夺得南朝一状头(状元)"之句。这两首赋,表达了人民和爱国志士之间,感情的水乳交融。最后一首把"诸宰执"俯首帖耳,被驱北去,与他自己犯死逃归,作了对比。他写道:

公卿北去共低眉,世事兴亡付不知。不是谋归全赵璧,东南那个是男儿?

文天祥的逃走,区分了诸宰执,区分了爱国者和卖国者,好汉和懦夫。文天祥的逃走,使元朝认识到了东南自有男儿,预感到了东南的男儿,将在文天祥领导下,群起抗元。在他逃走后,元军曾"大索民间"(《真州杂赋》第五首),但找不到了。"不是谋归全赵璧,东南那个是男儿"二语,把一个爱国者的英雄形象,清晰地推到了我们眼前;把东南行将擂起的战鼓，预先带进了我们的耳鼓。

文天祥到真州后，立即与苗再成计议复兴。

苗再成久不知朝廷的信息，坐中听文天祥说临安事，不由慷慨激烈，涕泗交流。诸将校也都愤恨不能自堪。苗再成提出了一个复兴计划："两淮兵力，足以复兴，惜天使李公（淮东李庭芝）怯不敢进，而夏老（淮西夏贵）与淮东薄有嫌隙，不得合从。得承相来通两淮脉络，不出一月，连兵大举，先去北巢之在淮者，江南可传檄定也。"文天祥紧接着追问两淮如果连兵，怎样攻打元军？苗再成说：我想过了，可以"先约淮西夏老以兵出江边，如向建康之状，以牵制之"。淮东"则以通、泰军义打湾头"，"以高邮、淮安、宝应军义打扬子桥，以扬州大军向瓜洲，某与赵刺史孟锦以舟师直捣镇江，并同日举，北不能相救"。湾头、扬子桥元兵防守脆弱，兵卒且怀怨望，军义一到，即可打下，然后再与扬州大军，三面攻打瓜洲。我再率领一支水师，"自江中一面薄之"。这样四路合围，阿术再有本事，元军中再有智谋之士，也不能挽救。"此策既就，然后淮东军至京口，淮西军入金城，北在两浙无路得出，房可生致也。"（《指南录·议纠合两淮复兴》）我们不妨来重温一下文天祥在此之前所提的建立四镇的主张。

文天祥提出以淮西益淮东，建立扬州镇；以福建益江东，建立番（藩）阳镇；以广东益江西，建立隆兴镇；以广西益湖南，建立长沙镇。责扬州取两淮，番（藩）阳取江东，隆兴取蕲、黄，长沙取鄂州。"约日齐奋，有进无退"，"而吾民之豪杰者，又伺间出于其中"。文天祥认为"如此，则敌不难却也"。现在苗再成提出两淮合从，连兵大举，肃清淮东与淮西，然后传檄以定江南，与文天祥去年所提以淮西益淮东，建置扬州镇，攻取两淮的意见正合。苗再成讲的两淮连兵，只相当于文天祥讲的扬州一镇的军事行动。如果真能按照苗再成讲的方案，两淮同时采取行动，易分地而守为联合进攻，局面也将为之一新。推之于去年，如果能够按照文天祥的方案，建立四镇，置都统于其上，指挥四镇同时采取军事行动，军义又乘间出于其中，伯颜本事再多，也难挡住，何能亡宋？苗再成的话，可以帮助我们了解文天祥建立四镇的主张，绝非阔远，绝非起不了什么作用，而是可起大作用。还可以帮助我们了解，即使到了这个时候，如能将两淮兵力调动起来，发动攻击，宋朝仍旧不是不能有所作为。

文天祥听了苗再成的方案，"喜不能自禁"，认为"不图中兴机会在此"。为什么，因为苗再成的方案，不仅是现实的、可行的，而且正与去年他自己所提建立扬州镇的主张合拍。他马上"作李公书，次作夏老书"，苗再成"各以复帖副之"。苗再成又请他"致书戎帅及诸郡，并白此意"。他给朱焕、姜才、蒙亨等人都写了信（上引见《议纠合两淮复兴》），"又作诸州太守书，约以兴复。苗守遣人四出导意"（《集杜诗·至真州第五十九》）。

希望之光，照临了清边堂上，照临了真州，照临了两淮与江南。"而今庙社存亡决，只看元戎进退间。"（《议纠合两淮复兴》）可悲、可叹、可慨的是，文天祥的方略既不能行之于去年，苗再成的方略也不能行之于而今。这有两个原因。

其一，如果两淮能连兵，早就连兵了。李庭芝此人，虽然忠而勇，可正如苗再成所说："怯不敢进"，徒知防守淮东。夏贵则是鄂州和鲁港战役的逃兵，早已降心。这二人不可能合从。除非将领都如苗再成。

其二，二月二十二日（戊午），夏贵已举淮西降元（见《元史》之《伯颜传》《阿术传》），苗再成不知道，被拘于元营的文天祥也不知道。

根本的原因则在宋朝的守内虚外、妥协投降政策。宋朝根本不想起用如文天祥、苗再成这样既爱国家，又有谋略之士，进行政治、军事的改革。它认为人才无过贾似道、贾余庆、夏贵，因为他们对守内虚外、妥协投降政策，忠心耿耿。病根如此之深，不大开刀，何能救沉疾，挽狂澜？

文天祥和苗再成在真州的会合，是爱国志士的会合。《指南录》补遗《题苏武忠节图》记述了一件事："苗守袖出李龙眠画《汉苏武忠节图》，求余咏题，抚卷凄凉，浩气愤发，使人慷慨激烈，有去国思君之念矣。遂赋三诗，书于卷后。时丙子三月二日也，文天祥执笔于清边堂之寓舍。"

文天祥题了三首七律。诗中有云："烈士丧元心不易，达人知命事何嗟。"（第一首）"忠贞已向生前定，老节须从死后休……甘心卖国人何处，曾识苏公义胆不（无）。"（第二首）"李陵罪在偷生日，苏武功成未死时……纵饶夜久胡尘黑，百炼丹心涅不缁。"（第三首）这既是写苏武，又是写自己；既是写李陵，又是骂贾余庆等人。"百炼丹心涅不缁"，冒险犯难，逃出镇江的文天祥，不正是如此吗？

可是竟有人对文天祥逃出镇江，持另一种想法，在文、苗二人之间，砍下了一刀，更不谈两淮连兵了。

据《指南录·出真州》，文天祥的信，三月初二日一早，送到了李庭芝手上。三月初二日晚上，扬州便来了一个提举官，把李庭芝的回话，带给了苗再成。他根本不谈连兵，而说"决无宰相得脱之理，纵得脱，亦无十二人得同来之理。何不以矢石击之，乃开城门放之使入？"扬州提举官还带来了一张小引，上"备脱回人朱卍二等供，云：'有一丞相，往真州赚城。'"苗再成不由发愣了，他毕竟不像李庭芝主观武断，他觉得最多只是可疑而已。他没有杀文天祥，以自明无二心。但李庭芝是他的上司，他不敢再留文天祥了。

其实，正如文天祥自己所说：

> 扬州遣提举官来真州见害，乃三月初二日午前发。予以二月晦（二十九日）夕逃，朔（三月初一日）旦北方觉，然不知走何处。是日（三月初一日）便遣人诈入扬州，殆无此理。看来只是吾书与苗守复帖初二日早到，制使（李庭芝）不暇深省，一概以为奸细而欲杀之。（《出真州》）

元军根本不知道文天祥逃往何方，怎么可能今日晚上逃，明天一早便派朱卍二诈入扬州，行反间之计，说文天祥往真州赚城呢？文天祥是善良的，他没有说所谓朱卍二等人的供词，纯属李庭芝捏造。李庭芝这个人到底怎么样？是不是如人们所说的是一个了不起的英雄？不妨看一下《宋史》卷四百五十一《姜才传》说的话：

> 庭芝以在围久,召才计事,屏左右,语久之。第闻才厉声云:
> "相公不过忍片时痛耳。"左右闻之俱汗下。才自是以兵护庭芝第,期
> 与俱死。……阿术责庭芝不降,才曰:"不降者才也。"

这说明什么?说明李庭芝想步吕文焕后尘,向元军投降,但被姜才制止住
了。他的抗元意志尚不坚定,更不消谈与淮西连兵,发动进攻了。他接到
文天祥的信,自然也就不会去考虑:文天祥如果真是来赚城的,为什么会
建议两淮连兵,同日大举?他只是感到文天祥多事,讨厌。他要杀文天
祥,但杀之无名,假证据也就捏造出来了。

苗再成并未立即把李庭芝的话告诉文天祥,也未立即把制置使司的小
引给文天祥看,而是在初三日,把文天祥一行十二人,"给(诈)出"真
州(《纪年录》)。文天祥在《指南录·出真州》中,详细记下了被诈出
真州的经过。

> 予至真州第三日,苗守约云:"早食后,看城子。"予欣然诺之。
> 有顷,陆都统来,导予至小西门城上闲看。未几,王都统至,迤逦出
> 城外。王忽云:"有人在扬州供得丞相不好。"出制司小引,视之,乃
> 脱回人供:"北中所见,云有一丞相,差往真州赚城。"王执(小引)
> 右语,不使予见。予方叹惋间,二都统忽鞭马入城,小西门闭矣,不
> 复得入。彷徨城外,不知死所。

文天祥十二人,就这样被诈出真州小西门外了。这些九死一生脱出虎口的
人,又被李庭芝一纸小引,把他们抛出了刚刚踏上的尚未沦陷的国土。

文天祥等人进不得入城,退又不知走向何方。露立荒郊,饥肠辘辘,
叫天天不应,叫地地不灵。正在"莫知所为"之际,忽然又来了两个人,
自称是义军头目张路分、徐路分。他们说:"安抚传语,差某二人来送,
看相公去哪里。"文天祥想了一想说:"必不得已,惟有去扬州见李相公",

把事情讲清楚。他们说："安抚谓淮东不可往。"文天祥这时断然说道："予委命于天，只往扬州。"他们说：既然如此，"且行，且行"。但却把文天祥引上了去淮西之路。良久，"有五十人弓箭刀剑来随"，"苗守又遣衣被包袱等来还"。二路分给了文天祥、杜浒马骑，引着走了几里，"五十兵忽捉刀于野，驻足不行"。二路分请文天祥、杜浒下马，说是"有事商量"。文天祥十二人命悬顷刻。

文天祥问道："商量何事？"二路分说："行几步。"走了几步，二路分又说："且坐且坐。"文天祥以为他们要下手了，"与之立谈"，并不坐下。下面是一段精彩的对话。

二路分说："今日之事，非苗安抚意，乃制使遣人欲杀丞相。安抚不忍加害，故遣某二人来送行。今欲何往？"

文天祥说："只往扬州，更何往？"

二路分说："扬州杀丞相奈何？"

文天祥说："莫管，信命去。"

至此，二路分又说："安抚令送往淮西。"

文天祥说：夏贵素不相识，且"淮西对建康、太平、池州、江州，皆北所在，无路可归。只欲见李制使。若能信我，尚欲连兵以图恢复，否则，即从通州路遵海还阙"。

二路分说："李制使已不容"，淮西不去，"不如只在诸山寨中少避"。

文天祥说："做什么合煞！生则生，死则死，决于扬州城下耳。"

二路分说：山寨又不去，"安抚见办船在岸下，丞相从江行，或归南（宋）、归北（元）皆可"。

文天祥听二路分如此说，不由惊道："是何言欤？如此，则安抚亦疑我矣。"

苗再成是要二路分以言语试探，而文天祥的回答，任何人都会感到：他不仅清白无瑕，而且丹心贯日。二路分心折了，亮底了。他们说道："安抚亦疑信之间，令某二人便宜从事，某见相公一个恁么人，口口是忠臣，某如何敢杀相公！既真个去扬州，某等部送去。"

文天祥给了随行的五十兵一百五十两银子。二路分所引之路乃淮西路，既见文天祥坚决欲赴扬州，遂取扬州路。天色渐晚，二路分先辞，留下二十人相随。又走了十几里，这二十人也要辞去。临去时，竟"勒取白金"。宋朝的兵多是这样的兵。

文天祥十二人，"所行皆北境，惟恐北遣人伏路上，寂如衔枚"（《出真州》）。他们于三鼓时分，到了扬州西门，疲惫不堪。西门外有座"三十郎庙"，仅存墙阶，没有屋宇。他们倒地便睡。暮春之初，风寒露湿，苦不堪言。扬州城中打四更了，他们醒来走近西门濠边，隔濠有人喝问，他们怕捉"眼生"，不敢应声。天色渐明，他们看到城上有兵将，"兜鍪按剑"，注视着城外。想去叩扬州的城门，又恐扬州真的以"矢石相加"（《指南录·至扬州》）。而城外去敌人控制的扬子桥很近，敌哨说不定什么时候就来。这时，文天祥倒感到进退两难了。

文天祥之所以要来扬州，一是不来扬州，难明心迹，他们有可能就死在二路分之手。二是"犹冀制臣之或见谅"，"连兵以图恢复"（《至扬州》）。等到了扬州城下，他清醒过来，觉得真要去叩扬州城门，便会死在扬州城外。他们"前、却数四"（《集杜诗·行淮东第六十》），理智终于战胜了激情，没有去叫城。

到底怎么办？《至扬州》记杜浒说："不如早寻一所，逃哨一日，却夜趋高邮，求至通州，渡海归江南，或见二王，伸报国之志。"金应则以为"出门便是哨，五六百里而后至通州，何以能达？"杜浒的理由是：李庭芝一定要杀掉我们，"徒死城下无益"。金应的理由是："与其为此受苦而死，不如死于扬州城下，不失为死于南，且犹意使臣（李庭芝）之或者不杀也。"当时的文天祥，"去数步，则金一边来牵住；回数步，则杜一边又来拖行"。然而，杜浒毕竟比金应看得准一些，文天祥毕竟没有顺从金应。这时，余元庆引一卖柴人至，文天祥问这个卖柴人："能导至高沙否？"卖柴人说："能。"又问："何处可暂避一日？"卖柴人说："侬家可。""此去几里？""二三十里。""有哨否？""数日不一至。""今日哨至如何？""看福如何耳。"这一问一答，表明文天祥已经作出决定：取道高沙、通州，渡海归江南。而为了避开元军哨兵，他向卖柴人详细打听了元军放哨的情况。这既采纳了杜浒的正确意见，又消释了金应对元军哨兵的顾虑。

卖柴人是文天祥十二人的一个"救星"。没有他来，杜、金二人之争很难解决；没有他来，白天很难躲过元军哨兵；没有他来，到高沙去，便无人引路。可这时也发生了一件令人痛心的事。"余元庆、李茂、吴亮、萧发遽生叛心，所怀白金各一百五十星上下，竟携以走。"文天祥有诗赞卖柴人："路旁邂逅卖柴人，为说高沙可问津。此去侬家三十里，山坳聊可避风尘。"有诗斥责余元庆四人："问谁攫去橐中金？僮仆双双不可寻。折节从今交国士，死生一片岁寒心。"艰苦、意外，考验着每一个人。余元庆四人经不起考验，他们不是国士，而是逃兵。

文天祥一行只有八人了。他们"外既颠踬，内又饥困。行数十步，喘甚不能进，倒荒草中，扶起又行。如此数十"，跟着卖柴人走去。天色渐渐明亮了，不能再走了，要到二三十里远卖柴人家去躲避一日，不可能了。幸而"至十五里头，半山有土围一所，旧是民居"。虽然"毁荡之余无椽瓦，其间马粪堆积"，也聊可暂避风尘。他们饥肠难忍，又是卖柴人替他们入城"籴米救性命"。卖柴人说："不奈何忍饥一日，城中衙晡后方开门，米至则黄昏矣。"卖柴人走了，他们扫了一个可以躺几个人的地方，"以所携衣服贴衬地面，睡起复坐，坐起复睡，日长难过，情绪奄奄。"捱至午后，一个特大的危险降临。他们忽闻人马嘈杂，自壁缝窥看，"乃北骑数千，自东而西"，"随山而行，正从土围后过"。他们"无复人色，傍壁深坐"，惟恐"门外得见"。隔墙"马足与箭筒之声，历落在耳"。如果当时有一骑到土围来，他们便会被发现，不是捉去，便是当场被杀死。幸而"大风忽起，黑云暴兴，数点微雨下，山色昏冥"，敌骑驰过。这真是："隔壁但闻风雨过，人人顾影贺更生。"

原来"北驱奉使（祈请使）北去，与其所掠老小、辎重偕行"。因为老小、辎重太多，押送的元军，竟达数千骑之众。行进速度很慢，二月二十九日离开镇江，三月初四日，才经过文天祥一行歇脚、避哨的土围子附近。这天晚上，押送的元军，宿营于离扬州四十里的甘泉西面。第二天

（初五日），文天祥在贾家庄问明了情况。还得知有一个自称"南朝相公"，面大而体肥的"白须老子"，在救生寺煮晚饭。此人即家铉翁。他叹惜家铉翁的遭遇，曾写下了"借问鱼羹何处少？北风安得似南枝"的诗句。他觉得自己虽然不免"颠踣道路"，但比起家铉翁来，还是幸运的。他决不"以彼易此"（《指南录·思则堂先生》）。

再说，土围山下有座古庙，庙前有一口井。他们饥渴难忍，派"吕武、邹捷下山汲水，意或可以得米菜，少救饥饿"。不料哨来，二人被捉住，幸亏腰间系有银近三百两，"悉以与之"，才得脱身。看看天色渐晚，卖柴人还未见回来。这天有"北骑数百薄西城，于是门不开，卖柴人竟不得出"。土围是露天，不可睡卧，文天祥一行只得下山来投古庙。至庙还未坐定，"忽有人携梃至。良久，三四人陆续来"。有幸这些人都是樵夫，"夜讨柴，来早入城赴卖，无恶意"。这几个樵夫"煮糁羹"饮食，因见文天祥等人太饿，"出其余以遗"之。内中有一童子，"于庭烧火照明"。文天祥化名刘洙，和这些樵夫攀谈，告以患难，"厚许之，使导往高沙"。

按杨德恩《文天祥年谱》，记文天祥变姓名在"趋高邮"之后，实误。文天祥在《指南录·后序》中说："维扬帅下逐客之令，不得已，变姓名，诡踪迹，草行露宿，日与北骑相出没于长、淮间。"这里说到他变姓名，在李庭芝下逐客令之后。《过黄岩》又说："予至淮，即变姓名清江刘洙。"这里说到他所改的姓名为刘洙。《集杜诗·行淮东第六十》又说："是日（初四日），虏万骑自屋后过，幸而苟免。自是变姓名，趋高邮。"这里说到三月初四日午后，元兵万骑从土围后面经过，他便变姓名为刘洙。且明讲是先变姓名，后趋高邮。因此，断定此日晚间，在古庙中与樵夫对答之时，文天祥自称姓刘名洙，应是没有问题的。

邓光荐《文丞相督府忠义传》，以刘沐为刘洙，显然是把文天祥自己所改的姓名，误认作刘沐之名了。此后《宋史》等书中传记，也把刘洙当刘沐，是不加细察，因袭之误。

樵夫听了文天祥（刘洙）的话，"欣然见从"。并且说：你们要去高沙，可"此处不是高沙路"，请你们到堡城北门贾家庄去，暂住一日，"却为入城籴米买肉，以救两日之饥；又雇马办干粮，以备行役"。文天祥八人很感激，就在古庙中"且困且睡"，等待天明去贾家庄。那个童子似乎知道他们怕春寒，一直在烧着火，叫他们好生睡。文天祥有诗道：

> 既投古庙觅藜羹，三五樵夫不识名。僵子似知予梦恶，生柴烧火到天明。
>
> 樵夫偏念客途长，肯向城中为裹粮。晓指高沙移处泊，司徒庙下贾家庄。

古庙这场经历，是文天祥一生也忘不了的。他不仅接触到了社会的最下层，而且了解了劳动人民心地的光明。他说过："时樵夫知予无聊，又有所携，使萌不肖心，得财岂不多于所许？"可他们完全不是这样，令他"感激"莫名。

三月初五日黎明，文天祥八人随三个樵夫，到贾家庄，"止土围中，卧近粪壤，风露凄然"。他们已经饿了"两夕一日半"，三樵夫为他们入城买肉，至午间吃了一顿饱饭，精力多少恢复了一点（见《指南录·贾家庄》）。

黄昏时候，文天祥一行正准备起程，扬州忽有五骑地分官，"咆哮而来，挥刀欲击人，凶焰甚于北"。文天祥拿出金钱买命，方免毒手。他有诗斥责这些地分官道：

> 五骑驰来号徼巡，咆哮按剑一何嗔？金钱买命方无语，何必豺狼骂北人？（《指南录·扬州地分官》）

古庙遇樵夫，贾家庄遇扬州地分官，使文天祥的思想，产生了一个飞跃。将这些和元军一样的豺狼——宋朝地分官，来比樵夫，官如何，民又如何，文天祥十分清楚了。

是夜，文天祥一行，雇马往高沙。又雇了三个人引路，三个人牵马。

走了四十多里，"至板桥，迷失道"，通夜"行田畉中，不知东西，风露满身，人马饥乏"。偏偏又有大雾，人马"行雾中不相辨"。等到"四山渐明，忽隐隐见北骑"。道旁有座竹林，他们连忙躲了进去。但来不及了，他们已被北骑发现了。

"二十余骑绕林呼噪。虞候张庆右眼内中一箭，项二刀，割其髻，裸于地。帐兵王青缚去。杜架阁与金应，林中被获，出所携黄金赂逻者，得免。"文天祥"藏处距杜架阁不远，北马入林"，过文天祥"傍三四，皆不见"。文天祥"不自意得全。仆夫邹捷卧丛篠下，马过，踏其足流血。总辖吕武，亲随夏仲，散避他所"。引路和牵马的六人，"或执或逃，仅存其二"（《指南录·高沙道中》）。

从此，八人中又少了一人——帐兵王青。

"当其蹙迫时，大风起四边"，文天祥七人得救了。北骑似乎听到风声中有人声，以为军义杀来，不敢再搜，骑马跑走。可是，"马既去，闻其有焚林之谋"。七人急奔对山，"复寻丛篁以自蔽"。未几，吕武来报，"北骑已还湾头"，他们心头的一块大石头才落了地。"北骑"是湾头元军派出的巡逻兵。文天祥的记载，把元军的凶狠、贪婪以及闻风而逃的虚弱本质，表露无遗。

文天祥七人打听到"此去三五里，古道方平平"，相牵下山，走上了去高沙的古道。"至晚，西忽遇樵者数人"，文天祥真感到"如佛下降"。又得一笮，文天祥实在走不动了，"以绳维之，坐于笮中，雇六夫，更迭负送"。真比宰相安车还舒服。这样抬到高邮城西，天色已将破晓。他们宿在陈氏店中，等待黎明东渡。

文天祥在《指南录·高沙道中》，写了一首长诗，记这场遭遇。内中有这样的话：

> 人生岂无难，此难何迭遭？重险复重险，今年定何年？圣世基岱岳，皇风扇垓埏。中兴奋王业，日月光重宣。报国臣有志，悔往不可湔……夫人生于世，致命各有权。慷慨为烈士，从容为圣贤。

文天祥他们经历这样一次大难，之所以毫不动摇，就是因为他们抱有人生于世，应当慷慨从容地做报国的烈士或"圣贤"的志向。

可李庭芝必欲杀掉这些爱国志士而后已。真州苗再成放走了文天祥，他很不高兴。虽然，他对苗再成无可奈何。淮东是他的势力范围，他估计文天祥将到南方去，而要去南方，必由通州走海道。于是，他下令淮东各个城池，捉拿"赚城奸细"文天祥。

文天祥一到高沙，便"闻制使有文字报诸郡，有以丞相来赚城，令觉察关防"。于是不敢进城，黎明即买舟东去（见《指南录·至高邮》）。

船到城子河，文天祥一行忽见河边"积尸盈野"，河中"流尸无数"。船行二十里，尸体未见间断。他们得知护送祈请使、老小、辎重的成万元军，二月六日过此，"稽家庄击其前，高邮击其腰，北大丧败"，河边、河中都是元军的尸体。文天祥说："北入江淮，惟此战我师大捷。"而当时出战的不过是高邮的宋军和稽家庄民兵。这再一次说明：南宋军民是能征善战的，如果南宋朝廷敢于动员全国军民一致对元，灭亡的将不是南宋而是元朝。南宋之所以亡，全在朝廷的腐败无能。

三月初七日夜的稽家庄，一弯弦月。文天祥一行乘坐的船只，在稽家庄小泊。英雄的稽家庄，"方有一团人家，以水为寨"。庄官问是何船，文天祥一行说明了来历。统制官稽耸闻文丞相到此，"设醴甚至"，并派馆客林孔时和儿子稽德润，护送文天祥一行人至泰州（《发高沙》）。他全不听李庭芝的一派胡言。

文天祥到泰州这一天（十一日），元将"阿塔海、阿剌罕、董文炳诣宋主宫，趣宋主㬎同太后（全氏）入觐。……宋主㬎拜毕，子、母皆肩舆出宫，惟太皇太后谢氏以疾留"（《元史·世祖纪六》至元十三年三月。《宋史·瀛国公纪》所记甚略）。

一个丞相，冒死犯难誓东归；一对皇帝母子，俯首帖耳甘北去。对照之下，臣忠于国，皇帝不忠于国，太鲜明了；臣不忠于元，皇帝却忠于元，也太鲜明了。文天祥所说的忠和皇帝所说的忠，本质区分，于此可见。

　　自泰州至通州,河道凡三百里,北兵和拦路抢劫的人,出没其间,很不好走。"会通州六交自维扬回,有弓箭可仗",文天祥一行"遂以孤舟于二十一日早径发"。才走十里,"惊传(北)马在塘湾",又折回泰州。到晚上才解缆而去(《指南录·发海陵》)。此日夜,宿于白蒲下十里。五更时分,通州下文字,说"马来来(北骑来)!"于是又张帆速走。北军确实来了,文天祥"舟过海安未远,即有马至县"。如果迟发一时,便成囚虏(《指南录·闻马》)。海安东南是如皋。如皋有县隶朱省二者,受北命为县宰。这只忠实的狗,盘查道路特别严。文天祥"不知而过之"。稍停片刻,又将遭灾(《指南录·如皋》)。

　　三月二十四日,船到通州(《纪年录》)。得到谍报:"镇江府走了文相公,许浦一路有马来捉。"(《指南录·闻谍》)这是元军捉拿文天祥。元军的捉拿,却帮了文天祥的大忙。原来通州守将杨思复(杨师亮)接到李庭芝的文书,以为文天祥是奸细,文天祥到通州,他令城上守卫"反复诘问,数日不纳"(《集杜诗·自淮归浙东第六十一》)。现在,他了解到李庭芝的话,并不确实,亲自出郊迎接文天祥入城。文天祥说:杨思复"甚信予言,不直制司(李庭芝)"(《集杜诗·福安宰相第六十三》)。李庭芝的诬蔑破产了,文天祥一行在通州受到了热烈的欢迎。

　　文天祥有诗说:"北来追骑满江滨,那更元戎(李庭芝)按剑嗔。"(《闻谍》)他在江北"重险复重险",实出李庭芝之赐。这里说一下李庭芝的结局。

　　李庭芝"在扬州十余年,畏怯无远谋,惟闭门自守,无救于国"(《集杜诗·扬州第二十六》)。要不是姜才坚定,他早就降元了。益王登极(五月)曾"遣使以少保左丞相召庭芝,庭芝以朱焕守扬(州),与姜才将兵七千人东入海,至泰州,阿术将兵追围之"(《宋史》卷四百二十一《李庭芝传》)。"泰州孙九卖城,庭芝被执,诛于扬州市。"文天祥给了他比较公平的评价:"虽无功于国,一死为不负国矣。"(《集杜诗·李制置庭芝第四十九》)如果李庭芝能早从苗再成之谋,如果李庭芝不是要杀而是依靠逃出魔掌的文天祥,他必将有功于国。但他都没做到,结果死于敌手。

在通州，发生了一件使文天祥特别悲痛的事。早年便跟随文天祥为书史，在赣州与文天祥同勤王，在江北与文天祥共生死的金应，于闰三月十一日病逝了。"险夷宁异趣，休戚与同情。"文天祥想到这里，对着金应一丘土，不由泪水如倾（《指南录·哭金路分应》）。文天祥一行，从此只剩杜浒、吕武、夏仲、张庆、邹捷和文天祥自己，共六人。

文天祥到通州后，"闻二王建元帅府于永嘉，陈枢使（陈宜中）与张少保世杰，方以李（光弼）、郭（子仪）之事为己任，狼狈憔悴之余，喜不自制"。他决心立即泛海南归，"蹑屩（屦）以从"（《指南录·自序》）。

文天祥在《指南录·后序》中，曾用极简练也极悲壮的语言，总结这段经历。他说道：

　　呜呼！予之及于死者，不知其几矣。诋大酋当死；骂逆贼当死；与贵酋处二十日，争曲直，屡当死；去京口，挟匕首以备不测，几自到死；经北舰十余里，为巡船所物色，几从鱼腹死；真州逐之城门外，几彷徨死；如扬州，过瓜洲扬子桥，竟使遇哨无不死；扬州城下进退不由，殆例送死；坐桂公塘土围中，骑数千过其门，几落贼手死；贾家庄几为巡徼所陵迫死；夜趋高邮，迷失道，几陷死；质明避哨竹林中，逻者数十骑，几无所逃死；至高邮，制府檄下，几以捕系死；行城子河出入乱尸中，舟与哨相后先，几邂逅死；至海陵，如高沙常恐无辜死；道海安、如皋，凡三百里，北与寇往来其间，无日而非可；至通州，几以不纳死；以小舟涉鲸波，出无可奈何而死。固付之度外矣。呜呼，死生昼夜事也，死则死矣，而境界危恶，层见错出，非人世所堪，痛定思痛，痛何如哉！

这有多少次当死？！在死亡之神向其招手的时候，为什么文天祥六人独能坚持下来？文天祥作了解答："昔人云：将以有为也。"所谓"有为"，也就是要复兴宋朝,"驱逐鞑虏"。他那颗心,就像"一片磁针石,不指南方不肯休"(《扬子江》)。他懂得只有到南方,才能谋复兴。在他脑际萦绕的,不是死字,而是南方,是复兴。所以,他在万死中考验过来了。"昔年单舸走维扬,万死逃生辅宋皇。"(《出狱临刑诗歌》)宋皇能不能辅,是另一个问题,但他心里,因为有"一点光明射南极"(《赠秘书王监丞》);他的爱国情操,因为像梅花那样,"千古风标只自如";所以他胜利了。他永远是一个胜利者。

文天祥不死,是有很多偶然因素的。而他活着回到南方,却延长了南宋的历史。马克思在谈到偶然性和历史运动的关系的时候,说过一席话,录之以作本节的结束语。

> 这些偶然性本身自然纳入总的发展过程中,并且为其他偶然性所补偿。但是,发展的加速和延缓在很大程度上是取决于这些"偶然性"的,其中也包括一开始就站在运动最前面的那些人物的性格这样一种"偶然情况"。(《致路·库格曼》,1871年4月17日)

要问临安投降了,南宋的历史为什么还在写?那是因为出现了文天祥活着归来这样一种谁也没有料到的偶然情况;那是因为一开始就站在抗元斗争最前面的文天祥,始终保有"惟渠不变凌霜操,千古风标只自如"(《题陈正献公六梅亭》)的性格。而这也是一种偶然情况。

第五章　第二次起兵抗元

（一二七六年闰三月至一二七八年十二月）

第一节　南剑日杲杲,幕府盛才贤

与南宋恭帝赵㬎投降同年同月（一二七六年二月），益王赵昰、广王赵昺相偕南去。

宋陈仲微《益王本末》，记益、广二王在陆秀夫、张世杰等人的支持下，谋复兴之事，较为翔实，录之以见。

> 二月，益王、广王由海道趋温州（永嘉）。二王驻温州之江心寺，苏刘义、陆秀夫来会。时陈宜中海船泊清澳门，诸人往见之，共议兴复。张世杰自定海至，同趋三山（福州）。（闰）三月甲戌，二王至福州，宣太皇太后手诏，益王昰为天下兵马都元帅，广王昺为副元帅，檄召天下诸路忠义，同奖王室。

文天祥在通州时，听到二王建元帅府于永嘉，万分兴奋，他恨不得一步就跨到永嘉。那时陆路不通，自淮入浙，必由海路，而通州是孔道。海船已发尽了，文天祥的心情由兴奋转到焦急。未几，台州来了两条三桨船，又为太监曹镇所雇。幸而通州有下文字的自定海回通州，张世杰以船相送。这条船到了通州海滨，杨思复便用这船送文天祥归南方，与曹太监二船、徐新班一船，结伴同行（《指南录·海船》）。

一二七六年闰三月十七日，船从通州城下启航了。宋时扬子江口以北的海洋，叫北洋，由北洋入山东；以南的海洋，叫南洋，由南洋入江南。因为"扬子江中渚沙为北所用"，由南洋入江南的船，须绕道北洋，复转而南。这一绕道，船行便多了数千里（《指南录·北海口》）。对文天祥来说，未免路愈长而心愈急。

闰三月二十二日，船出海洋。"极目皆水，水外惟天。"心急的文天祥，不由叹道："大哉观乎！"（《指南录·北海》）这是文天祥平生第一次出海。

闰三月二十八日，船"乘风行入通州海门界。午，抛泊避潮，忽有十八舟，上风冉冉而来，疑为暴客，四船戒严。未几，交语而退"。度过了一场虚惊。这十八舟其实是渔舟（《指南录·渔舟》）。

船从北洋绕到南洋来了，文天祥这时的心情非常激动，在过扬子江口的时候，他吟道：

> 几日随风北海游，回从扬子大江头。臣心一片磁针石，不指南方不肯休。

比方得多么贴切，文天祥的心，就像指南针一样，永远指着南方，谁拨也拨不转。

"臣心一片磁针石，不指南方不肯休"，是文天祥的名句。这二语把文天祥后半生的爱国活动，逼真地概括出来了。当时，除了文天祥，找不到他人还有这样的磁石之心。至于那些叛臣、叛将、"祈请使"乃至太皇太后谢氏、帝㬎，他们的心正好与磁针相反，是指向北方元廷的。

自渡扬子江，入南洋，文天祥的心情是愉快的。他毕竟回到南方来了。船到浙东海面，山渐渐多了，风景如画。文天祥以一种少见的欢愉心情写道：

自入浙东，山渐多。入乱礁洋，青翠万叠，如画图中。在洋中者，或高或低，或大或小，与水相击触，奇怪不可名状。其在两傍者，如岸上山，丛山实则皆在海中，非有畔际。是日风小浪微，舟行石间，天巧捷出，令人应接不暇，殆神仙国也。孤愤愁绝中，为之心广目明，是行为不虚云。

海山仙子国，邂逅寄孤蓬，万象画图里，千崖玉界中。风摇春浪软，礁激暮潮雄，云气东南密，龙腾上碧空。（《指南录·乱礁洋》）

江山的奇丽，心情的舒畅，中兴的期望，都跃然纸上。最后两语："云气东南密，龙腾上碧空"，既是写景，又是寄意。云气指战云，龙腾指二王。在云气东南密，龙腾上碧空之际，文天祥回来了。从此，东南的战云将更密，元朝将坐不安席。

船入东海，遇到了十几条海盗船，幸得艄人灵活，"亟取灵山岩路避之"。船行了一夜，天明脱险而去。

闰三月三十日，台州到了（《指南录》）。文天祥一行六人，登上了台州海岸。自三月初一日脱险到真州，至闰三月三十日到达台州，恰好两个整月。这两个月，是文天祥生命史上历尽患难而又最丰富多彩的两个月，是衔接两次起兵抗元的两个月，是导致南宋历史波澜再起的两个月。

文天祥回来了。这里要问：文天祥回来以后，南宋有无复兴的希望？

以往，没有人以为南宋还能复兴。理由是事实上没有复兴。我觉得现实性和可能性应当分开。文天祥回来，南宋中兴的可能性是存在的，至于能否转化为现实性，那是另一个问题。

何以说有这种可能性呢？

其一，根据太皇太后谢氏投降的教训，投降在于未将全国人民调动起来"勤王"抗元。要调动人民，有两个基本条件，一是本身爱国，二是要肯调。而当时肯去调动人民抗元，并能作为团结人民抗战象征的，只有文天祥。现在他回来了，调动人民抗元的可能性有了。举例说：

台州城门镇有个张哲斋，是宋朝名将张永德之后，台州海上的豪杰。

益、广二王及陈宜中、张世杰不去调他,也调动不了他。而文天祥一登上台州海岸,"过城门,(张)哲斋延款"便非常殷勤。文天祥与之"结约举事",张哲斋"欣然聚海上豪杰听命"(参见《指南录·绿漪堂》、邓光荐《文丞相督府忠义传·张哲斋》)。

四月八日,文天祥从台州到了温州,益、广二王已在一个月前到三山去了。文天祥在永嘉"留一月俟命"。在这一个月中,"永嘉及台、处豪杰皆来自献,愿从海道作战守规模"(《集杜诗·南剑州督第六十四》)。如果说文天祥结约张哲斋尚只是个别人,尚只是文天祥主动,则永嘉及台、处二州豪杰皆来自献,就不是个别人,而是全温、全台、全处的奋起,就不是文天祥去找他们,而是他们积极主动前来自献。这个形势太好了。

我们还可看到,文天祥到永嘉,旧客张汴、邹泜及部曲朱华等闻讯大喜过望,"皆自闽来迎"(《纪年录》注)。文天祥在赣州组织的包括江西、广东、湖南乃至两淮人民的爱国军队,行将再现于南中国,并扩大其规模与影响。

我们还可看到,将领也相信文天祥。文天祥到永嘉,曾将杨思复的话:"欲得海船数百艘,当约许帅文德,拥兵勤王",详报陈宜中。陈宜中不以为信,背着文天祥派毛浚到通州询问。杨思复问毛浚"何以无书"?毛浚回答不出来,杨思复发怒,"浚几不免"(《集杜诗·福安宰相第六十三》)。这就表明杨思复信的是文天祥,而不是妥协派、逃兵陈宜中。

其二,根据太皇太后谢氏投降的教训,投降在于政策是守、遁、和、降,不是攻与战。由此决定,他们不想招兵,不想设镇,不想连兵进攻,而甘心挨打,最后下跪投降。文天祥不同,他惟务进取。从永嘉到行都福安(三山)不久,他想到温、台一带民心思宋,且已发动,即"欲还永嘉谋进取",要求开府永嘉,作战守规模。可惜"庙谟不以为然",阻挠文天祥永嘉之行,以至温、台力量无人结聚。后来张世杰兵败定海,朝廷才后悔没有用文天祥出督永嘉,坐失良机(见《集杜诗·南剑州督第六十四》)。设使文天祥回来后,能按照文天祥的意见,把一切爱国力量都结聚起来,易守为攻,天下事仍大有可为。

其三，根据太皇太后谢氏投降的教训，投降，在于太皇太后谢氏和专制朝政的大吏，都是妥协投降派。这是最根本的原因。南宋或者说临安，便是这伙人双手送给元军的。现在，这伙人除陈宜中外，都倒台了，益、广二王如果想投降，等于想自杀。妥协投降的论调，再无人敢重弹，包括陈宜中在内。如果朝廷都换了如文天祥一样的主战派，或者说朝臣都能以文天祥的主张为中心，团结抗元，中兴就大有可能。

其四，根据太皇太后谢氏投降的教训，投降，不在于宋军不能打仗，而在于上面有意识地叫他们困守，最后驱使他们投降；或者加以破坏，使他们全军覆灭。吕文焕守襄阳六年，不派援军，最后驱使吕文焕降元是一例；常州战役，张全破坏文天祥军的一切设施，蓄意断送麻士龙、朱华、尹玉所部，也是一例。临安陷落后，我们可以看到，宋军仍旧能打。城子河之役，成万元军骑兵，竟被稽家庄水寨义军和高邮的军队，杀死无数。"自三山登极，（张）世杰遣兵战邵武，大捷，人心翕然。"（《集杜诗·幸海道第三十》）在上者只要有进取之心，只要有正确的方案，胜仗不断地打，哪怕是小胜，到后来便可集众胜为大胜，中兴的可能性也就可以转化为现实性了。

那么，中兴的可能性为什么没有转化为现实性呢？

文天祥的《集杜诗·至福安第六十二》有一段话，很可注意。这段话说，端宗召文天祥到行都福安，"（四月）二十六日至行都，即再相。然国方草创，陈宜中尸其事，专制于张世杰。余名宰相，徒取充位，遂不敢拜，议出督"。

短短几句，指出了端宗乃至帝昺时候的朝政，实操之于张世杰之手。陈宜中这时候不大起作用。对于张世杰，人们都称他是"宋末三杰"（文、张、陆）之一。这个人是一个关系到宋朝最后命运的人物，其为人究竟如何，不可不察。

对张世杰最了解的人是文天祥。《集杜诗》有两处较详细地写到张世杰，《幸海道第三十》说：张世杰在邵武打了一个胜仗，"不为守国计，即治海船，识者于是知其陋矣。至冬闻警，即浮海南去，天下事是以不可复为"。《张世杰第四十一》说："世杰得士卒云每言北方不可信，故无降志。闽之再造，实赖其力。然其人无远志，拥重兵厚资，惟务远遁，卒以丧败。"这为我们刻画了一个虽无降志，但并无远略，惟务远遁，可又拥有重兵，专制朝政的军人形象。他远遁总是挟着皇帝，事情就坏在这里。此外还有一个对待胜利归来的文天祥，是欢迎还是排斥的问题，可惜我们只能见到后者。总之，临安投降后，宋朝的"内在精神"仍在起作用，守内虚外政策在张世杰身上还魂，中兴就难了。

文天祥注意到了人的关系问题。他于五月二十六日到行都，"授通议大夫、右丞相、枢密使、都督诸路军马"。他连上辞章，"遂改授枢密使、同都督诸路军马"（《纪年录》）。这显然是为了避免与专制朝政的张世杰发生冲突。

文天祥欲北还永嘉谋进取，在这个问题上，便遭到张世杰、陈宜中的反对。他们要文天祥到岭南的广州去建同督府。未料广州于六月丁卯降元（见《宋史纪事本末》），不得已他们才同意文天祥到南剑州去开府，但就是不同意他去永嘉。七月四日，文天祥"发行都，十三日，至南剑聚兵"（《纪年录》）。南剑，今福建南平县（今南平市）。

聚兵是发动人民，张世杰不是不可以做，但他无远略，惟求专制于朝，所以不做。凭他的威信，也难以做成。聚兵，是支撑东南半壁山河最紧要的一着。不聚兵，新建的朝廷，维持不了，更不消谈中兴。南剑聚兵是一个信号：以文天祥为首的爱国人民，将与元军血战到底。然而也要看到，聚兵预示着文天祥与张世杰的分道扬镳。

文天祥在南剑聚兵的消息传开了，人人都知道文天祥爱国，人人都赶赴南剑，一支全新的抗元力量，不久便在南剑出现。

《集杜诗·南剑州督第六十四》说：文天祥出南剑开府，"于时幕府选辟，皆一时名士"。不妨来看一下南剑同督府的组成人员。

除了杜浒、吕武、张汴等人以外，参加南剑同督府的、有姓名可考的，计有巩信、赵时赏、赵孟溁（见《宋史·文天祥传》）、陈龙复、曾凤（曾做文天祥的老师）、谢杞、许由、李幼节、吴文焕、林栋、林琦

（以上六人均为闽士，谢杞为太学名士）、林俞、林元甫（以上二人为三山名士）、谢翱、缪朝宗（淮人）、徐榛（温州人）等十六人。其中巩信、赵时赏、陈龙复、谢翱、徐榛五人，与后来历史关系较大，值得注意。

巩信：为荆湖老将，沉勇有谋。"奉朝命引所部随府"，为文天祥同督府都统制，兼江西招捕使（《集杜诗·巩宣使信第一百一十四》）。

赵时赏：为宋朝宗室，直宝章阁军器太监。文天祥开府于南剑，任同督府参议官，"随府典兵"。"神采明隽，议论慷慨"，有点像文天祥（《集杜诗·赵太监时赏第一百一十九》）。

陈龙复：泉州人，与文天祥同登丙辰榜进士，号"清陂先生"，官至行太府少卿、福建提刑。以沉厚、清俭著名。文天祥开府南剑，辟入幕府，任参议官（《集杜诗·陈少卿第一百二十六》）。

谢翱：谢翱参加南剑同督府，不见于《集杜诗》和《文丞相督府忠义传》。谢翱自己在《登西台恸哭记》中说："始故人唐宰相鲁公开府南服，余以布衣从戎。"张孟兼疏："按文公丙子七月开督于南剑，时德祐二年也，公（谢翱）时年二十八。……按称唐鲁公而不姓者，犹韩愈称董晋为陇西公之类。"此为谢翱参加南剑同督府的一证。宋方凤《谢君翱行状》说："君谓翱，字皋羽，姓谢氏，福之长溪人，后徙建之浦城。试有司不第，落魄泉、漳间。会丞相信公（文天祥）开府，仗策诣公，署咨事参军。"此为谢翱参加南剑同督府的二证。明胡翰《谢翱传》又说："元兵取宋，宋相文天祥亡走江上，逾海至闽，檄州郡大举勤王之师，翱倾家资，率乡兵数百人赴难，遂参军事。"此为谢翱参加南剑同督府的三证。不仅参加，而且像文天祥一样毁家纾难。但他在第二年正月，文天祥移屯漳州龙岩时，"别公漳水湄"（《晞发集·登西台恸哭记》），故未参加同督府后来的军事行动。

徐榛：温州人，其父官于湖北，"榛往省，迷失道，归行府"。文天祥见他后生精练，小心可信，用他典笔札、机密。他典笔札、机密，是替代已故的金应的职务。

同督府组成之后，文天祥即派杜浒、陈龙复分赴台、温和漳、潮招集兵、财。杜浒是台州人。台、温豪杰，当文天祥在永嘉之时，皆来自献，杜浒曾经目睹。他无疑是往台、温招集兵、财的最好人选。文天祥把杜浒看作兄弟，在《贵卿（杜浒字贵卿）》一诗中，有"半生谁俯仰？一死共浮沉，我视君年长，相看比惠州（文璧）"之语。这两个同脱镇江的患难朋友，关系特深。但回到南方后，为国奔波，在一起的时间并不长。陈龙复以"老儒"受命前往广东积粮聚兵，对文天祥后来进入广东，极有帮助。

文天祥把同督府军事行动的着眼点，放在北进上，即放在进攻上。与杜浒到台、温二州进行活动同时，文天祥派出了同脱镇江的战友吕武，"结约江淮道"（《集杜诗·吕武第一百一十三》）。江淮间，像只要一纸批帖的管船人、稽家庄寨主稽耸那样的义士正多。在江淮间与文天祥一起历尽艰辛的吕武，刚回到江南，又因肩负兴复重任，间关数千里，回到他曾经跋涉过的地方去了。文天祥想把同督府设于永嘉的愿望虽未实现，但从他派出最亲密的战友前往台、温与江淮，可知他是想把台、温二州，当作前进的基地，与江淮义士南北合击，连兵大举。

可是，文天祥的计划再次落空。

文天祥于景炎元年七月，到南剑聚兵，这比起到永嘉聚兵，已经退了一步。可朝廷还要他后退。正当文天祥积极招兵聚粮，结约江淮，分派任务，杜浒等人北上就道的时候，朝廷给文天祥下了一道命令，"严趣之汀"。在朝廷的严令下，文天祥不得已，下令同督府南移汀州。十月移屯，十一月至汀州（见《集杜诗·汀州第六十五》）。南剑虽不及永嘉南可保障福安，北可向钱塘江流域发展，但地处闽江与建溪、沙溪的会合点上，位置也很重要。同督府如果留在南剑，西可屏障闽江上游，北可支援福安。现在，朝廷连南剑也不让文天祥蹲下去了，而严促他移驻汀州。可汀州在福建西南万山丛中，这能有什么作为呢？朝廷是完全了解这一点的。

那朝廷为什么要把文天祥赶到汀州去呢？原因有二：

一是朝廷的逃跑主义。文天祥本来要求到北边的永嘉开府，朝廷却要他到南边的广州开府。广州投降了，在无可奈何时，才允许他到南剑开府。而南剑虽在永嘉之南，朝廷却依然认为太北，不如叫他去汀州。

二是朝廷未料文天祥一呼百应，聚兵很成功，害怕同督府距福安近了，对朝廷、对专制朝廷的张世杰不利，不如把他派到离福安更远、交通又不便利的汀州去。

这岂不是祖宗守内虚外之法仍在作怪？

出乎朝廷意料之外，文天祥并未被汀州的丛山峻岭所困。他"遣参谋赵时赏、咨议赵孟溁将一军取宁都，参赞吴浚将一军取雩都"（《宋史·文天祥传》），向江西方面打开出路。朝廷既不准他向浙江进军，他便只有改变方向，向江西前进。他进兵江西是有条件的。江西是他的故乡，战友很多。他的目的也正是想和这些战友会合，以便开创出一个抗元的新局面。

《文丞相督府忠义传》唐仁条，记唐仁（南安人）曾"奉同督府命，通江西音问"。《宋史·文天祥传》记文天祥派出攻取宁都、雩都二军之后，"刘洙（沐）、萧明哲、陈子敬皆自江西起兵来会"。他们带兵来到汀州，给了文天祥以极大的喜悦。《集杜诗·刘沐第一百二十》说刘沐"收部曲赴府，会于汀，专将一军，为督帐亲卫"。刘沐是文天祥深切怀念的旧时密友，汀州喜相逢，文天祥为赋《呈小村》一诗，序中说："予自剑进汀，小村过清流来迎，不图此生复相见。"诗中说：

> 万里飘零命羽轻，归来喜有故人迎。雷潜九地声元（原）在，月暗千山魄再明。疑是仓公回已死，恍如羊祜说前生。夜阑相对真成梦，清酒浩歌双剑横。

"雷潜九地声元（原）在，月暗千山魄再明"二语，写出了汀州时期文天祥的思想感情。志士仁人，因为太皇太后谢氏的投降，暂时无声无影，但不过是如雷潜于九地，终有一日会破地而出，响震九霄；不过是如月蔽于乌云，终有一日会拨云而出，光照九州。现在，志士仁人不都出来了吗？夜阑相对，虽然如梦，而清酒浩歌，壮怀更加激烈。今日利剑在手，喜看来日斩断北方的黑龙。他这种壮怀在任何时候、任何情况下，都不会被挫伤。浙江的路走不通了，江西的路，又走出来了。

刘沐是从江西来到汀州的第一个人。接着来的，除了《宋史》中说的萧明哲、陈子敬外，还大有人在。例如南城张日中，据《建昌府志》，他本是宋兴化军通判。"文天祥师师次汀州"，他"以兵来会"。

即在赵时赏等人出兵江西的时候，文天祥对江西方面的军事，做了部署。那时，邹沨以江西招谕副使，"聚兵宁都"（《集杜诗·邹处置第一百二十七》）。吉州贡士刘钦至宁都就邹沨（《集杜诗·刘钦贡元第一百一十二》）。宁都县城虽在元军手上，城外却是义军的天地。文天祥派赵时赏、赵孟溁领一军取宁都，正是要与邹沨、刘钦等会合，把局面打开。这一路是赵时赏、赵孟溁进攻，邹沨接应。由吴浚率领的攻打雩都（今为于都）的一军，目标尚不在雩都，而在雩都西边不远的赣州州城。为夺取赣州，文天祥派陈子敬回赣，"招集义兵，置屯皂口（赣江口岸）"，据赣水下游，"以遏虏船往来"（《集杜诗·陈督干第一百二十五》），断绝敌人对赣州的支援。派唐仁与赣州城内义士联络，"结约取赣"（《文丞相督府忠义传·唐仁》）。吴浚的目标，是要与唐仁、陈子敬会师于赣州。

此外，文天祥还曾委派罗开礼，夺取吉州永丰县。据《文丞相督府忠义传》，罗开礼为吉州永丰人，武冈军教授。"受同督府札命，以土兵复永丰县。"文天祥命罗开礼取永丰，显然是想在吉州打开一个缺口，一旦赣州方面军事成功，就可北进吉州，与敌人争衡隆兴了。

毫无疑问，文天祥的计划如果实现，江西方面的局势就必将为之改观。实现的可能性是很大的，可就在这时，福安出了问题。

敌人向行都福安发动攻势，"惟务远遁"的张世杰，虽然拥有重兵，但不做抵抗，挟持端宗与军队，往海上逃跑。此后，他就一直不离海洋。一驱文天祥，二弃福安与大陆，是端宗朝廷演出的两场戏。

这后一场戏，严重地影响了文天祥在江西方面的行动。由于张世杰弃守福安，逃入海上，福建方面，门户洞开，元军得以长驱直入。文天祥欲据汀州拒敌，原"汀守黄去疾闻车驾航海，拥郡兵有异志"。文天祥不得已，移次漳州龙岩县。受命攻打宁都的赵时赏、赵孟溁，因为福安形势突变，文天祥移屯，还军追及文天祥于中途。受命攻打雩都的吴浚，则被形势的突然变化吓破了胆，投降元军，并"以虏命来招降"。当时"人情汹汹"，文天祥"殛浚乃定"（《纪年录》丁丑宋景炎二年注）。邹沨在宁都"被执，变姓名为卖卜者，入赣州得脱"。后在永丰、兴国间聚兵（《集杜诗·邹处置第一百二十七》）。刘钦"竟死乱兵中"（《集杜诗·刘钦贡元第一百一十二》）。光复永丰县的罗开礼，为敌人所俘，死在吉州监狱中。文天祥闻罗开礼死，"制服哭之哀"（《宋史·文天祥传》）。担负"结约取赣"使命的唐仁，失败后抱病而终。江西上空已经透出的青天，又被乌云覆盖。

这后一场戏严重地影响了杜浒在台、温和吕武在江淮的活动。杜浒因为福安陷落，不得不南还。他要去找文天祥，无奈陆道已被截断，只得浮海。他总算有幸赶上了"行朝"。但他的思念在文天祥。等到文天祥第二次进兵江西，他得到确讯时，便赶往江西与之会合（《集杜诗·杜大卿浒第一百三十三》）。吕武因为福安陷落，又间关数千里，在文天祥从汀州移屯入广之际，回到了文天祥身旁。他在江淮洒下的种子，将在文天祥第二次进兵江西时，破土而出（《集杜诗·吕武第一百一十三》）。

这后一场戏还严重地影响了地方的守备。在妥协、逃跑、投降政策下，良将良守也有可能投敌。南宋末年，不乏其例。人们不知道皇帝逃到海上何方，不少郡县守将，都弃城逃走或投降敌人。东南出现了土崩瓦解的局势。

这里不妨回顾一下福安陷落的历史，以明端宗朝廷对局势逆转所应负的重大责任。

据《宋史·瀛国公纪》附《二王传》，"十有一月，参政阿剌罕、董文炳将兵至处州，李珏以城降"。处州与温州为邻，试问，文天祥如能开府永嘉，招聚兵财，这一危机会发生吗？

"阿剌罕兵至建宁府，执守臣赵崇釬、知邵武军赵时赏、知南剑州王积翁皆弃城去。"试问，如果不是严令文天祥从南剑移屯汀州，南剑会失守吗?

"乙巳（十四日），昰入海。癸丑（二十二日），大军至福安府，知府王刚中以城降。"试问，赵昰、陈宜中、张世杰如果不是八天前就跑到了海上，而是做好战斗准备，坚决抗击敌人，福安会落入敌手吗?陈宜中、张世杰手中的兵是不是少于敌人呢?根本不是。他们挟持赵昰入海时，有正规军十七万，民兵三十万，淮兵万人（《续资治通鉴》），力量与伯颜用来迫使太皇太后谢氏投降的二十万兵，不说更多，至少均等。比文天祥用以打开江西局面的义军，则要强大得多。

如果换一个方向，张世杰不是惟务远遁，而是抵抗、进攻，与文天祥密切合作，把爱国力量都积聚起来，制定切合实际的战略方案，那局面就会大不相同。退一步说，即使失着已经不可挽回，张世杰如果能在福安打一个胜仗，以他的兵力他是完全能够打一个胜仗的，那江西的天空也将晴朗起来。张世杰、文天祥再分由福建、江西两路北进，元朝仍旧会寝不安枕。

这段历史，集中地说明了一个问题:张世杰、陈宜中早就想往海上逃跑。他们不让文天祥到永嘉去开府，不让文天祥长久屯驻南剑，而要迫使他南移，是有意拆掉福安的屏障，以便为入海创造条件。这实际上是叛变。

"当群众的领袖在紧急关头实行叛变的时候，群众是不能有所作为的。"（列宁《第二国际的破产》）张世杰不是群众的领袖，但却是临安投降后新建朝廷的操持者。人们把挽救国家的希望寄托于这个新朝廷。在敌人进攻的时刻，张世杰不做抵抗，挟持皇帝和重兵远遁海上，把行都送给敌人，这种十足的叛变行为，顿使群龙变成无首。群众虽然爱国，又能有什么作为呢?

自景炎元年十一月十四日端宗入海那天起，东南就靠文天祥一木支撑了。

第二节　皇帝何处觅，东南只独撑

一、江西庆大捷，号令通江淮

文天祥于端宗景炎二年（一二七七）正月，从汀州移屯漳州龙岩县（《纪年录》）。这时，由于皇帝入海逃跑，形势变得十分险恶。敌人用了招降的故技，先派变节投降的参赞吴浚来招降。这个叛徒被杀掉以后，右丞唆都、左丞阿剌罕、参政董文炳、处州降将李珏和南剑州降官王积翁，又各"使淮军罗辉持书来"，招降文天祥。元将都知道，元朝的土地，是在宋帝、宋官、宋将的投降中得来的，现在张世杰已逃窜海上，没有作为了，只要文天祥一投降，大局便定。他们以为文天祥再硬，但已经到了穷途末路，招降很有可能成功。但他们想错了，以"法天不息"为己任的文天祥，斗争从不会停止，即使到了生命的最后一息也罢。文天祥给他们写了一封回信，信中说道：

> 天祥皇恐，奉复制使、都承、侍郎。天祥至汀后，即建、福以次沦失。朝廷养士三百年，无死节者。如心先生（陈文龙。《宋史》有传）差强人意，不知今果死否？哀哉！哀哉！坐孤城中，势力穷屈，泛观宇宙，无一可为，甚负吾平生之念。三年不见老母，灯前一夕，自汀移屯至龙岩，间道得与老母相见，即下从先帝游，复何云！唆都相公去年馆伴，用情甚至，常念之不忘故。回书复遣罗辉来，永诀，永诀。伏乞台照。正月日，天祥书。（《正月书》。据《文信国公集》卷首真迹）

这封回信向敌人宣布了：他绝不会投降而将血战到最后一息。

景炎二年二月，文天祥收复梅州，写下了"何时暮春者，还我浴沂天"（《二月晦》）之句。还我河山的鼓声从此又在梅州群山中回响。

这里掉转笔来，写一件喜事：文天祥一家在梅州重逢。

《集杜诗·母第一百四十一》说："先母齐魏国太夫人，盖自虏难后，弟璧奉侍赴惠州，弟璋从焉。已而之广，之循，之梅。余来梅州，母子兄弟始相见。"所谓"自虏难后"，即自文天祥起兵"勤王"之后，文天祥的母亲、二弟文璋、妻子、二妾、六女、二子，便由文璧迎养，萧资照应，南走广东惠州。文璧时知惠州。从德祐元年（一二七五）赣州分离，到景炎二年（一二七七）梅州重逢，首尾三年。梅州相逢，除了文天祥说的母子兄弟外，还有欧阳夫人，颜、黄二妾，女柳娘、环娘、监娘、奉娘，子道生、佛生，书史萧资。可是，长女定娘、幼女寿娘再也看不到了，她们病死在惠州河源县（今河源市）的三角地方。

梅州重逢后，文璧"以户部侍郎再任惠州"（《齐魏两国夫人行实》）。文天祥的母亲，据《集杜诗·母第一百四十一》所说："夫人游二子间，无适无莫"，可知此后或随文天祥，或随文璧。文天祥的妻妾子女，则跟随文天祥。

文天祥在《正月书》中说："间道得与老母相见，即下从先帝游。"现在与老母相见的心愿已经化为现实，下一步便是以必死的决心，向敌人发起冲锋。

在进军号角吹响的前夕，文天祥整顿了自己的军队。他的军队虽是一支爱国的军队，但成立不久，麾下难免不守法纪，如果不进行整顿，便不能打仗，何况当时的环境极为艰苦。"四月，斩二大将之跋扈者，曰都统钱汉英、王福以衅鼓"，军政为之一新（《纪年录》丁丑宋景炎二年正文及注文）。五月，他率领着这支经过整顿的爱国新军，"自梅出岭"（《集杜诗·赣州第六十七》），直指江西。

《指南录》有《即事》一首，写他第二次向江西进兵，悲壮慷慨。诗说：

> 去年伤北使，今日叹南驰。云湿山如动，天低雨欲垂。征夫行未已，游子去何之？正好王师出，崆峒（赣州）麦熟时。

这是在马背上吟成的。

文天祥这次进军，是在端宗、张世杰逃亡海上，不知去向的情况下的进军，是在南宋剩余的东南领土几乎被敌人全占的情况下的进军，是在最险恶的情况下的进军。出乎人们意料之外，他这次进军不比第一次，竟在东南打出了一个大好的局面，震惊了坐在大都（北京）的元世祖。

《集杜诗·赣州第六十七》写他五月兵出江西，"赣、吉兵皆来会。六月，大捷于雩都，进攻兴国县，县返正，于是驻屯"。聚兵于永丰、兴国间的，已任江西安抚副使的邹㳆"统兵数万"来兴国相会（《集杜诗·邹处置第一百二十七》）。赣州起兵时的旧战友刘伯文、刘子俊也来到兴国，与文天祥会合。文天祥派刘伯文以同督府的文书，"结约远近"（分见《文丞相督府忠义传·刘伯文》《集杜诗·刘监簿第一百二十九》）。兴国，替代行朝，成了东南抗元的中枢。

文天祥从兴国派出了三支军队，攻打赣、吉各县。"督谋张汴监军，率赵时赏、赵孟溁等，盛兵薄赣城。"这一路是主力。"招谕（应作安抚副使）邹㳆，率赣诸县兵，捣永丰、吉水；招谕副使黎贵达，率吉诸县兵攻太和。"这三支军队犹如三支利箭，从兴国射向了西南方、北方和西北方。捷报传到兴国的同督府，赣州各县都收复了，只剩下州治一座孤城；吉州"八县复其半，半垂下"（引见《纪年录》丁丑宋景炎二年注）。

文天祥在江西南部取得的辉煌胜利，极大地鼓舞了东南各地的人民，他们奋起响应，沉闷、悲观、失败的空气，被一扫而空。《集杜诗·赣州第六十七》说到赣州诸县和吉州吉水、永丰、万安、永新、龙泉各县收复后，"临、洪、袁、瑞，莫不响应，诣军门请约束者相继。兴国（军）、黄州新复，皆来请命。汀州有伪天子黄从，斩首至府。上下翕合，气势甚盛"。《纪年录》还说到文天祥同督府"号令通江淮"。大江以西，"有席卷包举之势"（《纪年录》注）。这是南宋抗元以来从未出现过的胜利形势。

不妨看一下具体的情形。

江西方面：

赣州。宋赣州辖有赣、会昌、兴国、雩都、虔化、信丰、瑞金、石城、安远、龙南十县（见《宋史》卷八十八《地理志四》江南西路），这十县除赣县外，收复了九个县。

吉州。宋吉州辖有庐陵、吉水、永丰、永新、万安、龙泉、太和、安福八县（同上），吉水、永丰、万安、永新、龙泉，"以次皆复"。这里要说一下与文天祥亲属事迹有关的永新、龙泉二地的克复。永新，自彭震龙（文天祥二妹夫）与萧敬夫、萧焘夫兄弟归来，即已光复。文天祥出兵江西，彭震龙以县响应（《集杜诗·彭司令震龙第一百二十二》）。龙泉，据《集杜诗·孙栗第一百二十一》：文天祥"引兵出赣，其邑人奉栗以邑返正"。孙栗是文天祥的长妹夫，龙泉县（今龙泉市）人。以邑返正，即以龙泉县响应文天祥。又据《集杜诗·萧架阁第一百二十四》：文天祥兵出江西，萧明哲"监赣县义兵，收复万安县，寻复龙泉"。这里说的"寻复龙泉"，是指萧明哲在光复万安后，到了龙泉县，与孙栗会合。

吉州太和县是不是打下来了？在攻打太和的招谕副使黎贵达的军队到达太和以前，太和已有人谋起兵。《文丞相督府忠义传》写道：太和针工刘士昭，"与乡人同谋复泰（太）和县，事败，血指书帛云：'生为宋民，死为宋鬼，赤心报国，一死而已。'以帛自经。"又写到太和有士人王士敏，"慷慨不挠，题《狱中》云：'此生断不望生还，留得虚名在世间。大地尽为胡血染，好藏吾骨首阳山。'临刑叹曰：'恨吾病失声，不能朗骂。'"太和人民的爱国赤诚，在文天祥出兵江西时，充分表现出来。黎贵达军队的来临，给太和人民带来了曙光。刘岳申、胡广的《文丞相传》，都说到"复泰（太）和"。《文丞相督府忠义传》胡文静条，说到文天祥后来失败，"泰（太）和已下，敷天为元"。则太和曾被文天祥收复，当无疑问。

抚、饶、信三州。抚州在宋有临川、乐安、崇仁、宜黄、金溪五县。据《文丞相督府忠义传》，文天祥出兵江西，以何时"带行卿监、江西提刑，聚兵入崇仁返正"。崇仁收复了。盱江（抚河）又有傅卓者，"由进士第，受同督府命为招谕"。可惜"起兵无成，遇害"。饶、抚之地（饶州在宋属江南东路）又有进士陈莘，"奉同督府命起兵，结约弋阳谢梦得，谋取信州（亦属江南东路）"。可惜陈莘败走，不食而死。谢梦得亦死于乱兵中。傅卓、陈莘、谢梦得虽然未取得成功，但表明抚、绕、信三州都动起来了。

洪州。《宋史·文天祥传》说："分宁、武军、建昌三县豪杰，皆遣人如（文天祥）军中，受约束。"分宁、武军属洪州，洪州人民也动起来了。

袁州。袁州在宋有宜春、分宜、万载、萍乡四县。文天祥同督府进驻兴国，刘伯文"诣府受文书，结约远近。七月四日，至袁州仰山庙祝汤氏家"。不幸"仆醉漏言，巡兵执而搜其行李，得同督府文书甚多"，因而遇害。杀他的是袁州的来万户。然而，在湖南那边起兵的吴希奭、陈子全、王梦应等人，于七月二十一日，收复了袁州的萍乡县（今萍乡市）。来万户领兵来争萍乡，被王梦应等人打得大败而逃。义军"杀来万户之子及头目六人，僵尸蔽野"，算是为刘伯文报了仇，雪了恨（《文丞相督府忠义传》）。

南安军。本虔州。据《文丞相督府忠义传》，南安军南安县有李梓发者，"世为邑豪，主溪洞隅保"。李梓发为南安三县（南安、上犹、大庾）管界巡检。江西陷落时，南安军守将杨公畿降敌，"独南安一县不下，邑人黄贤与梓发共推前南安尉永嘉叶茂为主，治守具。北军至城下辄败"。景炎元年（一二七〇）十二月（文天祥同督府时驻汀州），元朝出动一万多人，由丞相塔出和张、吕二元帅率领，把南安县围了好几重，成百次发动进攻，李梓发"率邑人并力死守，昼则随机应变，夜则鸣金鼓劫寨，杀获无算"。塔出等一筹莫展，相顾道："城子如堞大，人心乃尔硬耶?!"景炎二年正月六日，"塔出与张、吕至城下谕降，邑人裸噪大骂，俄炮发，几中塔出"。塔出吓得"即日徙寨水南"。打到二月（文天祥同督府时驻漳州龙岩县），叶茂出降，但李梓发和黄贤"坚守如故"。到五月，文天祥自梅州引兵出岭，李梓发从而摆脱了孤军奋战的局面，成了与同督府并肩战斗的一支军队。这支坚强的抗敌队伍，打破了元军不可战胜的神话。这支坚强的抗敌队伍，对文天祥自梅州北进江西，从西面起了策应的作用。文天祥军打下赣州南边的信丰县城后，两军已经相接。

湖南方面：

据《文丞相督府忠义传》，景炎二年三月，宝庆府（邵州）有张虎起兵，"环邵争应之，复邵之新化，潭之安化、益阳、宁乡、湘潭诸县"。元湖南道行省派萨里蛮来打张虎，虽然张虎打了败仗，但是湖南各地的起兵，已如星火遍燃，元朝再也扑灭不了。五月初一日，衡山人、进士赵璠，"与其叔父漂起兵湘乡"，写了一封信给同督府。此信送到了正在向江西进军的文天祥手上。后来文天祥把这封信送给了正在海上漂流的行朝，行朝"授璠军器监，号召勤王"。同督府把行朝的诏旨转达到了湖南，湖南人民起兵抗元至此又有了新的发展。长沙人、朝奉郎张唐，湘潭人、进士、前通判赣州熊桂，省魁刘斗元等，接踵而起。潭州攸县士人吴希奭、陈子全、王梦应，"自通于同督府，与赵璠相应"。他们打下了袁州萍乡县。

被光复的湖南国土，计有邵州新化及潭州安化、益阳、宁乡、湘潭、衡山、攸县等七县。

广东、福建方面：

广东韶州仁化县山谷间，有一支"摧锋军"，领导人为萧兴。据《文丞相督府忠义传》，摧锋军于仁化县立寨，在景炎元年秋赵溍、方兴等兵复广州之时。按景炎元年秋九月，赵溍兵复广州。当时，文天祥同督府驻南剑州。《文丞相督府忠义传》又说：摧锋军立寨之后，"遣使间受同督府文书，号召浸盛"。这支军队接受同督府号令，当在文天祥同督府移屯汀州前后。自接受同督府的号令之后，这支军队有了发展。到赣南光复，声势已与文天祥军相接应。

福建斩汀州伪天子黄从，传首至同督府，在《集杜诗》《纪年录》中均有记载。汀州的光复，为日后文天祥收兵回汀，创造了条件。

江淮方面：

刘岳申、胡广的《文丞相传》，都说到"淮西义士刘源以兵复黄州，复寿昌军"。据《安庆府志·刘源传》，刘源为淮西野人原义兵长。咸淳十年（一二七四）甲戌，曾"奉朝廷旨联络山寨，以御元师。源御众有方，保障生灵十万，勒石山巅纪其事"。端宗景炎二年，刘源与宋安抚使张德舆起兵，倡议兴复，司空山的傅高举兵响应。刘源"建野人原寨，与司空山为犄角，力与元抗。遂复黄州、寿昌军，用景炎正朔"。

刘源收复黄州、寿昌军，说明长江中下游的形势，开始发生了有利于宋朝的变化。

与此同时，兴国军亦告光复。据《纪年录》注，收复兴国军的是"淮西兵"。淮西自夏贵降元，沦为敌区。然而，淮西兵与元继续战斗的，大有人在。夏贵的家僮洪福，即"结贵军"，一度克复镇巢军（见《宋史》卷四百五十一《姜才传》附《洪福传》）。兴国军在鄂州，淮西兵收复兴国军，说明他们曾经转战长江中游地区。

黄州、寿昌军、兴国军光复之时，正是文天祥在江西、湖南取得重大胜利之日，配合十分密切。我们不要忘记文天祥曾派吕武"结约江淮道"，江淮义军早就与文天祥的同督府取得联系。吕武死于梅州，他沟通江淮的功绩是不可磨灭的。

文天祥在《集杜诗》中说黄州、兴国军新复，"皆来请命"。在《纪年录》中又说同督府"号令通江淮"，四方响应，"所在义兵不可数计"（《纪年录》注）。大江以西，有席卷包举之势。几乎整个江淮、江西地区，都动起来了，都纳入了同督府的属下。文天祥说的"号令通江淮"，不是单单通于刘源和淮西兵，而是经过新收复的黄州、寿昌军、兴国军，通于整个江淮地区。

一军既出，八方响应，这说明了什么？说明了人民绝不甘心受蒙古贵族的压迫与屠杀。只要有一个爱国者，站出来倡导并且以实际的行动抗元，天下就会风起云涌，接受号令；说明了宋朝如果敢于改革祖宗专制之法，仿方镇以建守，连兵大举，那灭亡的绝不是宋朝，而将是不义之战的发动者——蒙古贵族。

"雷潜九地声元（原）在，月暗千山魄再明"，景炎二年五、六、七月的形势太好了。文天祥曾说："天若祚宋，则是举也，幸而一捷，国事垂成之候也。"（《集杜诗·赣州第六十七》）国家复兴的征候显现了，希望之光照临了满目疮痍的国土。

二、"壮心欲填海，苦胆为忧天"

可是，张世杰拥重兵挟皇帝逃于海上，东南只有文天祥一根擎天柱。以元世祖为首的元朝朝廷，既震惊于文天祥在江南的巨大胜利，又侥幸只有他一根擎天柱，制定出了对付他的方略。

据《元史·世祖纪六》，至元十四年（景炎二年，一二七七年）七月，正当文天祥在江西取得大捷之际，元"置行中书省于江西"，以塔出为右丞，麦术丁为左丞，李恒、蒲寿庚、程鹏飞等并为参知政事，行江西省事。其目的是强化对江西的军事统治，应付文天祥的进攻。塔出等在稳住了隆兴的阵脚以后，便倾巢而出，向文天祥疯狂反扑。

旧籍如《续资治通鉴》只记李恒遣兵援赣州，似乎元朝用来对付文天祥的军队，只有李恒一支，殊不知这是宋史缩小了的数字。《纪年录》注写道："北元帅李恒等以大军乘其弊"，"李恒等"就不是李恒一个"北元帅"了。《昭忠录》写空坑之役，有"追将囊家（加）歹贪收金帛"的话，囊家歹即囊嘉特，此人是元朝的大将。再看刘岳申《文丞相传》写江西重新落入敌手之后，"塔术（塔出）、吕师夔、李恒以步卒入岭，唆都、蒲寿庚、刘深以舟师下海，皆会广州"。北元帅多矣，为了对付文天祥，元朝在江南的"元帅"，几乎全部出动，不只是江西的塔出、李恒、蒲寿庚等而已。

李恒是什么人？《元史》卷一百二十九《李恒传》说他是西夏国主之后。蒙古灭西夏，这个西夏国主之后，却甘心为蒙古贵族卖死力气，深得赏识。

元军对付文天祥的策略是：一面出动大军来对付攻至赣州城的张汴、攻至永丰的邹㵲、攻至太和的黎贵达三军，一面秘密用李恒"率精兵潜至兴国"（《元史·李恒传》），偷袭文天祥的同督府。

在敌人的强大攻势面前，文天祥的对策是：收拢攻向吉、赣两方面的军队，与邹㳽会师于永丰，打通江淮，以与敌人周旋。这可从以下三点得到说明。

（一）攻向吉州的黎贵达军和攻向赣州的张汴、赵时赏军，都到了永丰地区，与文天祥的同督府相进退。只有赵孟溁留在雩都（见胡广《文丞相传》），这是卫后。黎贵达的"正军"和张汴、赵时赏、赵孟溁所率"民兵数万"，虽然曾经遭到元朝出动的骑兵的冲击，却并未受到损失。他们的转移，是有计划的，不是被迫的（同上）。再看《纪年录》丁丑宋景炎二年所说："行府趋永丰，就处置司会兵"，就可知会兵永丰，是文天祥的决策。

（二）《集杜诗·邹处置第一百二十八》又说：文天祥奏以邹㳽"充都督府分司，置司永丰、兴国间，接应江淮"。这又可知打通江淮，接应江淮，是文天祥早已定下来的军事战略方针。军事上要求得发展，单在南方与敌人周旋不行，必须看到江淮。文天祥会兵永丰的目的，显然是想向江淮方面，打通一条出路。你向南打，我向北打，各打各的。这种打法，无疑是上策，敌人将晕头转向。

（三）不是从永丰方面逃跑吗？完全不是。其一，永丰在北，最容易受到隆兴（元江西行省治所）敌人大军的正面攻击。逃跑，不可能选择永丰为会兵的地点。其二，文天祥后来兵败空坑，收散兵东南入汀州。当时汀州在文天祥手上，要逃，自可收兵自兴国东撤。东撤汀州，可以进入广东，比北上永丰，要安全得多。更何况文天祥在空坑兵败之后，确实到了汀州。由此可知文天祥会兵永丰，决不是为了逃跑。

可是，文天祥没有达到会兵永丰，打通江淮的目的。这是为什么呢？

敌人懂得永丰的重要性。《集杜诗·邹处置第一百二十八》说："虏自隆兴遣大兵攻袭"永丰。邹㳽的军队，是由永丰、兴国间的人民组成，人数虽有数万，可既无训练，又无作战经验，难以挡住敌人大兵的进攻。邹㳽和敌人打了一天，不幸失败。"行府失助，于是有空坑之败。"

这说明会兵永丰的目的没有达到，是因为情况发生了变化。当文天祥的部队正在向永丰收拢但尚未与邹㳽会合时，邹㳽的民军便在永丰失败了。那时，文天祥所部，北有进攻永丰的敌人的"大兵"，南有偷袭兴国没有达到目的，正在穷追的李恒的"精兵"，西有攻打太和等地的敌人的精骑。文天祥当机立断，指挥部队从永丰向东南撤退。

敌人把文天祥看成是最大的威胁、最大的祸害，无论如何也要消灭他。文天祥向东南撤退，敌人急"以大军乘其弊"(《纪年录》注)，偷袭兴国落空的元帅李恒，惟恐吃罪不起，驱赶所部，"穷追四百余里"(《昭忠录》)。从兴国到永丰二百余里，所谓四百余里，是说李恒偷袭落空后，自兴国追到永丰，不料文天祥已经撤走，反转头来又追了两百多里。我们来看在这后一个两百多里的路上，爱国军民是怎样舍生忘死，阻遏李恒等北元帅大军的追击，保护自己的统帅的。

庐陵东固方石岭阻击战：

邓光荐《文丞相督府忠义传》说："行府永丰兵溃，北兵追及丞相于庐陵方石岭下，(巩)信驻队据险殊死战，体中数箭，杀敌过当，伤重而死，土人收葬之。"《纪年录》注又说：

> 北元帅李恒等以大军乘其弊，追及于东固(在永丰、兴国间)方石岭下，都统巩信率数十卒短兵接战，北帅骇其以寡拒众，疑山中有伏，敛兵不进。信坐巨石，余卒侍左右，箭雨集，屹不动。北愈疑，获村夫引间道，逾岭至山后，阒无人焉。就视信等创遍体，死未仆耳。以此北骑稽滞，公遂得远去。

《纪年录》注不讲李帅，而讲"北元帅李恒等""北帅"，是正确的。须知李恒折返永丰，会合了进攻永丰等地的元军诸帅，追赶文天祥。而老将巩信在东固方石岭抗击元朝诸帅大军，只用"数十卒"。这是历史上一次罕见的众寡极为悬殊的战斗。这几十个士卒随从老将巩信，与元朝大军短兵接战，需要一种何等崇高的爱国思想来支持！他们的舍生忘死，反使北元帅李恒等感到惊恐，且疑山中有伏兵，收兵不敢再追。元军用密集的箭矢射击巩信和他手下的士卒，表明元朝大军敌不住这一小队人马的短兵接战，只有后退下去，乞灵于弓矢了。这一小队人，身被箭伤，手犹杀敌。巩信"箭被体不动，犹手杀数十人"（刘岳申《文丞相传》）。又表明他们曾带箭冲入敌阵。在生命的最后一刻，巩信"坐巨石，余卒侍左右"，箭如飞蝗，凛然不动，用自己的丹心碧血，在山头，绘出了一幅使鬼神也要胆颤心寒的英雄图卷。这幅英雄图是南征北战的北元帅，在以前任何战场上，都未看到过的。对他们来说，只有一个解释：巩信未死，山后定有伏兵。直到查明山后确无伏兵，巩信等人确已死了，他们才敢重新驱迫大军追赶，而文天祥已经远去。

文天祥后集杜诗哭巩信，有"壮士血相视""夜深经战场"之句。方石岭战场是人民永远也不会遗忘的战场。

空坑之败：

北元帅李恒等舍命继续追赶文天祥，至空坑（仍在庐陵县境），又赶上了。为什么又能赶上呢？《纪年录》注有两句话："公行山径逼窄，民老幼负荷奔走填塞。"（空坑陈师韩语）元军是很野蛮的，文天祥撤走，带着老百姓，而山径又很逼窄，这就必然要被穷追的元军赶上。

在空坑没有打大仗，看来有两个原因：一是文天祥在走不在战，二是携老百姓同行。文天祥和军队脱走了，可是他的战友却牺牲了不少。敌人穷追，目的在捉住文天祥，消灭他的军队，以免贻患将来。文天祥的脱走，又表明空坑之役，文天祥失败中隐了胜利，而元军胜利中则隐了失败。

文天祥的脱走，从《纪年录》注来看，原因是多方面的。但主要原因，在于军民与战友们的掩护。

《纪年录》注引空坑陈师韩的话说：八月二十七日，文天祥到空坑，士卒疲惫，借地而睡，文天祥宿在山前陈师韩家。后来得报，元军已经追到了，陈师韩送文天祥"由间道去"。元军诘问文天祥在哪里，众人都说不知道。野蛮的元军，"遂攻破其寨屠之"。山径狭窄，逃难的百姓很多，文天祥虽由间道出走，但路被塞住，元军追兵紧跟在后头。正在千钧一发之时，忽然"山坠巨石，横壅于路"。追骑被这块坠石挡住了，只能"迁回攀缘"而前。文天祥遂得远走。后来居民指此石为"相公石"。关于相公石，同治《庐陵县志》卷三《山川志》中也有记述。内说："相石在空坑，宋文天祥兵败走兴国，元兵追至，忽巨石自坠塞道，追者遂退。后人筑亭于傍，名曰'相石'。"

这显然是人民的掩护。文天祥始得陈师韩指引，由间道出走；继得坠石挡路，延误了追骑。山坠巨石，陈师韩未说是"自坠"，同治《庐陵县志》所谓"巨石自坠塞道"，除非相信迷信，谁也不会信它。这无疑是当时山上的军民推落的一块大石。岩石降落，一声天崩地裂，压断了追在前头的元军的脊梁骨，救了文天祥。相石犹在，可纪念的不是天功，而是空坑无名英雄的爱国业绩。

《纪年录》注引酆古庭主簿的话说：文天祥虽去，元军又将追及。这时，天色已晓，"重雾寻丈，远不相睹"，而后面元军的喧哄声，却隐约可闻。元骑拦住了一辆轿子，"轿中人风姿伟然"。元军问是谁，轿中人说"姓文"。元军以为是文天祥，"群拥至帅所。问之必曰姓文"。又问轿夫，轿夫说"不知"。元军"遍求俘虏人识认，乃有曰：'此赵通判时赏也。'"以此追骑逗留，文天祥又得远去。

赵时赏装扮文天祥以阻追兵的壮举，在《宋史·文天祥传》中也有记载。内说："时赏坐肩舆后，兵问谓谁，时赏曰：'我姓文。'众以为天祥，擒之而归，天祥以此得逸去。"《文丞相督府忠义传》还补述了一件事。赵时赏被拥至北元帅的帅所，看到"被执有系累而至者，辄麾去之，云：'小金职耳，执此何为？'"意为你们不是要逮我文天祥吗？我已被逮住了，这些人都是小辈，还逮他们做什么呢？"由是得脱者众"。

这些记载，证明了赵时赏从容坐轿装扮文天祥，确有其事。这一装扮，不仅救了文天祥，而且救了很多战友。元军识破之后，把赵时赏送往隆兴。赵时赏"奋骂不屈"（《宋史·文天祥传》），被杀害了。文天祥后集杜诗哭他，有"平生白羽扇，郁结回我首"之句，表示了对他的深切怀念。

在空坑遇难和被俘的战友，还有张汴、缪朝宗、张日中、彭茂才、刘沐、谢杞、许由、李幼节、吴文焕、林栋等人。

欧阳夫人、颜孺人、黄孺人、次子佛生及女柳小娘、环小娘，也在空坑被俘。得脱的是长子道生和三女监娘、四女奉娘。从此，文天祥身边只剩下一子二女。

空坑之役，文天祥的战友以至亲属，殉难和被俘的，为什么这样多？旧籍是不能给我们提供满意的答案的。我们可以看到两个现象：一是文天祥用以断后的部队极少。方石岭阻击战，巩信带领的士卒不过数十人。在空坑，则连方石岭这样的仗，也没有打。所能见到的，只有张日中的"奋力拒战"（《建昌府志》）与"五百弩手"的"斫山树为鹿角池隘道"（《纪年录》注引欧阳夫人语）。大军到哪里去了呢？前头走了。将领们是不愿意丢开他们的主帅先走的。空坑之役，不见黎贵达，是因为他率领部队先走了。但如张汴、刘沐、赵时赏，则都在文天祥身旁。二是从旧籍中，我们只能见到"民老幼负荷奔走填塞"一语，见不到在潮水般的元军追来时，人民遭到了什么灾难。这是不是旧籍漏记呢？不是的。山径狭窄，民在文天祥前面走。等到敌人抓住赵时赏，以为是文天祥，满心欢喜拥之而去，民已经走脱了。总起来看，文天祥自永丰撤退，队形是：前面为主力部队，中间为人民，最后面是文天祥和他的家属、战友。殉难和被俘战友、亲属之多，原因即在于此。

这说明了什么？说明了文天祥对部队、对人民的爱护，胜过了爱他一家和他自己。

文天祥是抗元的象征，他在江西所遭到的挫折，影响是很大的。

首先，在江西，我们可以看到孙栗、彭震龙、萧敬夫、萧焘夫、萧明哲、胡文可、胡文静、陈子敬八人，因为行府遭到挫折，斗争先后失败。

《宋史·文天祥传》置孙栗、彭震龙、萧敬夫、萧焘夫之死，于空坑之败以后，说明他们的死，与文天祥所遭到的挫折，直接相关。按《集杜诗·孙栗第一百二十一》说到孙栗在龙泉"寻为亲党所陷，遇害于隆兴"。他被亲党出卖，正是由于文天祥失利。《文丞相督府忠义传》记述彭震龙及萧敬夫、萧焘夫兄弟以永新响应文天祥，文天祥曾致书彭震龙，"召集永新义兵"。城南袍陂龙、吴、段、左、张、潭、颜、刘八姓之人,"奋勇倡先,王师大振"。文天祥受到挫折后,"刘槃卖国",引元兵"从间道入境",县城遂被元军攻陷,"内外悉受屠、掠"。八姓知势不可为,"各挈妻拏赴潭水死,少长共三千人"。真是浩然壮气塞苍冥!萧敬夫、萧焘夫"兄弟俱不免",彭震龙"被执,遇害于郡城(吉州)"。

又《文丞相督府忠义传》萧明哲条,说"行府败,元甫(萧明哲)入野陂,连结诸寨,为乡豪所陷,走败被执,遇害于隆兴"。这是萧明哲二入野陂。他第一次入野陂,是在赣州起兵时。那次为文天祥招募到了胡文可的军队。胡文可在临安陷落后,回到野陂。萧明哲这次入野陂,显然是想和胡文可兄弟联系,把野陂建成一个行府失败后继续抗元的据点。但像龙泉、永新都出了叛徒一样,野陂这时也出了叛徒(乡豪),把他出卖了。《文丞相督府忠义传》胡文可条又说:"及丞相败,文可被执,赴难竟死。"他显然是与萧明哲同时被俘的。胡文可死,他的弟弟胡文静"犹慷慨欲有为"。元朝吉州守臣曾亲到野陂,想招致他,他抗节不屈,说:"吾宁死,不负赵氏。"遂被元朝所杀。萧明哲和胡文可兄弟的死,表现了"丹心一寸坚如铁,矢石前头定不惊"(胡文可诗)的英雄本色。

陈子敬在同督府移驻汀州时,便受命回赣州招聚义兵,置屯于州城下流的皂口,阻遏敌船往来。他做得很出色,文天祥曾称赞他有智谋,"功效甚著"。他在皂口阻遏元船,一直坚持到行府空坑之败。当他听到行府失利的消息时,他不仅没有退缩,反而更进一步,"举兵黄塘,连结山寨"。元朝用"重兵"来攻,他才失败。失败后不知所终。文天祥集杜诗用了"挺身艰难际,虎穴连里闾"二语来纪念他。这二语极其贴切地把他在空坑失利后挺身而出,连结黄塘山寨义军,挽救危亡的壮举,概括出来。

除江西外,我们还可看到行府所遭受的挫折,对湖南、广东、江淮等地义军的影响。

湖南攸县吴希奭等人,在打下萍乡不久,听说永新彭震龙兵败,行府失利,感到"事未可图",遂退出萍乡。独陈子全将所部据险待命。已而湖南各县次第失陷，元军得以集中兵力，日夜围攻陈子全，陈子全胸中流矢殉国。吴希奭回到湖南，光复了醴陵县（今醴陵市）。元朝出动军队来打他，他力尽而死。王梦应回到攸县，收集"淮、潭散遣旧兵善斗、捕者"，继续战斗。没有一个敌人敢于接近他们。

以衡山人赵璠为首的抗元起义军，在文天祥军撤离江西以后，遭到了湖南敌人四面八方的进攻，赵璠、赵漂败走不知所终。与他们同时起兵的张唐，被捕至"湖南行省"，参政崔斌想叫他投降，他骂道："绍兴至今百五十年，乃我祖魏公（张浚）收拾撑拓者，今日降而死，何以见魏公于地下？"遂遇害。熊桂则为湘潭人所杀。

湖南人民起兵抗元的星火，至此（景炎三年，一二七八年）暂时熄灭。

广东韶州仁化县摧锋军，遭到了元朝韶州守臣刘自立的袭击，萧兴力战不敌，山寨遂被攻破。萧兴不知所之。《文丞相督府忠义传》只说这支军队败于景炎二年，未说月日。当张汴一军攻打赣州、收复赣州八县的时候，摧锋军如虎添翼。它的失败显然与张汴一军撤走有关。

江淮司空山寨于景炎二年九月，被元军攻破。

大地似乎沉寂了，但正如邓光荐所说，文天祥"如精钢之金，百炼而弥劲；如朝宗之水，万折而必东"（《文丞相传》，载《纪年录》注）。他收拾部队，于十月进入汀州，又继续战斗。

宋陈仲微《广王本末》，记文天祥"收散兵复入汀，而南剑、建宁、邵武多有归正者，诸畲军皆骚动"。他到了哪里，哪里的军民便起来响应。他是使元朝最感头痛的人物，遗憾的是在空坑没有逮住他，他又出现在福建。元朝不得不再次出动"大兵"来对付他，文天祥甩开敌人，重入江西，由会昌趋循州。景炎二年的冬天，屯兵于循州的南岭。在这个时候，发生了黎贵达想谋反的事件，文天祥断然斩了黎贵达，使军队获得了巩固（见《纪年录》注）。

挫折使文天祥得到了教训。他想起了带着国家全部精兵逃往海上的朝廷，深感国事如有商量，力量如能统一或协调行动，败局仍然可以扭转。

他作出了两个决定：一、寻找行朝；二、回朝与张世杰会商。这又是他为国家作出的一次努力。但这两个决定，对文天祥来说，前一个（找朝廷）还好实现，后一个则只能是一厢情愿而已。这里借文天祥暂驻南岭的机会，说一说端宗海上朝廷。

景炎元年十一月，端宗在陈宜中、张世杰挟持下，从福安遁逃入海，未几，到了泉州，船舰泊在泉州港口。提举泉州市舶司、招抚使蒲寿庚请驻驾泉州，张世杰一心只在海上，哪里会答应他的请求。不答应也罢，张世杰看到泉州海船多，财物多，竟抢泉州海船、财物。这一下激怒了在泉州擅利三十年的蒲寿庚，他把在泉州的宋朝宗室、士大夫、淮兵一齐杀死，并与知泉州事田子真一起投降了元朝。蒲寿庚的投降，为文天祥增加了一个劲敌。张世杰抢船挟持端宗到了潮州。在潮州蹲不住，又浮海往惠州，以十二月乙酉（二十五日）"次甲子门"。也就在十二月，广州守将赵潜逃遁，端宗（实际上是陈宜中、张世杰）吓坏了，竟派倪坚奉表至元军前，请求投降。元军的统领、曾做文天祥馆伴的唆都，派他的儿子元帅百家奴，同倪坚一道赴大都呈递降表（参见《元史·百家奴传》《宋史·瀛国公纪》）。

景炎二年七月，文天祥在江西取得大捷的时候，张世杰在干什么呢？他自将淮兵讨蒲寿庚，在泉州和蒲寿庚打了两个月（七至九月），也没有把泉州城打下，不得不还行朝。这时行朝在广东浅湾（南澳岛）。如果张世杰不是因为私愤和蒲寿庚打，而是以国家利益为重，乘文天祥在江西大胜，号令通江淮，选择登陆地点，进军闽、浙，与文天祥相呼应，把乾坤倒转，就全非梦想，而必成现实。可挟持朝廷的张世杰，全不管这一切，非打掉蒲寿庚不可。泉州坚城，他打不下来，最后又以一走收场。而这时文天祥在众多北元帅率领的重兵反扑下，已于空坑失利。宋朝亡就亡在这些毫无远略，唯知远遁或者投降的皇帝、重臣手上。

十一月，元将刘深来打南澳，张世杰打不过他，又奉端宗走秀山（在虎门内）。船到井澳（在珠江口），"陈宜中遁入占城，遂不返"。这个妥协派从此销声匿迹。十二月，井澳飓风大作，打坏了许多船，端宗惊恐成疾，兵士死者过半。刘深又来打井澳，张世杰挟端宗奔谢女峡（亦在珠江口），复从谢女峡入海。到七里洋时，想步陈宜中后尘，往占城去，但没有成功。景炎三年四月，端宗病死在碙川（碙川在北部湾）（引见《宋史纪事本末》）。

再说文天祥。

文天祥的思想与张世杰相反，是进取的。他不想在循州久蹲，而想与朝廷联系，商量再次大举。景炎三年（祥兴元年，一二七八年）二月，他自循州"进兵惠州海丰县。三月，屯丽江涌冲（在海丰县南），遣间使沿海访问车驾"（《纪年录》）。但寻遍大海，一时也难找到皇帝的踪迹。直到五月，文天祥才知道端宗死在碙川，赵昺做了皇帝。

文天祥想乘帝昺新立，到行朝去，见一见张世杰。《纪年录》说到祥兴元年六月，"行朝至崖山，行府移船澳"，文天祥便求"入觐"。他写了好几个奏疏，第一个是"自劾督师罔功"，回答是"降诏奖谕"。第二个是请求为邹沨、赵孟溁、杜浒、邹臻、陈龙复、章从范、邱梦雷、林琦、葛钟、朱文翁等人授新职。第三个是请求为反正的潮州陈懿、循州张顺、梅州李英俊加官衔，回答是"特依奏除"。在封建时代，相臣能自劾督师无功，而请求为部属加功的，除了诸葛亮、文天祥，再无别人了。另外便是请求入觐，惟独这个请求"优诏不许"。不是帝昺不许，而是张世杰不许。皇帝新立，不许相臣入觐，是笑话。张世杰"以迎候（陈）宜中还朝为辞"（邓光荐《文丞相传》）。陈宜中永远不来，文天祥也永远不能入朝。而张世杰分明知道逃往安南的陈宜中，是永远也不会回来的。国家大事亟须商谈，文天祥的要求绝对正确。为了"安慰"文天祥，行朝特以"金三百两犒军"。八月间，又给文天祥加了一个"少保、信国公"的荣誉头衔，并封他的母亲曾氏为齐魏国夫人。诏书是陆秀夫秉承张世杰的主意写的。文天祥怒不可遏，移书陆秀夫，斥责张世杰等人阻挡他入朝。他说"天子幼冲，宰相遁荒（指陈宜中），诏令皆出诸公之口，岂得以游词相拒？"（《宋史纪事本末》）你们的居心何在？还斥责了张世杰等人"不恤军士"（邓光荐《文丞相传》），金三百两，犒什么军？此书是紧接行朝给他加上少保、信国公官衔之后，向行朝发出的，可知他根本没有把"信国公"的称号当作一回事，他想的只是：入朝商谈，把陆上和海上两支力量汇合起来，共同规划，统一调度，向敌人再次发起进攻，结束一战一逃，互不相关的极不正常的状态。但他的努力白费了。

行朝既拒绝文天祥入朝，文天祥只好另求出路。他一度想到广州去。广州新由凌震、王道夫打下，此二人以收复广州"自恣，惮公（文天祥）望重"，阳遣州官相迎，"中道散回"（邓光荐《文丞相传》），以致广州也未去成。须知张世杰以游词拒绝文天祥入朝，是一个标志，在此以后，不仅力量统一不了，而且文天祥想和朝廷任何人合作的愿望，都不可能实现。

假使张世杰不是拒绝文天祥入朝，而是与文天祥紧密合作，那么，即使文天祥在空坑损失再大，即使帝昺移到了崖山，也不致被元军各个击破，局面仍有打开的希望。入朝是文天祥为扭转局势所作的重大努力，张世杰之所以拒绝，原因显然是怕他入朝，夺了自己的权势。

失望和愤懑尚未过去，不幸的事又接连降临到文天祥的家庭。九月，齐魏国夫人逝世于船澳。两个月后，文天祥的长子道生又在惠州病故。国家前路的渺茫，当朝执政的排斥，家庭不幸的发生，换了别人，早就消沉或者变节。可是，心如百炼精钢的文天祥，救国"无一日可息"。即在长子道生病逝的这个月，他自船澳进屯潮州潮阳县（今潮阳市）。这次进兵，是他对行朝仍抱一线希望的情况下的进兵。他真是"梅花耐寒白如玉，干涉春风红更黄"（《文集》卷十一《梅》）。

文天祥进屯潮阳，其原因邓光荐说得很清楚。一是入朝、入广既已绝望，他便想"因潮之民，阻山海之险，增兵峙粮，以立中兴之本"（邓光荐《文丞相传》）。文天祥自己也说过：那时陈龙复"分司潮阳，应接诸路，四方豪杰，翕然响应，积粮治兵，行府由是趋潮阳"（《集杜诗·陈少卿第一百二十六》）。一旅尚可兴邦，难道经过陈龙复的经营，已经有了基础的潮阳，就不可以成为齐国赖以重振的莒和即墨吗？这是主要的原因。二是据潮州返正的剧盗陈懿，虽然因为文天祥的奏请，做了右骁卫将军、知潮州兼管内安抚使，可是本性难移，"据潮州（山寨）数叛、附，人苦其虐"，请求文天祥把行府移到潮阳，以免人民为"五虎"（陈懿兄弟五人）所害。

文天祥在潮阳，遇到了一件大喜事，在江西分散的患难与共的战友邹沨、刘子俊相偕来归了。

《集杜诗·邹处置第一百二十八》说："行府再入广，奏以公（邹沨）充都督府分司，置司永丰兴国间，接应江淮。虏自隆兴遣大兵攻袭，公万死一生，备经艰难，竟得脱，引江西兵入广，会行府于潮阳。"《集杜诗·刘监簿第一百二十九》说："行府败，民章（刘子俊）收散兵于洞源，接应诸郡县。寻引军入广，道遇虏，溃亡。未几，再招集，与邹处置同诣行府，会于潮阳。"战友的会合，是多么令人高兴，何况邹沨、刘子俊还为他带来了两支生力军和他盼望已久的江西方面的信息。

邹沨此行有一个目的。《集杜诗·邹处置第一百二十八》说："是行，公（邹沨）所将皆江西头目，以取行府为名。使行府入江西，十万众立办。"这是说：邹沨来潮阳，是请文天祥到江西去的。邹沨部下的将领，都是江西人。行府如再入江西，依靠他们招兵，不要多久，又可组成一支比以前人数更多的抗元大军。

邹沨此行的目的，连邓光荐的《文丞相传》都没有记载。因此到今天为止，人们都把文天祥后来自潮阳趋海丰，说成是在张弘范军队的压力下，向海丰逃走。殊不知他是在向江西作战略转移。下面再谈。

话题要转到大都。至元十五年（一二七八）六月，元世祖任命张弘范为"蒙古、汉军都元帅"，企图靠这个金将的后裔，来扑灭宋朝的剩余力量，特别是讨厌的文天祥。张弘范怕自己一个人完不成使命，他看中了与文天祥交过锋的李恒，认为他有经验，临行，"荐李恒为己贰"。元世祖同意了他的请求（引见《元史》卷一百五十六《张弘范传》）。张弘范是金将张柔之子，李恒是西夏国主之后，都不是蒙古人。没有这样一帮人卖死力，蒙古贵族想灭人之国，实在是痴人说梦。

张弘范"以水军自明、秀下海，以步卒自漳、泉入潮，水陆并进"，妄图消灭文天祥于潮阳。李恒则以步、骑由梅岭袭广州，截断文天祥西退之路。文天祥得到了情报，一面急告帝昺行朝早做防备，一面引军于十二月十五日，自潮阳转移。胡广说：他想在海丰北面的南岭，"结寨据险以自固"（胡广《文丞相传》）。胡广的说法比出逃之说要高一着。但胡广忘记了文天祥曾于循州的南岭驻屯，循州（今广东龙川）的南岭也就是海丰北面的南岭。此岭在循州与海丰之间。胡广也忘记了敌人大军打来，结寨据险，是不能自固的。那时东有张弘范，西有李恒，要摆脱敌人这两支大军，只有从中路突破。文天祥之所以要走海丰北面的南岭，显然是因为他在这个地方驻屯过四个月（景炎二年十一月至三年二月），路熟，人熟。但他并不想在南岭结寨，而是沿他南下入广时走过的路，由南岭经循州，趋安远、会昌，进入江西。我们不要忘记邹沨到潮阳，是受江西人民的委托，请文天祥到江西去的。在敌人的大军分由东西两路南进广东的时候，北上江西，不仅可以摆脱敌人，而且正可乘敌人空出江西，依靠江西人民，打出一片大好形势。文天祥自潮阳转移，因此也就不是逃，而是进。"进百里者，吉行三日；进千里者，吉行一月"（《题戴行可进学斋》），在法天不息的文天祥心目中，只有进字。

然而，文天祥的计划没有实现，他在海丰北面的"五坡岭"（属于南岭）被捕了。而他的被捕，是奸贼、海盗陈懿起了作用。

这时候的陈懿，由与人民为敌的剧盗，变成了卖国贼。张弘范打来，他"挟重贿，迎导北师"（邓光荐《文丞相传》）。用钱买卖国贼当，在历史上也是少有的。张弘范的兵，地理情况不熟，特别是海路不熟，要在潮阳上岸有困难。陈懿"乃潜遁元帅张弘范兵济潮阳"（《宋史·文天祥传》），立了一大功。可是文天祥已经走了，张、陈都落了空。继而陈懿探听到了文天祥走海丰，又引导张弘正"潜具舟海岸，济轻骑，直指督帐"（邓光荐《文丞相传》）。没有陈懿此贼，张弘范兄弟不可能追到文天祥，更不可能逮到文天祥。

文天祥以赵孟溁为前锋，邹沨殿后，于十二月二十日午时，到达海丰北面的五坡岭。这已进入南岭。不意张弘正的步卒打扮成"乡人"，突然打了过来（《昭忠录》）。邹㳽首当其冲，他连抵抗都来不及，敌人已冲到他麾下。眼见敌人向文天祥冲去，他痛心殿后无功，也不愿当俘虏，横刀自杀。士卒扶他从间道进入南岭，十多天后，他死去了。这个从江西远道而来，想请文天祥到江西去的文天祥的密友，为国家流尽了最后一滴血（《集杜诗·邹处置第一百二十八》）。文天祥"坐虎皮胡床，与客饭五坡岭"（邓光荐《文丞相传》），"望见山上步卒四集，叩之左右"，以为是"乡人捕鹿"（《昭忠录》）。敌人奄至中军，文天祥走不脱了，"吞脑子（冰片）不死"（《宋史·文天祥传》），因而被捕。他的战友刘子俊也被捕了，"自诡为天祥，意使大兵不穷追，天祥可间走"（《宋史》卷四百五十四《刘子俊传》）。他是想做第二个赵时赏，可是他想救的文天祥，已经被捕。他曾和文天祥"相遇于途，各争真赝。至大将前，始得实。乃烹子俊"。杨德恩《文天祥年谱》据《集杜诗·刘监簿第一百二十九》所说"民章被执，莫知所终"，怀疑《宋史·忠义传》这段话的真实性。但《集杜诗》的话，只可说明文天祥不知道刘子俊的结局而已，倒是《宋史·忠义传》在刘子俊的结局问题上，把敌人烹死这位爱国英雄的野蛮性，端了出来。

陈龙复、萧资、林琦等人，也在此役中殉难或被俘。只有二人得脱。一是赵孟溁，因为是前锋，"以先十里"得脱（《昭忠录》）；二是徐榛，脱身走惠州（《集杜诗·徐榛第一百三十四》）。

《集杜诗》记陈龙复说："行府由是趋潮阳。及移屯，为虏所追袭，先生遂不免，时年七十三。"他虽年老，可是"老气横九州"。死，对他来说，只是一身。而他的浩然正气，却长留于九州之中。

萧资是文天祥"腹心之良"，文天祥一家人，在患难中，始终靠他扶持。空坑之败，他"卫护太夫人，全督印有功。后在兵间，调和诸将"，一应"府中碎务，皆其领摄"。从潮阳移屯的时候，他已积劳成疾。道遇元兵，以病体被害。文天祥后集杜诗叹道："主当风云会，谢尔从者劳。感恩义不小，魂独委蓬蒿。"

林琦被捕，在惠州逃走，不久又被捕。林琦"沿道浸水，务于残灭"

自己。文天祥在《集杜诗》中，说他"可谓不降其志者矣"。

《宋史·文天祥传》记文天祥"官属士卒得脱空坑者，至是（五坡岭之役），刘子俊、陈龙复、萧明哲、萧资皆死，杜浒被执，以忧死；惟赵孟溁遁；张唐、熊桂、吴希奭、陈子全兵败被获，俱死焉"。《宋史》未细考各家之说，特别是未见文天祥之作，因此把萧明哲、杜浒等人，也列入五坡岭之役死难或被捕名单中。前面说过，萧明哲于空坑兵败之后，连结太和野陂诸寨义士，被乡豪所陷，败走时被捕，遇害于隆兴。杜浒此时在崖山。吴希奭、陈子全败死，紧接空坑之败，时间在景炎二年。张唐、熊桂殉难，据邓光荐《文丞相督府忠义传》，是在"同督府败归汀州"不久之时。文天祥于景炎二年"十月入汀州"（《纪年录》），张、熊的殉国，也有可能是景炎二年，而不会晚到三年十二月五坡岭之役以后。

文天祥的二女监娘、奉娘，据《集杜诗·二女第一百五十》，"潮阳之败，复死乱兵中"。至此，文天祥子女都尽。

文天祥在《集杜诗·行府之败第七十四》中说："自国难后，行府白手起兵，展转患难，东南跋涉万余里，事不幸不济。然臣子尽心焉尔矣，成败天也，独奈何哉？"回到南方的文天祥，正是白手起家。兵是自己招来，粮是自己聚来。行朝逃往海上，没有给他一点帮助，反而排斥他。从景炎元年七月聚兵南剑，到景炎三年十二月，于五坡岭被捕，他靠自己积聚起来的爱国力量，转战万里，支撑东南达两年又六个月之久。他所谓"臣子尽心焉尔"，是封建时代通行的说法。在他，则是一个爱国者尽他的爱国之心。他所谓"成败天也"，也是封建时代通行的说法，在他，则不仅是成败在所不计，而且是力求成功。他总是法天不息，自强不息，斗争不息，进取不息。至于失败，并非注定如此。这中间含有许多偶然的因素。五坡岭之役，他被捕而赵孟溁以先十里脱走，便是偶然性在起作用。最大的偶然性，是政权落到了张世杰手上。张世杰虽非投降派，但无远志，惟务远遁，且排斥异己，宋朝祖宗守内虚外之法，遂得通过张世杰继续起影响。他把文天祥在大陆上的支撑，仅只是看作他所挟持的海上行朝的一座陆上屏障，根本不想和文天祥合作，驱敌出国门。成败不在于天，而在于人，文天祥是懂得的。他说过"古今世道不属之人乎"的话（邓光荐《文丞相传》），然而，当时能看清宋朝三百年的病根在哪里，懂得救国良方的，只有他一人。而他却始终不当国政。当国的不是投降派，就是像张世杰这样只图专制朝廷，挟持皇帝远遁的军人。宋朝祖宗守内虚外之法或宋朝的内在精神，浸透在一切领域中，形成一种"历史的惰性力"，是不会轻易灭亡的。它总是在那里找寻执行人，也总是有人去执行，不过表现形式可能不同，或降或遁而已。像文天祥这样要改变祖宗之法的人，是上不去的，即使一时当国，也会被排挤下来。宋朝是国家不灭亡，祖宗之法和它的执行人也就不会灭亡。

"壮心欲填海，苦胆为忧天。"（《赴阙》）文天祥和他的战友虽然最终失败了，可他们是真正的"国魂"。

第六章 "万里行役"

（一二七九年一月至十月）

第一节 叹零丁，哭崖山

对于一个以法天不息为毕生宗旨的人来说，除非生命终止，否则斗争不会停息。被捕只不过意味着新的斗争的开始。

文天祥被捕时，"即服脑子约二两，昏眩久之，竟不能死"（《集杜诗·南海第七十五》）。被逮至和平，见张弘正，又"大骂求死"。七日后被送至潮阳，见张弘范，又"踊跃请剑就死"（刘岳申《文丞相传》）。文天祥被元朝视作头等重要人物，张弘范怎敢杀他。不仅不敢杀他，而且"以平揖相见，叙间阔如客礼"（邓光荐《文丞相传》）。死，对文天祥来说，暂不可能了；活着，那就要斗争。

除夕过去，新春来临，祥兴二年（一二七九）正月初二日，张弘范下海，置文天祥于舟中。初六日发潮阳（《纪年录》）。张弘范是要挟持文天祥到崖山去，最后消灭宋朝。

崖山，在广东新会县南八十里大海中，是帝昺行朝所在地。张弘范认为文天祥既然被捕，崖山便唾手可得了。

正月十二日，船过珠江口外的零丁洋。零丁一身，被系于敌船中的文天祥，不由触景生情。他想起了二十三年前（一二五六）殿试时，借用《易经》中"天行健，君子以自强不息"的话，要求理宗法天不息，改革不息；想起了二十三年来的斗争经历；想起了曾同生死，共患难的战友、妻子儿女；想起了山河的破碎，身世的飘摇……思潮再也不能平静。船中备有笔墨，他拿起笔来写了一首七律：

　　辛苦遭逢起一经，干戈落落四周星。山河破碎风抛絮，身世飘摇雨打萍。皇恐滩头说皇恐（皇恐滩在赣江上游），零丁洋里叹零丁。人生自古谁无死，留取丹心照汗青。（据《指南后录·过零丁洋》，诗题附有"正月十二日"五字。《集杜诗·南海第七十五》作"留取声名青"。除此以外，文天祥自己别无其他改动）

　　在这首诗中，国恨家恨交织在一起。作为古典诗歌中的爱国主义的杰作，它受到千百万人民的喜爱。解释的人很多，惜中肯的少，且重在末二语。这首诗其实是文天祥一生爱国活动的总概括，末二语是前六语的引申。我们要特别注意前二语"辛苦遭逢起一经，干戈落落四周星"。这是写他在宋元交兵之时，在理宗宝祐四年（一二五六）殿试对策中，根据《易经》唯物的"自强不息"之旨，以"法天地之不息"为对，提出要挽救危局，就必须改革不息，建成公道与直道之政的主张。以此他得中状元。可是，后来的事实证明，朝廷丝毫也不想改变祖宗守内虚外的专制之法，卒使大好河山，像风抛柳絮一样的破碎。三、四二语是结合家国之恨，写他毁家纾难以来，二次抗元的艰苦历程。五、六二语点出始末。"皇恐"喻国难当头，"零丁"喻战到最后。丹心是具体的，末二语是说他被俘后求死既不能得，以后无论遭遇如何，他在殿试对策中的救国初衷，决不改变。

　　正月十三日，船到崖山。张弘范想请文天祥"作书招张世杰"，一方面试文天祥的心，另一方面企图不战而胜张世杰。他"令李元帅过船"，去见文天祥，转达他的意思。文天祥说："我自救父母不得，乃教人背父母乎？"拒绝了张弘范的要求。并将过零丁洋时作的七律《过零丁洋》，写给这个李元帅，请他带回，以表明自己的态度。"李不能强，持诗以达张。"张弘范见诗，"但称好人好诗，竟不能逼"（《指南后录·过零丁洋》）。想叫文天祥、张世杰投降的愿望，一起落空。

李元帅是谁？《元史·张弘范传》有"荐李恒为己贰"的话，《李恒传》有至元十六年（祥兴二年），"弘范至自漳州，直指崖山，恒率所部赴"的话。李元帅便是穷追过文天祥四百多里，在方石岭和空坑，双手染满爱国志士鲜血的穷凶极恶的李恒。他领兵由梅岭袭击广州，广州守将王道夫、凌震迎战大败，抛弃广州逃跑。李恒进了广州，据广州以遏文天祥东撤之路。等到张弘范在海丰取得胜利，领兵浮海往崖山，他才率所部与张弘范会合。

崖山南北纵亘二百余里，东南控海，西北皆港。张世杰以为是天险，可以守住。他派人入山伐木，造行宫三十间，军屋三千间，正殿名慈元，为杨太妃（赵昰母）所居。那时候，官、民、兵尚有二十多万人，大多数住在船上。资、粮则取办于广右各郡和海外四州。舟楫、器械不足，张世杰又搜集人匠兴造。自祥兴元年六月一直忙到十月才罢。他是守定了，不想再过海上流亡生活了。可是到底怎样守，能不能守住，他却不去考虑。这只能是坐以待毙。

元军挟持文天祥于祥兴二年春正月"十三日，至崖山"（《纪年录》）。元军没有立即发动攻击，双方暂时对峙。

十五日晚是元夕。战舰虽然云集南海，可海上居民把战船撇在一边，仍旧举行了一年一度的元夕竞渡大会。文天祥看了竞渡，写道："南海观元夕，兹游古未曾。人间大竞渡，水上小烧灯。"确实，这是文天祥从来也没有过的经历，没有见过的奇观。宋元海战前夕，人民照旧大竞渡，只是靠了文天祥的诗笔，我们才知道。这虽是历史的小插曲，却体现了沿海人民从容不迫，藐视战争的风貌。

文天祥的笔锋一转，又写道："世事争强弱，人情尚废兴。孤臣腔血满，死不愧庐陵。"（《指南后录·元夕》）回到了他所处的现实环境中。庐陵指他童年时代便欣然慕之的庐陵欧阳修、杨邦乂、胡铨等人物。现在正是他死不愧庐陵的时候了。他又何止不愧之而已。

崖山海战，二月六日才打。文天祥在《集杜诗·南海第七十五》中说："崖山之败，亲所目击，痛苦酷罚，无以胜堪。"崖山海战，是怎样打的，文天祥看得一清二楚。他的记录，是我国历史上一次旷古未有的海上大战的现场记录，是我国浩瀚史籍中的无价之宝。惜乎人们很少注意，因而对这样一次重要的海战，几乎不知道什么。

战前，到底谁的战船多，力量大？文天祥在《集杜诗·祥兴第三十六》中说：崖山"行朝有船千余艘，内大船极多"。张弘范则只有"大小船五百，而二百舟失道，久而不至"。到达崖山的不过三百条船。且"北人乍登舟，呕晕执弓矢不支持。又水道生疏，舟工进退失据"。战斗力很有限。还有，敌船上的闽浙水手颇为不少，"其心莫不欲南向"，打起来很有可能倒戈。双方力量对比，优势在行朝方面，是极为明显的。

李恒有没有战船？《元史·李恒传》只说"恒率所部赴之"。《张弘范传》只说"李恒自广州至"，张弘范"授以战舰二，使守北面"。可见李恒所带无水军，帮不了张弘范多大的忙。

由此看来，应该打赢的，只能是行朝，而不是张弘范的水军。

文天祥所记力量对比十分重要，它告诉我们：即使宋朝到了它的最后阶段，也是可以打败敌人的。海战不比陆战，崖山海战一旦获得胜利，张弘范、李恒两军将被全歼于海上，进而就可以夺取广东、福建，局面就会大改观。这种可能性完全存在。

按照文天祥所想的打法是："使虏初至，行朝乘其未集击之，蔑不胜矣。""若南船摧锋直前，闽浙水手在北舟中，必为变，则有尽歼之理。"以行朝大舰之多，水师不呕不晕，如能照文天祥的设想打，是完全可以打败元朝海军的。

可是，指挥崖山海战的不是文天祥，而是操持国柄的张世杰。张世杰只以游舟小出，既不乘北军舟师未集，主动用大船出击，又"不守山门（海口）"（《集杜诗·祥兴第三十四》）。有人向张世杰提出：北军如以舟师堵塞海口，则我进退失据。我们可以先据海口，能打胜当然好，不能打胜，也可以西撤，胜似躲在海口里面，进不能战，退无路可走。张世杰却说什么："频年航海，何时已乎！"走，不干了，"今须与决胜负"（此见《宋史》卷四百五十一《张世杰传》）。而他所谓与决胜负，却是在山门后面，用大战舰一千多艘，"作一字阵（横阵）以待之"（《集杜诗·祥兴第三十四》）。张世杰所作的一字阵，是个怎样的阵法呢？"中舻外舳，贯以大索，四周起楼栅如城堞，奉宋主居其间，为死计。"这样的一字阵，文天祥谓之"邦缚不可复动，于是不可以攻人，而专受攻矣"（《集杜诗·祥兴第三十四》）。

是不是张世杰就固定一字阵不动了。史传无记载，可文天祥的《集杜诗·祥兴第三十四》，却记载着：张世杰既放弃山门不守，山门便为张弘范的舟师所据。"虏入山门"，"作长蛇阵（纵阵）对之"。宋兵船要冲出山门去已无可能。一字阵法，只是为了避免被敌人冲垮，或被敌人全歼，叫两头几条战舰去送死。赵昺、张世杰自然不会在两头的舰只上。作一字阵，他们可以躲到中间。

文天祥目击张世杰指挥无方，慨叹张世杰"不知合变，专守法，呜呼，岂非天哉？"（《集杜诗·祥兴第三十四》）一字阵架势可观，可这是不可以攻人而专受人攻之阵。等到山门一被敌船占领，作长蛇阵对之，守的架势没有了，怯战暴露出来了，张弘范可以放心大胆指挥战船进攻了。

须知只守不攻，守而无方，又得不到朝廷军事上的真支援，是宋朝在对辽、夏、金、元的战争中，传统的"好戏"。善良的人们，是不知道其中的奥妙的。

张弘范占着山门不动，张世杰作一字阵也不动。张弘范在等待涨潮，张世杰则在等待灭亡。

敌人占山门，可以趁着涨潮，发动攻击，只要稍有军事知识的人，都可以想到。而"专守法"的张世杰，想的只是在山门内如何守，不是占据山门的敌人将如何攻。张弘范看透了张世杰，二月六日，"一朝天昏风雨恶"（《指南后录》），海潮大涨，涌进山门。张弘范"乘潮进攻"（《集杜诗·祥兴第三十四》），以猛烈的炮火和箭矢射击张世杰的船只。文天祥亲见"炮火雷飞箭星落。谁雌谁雄顷刻分，流尸漂血洋水浑"（《指南后录》）。各史都没有记载交战的这一天，海上风雨交加，都没有记载张弘范使用了炮火，张世杰用炮火进行了还击。文天祥所写，是古代世界战争史上，最早在海战中使用炮火的记录。

张世杰的船只，处在潮水下方，南边受到张弘范的攻击，北边受到李恒的攻击，"半日而破"（《集杜诗·祥兴第三十四》）。《宋史纪事本末》写张世杰之破："俄有一舟樯旗仆，诸舟之樯旗皆仆。"皆仆是全部投降，行朝寿终正寝了。

日暮，风雨更大，昏雾四塞，咫尺不能相辨。张世杰"遣小舟至帝所，欲取帝至其舟中"，挟着帝昺再逃。陆秀夫却"恐来舟不得免，又虑为人所卖，或被俘辱，执不肯从"。陆秀夫看到帝昺"舟大，且诸舟环结，度不能出走，乃先驱其妻子入海"，转过身来对帝昺说道："国事至此，陛下当为国死。德祐皇帝（赵㬎）辱已甚，陛下不可再辱。"立即背起赵昺跳海。张世杰身为大将、枢密副使，执掌朝政，却"与苏刘义断维夺港，乘昏雾溃去"。余船八百只，尽为张弘范所得。七天过去，"尸浮海上者十余万人"（《宋史纪事本末》）。

目击崖山海战，行朝全军二十万人覆灭的文天祥，日夕之时，也想蹈海而死，可是元军加强了防卫，不能再走出船舱了。他坐北舟中，向南恸哭，写了一首长诗，祭崖山烈士。诗中写道：

……楼船千艘下天角，两雄相遭争奋搏。古来何代无战争，未有锋镝交沧溟。游兵日来复日往，相持一月为鹬蚌（元军正月十三日至崖山，至二月六日崖山行朝兵败，相持二十多天）。南人志欲扶昆仑，北人气欲黄河吞。一朝天昏风雨恶，炮火雷飞箭星落。谁雌谁雄顷刻分，流尸漂血洋水浑。昨朝南船满崖海，今朝只有北船在。昨夜两边桴鼓鸣，今夜船船鼾睡声。北兵去家八千里，椎牛酾酒人人喜。惟有孤臣雨泪垂，冥冥不敢向人啼。六龙杳霭知何处，大海茫茫隔烟雾。我欲借剑斩佞臣，黄金横带为何人？（《指南后录》）

历史上尚未发生过像崖山这样的大海战。战争的结果，拥有大船千艘的行朝彻底失败了，洋面上流尸漂血，海水为浑；敌船中椎牛酾酒，人人欣喜。面对茫茫大海，文天祥泪水如倾。行朝为什么会灭亡？从现象上看，是张世杰不会打仗，有守无攻，有退无进，有降无战。从实质上看，却亡在祖宗的传统打法上，亡在守内虚外上。胜仗而被有意无意打成败仗的事例，在宋朝太多了。

张世杰想去占城，追随逃兵陈宜中。土豪却强迫他还广东。张世杰不得已，"乃回舟舣南恩之海陵山。散溃稍集，议入广"。天有不测风云，飓风袭来了，风涛大作，将士劝张世杰登岸。张世杰消沉到了极点，对将士说："无以为也。"这种思想恰好与文天祥的思"将以有为也"相反。他不登岸而登上舵楼，焚香祝告上苍："我为赵氏，亦已至矣。一君亡，复立一君，今又亡。我未死者，庶几敌兵退，别立赵氏以存祀耳。今若此，岂天意耶？"他还在梦想敌人退兵，再立一个皇帝。可不是斗争，而是"存祀"。他感到风涛大作，必然是天意不叫他再立赵氏了。飓风狂吹，海涛翻滚，张世杰从舵楼上"堕水溺死"（《宋史纪事本末》）。

文天祥不知道张世杰的生死。张世杰虽"无远志"，但亦"无降志"，因此文天祥仍旧怀念他，曾在《集杜诗·张世杰第四十二》中写道："长风驾高浪，偃蹇龙虎姿。萧条犹在否？寒日出雾迟。"他对李庭芝、张世杰的分析是精辟的，褒贬是得当的。他可谓善于评价历史人物。

与文天祥同脱镇江、历险江北的杜浒，在崖山被俘。杜浒自南还后，与文天祥时合时分。文天祥兵败空坑时，杜浒"奉朝命至行府"，与文天祥一起，"跋涉艰难者年余"。文天祥移屯潮阳时，杜浒"护海舟，寻趋崖山"，又与文天祥分手了。崖山海战失利，杜浒陷敌。文天祥到五羊，杜浒前来看他，他见杜浒"病无复人形"。不久，文天祥便听说杜浒死了。这个游侠、四千勤王军的招集者、为镇江脱逃出谋划策的爱国英雄，至此结束了他的一生。文天祥集杜诗纪念他的功绩说："昔没贼中时，中夜间道归。辛苦救衰朽，微尔人尽非。"（《集杜诗·杜大卿浒第一百三十二》）如果当初没有杜浒，也就很难有文天祥后一段斗争的历史，就真要

"人尽非"了。

还有一个钟震，在参加文天祥同督府的抗元军之后，曾奉同督府之命，与茶陵贺、尹二姓，"间行至崖山。未几，崖山溃，被掳脱归"（《文丞相督府忠义传·钟震》）。

在崖山被俘的，尚有文天祥的挚友、宋礼部侍郎、学士院权直邓光荐。他是写第一篇《文丞相传》的人，又是《文丞相督府忠义传》的作者。

文璧呢？在祥兴元年冬，元大兵至广东时，他看到"诸郡瓦解不能支，天祥以身殉（应作被俘）"，已经失望了。新岁来临，崖山战败，文璧"以宗祀不绝如线，皇皇无所于归，遂以城附"元（文璧《齐魏两国夫人行实》）。兄弟异心，历史常有。文璧以惠州降元，虽在文天祥被俘和崖山兵败之后，虽以保存宗祀为辞，可毕竟是变节。

南宋灭亡了，"三月十三日，虏舟还至广州"（《纪年录》）。文天祥这时是"一山还一水，无国又无家"（《指南后录·南海》）。

初至广州，文天祥看到广州"真形胜之国"，叹恨"往年虏平其城，收复后不能完整，为守国计，哀哉！吾国之无人乎？"（《集杜诗·至广州第七十七》）收复广州，而不去修复广州的城池，为守国之计，确实可哀。它表明宋朝所谓收复，不是真收复。元兵来了，广州又交给元兵了。当日拒绝文天祥进广州的宋将凌震、王道夫，而今安在哉？宋朝除了文天祥，文武大吏中，真正爱国的人，没有几个。

身在敌人军营中的文天祥，"日俟北方生杀之命"，而张弘范却对文天祥"礼遇日隆"。张弘范说过："文天祥见伯颜皋亭山，吾实在傍。"对文天祥的英雄气概，他记忆犹新。可他以为宋已灭亡，文天祥可能软化，回到广州的第二日，便"置酒海上，会诸将"，请来了文天祥。席间，张弘范举酒对文天祥说道："国亡矣，忠孝之事尽矣，正使杀身为忠孝，谁复书之？丞相其改心易虑，以事大宋者事大元，大元贤相，非丞相而谁？"张弘范不愧是汉奸中一个识才的人，他深知只要文天祥肯降，元世祖就会用文天祥做宰相。文天祥自己心里也是明白的。文天祥怎么回答呢？他道："国亡不能救，为人臣者，死有余罪，况敢逃其死而贰其心乎？殷之亡也，夷、齐不食周粟，亦自尽其义耳，未闻以存亡易心也。""岂论书与不书？"张弘范听了，"为之改容"（参见邓光荐《文丞相传》、《指南后录》）。不以存亡而易爱国之心，这正是文天祥爱国情操最高尚的地方。正因为他有这样一种情操，所以高官厚禄不能买，刀枪剑戟不能动，即使是到了生命的最后一秒钟，他仍旧是乐观的，仍在为国家的起死回生而斗争。

席上，副元帅蒙人庞钞儿赤也起来行酒，文天祥不为礼，庞钞儿赤恼羞成怒，大骂文天祥。文天祥也"大骂，请速死"（刘岳申《文丞相传》）。文天祥对庞钞儿赤的态度，也就是对元朝的态度。

酒席后，文天祥写了一首诗，内有"高人名若浼，烈士死如归"；"岂因徼后福，其肯蹈危机"之句（《指南后录》），又一次表明了他的心迹。

也就在三月十四日这一天，张弘范"具公（文天祥）不屈与所以不杀状，奏于朝"。四月十一日，使臣还言："上（元世祖）有谁家无忠臣之叹，旨令善视公，以来"大都（邓光荐《文丞相传》）。张弘范遂派都镇抚石嵩护送文天祥北去。

在文天祥的《指南后录》中，有《言志》一首。此诗写于何时？按邓光荐《文丞相传》曾说：文天祥听到元世祖要他北去，尝有"万里行役"，不如"死于兵，死于刑"之叹。而《言志》诗中，有"百年落落生涯尽，万里遥遥行役苦"之句，据此可以断定《言志》诗写于广州闻将北上之日。言志也就是明志。正是因为要北上了，要万里行役了，所以，他要在北上之前，把志向讲出来。同时写的《有感》诗，有"壮士千年志，征夫万里程"的话。言志也者，行役虽然万里，壮志则千年不变。

《言志》诗说："狼藉山河岁云杪，飘零海角春重暮。"前一句指二月六日崖山兵败，后一句指三月从南海还至广州。"百年落落生涯尽，万里遥遥行役苦"两句，指四月中旬，张弘范派往大都的使者回到广州，传旨"善视公，以来"。下面便是讲自己的志向与态度。

"妇女低头守巾帼，男儿嚼齿吞刀锯。杀身慷慨犹易免，取义从容未轻许。"慷慨赴死易，从容就义难。他深知这万里行役，带给他的将不是慷慨赴死，而是要从容就义了。从容就义难，且不是轻易可以得到的，他要对付一切复杂场面。用什么去对付呢？"仁人志士所植立，横绝地维屹天柱。以身殉道不苟生，道在光明照千古。"这就是志，他要言的志。无论如何，他要像天柱那样屹立，最终要以身殉道，绝不苟且偷生。道是什么？文天祥在二十三年前，在《御试策一道》中，曾以"不息"二字释道。以身殉道，也就是要不停息地进行斗争，直到从容就义。他斥责了"李陵、卫律罪通天，遗臭至今使人吐。"他是决不会做李陵、卫律那种人的。最后，他写道："平生读书为谁事，临难何忧复何惧。"后一句道出了他的乐观主义精神和无畏精神。后来，他在燕京监狱中的表现，正是如此。

这首《言志》诗十分重要，它可以帮助我们了解行将万里行役和在敌人巢穴中，进行斗争的文天祥的基本态度。

四月二十二日，文天祥离开广州北去。他的战友、在五坡岭脱走的徐榛，"自惠州来五羊（广州），愿从北行"（《集杜诗·徐榛第一百三十四》）。他的弟弟、以惠州降元的文璧，也来广州告别（《集杜诗·弟第一百五十一》）。

文天祥在《指南后录·临江军》跋中，写到"从者七人，或逃或死或逐，今仅存一人刘荣"。从者七人，不包括徐榛。知道姓名的，仅有刘荣、孙礼。这七人是从广州陪伴文天祥北上的。

在崖山被俘，与文天祥一起北上的，有邓光荐。只是杜浒，因在敌人罗网中，染上重病，和文天祥在广州见过一面之后，不久便死了。这是文天祥最感遗憾的事。

战友的陪伴和同行，使文天祥在万里行役中，多少得到了一点安慰。可是，除徐榛外，从他的七个人，在途中或逃，或死，或逐，到江西丰城时，只剩下刘荣一人了。

第二节 正气未亡人未息，梦回江路月风清

元军护送文天祥北上，是取陆路，还是取水路呢？

按《指南后录》卷一下有《出广州第一宿》《英德道中》《南华山》三诗，广州、英德、韶州南华山一线，正是北江一线。而从《出广州第一宿》，可明显地看出是取水路，即取道北江。诗中说：

> 越王台下路，搔首叹萍踪。城古都招水，山高易得风。鼓声残雨后，塔影暮林中。一样连营火，山同河不同。

出广州第一宿，已经从珠江进入北江了，所以是"城古都招水"。连营火指元军舟师在晚上烧火，河道为元军舟师霸占，所以是"山同河不同"。北江中，鼓声残雨，塔影暮林。舟中的文天祥，恰似一叶浮萍。这正是"身世飘摇雨打萍"，怎能不令他"搔首叹萍踪"呢？

出发了，要离开南方，远去北国，且正是阴雨天气，文天祥的思想心情，未免哀伤。但是，我们从他的北上途中第二首诗——《英德道中》，可以看到他另一种思想感情，反映了他的思想本质。

> 海近山如沃，杼深屋半芜。乾坤正风雨，轩冕总泥途。自叹鸢肩薄，谁怜鹤影孤。少年狂不醒，夜夜梦伊吾。

他看到雨洗山色如沃，杼深屋宇半芜，不禁联想到乾坤正风雨，轩冕总泥途。亡国恨跃然纸上。他自比鸢和鹤，可是鸢肩薄了，不能冲天而起；鹤影孤了，何处可觅战友？然而，他少年时代有意于事功，鸡鸣奋发，那种壮怀，仍在胸中。国家虽然亡了，爱国之梦不醒。他夜夜都梦到了伊吾，为国家立功绝徼。"少年狂不醒"，既是写爱国少年，又是写文天祥自己，"夜夜梦伊吾"，是用伊吾来比方蒙古，是说将来总有打到蒙古的

一天。这是狂想吧？可他日日夜夜，就是要做这种狂想。这种思想，与他后来在《发吉州》一诗中，写到的"正气未亡人未息"，是同一个思想。

南华山是佛教禅宗的圣地。文天祥的《南华山》一诗，读来也是很有意思的。诗中写到"佛化知儿尘，患乃与我同"。为什么佛也有患呢？文天祥在诗末注道："六祖禅师真身盖数百年矣，为乱兵刲其心肝。乃知有患难，佛不免，况人乎。"文天祥不信佛，说佛氏"蔽于死生兮，小其用于一身"（见第八章第一节引《义阳逸叟曾公墓志铭》）。患难到来，佛也难免，连禅宗六祖慧能的肉身心肝，都被乱兵挖去了，佛法在哪里？文天祥知道生为了什么，死又为了什么。他从来也不小其用于一身，而大其用于国，用于民。文天祥比佛氏高多了。

《南华山》所记是禅宗史上的一条重要材料，治佛教史者，不可不注意。

五月四日，文天祥"出梅岭，至南安军"（《集杜诗·至南安军第七十八》）。南安军的英雄们，在李梓发、黄贤的领导下，与元朝丞相塔出、二元帅张、吕的大军，从景炎元年一直打到景炎二年崖山兵溃。崖山兵败于二月。三月，元朝参政贾居贞往南安军"谕降，城上诟骂如初"，一点也不因行朝的灭亡而动摇。但南安的守城军民，已成了孤军，南安已成了孤岛，在敌人的强大攻势下，于三月十五日城破。李梓发"全家自焚"，"邑人多杀家属巷战，杀敌犹过当"（引见邓光荐《文丞相督府忠义传》）。真是壮烈无比。文天祥五月四日出梅岭，五月二十五日至南安军（见邓光荐《文丞相传》），距离李梓发殉难，已两个多月了。

一到南安，护送文天祥的石嵩便与囊家歹商定，"出江西虑篡夺，遂钥公于船"（邓光荐《文丞相传》）。

文天祥的朋友王炎午，写过一篇《生祭文丞相文》。这篇别开生面的《生祭文》，到底是在什么时候写的呢？为文天祥写年谱的，也未得出结论。从文中所写刘尧举"读之流涕，遂相与誊录数十本，自赣至洪，于驿途水步山墙店壁贴之，冀丞相经从一见"来看，可以断定此文作于文天祥到达南安军之日。南安军濒临漳水，再下去就是赣州了。文天祥到南安后,虽被锁在船中,但保密是保不住的,江西是文天祥的故乡,故人和江西人民谁都知道文天祥船到了南安,谁都知道将从南安继续坐船,沿着赣江顺流而去。《生祭文》是从赣州州城贴起的,一直贴到隆兴。时间贴早了,风吹雨打,文天祥便看不到了。贴晚了,文天祥过了赣州,贴在赣州的《生祭文》便不起作用了。王炎午撰写和张贴《生祭文》,从文中所说:"遂作《生祭丞相文》,以速丞相之死,尧举读之流涕",遂相与誊录、张贴来看,写与贴的时间是紧密相连的。因此,断定《生祭文》作于文天祥到达南安军之时,虽不中,亦不远。

王炎午为什么要写《生祭文丞相文》呢?他说:

> 丞相再执,就义未闻,慷慨之见,固难测识。因与刘尧举对床共赋,感慨嗟惜之。尧举先赋云:"天留中子坟孤竹,谁向西山饭伯夷?"予问其下句义,则谓:"伯夷久不死,必有饭之矣。"予谓:"向字犹有忧其饥而愿人饷之之意,请改作在字如何?"尧举然之。予以寂寥短章,不足用吾情,遂不复赋……遂作《生祭丞相文》,以速丞相之死。

按文天祥自祥兴元年(一二七八)十二月二十日被俘,至次年五月二十五日到达南安,有五个月零五天。在这样长的时间里,王炎午未听到文天祥的死讯,不免产生怀疑。他写《生祭文》,誊录张贴,是要文天祥一见,加速文天祥之死,以全文天祥之节。用心是好的,感情是真挚的,七百年来一直被当作一篇不朽的名文。但文中的思想、意境,大有可商之处。《生祭文》有这样一段话:

> 今鞠躬尽瘁,则诸葛矣;保捍闽、广,则田单、即墨矣;倡义勇出,则颜平原、申包胥矣。虽举事率无所成,而大节亦已无愧,所欠一死耳。奈何再执,涉月逾时,就义寂寥,闻者惊惜。岂丞相尚脱去耶?尚欲有所为耶?……昔东南全势,不能解襄、樊之围,今以亡国

一夫，而欲抗天下？……奈何慷慨迟回，日久月积，志消气馁，不陵（李陵）亦陵，岂不惜哉？

王炎午用诸葛亮、田单、颜平原、申包胥来比文天祥，比对了；用李陵来比文天祥，则比错了。文天祥想起李陵便要吐。王炎午认为今日事势已无可为，所欠只有一死，也不正确。他不了解，在敌人严密防范下，死，不能由文天祥自己做主；不了解文天祥的哲学基本思想是"法天地之不息"，只要一息尚存，文天祥便要作斗争；更不了解即使国家亡了，事势仍有可为。因为"欲抗天下"者非止一夫，而有千千万万的爱国人民。文天祥的斗争和他们的斗争，是结合在一起的。

话又说回来，王炎午《生祭文》的写出，说明了在文天祥的朋友中，志士仁人之多。他们和文天祥的关系，正如绿叶和红花，互不可缺。

在北上途中，文天祥没有看到张贴在驿途水步山墙店壁上的《生祭文》。这是因为他一到南安军，便被锁在船上。且自南安到丰城，文天祥一直都在绝食中。

是活着斗争，还是一死全节，在文天祥的思想中，有过激烈的斗争。我们可以看到，在船过庐陵之前，一死全节占上风，这正是王炎午、刘尧举所希望的。在船过庐陵之后，活着斗争占上风，这高出了王炎午、刘尧举的思想要求。

船泊南安的时候，文天祥绝食了。这有两个原因：一是在五坡岭，在和平市，在潮阳，在崖山，在广州，文天祥都曾求死，但敌人不仅不肯杀他，反而给予礼待。绝食是求死的继续。二是南安距庐陵约有七八天的水路，文天祥估计从南安开始绝食，到庐陵时，将是他命尽之日，他可以葬在庐陵，不失"狐死首丘"之义。《指南后录·黄金市》中的话："闭蓬绝粒始南州，我过青山欲首丘"，反映了他这个想法。"胡马依北风，越鸟巢南枝"，人们难免故乡之恋，文天祥这个想法，是人之常情，并不奇怪。矫情反倒奇怪了。

因为决定绝食，在南安，他写了"告祖祢文，别诸友诗"，委托孙礼，携往庐陵富川，并约好六月二日，"复命于吉城下"。孙礼上岸的地点，定在黄金市（见《指南后录·临江军》跋）。孙礼是不是去了，后面再谈。这里先讲一下他的告祖祢文和别诸友诗所表现的思想感情。

《吟啸集》载有《告先太师墓文》，内说："维己卯五月朔，越二十有六日（祥兴二年五月二十六日），孝子某自岭被执，至南安军，谨具香币，遣人（孙礼）驰告于先太师革斋先生墓下（文仪赠太师）。"据这段文字，可知他绝食从五月二十六日开始。告祖祢文即《告先太师墓文》。他派孙礼带着这篇告墓文和别故里诸友诗，于绝食这一天，从黄金市登岸，驰归庐陵富川。告墓也就是"以心事白诸幽明"。他觉得这件事情做了，便心事已了，可以"含笑入地"了（《指南后录·临江军》跋）。他告的是什么呢？斗争经历。《告墓文》说：

> 始我起兵，赴难勤王，仲弟将家，遁于南荒。宗庙不守，迁我异疆，大臣之谊，国亡家亡。灵武兴师，解后归国，再相出督，身荷忧责。江南之役，义声四克，为亲拜墓，以剪荆棘。大勋垂集，一跌崎岖，妻妾子女，六人为俘（欧阳夫人、颜黄二孺人、次子佛生、二女柳娘、三女环娘）。收拾散亡，息于海隅，庶几奋厉，以为后图。恶运推迁，天所废弃，有母之丧（祥兴元年九月齐魏国夫人曾氏逝世于船澳），寻失嫡子（长子道生，因病死于惠阳郡治中，距齐魏国夫人逝世仅六十日）。哭泣未干，兵临其垒，仓皇之间，二女天逝（四女监娘、五女奉娘死于乱兵中）。剪为囚虏，形影独存，仰药不瘳（吞脑子不死），竟北其辕。

文天祥懂得"国亡家亡"。这篇《告先太师墓文》，以极简练的语言，概括出了他"公尔忘私，国尔忘家"，百折不挠的斗争历史。文天祥二子六女，在文天祥起兵赣州之后，在乱离中，在斗争中，或者丧亡，或者被虏。欧阳夫人和颜、黄二孺人，也被俘虏。母亲死于海隅。真是一家人都尽了，原因只有四字——救国救民。文天祥在为文告父墓这年，不过四十四岁。长子道生死时年仅十三岁。亲人的不幸，一个接着一个，对文天祥心灵打击的沉重，可想而知。但我们可以看到他的抗元意志，不仅未削弱半点，而且更加坚定。把这种精神和他初起兵时，毁家纾难联在一起看，就知道他为国忘家，达到了什么深度，可贵之处，究竟何在了。

文仪主张"化学来新"，文天祥的成长与文仪的教育分不开。他告父墓，是向亡父也是向未亡的亲人、战友，向人民表明：他无愧于父教，未辜负亲人、战友、人民的期望。

文天祥的《指南后录》，有《别里中诸友》一诗。此诗即《临江军》注中说的，是与告祖祢文同时写成的别诸友诗。诗中写道：

> 青山重回首，风雨暗啼猿。杨柳溪头钓，梅花石上尊。故人无复见，烈士尚谁言？长有归来梦，衣冠满故园。

这首诗写得清俊，没有哀伤，只有对故友和对故国的怀念。

敌船带着已经绝食的文天祥，离开了南安军。"二十八日至赣州，六月一日至吉州。"（《纪年录》）文天祥原来以为六月二日才能到吉州，可是"水盛风驶，前一日达庐陵（吉州州治）"。绝食已有五天的他，安然无恙。六月四日快到丰城的时候，他忽然发现孙礼坐在别的船上，"乃悟竟不曾往，为之痛哭流涕"。到六月四日，文天祥"不食已八日"，仍旧"若无事然"。他不再绝食了，"复饮食如初"（《指南后录·临江军》跋）。

文天祥为什么绝食八天未死呢？又为什么在八天后开始进食了呢？没有人回答过。

按《集杜诗·过临江第八十三》说了三个原因：一、"予念既过乡州，已失初望，委命荒滨，立节不白"。二、"且闻暂止金陵郡，出坎之会，或者有阴自天，未可知也"。三、"初，众议以予渐殆，欲行无礼，掩鼻以灌粥酪，至是（复饮食）遂止。乃知夷、齐之心事，由其独处荒山，故得行其志耳"。

敌人不叫他死，求死是难的。"掩鼻以灌粥酪"，绝食怎能死去？庐陵过时人无恙,再死已失去首丘之义。尤其是文天祥听到将在金陵耽搁,他认为这一耽搁,"出坎之会,或者有隙自天,未可知也"。事实上金陵人民已在准备劫夺文天祥。与其死去,不如活着斗争。这个原因是文天祥恢复饮食最重要的原因。从丰城进食那天(六月四日)起,文天祥彻底打消了一死全节的念头,他在准备新的斗争了。

在绝食八天中,船经过赣州、万安、太和、吉州、临江军的时候,文天祥都有诗抒情。这些诗反映了在绝食中的文天祥,志气并没少衰。当他一听到将在金陵暂驻,一想到可能会有"出坎之会"的时候,便不再绝食,也就不是偶然的了。我们来看看这些从他内心深处发出的吟咏。

《指南后录·赣州》一诗,有"满城风雨送凄凉,三四年前此战场"之句。文天祥曾两次出兵攻打赣州。现在虽然是"满城风雨送凄凉",但"江山不改人心在,宇宙方来事会长"。未来仍旧充满了希望。这诗写出时,文天祥已经绝食了两天。

《泰和》(泰和即太和)一诗,写他虽作"楚囚",但"丹心不改",宁可"下帷绝粒坐蓬窗",也不与群儿共竖降旗。

特别是《发吉州》一诗,浩然之气,溢于言表。诗中写道:"己卯六月初一日(此日船到吉州),苍然亭下楚囚立。山河颠倒纷雨泣,己亥七夕此何夕?煌煌斗牛剑光湿,戈鋋彗云雷电击。三百余年火为德,须臾风雨天地黑。皇纲解纽地维折,妾妇偷生自为贼。"这是痛心国家沦亡,天地变色;斥责"妾妇"偷生,甘为国贼。

"英雄扼腕怒须赤,贯日血忠死穷北。首阳风流落南国,正气未亡人未息。青原万丈光赫赫,大江东去日夜白。"写得气势何等遒劲!面对山河的颠倒,"妾妇"的偷生,英雄怎能不扼腕叹恨,怒须为赤。"贯日血忠死穷北。首阳风流落南国",正是英雄的本色。"正气未亡人未息"一语,应从文天祥的哲学思想法天不息来理解。正气充塞于天地之间,运行不息,人们的斗争也从来不会止息。"青原万丈光赫赫",是正气长存的象征;"大江东去日夜白",则是人的斗争永远也不会停息的显现。从这首英雄诗篇看出,文天祥是不会甘愿绝食而死的。他将由仿效"首阳风流"转到他的基本哲学思想法天不息上，将要和敌人永远斗争下去。他在六月一日过吉州，四日到丰城，绝食便停止了，是这种思想的胜利。

自吉州到丰城，陪送文天祥北行的人，有明显的变化。值得留意的是张弘毅（张毅父）其人。

元陶宗仪《辍耕录》说："张毅父先生别号千载心，庐陵人，而丞相文公友也。公贵显时，屡以官辟不就。江南既内属，公自广还，过吉州城下，先生求见，曰：'今日丞相赴北，某当偕行。'既至燕，寓于公囚所侧近，日以美馔馈，凡三载始终如一。"文天祥《集杜诗·自序》有"非千载心不足以语此"之言。王炎午《望祭文丞相文》有"庐陵张千载心弘毅自燕山持丞相发与齿归"之言。《昭忠录》又谓："吉州士人张弘毅，字毅夫，号千载心，与天祥善，随至燕。"根据这些材料，可知张弘毅，字毅夫（或作毅父），号（或作别号）千载心。他在文天祥船过吉州时，自请随文天祥赴北。以后一直伴随文天祥，成为文天祥最亲密的朋友。

在广州愿从北行的徐榛等人，到丰城时，则只余徐榛、刘荣二人了。孙礼在丰城被文天祥放走。徐榛在丰城病死（《集杜诗·徐榛第一百三十四》）。从丰城开始，陪送文天祥的，唯有张弘毅、刘荣二人。

六月初五日，文天祥乘船到了隆兴（《纪年录》）。邓光荐《文丞相传》说：当时"观者如堵，北人有骇其英毅者，曰：'诸葛军师也！'"当日深夜，文天祥在舟中写了《隆兴府》一诗，内有"无限故人帘外雨，夜深如有广陵音"之句（《纪年后录》）。在这里，邓传和文诗，把人民和爱国者之间的动人感情，展现在我们的眼前。须知"隆兴自陷没后，忠义奋发，几于返正，屠灭殆尽"（《集杜诗·过隆兴第八十四》）。那帘外如堵的观者，只是尚未屠灭的"劫余"而已。他们不正是文天祥的故人和知音吗？他们敢来看文天祥，不正是力量的表现吗？

文天祥乘船进入了鄱阳湖。过南康军时，遥望庐山，写了一首词《南康军和东坡酹江月词用原韵》（《指南后录·拾遗》）。虽然有"堪嗟飘泊孤舟"之句，但读来使人感到他的心情更不同了。试看前半阕：

庐山依旧，凄凉处，无限江南风物。空翠晴岚浮汗漫，还障天东
半壁。雁过孤峰，猿归老嶂，风急波翻雪。乾坤未歇，地灵尚有
人杰。

这是美的画面，动的画面。尤其是后面两句："乾坤未歇，地灵尚有
人杰"，比"正气未亡人未息"开朗多了，明快多了。而开朗、明快中，
又使人感到含有一种无穷无尽的力量。那陡然立起的"还障天东半壁"的
庐山，正是这种力量的化身。

他抱着这样一种变化了的心情，出了湖口，进入长江，经过鲁港，想
起贾似道十三万大军，溃败于此，遂至国门不守，端宗北狩，愤慨、激昂
的情绪在冲闯、沸腾。他挥笔写下了一首斥责恭帝朝廷和贾似道误国的
五律：

方夸金坞筑，岂料玉床摇。国体真三代，江流旧六朝。鞭投能几
日？瓦解不崇朝。千古燕山恨，西风卷怒潮。

劈头二语便是斥责恭帝朝廷，不是斥责贾似道。太皇太后谢氏以为有
了贾似道这个师相，筑起"金坞"，防守鲁港，万无一失。却不知这正是
她所坐的"玉床"摇动的缘由。十三万大军投鞭可以断流，可没有几天，
便土崩瓦解。致使神州陆沉，皇帝变成俘虏，被敌人押送燕山。朝廷误
国，志士扼腕。最后二语："千古燕山恨，西风卷怒潮"，有雷霆万钧
之力。

六月十二日，文天祥在建康登上了江岸。

自六月十二日至建康，到八月二十四日发建康，文天祥在建康驿邸，
住了两个月零十二天。

到建康的第二天，"邓光荐以病迁寓天庆观就医，留不行"（邓光荐
《文丞相传》）。一个爱国者，对于共过患难的朋友，总是关心的。邓光荐
写过许多诗，为了使邓光荐的爱国诗篇能够流传而不泯没，在邓光荐住院

后，文天祥便动手为邓光荐编诗集。

文天祥说：邓光荐"自为举子时，已大肆力于诗，于诸大家皆尝登其门而涉其流。其本瞻，其养锐，故所诣特深到"。特别是自丧乱以来，"其惨戚感慨之气结而不伸，皆于诗乎发之"，诗写得更好。他和邓光荐"年相若，又同里闬，以斯文相好，然生平落落不相及"。只是到了同作楚囚，同自广州北上的时候，才在一起。他们一路"同患难者数月"。他在路上写给邓光荐的一首诗中，曾有"万里论心晚，相看慰乱离"的话（《又呈中斋》）。邓光荐自广州至建康所写的诗，他都看过。他二人还时相唱和。现在邓光荐病了，他有责任取邓诗，"笔之于书，与相关者并附"。他的想法是："为后之览者，因诗以见吾二人之志，其必有感慨于斯。"邓光荐的诗集，文天祥题名为《东海集》。取义"鲁仲连蹈东海，义不帝秦"，以明他二人义不帝元之志。集中包括了邓光荐"客海南以来诗"。文天祥说得好："海南诗曰《东海集》者何？鲁仲连天下士，友人（邓光荐）之志也。"邓光荐之志，也就是文天祥之志。《东海集》是在他二人这种共同的爱国志向上产生的。

早年，文天祥任瑞州知州时，曾得杨万里《锦江尺牍》一帙，为之欢欣鼓舞，整理后，写了跋。现在，在被俘北上途中，他又为邓光荐编诗集。从这两件事可以看出文天祥何等珍视祖国文物、文化。须知这是文天祥爱国思想的又一个表现，或者说，又一个组成部分。

邓光荐后来为文天祥和文天祥的战友写了传记。文天祥的《指南后录》中，有《怀中甫》一诗，诗题有注："时中甫以病留金陵天庆观。"诗中有"死矣烦公传，北方人是非"二语。这表明邓光荐（字中甫，又名中斋）作《文丞相传》和《文丞相督府忠义传》的动机，在金陵病中，已经对文天祥说过。文天祥也必为他提供了材料。不然，文天祥不会对他说"死矣烦公传，北方人是非"的话。邓传无疑是最信实的传记。惜《文丞相传》全文已不可见，《纪年录》注只是散引。

文天祥集邓光荐诗为《东海集》，并作《东海集序》，邓光荐为文天祥和他的战友作传，是文化史上的两件大事。他们的友谊是高尚的，因为他们都是爱国者，都以爱国相勉励；他们的目的是相同的：让爱国的精神永远传下去，在后世开花结果。

《指南后录·拾遗》尚有《广斋谓柳和王昭仪满江红韵，惜未之见，为赋一阕》，并注明此阕为"中斋作"。中斋即邓光荐，文天祥常称邓光荐为中斋，在北行途中，有《又呈中斋》二首。广斋，我疑是邓光荐对文天祥的称呼。王昭仪即王清惠。德祐二年（一二七六），随赵㬎、全太后北去。王清惠"至燕"，在"驿中"题《满江红》词，"中原传诵"。文天祥、邓光荐到建康，都读到了这首词。文天祥感到："惜末句少商量。"（《指南后录·王夫人词》后书）他和了一首，又代作了一首。邓光荐所赋为和词。

《王夫人词》后半阕是："龙虎散，风云灭，今古恨，凭谁说？顾山河百二，泪流襟血。驿馆夜惊尘土梦，宫车晓转关山月。若嫦娥于我肯相容，从园缺。"文天祥说的惜末二句少商量，即指"若嫦娥于我肯相容，从园缺"。这有逃世之想，且易使人产生怀疑，词中嫦娥，究竟指谁？

和词不须说，我们来看文天祥的《代王夫人作》的后半阕，与王清惠词不同处何在。词云：

> 彩云散，香尘灭，铜驼恨，那堪说。想男女慷慨，嚼穿龈血。回首昭阳离落日，伤心铜雀迎新月。算妾身不愿似天家，金瓯缺。

龙虎不会散，风云不会灭，散灭的只是彩云和香尘。不是今古恨，是铜驼恨；不是凭谁说，而是自己那堪说起。"想男女慷慨，嚼穿龈血"，意境不仅比"顾山河百二，泪流襟血"好得多，而且翻转过来了。"回首昭阳离落日，伤心铜雀迎新月。"王夫人原作写的是"驿馆"，而文天祥则翻到昭阳。故国之思，跃然纸上。"算妾身不愿似天家，金瓯缺。"王夫人原作是想求嫦娥相容，那和赵㬎、全太后想求元朝相容，有什么区别呢？文天祥一翻，"算妾身不愿似天家"，不愿似天家者，不愿似嫦娥奔月，冷冷清清，更不愿似太皇太后、太后、皇帝投降，乞哀于敌人。为什么呢？只因为金瓯已缺，家国沦丧。这翻得多好！须知这是文天祥自己的思想。

《代王夫人作》未注年月，但和词既有邓光荐的作品，便可断定，必在建康赋出。

邓光荐的和词最后二句是："又争知有客夜悲歌，壶敲缺。"把自己和王夫人划开，意境高于王清惠词，但不及文天祥词。

两个多月过去了，八月十五日来临。这是团圆佳节，而文天祥却是孑然一身，被囚于建康驿邸。他写了一首《中秋》（《指南后录》），诗中未免有"客程恰与秋天半，人影何如月倍圆"之叹。可在他心里，更多的是山河之恋。他从对亲人的思念转到了建康和建康上空的一轮明月，写出了"犹是江南佳丽地，徘徊把酒看苍天"之句。杜甫名句"中天月色好谁看"，到底不如"徘徊把酒看苍天"。元军决定八月二十四日离开建康，《中秋》一诗，反映了文天祥离开建康前夕的坦荡胸怀。

我们再来看一下人民的动向。

文天祥在《集杜诗·江行第八十九》中说过："六月六日过隆兴，十二日至金陵囚邸，八月二十三日渡江北行，事会多有。"在《狱中与弟书》中又说过：他在建康的时候，"有忠义人约夺我于江上，盖真州境也"（载邓光荐《文丞相传》）。可见一路上都有人想把文天祥夺走。尤其是到了建康以后，因为停留时间较长，人民的营救活动更活跃。从"约夺"二字，可知人民曾和文天祥取得联系。透过这种约夺，我们会强烈地感到：无数颗爱国的心，正在建康内外激烈地跳动；无数颗爱国的心和文天祥的心串连在一起。会更加懂得：文天祥抗元之所以坚韧不拔，百折不挠，是因为千千万万人民，无时无刻不在支持他。人民是他的力量的源泉。

第三节 "荒草中原路，斜阳故国情"

元世祖至元十六年（一二七九）八月二十四日，石嵩等挟持文天祥自建康东阳登舟东去。

《指南后录》中，有《送行中斋三首》。这三首诗为邓光荐送行之作。

诗中有"出门一万里，风沙浩漫漫。岂无儿女情，为君思决澜。……愿持丹一寸，写入青琅玕"之句。后三句显然是用文天祥自己的话"留取丹心照汗青"，来勉励文天祥。"一夕肠百转"，共患难的朋友，要北行了，再没有什么事情能比这件事使邓光荐更难过的了。

人民在行动。邓光荐说："八月二十四日，石嵩等以公自东阳渡江，淮士有谋夺公江岸者"，可惜没有成功，因为张弘范"命兵卫夹舟、陆至扬州"（《文丞相传》）。邓光荐的话，说明行前张弘范已到建康，作了布置。文天祥的坐船，不仅江中有水军夹卫，而且两岸有陆军夹卫。人民无法突破这两层严密的防护圈。

邓光荐说的有淮士谋夺文天祥于江岸，也就是文天祥说的"八月二十三日渡江北行，事会多有"（二十三日应作二十四日）。文天祥于二十七日过真州驿，按照事前约定，将有人于真州境内夺走文天祥。然而，"及期失约"，未见动静，文天祥不免失望。他眼望真州这座他熟悉的城池，"惘然北行"（《狱中与弟书》）。人民不是失约，而是因为敌人卫夹舟、陆至扬州，一直无法靠近。

北方是文天祥没有去过的地方，现在渡江北去，又正是中秋已过，西风萧瑟之时。一路上，文天祥的感慨特多。几乎每到一地，他都写了诗章，把感慨发之于吟咏。或怀旧友，或哭亡母，或伤中原凋残，或写北国风光。从这众多的北行诗歌中，我们可以看到他无片刻消极之想，也从不考虑到燕京后，将会遭到什么。

渡江后的文天祥的诗歌，大都注有月日。今据《指南后录》卷二，参照《集杜诗》《吟啸集》，依次列出记有地名、月日的诗歌，以见文天祥从建康出发后，所曾经过的地点和时间。诗中反映的北方的现实、个人的情怀，后面再谈。

《发建康》，八月二十四日。《集杜诗·江行第八十九》，作"八月二十三日渡江北行"，有误。邓光荐《文丞相传》亦作二十四日。

《江行有感》，二十五日。

《真州驿》，二十七日。诗中有"北首燕山路，凄凉夜向晨"之句，故知过真州，在八月二十七日凌晨。

《望扬州》。应在二十七日未暮之前。

《维扬驿》。诗中有"三年别淮水，一夕宿扬州"之句。故知二十七日晚宿于扬州。《集杜诗·北行第九十》作"八月二十六日至扬州"，疑误。

《过邵伯镇》，二十八日。邵伯镇在扬州北四十五里。诗中有"回首江南路，青山断夕阳"之句。过邵伯镇在二十八日黄昏。

《高邮怀旧》，二十九日。

《发高邮》，三十日。

《宝应道中》。诗中有"征袍共衮绣，夜壁一灯孤"之句。故知船行宝应道中，在三十日夜间。

《淮安军》，九月一日。

《过淮河宿阚石有感》。诗中有"今晨渡淮河，始觉非故宇"之句。故知到淮安军，在九月一日晨。船在淮安军没有停泊，直渡淮河。此日晚，宿于淮安的阚石。

《发淮安》，九月二日。诗中有"九月初二日，车马发淮安"之句。表明文天祥渡过淮河以后，即在元军挟持之下，改由陆路车马北上。

《小清口》，初三日。小清口在淮阴县（今淮南市淮阴区）西南。诗中有"荒草中原路，斜阳故国情。明朝五十里，错做武陵行"之句。表明到小清口，在初三日夕阳西下之时。此日晚宿于小清口，因为有"明朝五十里，错做武陵行"之句。武陵，用以喻桃源县。小清口至桃源县，有五十里的路程。

《桃源道中》，初四日。此即《小清口》中所谓"明朝五十里，错做武陵行"。桃源县即泗阳县。

《桃源县》。初四日经过。

《崔镇驿》。崔镇在桃源县西北三十里。诗中有"野阔人声小，日斜驹影长。解鞍身似梦，游子意茫茫"之句，表明文天祥到崔镇，在初四日黄昏。此日晚，宿于崔镇驿。

《发崔镇》，初五日。诗中有"高雁空秋兴，寒蝥破晓眠"之句，表明初五日破晓，便从崔镇出发了。

《发宿迁县》（宿迁县即今宿迁市）。诗中有"夜梦入星槎，晓行随斗柄。衣暖露自干，鬓寒冰欲凝"之句，表明初五日宿于宿迁，发宿迁则在初六日晨。

《望邳州》，初六日。七日，"哭母小祥于邳门外"（《集杜诗·北行第九十》），写有《邳州哭母小祥》诗（见《吟啸集》）。可见初六日宿于邳州。初七日哭母于邳州城门之外，表明是在出发途中哭母。文天祥的母亲齐魏国夫人，逝世于祥兴元年（一二七八）九月七日。至此为一周年。

《徐州道中》，初七日。

《彭城行》，徐州彭城县。按《集杜诗·北行第九十》，有"初九日至徐州，登项羽故宫地，登黄楼台，读子由赋"之言。初九应作初八。

《发彭城》。诗中有"今朝正重九，行人意迟迟"之言，可知发彭城在重阳节早晨。

《沛歌》，山东藤州沛县，初十日。

《发鱼台》，十二日。诗中有"晨炊发鱼台，碎雨飞击面"之句，故知发鱼台，在十二日晨雨中。由此诗可以反推初十日到沛县，即宿于沛县，十一日发沛县，到鱼台，即宿于鱼台。十二日发鱼台，宿于潭口。

《新济州》，即济宁县。诗中有"借问新济州，徐、郓兄弟国。昔为大河南，今为大河北"之句。可知新济州本在黄河北面。九月十三日，发潭口，渡黄河，至新济州。此日晚，即宿于新济州。

《汶阳道中》，东平路汶阳县，十四日。

《汶阳馆》。诗中有"去岁营船澳，今朝馆汶阳"之句。可知十四日晚宿于汶阳。

《自汶阳至郓》，十五日。郓州，今东平县。

《来平馆》。诗中有"憔悴江南客，萧条古郓州。雨声连五日，月色彻中流"之句，可知十五日晚，宿于郓州来平馆。自九月十一日至鱼台到十五日至郓州，下了五天的雨，一路"行陆如涉川"（《汶阳道中》）。

《发郓州喜晴》。十五日晚宿来平馆，雨已停止，月色清澈。十六日发郓州，故有喜晴之语，此日到东阿。

《发东阿》，十七日。

《宿高唐州》，博州。诗中有"早发东阿县，暮宿高唐州"的话。可知十七日晚宿于高唐。

《平原》，十八日。《集杜诗·北行第九十》，有"十八日过平原"之言，可知是过，不是宿。十八日晚，宿于陵州。

《发陵州》。这是十九日了。诗中有"大明朝东出，皎月正在天"之句，此日一早，便离陵州。陵州，今陵县。

《献州道中》。

《滹沱河二首》。

《河间》。序云："夜宿河间，恰家则翁寓焉，因成三绝。"《集杜诗·北行第九十》书明："二十日至河间府。"由此可以反推十九日在献州（献县）道中，二十日渡滹沱河至河间。但不知十九日宿于何处。二十日晚则宿于河间。

《保州道中》，二十一日。诗中有"昨日（二十日）渡滹沱，今日望太行"之句。保州（保定府），今清苑县。据《集杜诗·北行第九十》："二十一日至保定府"，可知当日便到达保州。

《保涿州三诗·赵太祖墓》，自注："在保州，二十九日起，三十日到。"据此可知文天祥二十一日到达保州后，在保州停留到二十九日，才继续北行。保涿州三诗，除《宋太祖墓》一首外，尚有《楼桑》（文天祥自注"故宅近涿县三十里"）（涿县即今涿州市）、《涿鹿》二首。三十日到，指到涿鹿（涿州）。

《过梁门》。梁门，今徐水县，在保州与涿州之间。过梁门在二十九日。

《白沟河》。在今定兴县南，为宋辽界河。过白沟河，到涿州便不远了。诗中有"戴星渡一水，惨淡天微茫"之句。可知过白沟河，在三十日凌晨。

《楼桑》。涿县楼桑，为刘备的故里。三十日过楼桑。

《涿鹿》。此涿鹿指涿州，三十日到涿州，即宿于此。

《过雪桥、琉璃桥》。诗中有"游子衣裳如铁冷，残星荒店野鸡啼"之句。残星鸡啼表明过雪桥、琉璃桥在十月一日破晓。

《己卯十月一日至燕，越五日，罹狴犴，有感而赋》十七首。诗题便写明了至燕日期为十月一日。在《集杜诗·至燕城第九十六》序中，也说到"十月一日至燕城"。文天祥万里行役，至此结束。自四月二十二日发广州算起，全程历时五个月零十天。自八月二十四日发建康算起，历时一个月零八天。

深秋的北方，"瑟瑟秋风悲，烈烈寒气骄"。国家亡了，身被俘了，万里行役，解送燕京，而又时值深秋，对一个爱国者来说，亡国恨不能不时刻浮上心头。文天祥《指南后录》中的北行诗，亡国之恨是多的。《发建康》，便有"江山如梦耳，天地奈愁何"的话。船过真州，他想起了三年前夜走真州，和苗再成计划联合两淮，发动反攻，没有成功。不禁有"英雄遗算晚，天地暗愁新"之叹（《真州驿》）。高邮以北，便是他从未经历的地方了。他将驰驱于梁、赵之郊，思念故国之情更深了。但情深中又寄托了希望。他在《发高邮》中写道："北望渺无际，飞鸟翔平畴。寒芜入荒落，日薄行人愁。驰驱梁赵郊，壮士何离忧！吾道久矣东，陆沉古神州。"后面忽然一转，"不能裂肝脑，直气摩斗牛。但愿光岳合，休明复商周。不使殊方魄，终为异物羞"。离忧几乎被一扫而光。

亡国恨是具体的，不是抽象的。文天祥恨什么？他恨"天下卧龙人，多少空抱膝?！"秉改革之志、爱国之志，有才有识的人，何以总是"空抱膝"？因为对一个政治腐朽而又把妥协投降当政策的朝廷来说，"卧龙人"是祸害，他们只能空抱膝，不能用于世。他恨卖国贼。九月十五日，宿郓州来平馆，他写道："万里山河梦，千年宇宙愁。欲鞭刘豫骨，烟草暗荒丘。"刘豫，太多了，太皇太后谢氏、贾余庆之流，都是刘豫。"欲鞭刘豫骨"，写出了文天祥对刘豫那样的卖国贼的切齿痛恨。他还恨虎狼一样的敌人，不仅在南方，而且在北方，屠杀了不知多少爱国人民。

任何一个爱国者，都不会在亡国的痛苦中，忘记自己的战友和亲人。

在北行途中，故友、亲人，常常在他的脑海中浮现。他觉得吾生虽误，但"莫恨吾生误，江东才俊多"（《发建康》）。他想起了江东才俊，似乎便有了力量。可是，现在的他，却孑然一身，"故旧更无人"（《真州驿》）了。特别是船到高邮，他想起了三年前的往事，想起了在江北生死与共的战友和帮助过他们的樵夫，吟出了"借问曾游处，高沙第几山？潜行鹰攫道，直上虎当关"（《高邮怀旧》）之句。那善良的樵夫，英雄的战友，而今哪里去找？

九月七日，是文天祥母亲逝世一周年的日子。他在九月七日，从邳州出发，哭母于邳州门外。在《邳州哭母小祥》中，他把一个高尚的母亲，带到了我们眼前。"母尝教我忠，我不违母志。"这不是单纯的哀痛，而是对一个爱国的母亲的悼念。

空坑之败，文天祥失去了六个亲人。在发潭口，渡黄河之前，他想起了失去的亲人，写了六首歌。第一首是想念妻子欧阳夫人的歌。从这首歌中，可以看到，在一个爱国者和他的妻子之间，感情何等深厚。歌云：

> 有妻有妻出糟糠，自少结发不下堂。乱离中道逢虎狼，凤飞翩翩失其凰，将雏一二去何方？岂料国破家亦亡，不忍舍君罗襦裳。天长地久终茫茫，牛女夜夜遥相望。呜呼一歌兮歌正长，悲风北来起彷徨。

《纪年录》注："欧阳夫人被掳后，即到燕都，与二女皆留东宫，服道冠敝衣，日诵道经。"此刻文天祥哪里知道，他思念的妻子正在燕京受折磨；欧阳夫人又哪里知道，她思念的丈夫正在解送燕京的路途中。

黄、淮流域，累经战祸，城乡凋残，一片荒凉景象，时时呈现在文天祥眼前。这又不能不使他产生感慨，咏入诗歌。在《指南后录》中，他的诗歌反映了宋元之交北方城乡衰败的面貌，录之以见。

《过邵伯镇》："一湾流水小，数亩故城荒。"

《发高邮》："寒芜入荒落，日薄行人愁。"

《淮安军》："楚州城门外，白杨吹悲风。累累死人塚，死向锋镝中。"

《发淮安》："烟火无一家，荒草青漫漫。"

《彭城行》："遗民死欲尽，莽然狐兔丛。我从南方来，停骖抚遗踪。故河蓄潢潦，荒城翳秋蓬。"

《固陵道中》："茅舍荒凉旧固陵。"

《新济州》："路上无人行，烟火渺萧瑟。"

《发郓州喜晴》："城郭何萧条，闭户寒飕飕。"

这都是实录。江淮以北，那时真是"万姓以死亡"。千城万落，几乎都成了狐兔丛、瓦砾场。须知这既是蒙古侵略者的罪行，又是宋朝妥协投降集团的罪行。

北行途中，文天祥想得很多，故国、战友、亲人、遗民、荒城、荒落、受害者，他都在想。可是他没有被恨、被愁压倒，而是昂起头来，迎着北风前进。在《指南后录》北行诗歌中，我们还可以看到北国风光的旖旎、瑰丽和爱国者的壮怀不已。

在《汶阳道中》，他写道："平楚渺四极，雪风迷远天。……男儿欲了事，长虹射寒泉。"

在《发郓州喜晴》，他写道："微见扶桑红，隐隐如沉浮。身游大荒野，海气吹蜃楼。须臾划当空，六合开沉幽。千年厌颜色，苍翠光欲流。太阳经天行，大化不暂留。辉光何曾灭，晦霭终当收！"

在《献州道中》，他写道："吾常涉重湖，东南际南海。兹游冠平生，天宇更宏大。心与太虚际，目空九围内。"

在《保州道中》，他写道："牛车过不住，毡屋行相望。小儿骑塞驴，壮士驾乘黄。高低桑万顷，黑白草千行。村落有古风，人间无时妆。……吾生直须臾，俯仰际八荒。"

这是北国风光和爱国胸襟、未来理想的合一。写得太好了！

这是北行途中，在文天祥脑海内，占据主导地位的思想。由此可以理解，他去虎穴燕京，为什么会"贪程频问堠，快马缓加鞭"（《发东阿》）了。"老子精神健十分"（《河间》），虎穴龙潭视等闲，路程越近燕京，他的精神越加抖擞。

由此可以理解，在北行途中，为什么他又表现得很从容，有兴趣游览古迹。他到徐州，便去"吊项羽故宫地；登黄楼台，读子由赋"（《集杜诗·北行第九十》）；游燕子楼、戏马台。项羽故宫在城北正中，黄楼为苏轼所造，在城东门。苏辙为赋，苏轼书碑。燕子楼为唐人张愔所造，在城西北角。戏马台为项羽所筑，在城南不到一里之处。可见徐州城北、城东、城西北、城南，他都去游过。被押北行，在他等于"游历"。他对古人还发议论。《燕子楼》诗："但传美人（张盼盼）心，不说美人色。"既是写张盼盼，又是自况。他到沛具，游歌风台，有《歌风台》诗。在这首诗中，他没有歌颂刘邦，而用了"不见往年事，烹狗与藏弓"之句，谴责了刘邦杀害韩信、彭越等人。这与传统的观点，很不相同。

北方人民对既陌生又不陌生的北来行客文天祥，态度又如何呢？有一则记载，颇能说明问题。

宋周密《癸辛杂识》文山书为北人所重条说：

> 平江赵昇卿之侄总管号中山者云：近有亲朋过河间府，因憩道傍，烧饼主人延入其家，内有小低阁，壁帖四诗，乃文宋瑞（文天祥字）手笔也。漫云："此字写得也好，以两贯钞换两幅与我如何？"主人笑曰：'此吾传家宝也，虽一锭钞一幅，亦不可博。咱们祖上亦是宋民，流落在此。赵家三百年天下，只有这一个官人，岂可轻易把与人邪？文丞相前年过此（文天祥于至元十六年九月二十日至河间），与我写的。真是宝物也。斯人朴直可敬如此！所谓公论在野人也。（癸巳九月）

周密与文天祥同时代，他的记述，真实性不亚于邓光荐所记。这个记述，说明了北方人民深爱文天祥。爱国者到处都会受到人民的尊敬，难道不是如此吗？而文天祥为河间府道旁一个烧饼店的主人，题诗四首，又可见爱国者对人民是何种态度了。爱国和爱民常常是结合在一起的。真爱国者必爱民，真爱民者必爱国。文天祥正是如此。

第七章 "楚囚一杯水，胜似九霞厄"

（一二七九年十月一日至一二八二年十二月九日）

第一节 "议论操坚白，精神入汗青"
（枢密院引问前后）

自一二七九年十月一日，至一二八二年十二月九日，文天祥在元京大都（燕京），从容地作了三年又两个月零九天的斗争。

这是一场两朝天子也摇撼不动的金石之志的斗争。

这是一场最高的官、最厚的禄，也收买不了丹心一寸的斗争。

这是一场持久地面对死亡，而无片刻动摇，一毫恐惧，从容不迫，充满希望的斗争。

古代历史上或者说宋朝以前，有过这样的斗争吗？

这样一场历时三年有余的斗争，思想基础是什么？忠君或忠赵吗？完全不是。元军围临安，赵家用他为右丞相，派他出城议降，他却另搞一套，对赵氏完全不忠。单纯的爱国吗？也不是。有史以来，爱国者多矣。但正如王炎午所说："名相烈士，合为一传，三千年间，人不两见"，"乘气捐躯，壮士其或，久而不易，雪霜松柏"（《望祭文丞相文》）。如果没有更深的思想基础，单凭爱国之心，很难想象他能在三年多的监狱生活中，那样坚持不懈，做出许多惊天动地的事业。这更深的思想基础是什么呢？一言以蔽之曰：法天地之不息。

证据何在？在万里行役途中，在吉州苍远亭，他留下了"正气未亡人未息"之句；在舟过南康军时，他留下了"乾坤未歇，地灵尚有人杰"之句；在发潭口，"衮绣易毡毳"时，他留下了"浩歌激浮云，亭亭复揽辔。羲驭几曾停，谁当扫幽翳"之句（《指南后录·发潭口》）。在发郓州时，他又留下了"太阳经大行，大化不暂留。辉光何曾灭，晻霭终当收"之句。这就是法天不息，就是一二五六年，他在殿试对策时，提出的法天不息。二十三年过去了，在他的诗句中，仍然饱含着、洋溢着这种以"不息"为核心的哲学、政治思想。他自己是从来不息的，无论在要求改革政治、在坚持抗元斗争上，都是如此。他还理解，"天行健，君子以自强不息"，"方来还有英杰"，他死了，仍旧会有为扫幽翳、收晻霭而斗争不息的人杰出现。他亲身体验过，人民就是法天地之不息的。第一次起兵赣州，是"百姓"支持他；镇江逃难，是管船人、卖柴人、樵夫掩护他；第二次起兵南剑，又是人民支持他。他被捕了，隆兴、建康、真州各地人民，无不想把他夺走，领导他们继续抗元。这就使得他的法天不息的思想，愈久而愈笃。他的法天不息的思想，丰富而又多彩。爱国，只是他的法天不息思想的集中表现而已。既然法天，法羲和驭日，"无一日息"，那么，他在三年多的监狱生活中，无一日息，最后从容就义，就都可以理解了。就义，也是斗争，是无一日可息的继续，或者说是个人的不息斗争的终结。而千千万万的人杰的不息斗争，将随之而起，直至永远。

现在，我们来看文天祥到燕京后，头四天的斗争。

文天祥在《纪年录》己卯宋祥兴元年（应作二年，一二七九年）中说："十月一日至燕。初至，立马会同馆前，馆人不受，盖谓馆以受投拜人，不受罪人也。久之，引去一小馆，置予于偏室，馆人不之顾。"这是第一天的情况。

陪伴他的人，只有张弘毅一人了。陶宗仪《辍耕录》写到张弘毅于吉州城下，相从文天祥于危难。"既至燕，寓于公囚所侧近，日以美馔馈，凡三载始终如一。"张弘毅号"千载心"，他的心和文天祥的心，不仅一样丹，而且融在一起，千载不变。这样的朋友在历史上极少见。

十月二日晚上，突然"供帐饮馔如上宾"。小馆人说："禀博罗丞相，得语云然。"

博罗即孛罗,至元十四年(一二七七)为枢密副使(见《元史》卷九《世祖纪六》)。丞相,则疑博罗早有此职。《铁哥传》有:"世祖即位……丞相孛罗";《脱欢传》有:"(至元十五年)丞相孛罗。"《元史》无孛罗传,要知此人在元,久有声望与地位。文天祥初至燕京,他以丞相兼枢密副使的身份,处理"文天祥案"。他要馆人像上宾一样对待文天祥,有劝降的目的,而劝降显然是秉元世祖之命。

可是,文天祥至燕,"义不寝食",虽"供帐饮馔如上宾","乃坐达旦"(邓光荐《文丞相传》)。饭总是要吃的。那么,他吃谁的饭呢?《辍耕录》讲了,张千载心"日以美馔馈,凡三载始终如一"。觉总是要睡的,但他不睡博罗的供帐。睡不了宁可坐到天晓。

几天内,劝降活动,如倾盆大雨,直泻文天祥居住的小馆。但都无用。

邓光荐说:"虽示以骨肉而不顾,许以官职而不从,南冠而囚,坐未尝面北。留梦炎说之,被其唾骂。瀛国公往说之,一见北面拜号,乞回圣驾。"平章阿合马来,碰了一鼻子灰,默然而去(《文丞相传》)。

这些活动,邓光荐依次记于文天祥居于"馆驿"之时。而文天祥居于馆驿,不过十月初二、初三、初四三天而已。在这三天中,元朝拿出了文天祥骨肉至亲,看他是否心动;出动了南宋的丞相留梦炎、皇帝赵㬎,元朝的平章阿合马,这些"大人物",看他是否意转;端出了上宾的礼遇,高官的座位,看他是否情移。历史上还未见过这样一种"盛大而又隆重"的劝降。

邓光荐说"示以骨肉",则文天祥二女柳小娘、环小娘在文天祥刚到燕京的时候,便和文天祥见过一面。"示以"二字,表明只是一个短暂的会晤。夫人与二女当时留在东宫,元朝让二女去看一看文天祥,用意十分明显,只要文天祥肯降,便可与夫人、二女长聚。这里须说一下欧阳夫人。

文天祥在燕京三年多,曾有"田园荒吉水,妻子老幽州"(《吟啸集·生朝》)、"宾僚半荡覆，妻子同飘零"(《指南后录·生日》)、"家山时入梦，妻子亦关情"(《指南后录·自叹》)这样一些诗句。这是欧阳夫人在空坑被俘后未死的明证。而元陈枢《文丞相传补遗》却说："丞相既俘，其夫人欧阳氏为大将军将校所执，将逼而辱之。夫人曰：'吾有死耳，义不以洁白之躯，辱于贱卒。……夫不负国，我独安忍负夫也?'遂自到死。"这有两个错误。一是文天祥被俘在祥兴元年十二月，地点在海丰五坡岭；而欧阳夫人被俘则在前一年空坑之败时，地点即在空坑。非同时同地被执。二是夫人被俘后未死，被解送燕京。这在文天祥诗、邓光荐传和《纪年录》注中，都有记述。陈枢引用了文天祥的《哭妻文》"……天上地下，惟我与汝，呜呼哀哉!"(文见《吟啸集》)其实这不是他的发现，汪元量在《浮丘道人招魂歌》中早已说过："有妻有妻不得顾，饥走荒山汗如雨。一朝中道逢虎狼，不肯偷生作人妇。左掖虞姬右陵母，一剑捐身刚自许。天上地下吾与汝，夫为忠臣妻烈女。"从汪元量的《招魂歌》来看，无疑《哭妻文》是空坑败后，夫人被执，文天祥以为决无生理，哭祭夫人之作。汪元量当看过此文。但到燕京后，文天祥知道了他的妻子未死。《纪年录》注引用过欧阳夫人的话："祭文云：'……天上地下，惟吾与汝'，得之丞相。"这说明文天祥在燕京曾将《哭妻文》写给夫人，作为永诀之辞。回避询问朋友的妻子，是传统习俗，汪元量写《招魂歌》，是据旧闻。但陈枢还这样写，就不可原谅了。

邓光荐说：留梦炎来说文天祥，被文天祥唾骂，又是怎么回事呢？按留梦炎为衢州人，理宗淳祐四年(一二四四)考中状元，官至左丞相。恭帝德祐元年(一二七五)十一月，元军破独松关，身居左丞相之位的留梦炎，居然逃走。景炎元年(一二七六)五月，赵昰刚在福安登基，留梦炎便向元朝投降。这样一个渺小的人物，久为爱国军民所不齿。元朝利用他来说文天祥，是看中了他为宋朝的状元宰相，与文天祥为宋朝的状元宰相相同。以状元宰相说状元宰相，元朝以为是一着妙棋。可这两个状元宰相，思想完全相反。文天祥恨透了这种人物。《指南后录》中，有《为或人赋》一首，题注"暗指留梦炎辈"。此诗有"黑头尔自夸江总，冷齿人能说褚公（褚渊）。龙首黄扉真一梦，梦回何面见江东"之句。你留梦炎做状元宰相虽然如做梦，但毕竟做了。你梦回想起曾是宋朝的状元郎、宰相公，今天居然做了降臣，难道还有面目见江东父老吗？元朝用这种人来说文天祥，安得不被文天祥唾骂？

留梦炎不灵，元朝继而打出了赵㬎这张王牌。

赵㬎于咸淳十年（一二七四）当皇帝，只有四岁，于德祐二年（一二七六）正月降元，只有六岁。三月，与全太后一起，被元军押送燕京。五月，在上都见到了元世祖，被封为瀛国公。到至元十六年（一二七九），赵㬎也只有九岁。元朝用这个九岁的儿童来说文天祥，是因为封建时代，看皇帝不看老、幼、愚、智，而只看是不是皇帝，是皇帝就拜。赵㬎既然和文天祥有过君臣关系，而"君臣之道无所逃于天地间"，用他来说文天祥，那就有十分的把握了。可文天祥居然置君臣之道于不顾。邓光荐说他一见赵㬎，便"北面拜号"，这也可说是"君臣之道"吧，而下文却是"乞回圣驾"，即要求赵㬎到南方去，重新竖起抗元的战旗。弄得这个九岁的儿童，哭笑不得。这着王牌，又不顶用。

不得已，平章阿合马出马了。阿合马，《元史》有传（卷二百五）。当时为平章政事，权倾一时。邓光荐说：他来到馆驿，"坐召公（文天祥），公至，则长揖就坐。"他大模大样地说："以我为谁？"文天祥说："适闻人云宰相来。"他马上摆出宰相架子，又说："知为宰相，何以不跪？"文天祥反问："南朝宰相见北朝宰相，何跪？"他答不出来了，转过一个话题说："你何以至此？"文天祥作了这样的回答：

南朝早用我为相，北可不至南，南可不至北。

这完全不是说说而已。宋朝如果早用文天祥为相，支持他的改革不息论与所提方案，革除开国以来的一切弊政，刷新政治，建立方镇，发展义军，连兵大举，则元军何能打到南方？南人如文天祥何能为元军所掳，来到燕京？国不亡于敌，而亡于政，文天祥深知这个道理。

阿合马无言以对，顾左右说："此人生死尚由我。"言外之意是你何以这样倔强？文天祥不耐烦了，说道："亡国之人，要杀便杀，道甚由你不由你！"阿合马灰溜溜地走了。劝降的话，一字也未能说出口。

在这一场接连不断的出动降相、降皇帝、平章政事，配合着"示以骨肉，许以官职"的劝降与反劝降斗争中，失败者是元朝，胜利者是文天祥。

十月初四日，张弘范回到了燕京。初五日一早，便去见元朝的"用事大臣"阿合马、博罗之辈，询问文天祥的情况。他们把文天祥的"不屈状"，告诉了张弘范。怎么办？商量的结果，是给他厉害看看。如果能达到消磨他的壮志的目的，哪怕是消磨一点点也好，他们就算成功了，就不怕他不投降了。于是便在这一天午时，把文天祥押出馆驿，送往兵马司。"枷项缚手，坐一空室，卫防甚严。所携衣物钱银，官为封识，日给钞一钱五分为饮食。"（《纪年录》）文天祥在《指南后录》中说："越五日，罹狴犴"（诗题之语）；在《集杜诗·至燕城第九十六》中说："越五日，送千户所（即兵马司）枷禁"；与《纪年录》中所说正同。枷禁，是不好受的。直到十一月二日，元朝才把文天祥的颈上枷摘去（据《纪年录》，《集杜诗》作"初一日疏枷"）。"惟系颈以镮，得出户负暄。"

在《指南后录》中，有《己卯十月一日至燕，越五日，罹狴犴，有感而赋》十七首。这十七首诗，非一时之作。第十三首便有"两月缧囚里"之言，说明这一首诗的写出，便在十月初五日两个月以后。但这十七首诗的写作，始于十月初五日，则可肯定。从这十七首诗中，可以看到文天祥的狱中生活和思想。

第七首写道："丞相岂能堪狱吏，故侯安得作园人？"可见文天祥坐牢之日，要在狱吏的叱喝、监督下灌园。丞相受制于狱吏，变成园人，何以能堪？但文天祥却忍受下来了。

第十四首写道："衮衣坐缧绁，世事亦堪哀。枕外亲炊黍，炉边细画灰。"可见文天祥坐牢之日，要自己做饭，而炉子就在枕畔。在枷禁的日子里，看来张弘毅"日以美馔馈"，被元朝禁止了。文天祥只能日食一钱五分的伙食，而且要自己烧饭。

第十首写道："环堵尘如屋，累然一故吾。解衣烘稚虱，匀锁救残须。"牢狱中，环堵都是厚厚的尘土。他身上长起了小小的虱子，胡须在一根根掉落。他是爱洁的，但洁不起来，奈何？

第十五首写道："我自怜人丑，人方笑我愚。身生豫让癞，背发范增疽。"癞上身，疽上背了。痛苦的折磨，在一天天加大、加深。

可是，癞是豫让癞，疽是范增疽，不是仁人志士，想不出这样的好比喻。对这一切，他并不在乎。你看：

> 亦知夏夏楚囚难，无奈天生一寸丹。铁马行麾南地热，赭衣坐拥北庭寒。朝餐淡薄神还爽，夜睡崎岖梦自安。亡国大夫谁为传，只饶野史与人看。（第五首）

文天祥知道做楚囚的难处，早有精神准备。因为胸有丹心一寸，他感到的，不是饭难吃，而是"朝餐淡薄神还爽"；不是觉难睡，而是"夜睡崎岖梦自安"。

第四首："苏武窖中偏喜卧，刘琨囚里不妨吟。"这更加乐观。你置我于窖中，我偏偏喜睡卧；你关我牢里，何妨我吟咏。你奈我何？！

第三首："此处曾埋双宝剑，虹光夜指楚天低。"忽发奇想，这监牢是块宝地，宝剑双埋，虹光夜指，安知不是兴复之兆？

第十六首："理明心自裕，神定气还清。……出门天宇阔，一笑暮云横。"坚定，开朗，以及横眉冷对"地狱"和"夜叉"（第八首有"地狱何须问，人间见夜叉"之句），都在这首诗中的字里行间，显现出来了。这样的人，岂是监狱所能压服的？

敌人却以为他长久被枷禁，该有点变化了，十一月初二日疏枷，表示"宽待"。初五日，即领他"赴枢密院"，而"院官不及见"。奇怪的是："自是日赴院，辄空归。至初九日，院官始引问。"（《纪年录》）初五、初六、初七、初八，天天领他赴枢密院，而天天见不到院官，是要使他明白：院官并不好见，见到院官，要站矮点。只要他站矮一点点，人们就知道他毕竟被监牢压服了。

院官，为首的便是博罗丞相，次为张平章。另有所谓"院判、签院者"，文天祥说，他都"不能识"。只有博罗丞相、张平章，是他所识的人。张平章是谁？胡广《文丞相传》说了："九日，始一见丞相博罗、平章弘范，暨诸院官。"张平章者，张弘范也。初九日枢密院的引问，是丞相博罗和蒙古汉军都元帅、平章政事张弘范的一次会审。张弘范之为平章政事，显然是在得胜回朝之后。这是奖赏。可《元史》本传（《张弘范传》）未记。文天祥的《纪年录》，可补《元史》之缺。

《纪年录》详细记述了枢密院引问的情况。这是一场精彩的交锋，交锋的结果，矮下去的是博罗、张弘范，而不是文天祥。

《纪年录》说：博罗等"倨坐召见，予入长揖。通事曰：'跪！'予曰：'南之揖，即北之跪。吾南人行南礼，毕可赘跪乎？'博罗叱左右曳予于地，予坐不起。数人者。或牵颈，或搴手，或按足，或以膝倚予背，强予作跪状，予动不自由"。

世上还没有这种跪法，一定要用几个人强人作跪状。稍一松，罪人便要站起，坐定。这第一个回合，博罗便输了。

首先由通事问话："汝有何言？"文天祥回答得很干脆："天下事有兴有废，自古帝王以及将相，灭亡诛戮，何代无之？天祥今日忠于宋氏社稷，以至于此，幸早施行。"通事又问："更有何语，止此乎？"文天祥说："我为宋宰相，国亡职当死，今日拏来，法当死，复何言！"通事问不下去了，半天想不出一句话来。

博罗于是出马。他抓住文天祥说了一句"天下事有兴有废"，说道："你道有兴有废，且道盘古王到今日，是几帝几王？我不理会得，为我逐一说来。"博罗不愧是丞相，他想：自盘古数到今天，必然要说当今帝王是元世祖。只要文天祥一数到元世祖，就等于承认元世祖是应运而生的全中国之主，就等于向元朝投降了。

文天祥是怎么回答的呢？他作色道："一部十七史从何处说起？我今

日非赴博学宏词科（文天祥的话证明此科宋已有之），不暇泛言。"博罗问盘古至今几帝几王，是考不是审。罪人只能审不能考，考是不称职的表现。文天祥几句话，竟使博罗面红耳赤。

"博罗愧"，但不甘心。"乃云：'我因兴废，故问及古今帝王。你既不肯说，且道古时曾有人臣将宗庙、城郭、土地分付与别国人了，又逃走去，有此人否？'"这是要文天祥承认代表过皇帝，先将宗庙、城郭、土地与元，然后又逃走。当初，太皇太后谢氏确实是派文天祥出城，与伯颜商洽投降的。文天祥到元营后，如果有一个降字出口，哪怕是策略也罢，今天便要被博罗抓住。可当日的文天祥，在元营是慷慨陈词，连敌人也"相顾动色，称为丈夫"。他只能代表自己，一点也不代表太皇太后谢氏。博罗是无空可钻的。

文天祥回答得好："谓予前日为宰相，奉国与人而后去之耶？奉国与人是卖国之臣也。卖国者有所利而为之，必不去。去者必非卖国者也。"去与不去，是爱国与卖国的证明。从元营逃走，适足以证明他不想从敌人那里得到什么好处，故知"去者"决非卖国之人。存心卖国的人便不同了。卖国的目的在图利，无利还卖什么东西？图利则绝不会逃走。因此卖国者"必不去"。而"去者必非卖国者"，于此又得到了反证。

事实如何？文天祥说："我前日除宰相不拜，奉使伯颜军前，寻被拘执。"这就充分表明他既无权议降，又根本不是谈降。谈降者怎么会被你们拘执呢？"已而有贼臣者献国，国亡，我本当死，所以不死者，以度宗皇帝二子在浙东，老母在广，故为去之之图耳。""已而"二字，说明贼臣贾余庆等献国，正是由于他被拘执，不得回朝。他如果回朝，贾余庆想卖国也难卖成。"国亡当死"，死便不是降。所以不死，"昔人云将以有为也"（《指南录·后序》）。度宗二子益、广二王在浙东，正可以拥之以与元军周旋。何况老母在广，国和家还没有亡。他当然要走，要斗争不息。即使国破家亡，他仍然要斗争不息。现在抗言于枢密院，不就是他的斗争的继续吗？

博罗听到他提起度宗二子，想据儒家传统说教，把爱国与忠君等同起来，在辩论中取胜，于是问他："德祐嗣君（恭帝赵㬎），非尔君耶？"他说："吾君也。"博罗又问："弃嗣君别立二王，如何是忠臣？"博罗以为一切跟着皇帝转，就是忠。君在臣在，君亡臣亡，君降臣降，是儒家尤其是宋朝理学家所标榜的万世不易的定理。太皇太后和皇帝都投降了，你不降，而去别立两个皇帝，岂不违反儒教？岂不是篡？岂可算得是忠臣？文天祥的回答太好了。

"德祐吾君也，不幸而失国。当此之时，社稷为重，君为轻。吾别立君，为宗庙、社稷计，所以为忠臣也。"孟轲讲过，民为贵，社稷次之，君为轻。文天祥化学来新，把孟轲的话用到了赵㬎的投降上。降太皇太后、降皇帝丑死了，这种人比鸿毛还轻。我为国家计，别立皇帝，这才是忠。忠也者，重国家不重皇帝之谓也。皇帝与国家不是一回事，皇帝必须忠于国，凡皇帝不忠于国，便可抛弃，而且应当抛弃，另择爱国者、忠于国者代替。

文天祥还说："从怀、愍而北者非忠，从元帝为忠；从徽、钦而北者非忠，从高宗为忠。"由现实而牵涉到历史。他的意思很明白：凡称得起忠字的，本质上都是忠于国，而现象上可以表现为忠于君，也可以表现为不忠于君，视君是否忠于国家而定。忠字在历史上，在儒家的传统要求上，都是对臣、对民而言。除文天祥以外，还没有一个人说过，君也有一个忠不忠的问题，君不能独立于忠字范围之外。

博罗至此"语塞，平章皆笑"。他们被文天祥的铮铮之音压倒了。

又有一个人忽然跳出来说："晋元帝、宋高宗皆有来历，二王何所受命？"尚未发过言的张弘范好像受到了启发，从旁帮腔："二王是逃走的人，立得不正，是篡也。"太皇太后谢氏只吩咐陈宜中奉二王出宫，没有叫二王当皇帝。不仅未叫二王当皇帝，而且太皇太后谢氏投降后，还下令各地一律解甲投降。二王当皇帝确无受命，无受命便是"篡"。文天祥怎么说呢？他说：

天与之，人与之，虽无传受之命，推戴拥立，亦何不可？

由此可见文天祥对篡字的看法，也和传统的观念相冲突。虽无传受之命，出于救国救民，人们要拥立某人（人与之），有何不可？国家并非一人可得而私之，何篡之有？他这种看法说明他的思想已越出了封建君主专制时代的界限。

"诸人但支离不伏"，文天祥说："仁者见之谓之仁，知者见之谓之知"，你们说无传受之命为篡，我说为国不讲受命不受命，篡或不篡，"各是其是可也"。你们去讲你们那一套陈腐的观念吧，反正我不会跟你们走到一起。

博罗深恐打败仗，又发话了。"你既为丞相，若将三宫走，方是忠臣。不然，引兵出城，与伯颜丞相决胜负，方是忠臣。"博罗以为打到了点子上，可是被文天祥几句话顶了回去。"此说可以责陈丞相，不可以责我，我不曾当国故也。"博罗再也找不出别的话来难文天祥了。他想起文天祥毕竟没有打败元朝，又问："你立二王，做得甚功劳？"文天祥说：

> 国家不幸丧亡，予立君以存宗庙，存一日，则臣子尽一日之责，何功劳之有？

几句平平的话，把一个爱国者的高尚情操表现了出来。作为一个爱国者，他所考虑的，从来不是什么功劳不功劳，而是国存一日，则尽一日之责。

博罗还不肯罢休，又问："既知做不得，何必做？"博罗的意思是：明知国不能救，你为什么硬要去救？这样的话，文天祥的朋友也说过。似乎南宋灭亡是必然的，救是徒劳。

文天祥不这样看，他回答道："父不幸有疾，虽明知不可为，岂有不下药之理？"

文天祥深知"使宗社有不测之忧者，谁实为之？病根在内胶结不去，终不可以为国"（《缴奏稿上中书札子》）。深知宋朝的病根是祖宗的专制之法，深知要铲除宋朝胶结不去的病根，极不容易。但既知病根而不动手下药，是他这个以法天不息为毕生宗旨的人所不能甘心的。明知不可为而为之，正是文天祥高出于同代同辈同类之处。敌人也清楚宋朝亡在祖宗之法误国，皇帝、叛将献城。文天祥在这样一个时期、这样一种政局中，挺身而出，要变祖法，除病根，挽狂澜，救国家，虽屡遭打击，虽终未成功，却不愧是那个时代的最强者。

文天祥不想和那些院官们再啰嗦下去了。和他们啰嗦，枉费精神。他接着大声说道："今日文天祥至此，有死而已，何必多言！"

博罗听文天祥这样说，也发怒了，说："你要死，我不教你便死，禁持你。"

文天祥笑道："我以义死，禁持何害也！"

博罗气得脸都发黄了，讲了一些话，通事也不翻译转告，不知他讲了些什么。过了一会，才听到博罗呼唤监狱令史："将下去，别听言语！"

十一月初九日枢密院的引问，以博罗的完全失败而告终。文天祥回到兵马司监狱，写了一首诗：

> 俨然楚君子，一日造王庭。议论操坚白，精神入汗青。无书求出狱，有舌到临刑。宋故忠臣墓，真吾五字铭。

这首诗是《己卯十月一日至燕，越五日，罹狴犴，有感而赋》十七首中的第十二首。从前四句来看，"俨然楚君子，一日造王庭"，显然是指十一月初九日被领赴枢密院；"议论操坚白，精神入汗青"，显然是指和院官们在枢密院的辩论。断定此诗为初九日枢密院引问后之作，是无问题的。"议论操坚白"，是说他在辩论中对忠与篡，爱国与卖国的新解。"宋故忠臣墓"不是通常意义上忠君之臣的墓，而是忠国之臣的墓。此诗最重要的，是"无书求出狱，有舌到临刑"二语。这二语是文天祥坐牢三年多基本态度的总括。

《纪年录》说：枢密院引问后的第一天，即初十日，"冬至，入假"。文天祥以为"假满即见杀"，可却"因在狱中，久无消息"。到"十二月半后"，才见一个令史来传话："丞相（博罗）语狱官宣差乌马儿云：'文丞相性犹硬不硬？'"隔了两天，又见一个令史来传话："博罗语乌马儿：'迟数日，更与文丞相说话。'"但数日过去了，未见再引问。这年岁终，释放诸囚，乌马儿往告博罗："狱囚皆已宽放，惟文丞相一人在狱。"而博罗对乌马儿说："我奏却来唤你。"文天祥说：博罗"忧予之硬"，确实如此。博罗问文天祥性还硬不硬；说要再引问又不引问；岁终囚犯都宽放，文天祥宽放不宽放，他要问过元世祖；都是怕硬的表现。文天祥说："昔人云：'姜桂之性，至老愈辣。'予亦云：'金石之性，要终愈硬，性可改耶？'"他是愈来愈硬，而博罗则愈来愈怕了。

博罗知文天祥性硬而又不可改，便想杀他。但是，"上意及诸臣不可，张弘范病中，亦表奏天祥忠于所事，愿释勿杀"。从此，"囚之连年"（邓光荐《文丞相传》）。

《宋史·文天祥传》没有记述枢密院引问一事，而另写了一段话。这段话相当紊乱，需要辩正。

《宋史》说：文天祥"至燕，馆人供张甚盛，天祥不寝，处坐达旦。遂移兵马司，设卒以守之"。这是对的。但接着便写：

"时世祖皇帝多求才，南官王积翁言：'南人无如天祥者。'遂遣积翁谕旨。"证之以邓光荐《文丞相传》：至元十九年（一二八二）"八月，王积翁奏，其略曰：'南方宰相无如文天祥。'上遣谕旨，谋授以大任。"可知是至元十九年的事，而文天祥至燕，枢密院引问，均在至元十六年（一二七九）。《宋史》把王积翁对元世祖说的话，提前了三年。

紧接着王积翁谕旨，《宋史》又写："天祥曰：'国亡，吾分一死矣。傥缘宽假，得以黄冠归故乡，他日以方外备顾问，可也。若遽官之，非直亡国之大夫不可与图存，举其平生而尽弃之，将焉用我？'"按《续资治通鉴》卷一百八十四元世祖至元十六年十月《考异》，在引用了《宋史》这段话之后说："陈桱《通鉴续编》同。按天祥对博罗之言，唯求早死，岂复有黄冠归故乡之想！论者以为必留梦炎辈忌天祥全节者，因积翁有请释为道士意，遂附会其语以诬天祥耳，今不取。"《续资治通鉴·考异》的话是正确的。除《宋史》外，其他诸家传记，均无文天祥欲以黄冠归故乡，以方外备顾问之言。《续资治通鉴》不取《宋史》此言是对的。

《宋史》接着又说："积翁欲合宋官谢昌元等十人，请释天祥为道士。留梦炎不可，曰：'天祥出，复号召江南，置吾十人于何地？'事遂已。"

按《指南后录》中，有《遇灵阳子谈道，赠以诗》《岁祝犁单阏（己卯），月赤奋若（丑，即十二月），日焉逢涒滩（甲申，即十二日），遇异人指示以大光明正法，于是，死生脱然若遗矣，作五言八句》，这样两首诗。灵阳子于己卯年（即至元十六年）十二月十二日来狱中见文天祥，王积翁欲请元世祖释文天祥为道士，这两件事看起来是"二"，其实是一。《宋史》置王积翁之言于十月五日文天祥移兵马司监狱之后，倒是符合史实的。我疑灵阳子是王积翁请来，以试探文天祥之心，并给王积翁"请释天祥为道士"提供某种依据。

王积翁何以有此心？按景炎元年（一二七六），文天祥开府南剑时，王积翁为南剑州的知州。后来，文天祥移屯汀州，王积翁仍在南剑。此年十二月，元军至建宁府，王积翁弃南剑而去。端宗入海，王积翁与福安知府王刚中一起降元。他说南人无如文天祥者，表明他深知文天祥。而他却是一个投降分子。投降派几乎都懂得文天祥，敌人也懂，只有理宗、度宗、太皇太后谢氏不懂。"明王不兴兮，吾谁与归矣。"（《指南后录·和夷齐西山歌》）文天祥的可叹，正在这里；宋朝的可悲，也在这里。王积翁欲请元世祖释文天祥为道士，便在他懂得文天祥。而留梦炎害怕文天祥利用当道士，重新出来号召江南，不同意王积翁的主意，也在他懂得文天祥。因为留梦炎反对，王积翁未去请求。

文天祥自称"浮休（浮丘）道人"。或以为此号表现了他的"超洒忘世"思想，真是这样吗？

按浮休道人之号，见《指南后录·胡笳曲》序。《胡笳曲》作于庚辰（至元十七年，一二八〇年）十月，汪元量第二次来探之时。序末，文天祥自称为"浮休道人文山"。文天祥死后，汪元量有《浮丘道人招魂歌》。此号之来，或和"遇灵阳子谈道"有关。但只是一个绰号而已，丝毫也不表明文天祥有了道家忘世思想。文天祥认为释、老二氏蔽于死生,对外祖父敬神天,大不以为然。在见过灵阳子后,他说过"金石之性,要终愈硬,性可改耶"的话(见灵阳子在十二日,此话在月半后)。在《己卯岁除有感》中,他还说:"至性讵可迁"。他的"要终愈硬"的金石之性,是永不会改变的。对以死殉国,他早有思想准备。"大光明正法",虽使他感到"死生脱然若遗",但并没有在他的思想中增添什么。浮休道人之号,只不过表示他绝不会怕禁持与杀头,绝不会卖身求荣而已。看文天祥的生和死,要紧紧抓住文天祥自己的、以"不息"二字为宗旨的哲学思想,才能看清楚。这是本质方面的东西。遇灵阳子,不过是文天祥三年多监狱生活中的一个小插曲。治史最忌览之不博,思之不深,把现象当本质,把小插曲当主调。文天祥在监狱中的主调,如果说除了毕生宗旨法天不息这个共性的东西以外,也有个性,那这个个性便是"无书求出狱,有舌到临刑",而不是超洒忘世。

第二节　纸上飞蛇喷香汁,一点光明射南极

文天祥在监狱中,一蹲便是三年有奇。元朝为什么关他这样久?原因便在元世祖想"多求才",而文天祥是南人中一个最好的人才,文天祥一旦屈服,能为元朝所用,对于稳定元朝的统治,特别是稳定元朝在江南的统治,是十分有利的。然而,元朝的阶级压迫和民族压迫政策,不会改变。文天祥有他自己的态度。在至元十六年(一二七九)《十二月二十日作》这首诗中,他有两句话:"南来冠不改,吾且任吾囚。"(《指南后录》)他持这种态度,任凭它关。

在监狱中作斗争,本来就难。可是他却利用一切条件,不息地进行斗争。在三年多的岁月里,他所进行的最重要的斗争,可说是文字上的斗争。他的目的是清楚的,他要把自己的金石之性和思想、监狱中的非人生活和他所作的斗争、战友们的业绩、南宋灭亡的经过、卖国贼的罪行等,统统告诉人民,告诉后世。三年多的监禁,单《指南后录》中,便存有诗

歌一百多首;《集杜诗》,达二百首,被称为《文山诗史》。古来监狱中仁人志士的作品,未有多如文天祥的。作品的牵涉面,也未有广似文天祥的。而在数量这样多,面这样广的作品中,无一字一句不是洁羞白玉,响压江涛。

至元十七年(一二八〇)庚辰,文天祥便开始有计划地用诗歌当武器,来打击敌人,激励自己。并且加以编辑,作序,作跋,尽可能托人带出监狱,不使这些最珍贵的宋元之交的史诗、文学宝库中的瑰宝泯灭。

正月二十日,文天祥为《指南后录》作跋。在跋中,他写道:

> 此册为《指南后录》第一卷,下第二卷起八月二十四日《发建康》,终《岁除有感》。尚有《零丁洋》诸诗及《后录》,本在惠州,合隶为一卷。而所恨者,《指南前录》叙号存,而诗已不完。侍郎弟(指文璧。文璧曾为宋户部侍郎)姑据所存本,使不泯于世。一联半句,使天下见之,识其为人,即吾死无憾矣,况篇帙之多乎!岁在庚辰正月二十日,文山履善甫书。

从这个跋语,可以看到文天祥自至元十七年起,便在有计划地编辑他被俘后所写的诗歌了,并已定名为《指南后录》,以区别于《指南前录》。《指南前录》所录诗歌,起自由平江返临安,赴敌营作斗争,终于五坡岭被俘之前。可惜"诗已不完"。但从"侍郎弟姑据所存本"一语来看,文璧当存有《指南前录》各首诗。故文天祥寄希望于他,要他根据他所藏的诗,和文天祥交给他的诗,整理成集。

文天祥为什么给自己写的由平江返临安以后的各首诗歌,定名为《指南前录》《指南后录》呢?只要从他的《扬子江》诗中,"臣心一片磁针石,不指南方不肯休"二语,便知"指南"二字,含有极深的爱国意义。

文璧那时不在燕京,文天祥为什么要说"侍郎弟姑据所存本,使不泯于世"呢?须知这篇跋文,等于写给文璧的一封信。他想通过他的弟弟,把《指南后录》及《指南前录》中已经不全的诗歌,整理出来,"使天下见之，识其为人，即吾死无憾矣，况篇帙之多乎！"这很重要，至少可以击破敌人的一切造谣攻击。

这是《指南后录》第一卷跋。第二卷又有序和跋。序说："予后录诗以广州至金陵为第一卷，今入淮以后为第二卷云。"跋说："右自己卯十月一日至岁除所赋。当时望旦夕死，不自意蹉跎至今，诗凡二十余首。明日为上章执徐（庚辰）岁，不知又当赋若干首而后绝笔云。己卯除日某题。"

今《指南后录》以出广州至金陵为第一卷下。由出广州前上溯至《过零丁洋》，为第一卷上。第二卷起自《发建康》，终于《己卯岁除有感》。第二卷跋语，表明文天祥只要生存一天，以诗歌当武器，便继续一天。己卯除夕后，真不知他又要赋若干首而后绝笔了。

第三卷有序。跋不可能有了，因为他一直写到了死。

序说："予《指南后录》第一卷，起正月十二日赋《零丁洋》；第二卷，起八月二十四日《发建康》；今第三卷，盖自庚辰（至元十七年）《元日》为始。文山履善甫序。"

由此可知文天祥的《指南后录》，在他就义之前，基本上已经整理就绪。这是他在文学和史学上的一个巨大贡献。

我们现在看来，己卯岁过去以后，自庚辰《元日》为始的《指南后录》第三卷，表达了什么。

在第三卷中，怀念故国的诗，几乎触目皆是。时日越深，他怀念故国之情也越深了。你看：

"铁马风尘暗，金龙日月新。衣冠怀故国，鼓角泣离人。"（《元日》庚辰岁）此诗写于庚辰初春第一日。元日只能增加他对故国的感伤。

"玉仙来往清风夜，还识江山似旧不？"（《读〈赤壁赋〉前后二首》其二）由苏轼游赤壁，想起江山是否依旧。

"故家不可复，故国已成丘。对此重回首，汪然涕泗流。"（《还狱》）思国之情何深！

"秋光连夜色，万里客凄凄。落木空山杳，孤云故国迷。"（《夜》）望故国而云迷，秋光万里，可凄清一片。

"牢愁写玄语，初度感骚经。朝登蓬莱门，暮涉芙蓉城。忽复临故国，摇摇我心旌。"（《生日》）感《离骚》而发奇想，情深故国，又怎能梦游蓬莱？

"乾坤遗恨知多少，前日龙山如梦中。"（《重阳》）

"梦里乾坤老，孤臣雪咽毡。"（《吟啸集·己卯十月一日，予入燕城，岁月冉冉，忽复周星，而予未得死也，因赋八句》）

"山河千古痛，风雨一年周。"（《吟啸集·己卯十月五日，予入燕狱，今三十有六旬，感兴一首》）

他这样想念故国，真是恨比海深！他仿佛觉得那"千年沧海上"，衔石填海的"精卫"鸟，便是他的魂魄（《吟啸集·自述》："千年沧海上，精卫是吾魂。"）。有时，做梦又赋大刀（《览镜见须髯消落，为之流涕》："青山是我安魂处，青梦时时赋大刀。"）。他要填平恨海，斩尽妖魔。要"赢得千年在，丹心射碧空"（《吟啸集·自叹》）。

在第三卷中，思亲的诗也多了，而这种思亲之情，与他的亡国恨、山河恋，是完全融化在一起的，是相成的。你看：

家国伤冰泮，妻孥叹陆沉。半生遭万劫，一落下千寻。各任汝曹命，那知吾辈心。人谁无骨肉，恨与海俱深。（《感伤》）

"猛思身世事，四十七年无。鹤发俄然在，鸾飞久已殂。二儿化成土，六女掠为奴。只有南冠在，何妨是丈夫。（《自叹三首》其一）

写得沉痛，而沉痛中又见坚定。因为爱国，只有"各任汝曹命"。但有多少人知道他的心?!二儿六女俱休，家祸如此痛酷，却只能更增他的斗志。他永远是一个昂藏的丈夫！

在第三卷中，我们还能发现，忧民的诗也多了。

至元十八年（一二八一）五月十七日夜大雨，他所坐的监牢，"尽室泥泞涂，化为糜烂场。炎蒸迫其上，臭腐薰其傍。恶气所侵薄，疫疠何可当?!"对他这样一个"楚囚"，是何等难堪！可是，他想到"万物方焦枯"，

逢此甘霖,对人民来说,是件大好事。他忘掉了自己的折磨,写出了这样四句诗:

> 但愿天下人,家家足稻粱。我命浑小事,我死庸何伤!(《五月十七夜大雨歌》)

这是他的思想的升华。"天下人"包括蒙人。

七月间又下大雨,兵马司监狱不能居住,他被移于宫籍监,又写道:

> 燕山积雨泥塞道,大屋欹倾小成倒。……天门皇皇虎豹立,下土孤臣泣云表。莫令赤子尽为鱼,早愿当空日杲杲。(《移司即事》)

雨水过多,水涝灾害又严重了。他在移往宫籍监的时候,想到的又不是个人,而是天下赤子。他幻想上天,要求玉皇下令收雨,再现杲日。可天门外虎豹林立,他只能在云表中泣诉:"莫令赤子尽为鱼,早愿当空日杲杲。"这不是思想的升华吗?"赤子"同样包括蒙人。

忧国又忧民,正是文天祥爱国思想高于单纯忧国者之处,何况他所谓赤子非单指南人。

忧国之心既深,忧民之情又切,这两者交织在一起,从而产生了文天祥的一篇杰作《正气歌》。此诗作于至元十八年夏日,被编在《指南后录·五月十七夜大雨歌》之后,《七月二日大雨歌》之前,当为六月所作。

前人对此诗作唯心主义的解释,全不符合文天祥的思想。这里需要详解。

首先要问他写这首诗,导因是什么?按文天祥在《五月十七夜大雨歌》中,写到大雨之后,监狱一片泥泞。夏日的炎蒸,把监狱的臭腐恶气,一齐带进了人们的鼻管。大雨把监狱变成了糜烂场、污水池,不能居住,"囹人"运来朽壤、粪土"筑房子","筑之可二尺,宛然水中坻"。可是又增添了臭秽(见《筑房子歌》)。雨潦加上炎蒸,就使"诸气萃然",

令人更难忍受。哪些气呢?《正气歌》序说:

> 雨潦四集,浮动床几,时则为水气;涂泥半朝,蒸沤历澜,时则
> 为土气;乍晴暴热,风道四塞,时则为日气;檐阴薪爨,助长炎虐,
> 时则为火气;仓腐寄顿,陈陈逼人,时则为米气;骈肩杂沓,腥臊污
> 垢,时则为人气;或圊溷,或毁尸,或腐鼠,恶气杂出,时则为秽
> 气。叠是数气,当之者鲜不为厉。

"彼气有七":水、土、日、火、米、人、秽。文天祥"俯仰其间",
实际已有二年,只不过这年七气特别厉害罢了。文天祥说:当此七气者,
"鲜不为厉",而他却"幸而无恙"。这是什么原因呢?因为他也有一
气——正气。"以一敌七,吾何患焉!"他这股正气把那七股邪恶之气完全
压倒了,因而他为赋正气之歌。

他说的"正气"是什么?是唯心的还是唯物的?不妨就《正气歌》前
六句进行笺证。

> 天地有正气,杂然赋流形。下则为河岳,上则为日星。于人曰浩
> 然,沛乎塞苍冥。

这六句应从文天祥自己的哲学思想和爱国思想去理解。早年,他便说
过天地之间,"浑浑元气,变化无端"(《御试策一道》)。"凡日月星辰风
雨霜露,皆气之流行而发见者。"(《熙明殿进讲敬天图周易贲卦》)"譬
之生物……或千焉,或万焉,同时而受气也。"(《赠谈命朱斗南》)世界
便由这种运动不息的元气——物质所构成。《正气歌》中的正气,则包含
着双重意义。就气字来说,它是构成河岳、日星和人的元气;就正字来
说,则正气与邪气又相区别。河岳、日星、志士仁人禀赋的是正气,一切
丑恶的东西包括卖国贼在内,禀赋的则是邪气,或如他所说的"七气"。
两种气在斗争中,而正气必然压倒邪气。"以一敌七,吾何患焉?!"在《御

试策一道》中，我们还看不到他把元气分为正、邪。正气二字第一次出现，是在他的《指南后录·发吉州》一诗中（"正气未亡人未息"）。到《正气歌》产生，表明他看到了事物常常是一分为多的。而有生命力的毕竟是正的东西。将元气区分为正邪，是他的哲学唯物思想的一个发展。这个发展来自他的斗争实践。他认识到了事物虽然都是由运动中的元气构成，但并不就是统一的，这里面有对立，且这种对立不可调和，不是正压邪，就是邪压正。但最终还是有生命力的、"正"的东西要战胜无生命力的"邪"的东西。他说的正气只能这样理解。

《正气歌》接着引述了历史，来证明充塞于天地之间的正气的力量。

> 皇路当清夷，含和吐明庭。时穷节乃见，一一垂丹青。在齐太史简，在晋董狐笔……是气所磅礴，凛烈万古存。当其贯日月，生死安足论。地维赖以立，天柱赖以尊。

按张载在《正蒙·太和篇》中说道："太和所谓道，中涵浮沉、升降、动静相感之性，是生细缊相荡、胜负、屈伸之始。"元气的相对静止和绝对变动的统一，谓之和或太和。和就是道，就是文天祥说的"一不息而已矣"的道。当"皇路清夷"，它显出"和"的状态，或者说相对静止、平衡、凝聚、调和、统一的状态。文天祥早年在《赠蜀医钟正甫》一诗中，曾写道："何当同皇风，六气和且平？"这与"皇路当清夷，含和吐明庭"，意义是一致的。但元气是运动不息的，和毕竟是相对的、暂时的，它"中涵浮沉、升降、动静相感"之性，用正、邪二气来说，它们总是在那里较量。一到打破平衡，就有胜负、屈伸，正气将压倒邪气。时穷的时候，正是元气磅礴、凛烈相荡的时候，正气得到胜利、伸张、发展的时候。历史上某些人物之所以在这个时候，表现出不计生死，大节凛然，正是因为他们禀赋的是正气，正是因为正气必胜。这里面丝毫也不包含唯心的杂质。

"地维赖以立，天柱赖以尊"，写的则是正气的伟大力量。正气之所以有这种力量，就在于它是正的，就在于它是富有生命力的东西，即使一时微弱也罢。

从这些诗句，我们可以看到文天祥把他的哲学思想和爱国思想，紧密地结合在一起。

《正气歌》然后写到监狱中的非人生活。"阴房阒鬼火，春院闷天黑。牛骥同一皂，鸡栖凤凰食。一朝蒙雾露，分作沟中瘠。"可是，"如此再寒暑"，对于文天祥说来，却是"百沴自辟易"，"阴阳不能贼"。为什么他竟安然无恙呢？他说："岂有他缪巧"，不过是"顾此耿耿在"而已。"耿耿在"者，丹心在、正气在、不息之道在也。"丹心照夙昔"（《端午即事》）。"丹心射碧空"。这样的丹心，蔚成了一股浩然正气。正气是流行之气，丹心是不息之心，不是不动之气，不是乍勤、乍怠、乍作、乍缀之心。"正气未亡人未息"，凭此以临邪气，即使是再历寒暑，邪气不仅不能压倒他，而只能被他所压倒。

最后二语："风檐展书读，古道照颜色。"须知他最喜欢读的书是《易经》，他说的古道，是《易经》中的"不息"之道。道字与他起始所说的正气二字是相照应的。古道照颜色，是说他绝对不会放弃他的哲学思想，他将不息地斗争到底。

这篇《正气歌》是文天祥哲学思想和爱国思想的结晶，是文天祥为国为民，将斗争到最后一息的声明书。它的写出，将使敌人、卖国贼发抖，使人民无限振奋。如作唯心的解释，它就没有力量了。

"楚囚一杯水，胜似九霞卮。"（《端午初度二首》其一）文天祥在继续昂藏地走他的路。

同在至元十七年庚辰正月，文天祥集杜甫五言诗为绝句，至二月，得绝句二百首，一百零五首有序。十月，又集杜句，得《胡笳曲》十八拍。

文天祥在《读杜诗》中说："平生踪迹只奔波，偏是文章被折磨。耳想杜鸣心事苦，眼看胡马泪痕多。千年夔峡有诗在，一夜耒江如酒何！黄土一丘随处是，故乡归骨任蹉跎。"他觉得杜甫的遭遇，仿佛与自己相同；自己想讲的话，仿佛杜甫已经先讲，因而集杜句为己诗。集杜诗的目的，他在《集杜诗·自序》中说得很明白："予所集杜诗，自余颠沛以来，世变人事，概见于此矣。"《集杜诗》记世变人事，与《指南前录》《指南后录》内容有所不同。《集杜诗》浑然成章，是文天祥诗，非杜甫诗。文天祥自己说过："日玩之不置，但觉为吾诗，忘其为子美诗也。"（《集杜诗·自序》）《集杜诗》是他在监狱的斗争中，在《指南后录》第三卷之外，取得的又一个丰硕的成果。

据《集杜诗》壬午（至元十九年，一二八二年）正月元日补序："是编作于前年，不自意流落余生，至今不得死也。斯文固存，天将谁属？呜呼，非千载心不足以语此。"可见文天祥把所集的杜诗给张弘毅看过。文天祥死后，《集杜诗》由张弘毅带回江南，传之于世。没有张弘毅，我们就看不到《集杜诗》这样的奇作了。

《集杜诗》的价值在哪里，将于第九章分析。这里仅想指出：《集杜诗》起自《社稷第一》，以社稷为第一，也就是以国家为第一。第二才是《理宗、度宗》。这种摆法，便表明了文天祥的心在哪里。

贾似道兵败芜湖，是南宋灭亡的关键。《集杜诗》一开头就斥责了贾似道："三百年宗庙社稷，为贾似道一人所破坏，哀哉！"（《社稷第一》）"似道丧邦之政，不一而足，其羁虏使，开边衅，则兵连祸结之始也。"（《误国权臣第三》）但是，文天祥并未放过太皇太后谢氏对宋亡应负的责任。他借用杜诗："当宁陷玉座，两宫弃紫微。北城悲笳发，失涕万人挥"（《京城第二十》），严厉斥责了两宫太皇太后谢氏和太后全氏，向敌人屈膝投降，致使万民泪落。

《集杜诗》自《社稷第一》起，至《第二百》止，不仅把诗和史，而且把记事、论说、抒情凝为一体，是一部用泪水和斗志写成的《文山诗史》。汪元量评《集杜诗》，有"杜陵宝唾手亲拾，沧海月明老珠泣"之语（《浮丘道人招魂歌》）。诗和序都是历史，而在诗和序中，都贯注了文天祥对曾经发生的每一个历史事件的看法，对每一个有关人物的评论与爱憎。《指南前录》《指南后录》主要是抒发个人的感情，《集杜诗》则把我们的眼界带到了一个世变人事纷纭复杂的广阔天地中，与《指南前录》《指南后录》可谓双峰并峙。

《指南后录》中，又有《胡笳曲》，也是集杜诗而成。此诗序说：

> 庚辰中秋日，水云（汪元量）慰予囚所，援琴作《胡笳十八拍》，取予疾除，指法良可观也。琴罢索予赋胡笳诗，而仓卒中未能成就。水云别去，是岁十月复来，予因集老杜句成拍，与水云共商略之。盖图圄中不能得死，聊自遣耳，亦不必一一学琰语也。水云索予书之，欲藏于家，故书以遗之。

据此可知《胡笳曲》是至元十七年十月，写给汪元量的诗。文天祥说他集杜句成拍，聊以自遣，可他所集之句，如"中天月色好谁看，豺狼塞路人烟绝"（三拍）；"欲问长安无使来，终日戚戚忍羁旅"（四拍）；"自有两儿郎，忽在天一方，胡尘暗天道路长，安得送我置汝傍"（十七拍）。家国之情，有甚于杜甫者。

《文信国公集》中，又有《纪年录》一卷，为文天祥自谱的平生行事。《纪年录》注谓文天祥自谱其生平、行事在辛巳年，即至元十八年。按《纪年录》尚记有壬午年（至元十九年）的一件事："是岁春，作赞，拟终时书之衣带间。叙云：……"则《纪年录》最后完成于至元十九年。这一卷平生行事，是文天祥在燕京监狱中完成的第三种富有历史价值的著作。既可纠诸史之误（如《宋史·文天祥传》记文天祥二十岁中状元，实则为二十一岁），又可补诸史之缺（如《宋史·文天祥传》缺枢密院引问一事）。

文天祥在燕京三年多的监狱生活中，所作的文字上的斗争，是不停息的。天天如此，月月如此。《指南后录》《集杜诗》和《纪年录》的产生，有似三颗闪亮的明星，飞挂在北国的夜空中。

文天祥在燕京监狱中写出的发光的作品，是不是只给自己看或者留给后人看的呢？非也。就他的主要目的来说，是给当时人看，以鼓舞当时人的斗志。据刘岳申《文丞相传》：

自是囚兵马司者四年（四个年头，实际为三年多）。其为诗，有《指南前录》三卷、《后录》五卷、《集杜》二百首，皆有自序，天下诵之。其翰墨满燕市。又时时为吏士讲前史忠义，闻者倾动。

刘岳申说的"翰墨满燕市"，说的是在文天祥生前，而非死后。比刘岳申更早的郑思肖，在《文丞相叙》中说过："北人有敬公忠烈，求诗、求字者俱至，迅笔书与，悉不吝。"这就把文天祥翰墨满燕市的时间与原因，都讲得明白如画。郑叙是刘传的最好的注释。从郑叙可知：燕人乃至北人，不是和坐在监狱中的爱国者，隔墙相思，隔窗相望，而是经常接触，求诗，求字。文天祥从不吝啬笔墨，来者不拒，"迅笔书与"。难怪他的翰墨要满燕市了。文天祥还常为吏士讲前史忠义传，来求诗、求字的想听听，自然也不会被撵走。这就不仅使文天祥的翰墨满燕市，而且使文天祥的声音也遍传北国。由此，来看他的人，求诗、求字的人，听忠义故事的人，也就更多。这种斗争，突破了监狱的窗棂，影响极为深远。《昭忠录》说：文天祥殉国时，"燕人凡有闻者，莫不叹息流涕"。燕人之所以如此惋惜他，正是因为他的诗、字、声音，早已流入燕人的家庭，深入燕人的心灵。

《文信国公集》中，有一卷《吟啸集》。文天祥并未用过"吟啸"二字命名他的某些诗歌，《四库全书总目提要》卷一百六十四集部别集类《文山集》，谓"《吟啸集》则当时书肆所刊行，与《指南录》颇相复出"。《四库全书总目提要》的作者，不了解《吟啸集》中的诗歌，实际便是被燕人带出监狱的《指南前录》《指南后录》中的诗歌，由民间辑录，而以"吟啸"命名。所以它流行最早。吟啸二字，反映了人民对这些诗歌的尊崇与认识。

我们还可看到汪元量来探过监，向文天祥求过诗。张千载心就住在文天祥的囚所附近，文天祥的许多诗文，都是他带回庐陵的。文天祥的翰墨随时被带出监牢的可能性，就更大了，渠道就更多了。文璧、张千载心带回的诗文，不过是文天祥诗文的底稿而已。

那么，元朝何以听之任之呢？《宋史·文天祥传》有一段话：

> 我世祖皇帝，以天地有容之量，既壮其节，又惜其才，留之数
> 年，如虎兕在柙，百计训之，终不可得。

这可解释文天祥在监狱中，为什么能与外人接触，且比较自由。文天祥的不自由，仅仅是在殉国之前不久，元参政麦术丁收缴了他的"棋弈、笔墨、书册"之后（见邓光荐《文丞相传》）。

《宋史》说的"百计训之"，是很重要的话，可往往被治历史的人所忽略。这不仅可以解释数年中，文天祥何以能写诗，作文，讲前史忠义传，与燕人日夕接触，而且告诉了我们：文天祥的对立面，元世祖忽必烈，同时在利用一切手段，诱使文天祥降元。文天祥在燕京监狱中的三年多，就不是平静的三年多，单方面活动的三年多，而是文天祥和忽必烈双方激烈交锋的三年多。

我们再来看看元世祖是如何"百计训之"的。据郑思肖《文丞相叙》：

> 叛臣青阳留梦炎（按青阳梦炎，丹徒人。留梦炎，衢州人。此应
> 为青阳梦炎）教忽必烈曰："若杀之，则全彼万世忠臣，不若活之，
> 徐以术诱其降，庶几郎主可为盛德之主。"忽必烈深善其说。

降他比杀他，好处不知要大多少倍。这是忽必烈之所以三年多不杀文天祥，"百计训之"的真正原因。《文丞相叙》又说：

> 忽必烈……必欲以术陷之于叛而后已，数使人以术劫刺耳语，公
> 始终一辞曰："我决不变也，但求早杀我为上。"贼屡遣旧与公同朝之
> 士，密诱化其心。公曰："我惟欲得五事，曰剐，曰斩，曰锯，曰烹，
> 曰投于大水中，惟不自杀耳（文天祥深知自杀毫无意义）。"贼又勒太
> 皇传谕，说公降鞑，公亦不听。诸叛臣在北，妒其忠烈，与贼通谋，

密设机阱夺其志，公卒不陷彼计，反明以语辈。众酋尽伏其智。……
后贼俾公妻妾子女来，哀哭劝公叛，公曰："汝非我妻妾子女也，果
曰真我妻妾子女，宁肯叛而从贼耶？"弟璧来，亦如是辞之。璧已受
伪爵，尝以辈钞四百贯遗兄，公曰："此逆物也，我不受。"璧惭而卷
归。……千百人曲说其降，公但曰："我不晓降之事。"……或强以虏
笠覆公顶上，则取而溺之，曰："此浊器也。"

这席话可信不可信呢？完全可信。第一，依理推之，三年多岂无诱降
活动？何况《宋史》曾明言"百计训之"。第二，这正是元世祖高明之处。
第三，郑思肖是宋人，所见所闻是多的。第四，有事实为证。试释之
如下。

贼屡遣旧与公同朝之士，密诱化其心。

按邓光荐说过，文天祥初至燕京，元朝即曾派留梦炎、赵㬎往说文天
祥投降。福王赵与芮闻文天祥不屈，曾经叹惜："我家（帝王总是认为
'朕即国家'）有此人耶？！""饷以银百两，属（王）积翁转致之。"（《文
丞相传》）可知王积翁也曾往见文天祥于狱中。与文天祥同朝之士，降元
后到燕京的，颇为不少。元朝无疑会利用他们一次，二次，三次……前往
说降，而非仅仅是文天祥到燕京时，那一阵子说降。

后贼俾公妻妾子女来，哀哭劝公叛。

按邓光荐说过："虽示以骨肉而不顾。"（《文丞相传》）这种"示以
骨肉"的劝降法，决非仅使用一次。欧阳夫人和柳娘、环娘当时留在东
宫，随时都可以被驱至监狱劝降。《指南后录》卷三有《得女儿消息》诗。
后四句是："肮脏到头方是汉，娉婷更欲向何人？痴儿莫问今生计，还种
来生未了因。"痴儿指柳娘、环娘。文天祥二子六女，其时仅存柳、环二

女。据《纪年录》丁卯咸淳三年（一二六七）所记："二月，柳娘生；三月，环娘生，环娘为妾颜氏所出"，可知柳、环二女在文天祥跋《指南后录》这一年（一二八〇），同为十四岁。"更欲向何人"，"莫问今生计"之语，说明了元朝确曾利用文天祥的两个幼女来作规劝。

柳娘尚曾写信给文天祥。清厉鹗《宋诗纪事》卷六十七文天祥《乱离歌》附注，引述了文天祥给"百五贤妹"的一封信。文天祥只有两个妹妹，次妹文淑孙适彭震龙，"乱离中，随母两国夫人上下，自船澳奉丧趋惠阳，兄妹不复见矣"（《集杜诗·次妹第一百五十五》）。此"百五贤妹"，为长妹文懿孙。文懿孙适孙栗。"孙氏倾覆，家没入燕"，文懿孙因此来到燕京（《集杜诗·长妹第一百四十八》）。兄妹未料会于北国。文天祥在给她的信中说：

> 收柳女信，痛割肠胃。人谁无妻儿骨肉之情，但今日事到这里，于义当死，乃是命也。奈何！奈何！涂中有三诗，今录至。言至于此，泪下如雨。

柳娘的信无存。但她要写信给狱中的父亲，不经过东宫甚至元朝朝廷，是不可能的。文天祥没有回信给她，而写信给文懿孙，说人谁无骨肉之情，但今日于义当死（即于义不当降），奈何！奈何！并附以北来途中所作《乱离歌》三章。《乱离歌》即《六歌》，写妻、妹、女、子、妾和自己。"三诗"文天祥未明言是哪三首，但可推知是写妻（柳娘的生母欧阳夫人）、妹、女的三首。这三诗等于写给欧阳夫人、文懿孙和柳娘的，表达他当时思想感情的回信。给欧阳夫人的诗，即本书第六章第三节的"有妻有妻出糟糠……"此诗写出了文天祥对欧阳夫人的深情，可是"天长地久有时尽，此恨绵绵无绝期"。他于义当死，不能再合了。给妹的诗是：

> 有妹有妹家流离，良人去后携诸儿。北风吹沙塞草凄，穷猿惨淡将安归？去年哭母南海湄，三男一女（文天祥、文璧、文璋、文淑

孙）同歔欷，惟汝不在割我肌。汝家零落母不知，母知岂有瞑目时。呜呼再歌兮歌孔悲，鹡鸰在原我何为？

《诗·小雅》："鹡鸰在原，兄弟急难。"他于义当死，不能对流离北方的文懿孙有什么帮助了。给柳娘的诗是：

> 有女有女婉清扬，大者学帖临钟王，小者读字声琅琅。朔风吹衣白日黄，一双白璧委道傍。雁儿啄啄秋无梁，随母北首谁人将（如此说来，柳娘、环娘在燕，与母亲不在一起，她们被拆开了）。呜呼三歌兮歌愈伤，非为儿女泪淋浪。

"非为儿女泪淋浪"之句，可从他的一歌"岂料国破家亦亡"，得到理解。家破，一双白璧被委弃于道傍，是因为国亡。他的泪水，便非为儿女而倾，而是为国亡而倾。这首诗浸透的仍然是亡国之恨。国既亡，他于义当死。即使如此可爱的、仅存的一双白璧，他也无可奈何再揽入怀抱了。这正是越歌越伤，而在"歌愈伤"中，他坚定地站立起来。元朝最厉害的一着，用他的亲属特别是他的一对女儿，来打动他的计谋，彻底破产了。

文天祥写给文懿孙的信和所附的作为回信的《乱离歌》，透露了元朝曾利用会读书写字的柳娘，用书信来打动文天祥的事实。除此以外，元朝还利用颜、黄二孺人。

文天祥在给文懿孙的信中，曾请文懿孙"仍语靓妆、璚英，不曾周旋得，毋怨，毋怨。徐妳以下，皆可道达吾此意"。按《六歌》中的第五歌写"有妾有妾今何如"，中有"晨妆靓服临西湖，英英雁落飘璚琚"二语，可见靓妆、璚英为颜、黄二妾之名。然则，文天祥二妾当时也在燕京。元朝同样不会放过她们，不会不利用她们当诱降工具。文天祥托文懿孙转语她们"毋怨，毋怨"，是拒绝的话。

> 弟璧来，亦如是辞之。……

按《纪年录》庚辰"是岁囚"注："五月，弟璧自惠州入觐。"右丞相帖木儿不花奏称："此人是文天祥弟。"元世祖只知道文丞相，不知文丞相的名字，问："哪个是文天祥？"博罗对道："文丞相。"世祖"叹嗟久之"，说："是好人也。"又问文璧的事，帖木儿不花奏称："是将惠州城子归附的。"世祖接了一句："是孝顺我的。"据此可知郑思肖说的"弟璧来"，是有证的了。

《纪年录》辛巳（一二八一）"是岁囚"又注："夏，璧与孙氏妹归，公剪发以寄永诀。"按文璧《齐魏两国夫人行实》："辛巳，宣授临江路总管兼府尹。"则文璧的南归，是"受伪爵"后，赴临江上任。则郑思肖说的"璧已受伪爵"，也是有证的了。

文璧于庚辰五月来燕京，次年夏天离燕京，在燕京有一年之久。他不会不去看文天祥，元朝也不会不利用他劝降。

《吟啸集》有《闻季万（文璧字）至》一诗。诗中写道："去年别我旋出岭，今年汝来亦至燕。弟兄一囚一乘马，同父同母不同天。可怜骨肉相聚散，人间不满五十年。三仁生死各有意，悠悠白日横苍烟。"文璧来燕京，早有人告诉了文天祥。兄弟生死各有意，同父同母不同天，是表态之辞。他预感到了文璧必然会受命前来说降，但要我和你"同天"，绝对不行。

郑思肖说："弟璧来，亦如是辞之。"来者，劝降也；辞之者，"宁肯叛而从贼耶？"

文璧"以鞑钞四百贯遗兄"，据郑思肖所说，是在"受伪爵"后，亦即在辞归之时。这在文璧，或以为是"常情"。而文天祥如果接受，便中了元朝之计。因此说："此逆物也，我不受。"虽他传不载，亦完全可信。

据上所述，我们可以看到文天祥在燕京监狱中的三年多，是极不平静的三年多，在文天祥和元世祖之间，有着激烈的斗争。一方面，元世祖在利用一切手段，使"千百人曲说其降"，包括文天祥最喜爱的仅存的二女在内，以图软化文天祥，迫使他投降；另一方面，文天祥也在利用一切机会、条件，凭借口和笔，对元世祖、元朝进行不停息的斗争。元世祖一切手段都没有用处，而文天祥的翰墨、声音，却遍飞燕京，响震北国。胜利者是文天祥，不是元世祖。

历史上像文天祥、元世祖这样的人物，"几乎全都处在时代运动中，在实际斗争中生活着和活动着，站在这一方面或那一方面进行斗争，一些人用舌和笔，一些人用剑，一些人则两者并用"（恩格斯《自然辩证法》导言）。可因为《宋史》对文天祥在监狱中用舌和笔进行斗争没有记载，对元世祖的"百计训之"，舌、剑两者并用，没有说明，遂使人们不知道三年多中，在文天祥和元世祖之间，存在着持久的、反复的、极为丰富多彩的斗争。似乎除了一篇《正气歌》，一首《衣带赞》，就平安无事了，而对《正气歌》《衣带赞》又作了唯心的、机械的理解。这种历史的假象，应当揭破。

第三节　"人生自古谁无死，留取丹心照汗青"

《纪年录》壬午记载：这年春天，文天祥写了"赞"。赞说："孔曰成仁，孟曰取义。惟其义尽，所以仁至。读圣贤书，所学何事？而今而后，庶几无愧。"赞前有叙，叙说："吾位居将相，不能救社稷，正天下，军败国辱，为囚虏，其当死久矣。顷被执以来，欲引决而无间。今天与之机，谨南向百拜以死。"赞后落款是"宋丞相文天祥绝笔"。此赞是预作。文天祥说"拟终时书之衣带间"。此赞的写出，其实是对元世祖"必欲以术陷之于叛而后已"的最后答复，非最后的绝笔。他的斗争不会止息。

千百年来，人们都根据此赞，说文天祥是孔、孟的信徒，明清统治者利用此赞大力宣扬儒家的忠君思想。至于孔、孟信徒中何以良莠不齐、良如文天祥者何以极少，就不作解释了。这种宣扬，实际是对主张改革不息、抗元不息、"社稷第一"的文天祥的侮辱。文天祥心目中的仁和义，含义是什么，我在第八章论文天祥的政治思想中，将详作解释。即就此赞而论，文天祥对孔、孟所说的仁、义，就作了发展。孔子谈仁，孟子谈义，文天祥则把两者结合起来，提出："惟其义尽，所以仁至。"而他所谓义，是与"救社稷，正天下"连在一起的。义字的意义，本来就很广泛。孔子说"君子有勇而无义（无宜于礼）为乱"，"小人有勇而无义（无宜于礼）为盗"，义与礼连。后世则扩而大之，《容斋随笔》说过："仗正道（如义师）"，"众所尊戴（如义帝）"，"与众共之（如义仓）"，"至行过人（如义士）"，"自外入而非正者（如义父）"，都可叫义。甚至衣裳、器物、鹰犬也有义髻、义襦、义墨、义犬之类。正如文天祥所说："仁者见之谓之仁，知者见之谓之知，各是其是可也。"文天祥所谓"义尽"是为国鞠躬尽力，死而后已。文天祥的亲密战友之所以"义"于文天祥，首先是因为文天祥义于国。义犬也有义，可这种义却是义于它的主子。我们不要忘记文天祥主张"尽洗旧学读吾书"，对于古人说的一切东西，哪怕是"圣贤"说的也罢，都不是机械搬运。从赞前加叙，强调救国家，正天下来看，他显然是怕人误解他在赞中说的仁和义的意义。叙和赞是统一的，不能只顾赞不顾叙，只讲赞不讲叙。

入夏，元朝以和礼霍孙为中书右丞相。此人"以儒雅为世祖所重"（《新元史》卷一百九十七《和礼霍孙传》）。自从做了中书右丞相，好"引用文儒"。元人多有"以天祥为荐者"（胡广《文丞相传》）。一时推荐文天祥出仕的空气，在元朝廷中活跃起来。秋天，元世祖"自开平还大兴，问南北宰相孰贤"。群臣以"北人无如耶律某（耶律楚材），南人无如文天祥"为对。元世祖遂谋"付以大任"（刘岳申《文丞相传》）。

要注意在这以前，人们向元朝君、相推荐文天祥的，可说无人，而现在"群臣"不仅向和礼霍孙，而且向元世祖推荐文天祥了。在这以前，元世祖并未明确表示将授文天祥以大任，特别是宰相之职，而现在准备以宰相起用文天祥了。君臣的意见完全一致，元世祖遂派王积翁、谢昌元等人"相率以书谕上意"（刘岳申《文丞相传》），请文天祥出来当丞相。劝降活动，至此达到了最高峰。

文天祥是怎样回答的呢？他在给王积翁等人的复信中说道：

诸君义同鲍叔，而天祥事异管仲。管仲不死，而功名显于天下；

天祥不死，而尽弃其平生，遗臭于万年，将焉用之？（刘岳申《文丞相传》）

这是在明知只要一转念，立即可以做元朝宰相（"管仲"）的情况下的复书。他的高尚之处，也在宰相虽然唾手可得，而夙昔的丹心就是不变，念头就是不转。

文天祥既然不肯出来做宰相，王积翁又上奏元世祖，"其略曰：'文天祥宋状元宰相，忠于所事，若释不杀，因而礼待之，亦可为人臣好样子。'"元世祖"默然久之曰：'且令千户所（兵马司）好好与茶饭者。'"文天祥听到这件事，"使人语积翁：'吾义不食官廪数年矣，今一旦饭于官，果然，吾且不食。'"（刘岳申《文丞相传》）这就不仅宰相，且连元世祖要给的好茶饭也拒绝接受了。

元世祖濒于绝望了，然仍未作出杀文天祥的决定。

也就在至元十九年（一二八二），麦术丁被起用为右丞（见《元史·宰相年表一》）。此人在至元十四年（一二七七），当文天祥自梅州引兵出江西，取得雩都大捷，分兵直捣吉、赣各县的时候，被任命为江西行中书省的左丞，与右丞塔出同行江西省事，深知文天祥的厉害。文天祥既不肯降，他遂倡言杀文天祥。邓光荐《文丞相传》记道："麦述（术）丁参政，尝开省江西，见公出师震动，每倡言杀之便。又以公罪人，下千户所，收其棋弈、笔墨、书册。"这就不仅要杀文天祥，而且使文天祥想再在监狱中看书写字，也不可能了。刘岳申《文丞相传》还记载：因为麦术丁"每倡言不如杀之便，上与宰相屡欲释之，辄不果"。

至元十九年，文天祥已故的母亲"年方望七"（六十九岁），梅溪的舅舅有信给他，他写了一封回信："复梅溪尊舅舅"，嘱之以身后之事。信中说："今立升（文璧之子）为子，凡百惟舅公教之，诲之，是望。区区折骨，已分沟壑，当具衣冠，藏于文山之阳，畴昔舅所指之处也，并哀而窆之，谨奉书永诀，万古万古。"（《文集》卷十八《与方伯公书》）文天祥有二舅，曾棐和曾榘（见《义阳逸叟曾公墓志铭》）。信称《与方伯公书》，方伯公当指大舅曾叅。此信当写于王积翁等人以书谕旨，文天祥复书之后，麦术丁尽收文天祥棋弈、笔墨、书册之前。此信的写出，表明文天祥自知：他既拒绝当宰相，食官廪，殉国之日，已经迫近。麦术丁倡言要杀文天祥，正是文大祥"求之不可得"的。

可是，元世祖仍在犹豫中。

这年，连续发生了一些事情，迫使元世祖不能不最后作出决定。邓光荐《文丞相传》说：

> 初，闽僧妙曦号琴堂，以谈星见。是春进言："十一月土星犯帝座，疑有变。"群臣有言瀛国公族在京不便者。而中山府薛宝住聚数千人，声言是真宋幼主，要来取文丞相。又有书于牍者曰："两卫军尽足办事，丞相可以无虑。"又曰："先焚城上苇子，城外举火为应。"大臣议所谓丞相，疑为天祥。太子得牍以奏，京师戒严，迁赵氏宗族往开平北。十二月初七日，司天台奏三台折。（《宋史·文天祥传》所记略同）

一连串的事变，使元世祖害怕了，就在十二月初七日，司天台上奏"三台折"的当天，元世祖决定亲自出面，作最后一次劝降。刘岳申《文丞相传》写道：

> （十二月）初八日，召天祥至殿中，（天祥）长揖不拜，左右强之，坚立不为动，极言："宋无不道之君，无可吊之民，不幸母老子弱（喻太皇太后谢氏和赵㬎），权臣误国，用舍失宜，北朝用其叛将叛臣，入其国都，毁其宗社。天祥相宋于再造之时，宋亡矣，天祥当速死，不当久生。"上使谕之曰："汝以事宋者事我，即以汝为中书宰相。"天祥曰："天祥为宋状元宰相，宋亡，惟可死，不可生，愿一死足矣。"又使谕之曰："汝不为宰相，则为枢密。"天祥对曰："一死之外，无可为者。"遂命之退。（邓光荐《文丞相传》略同）

这是一场十分精彩的金殿对话。文天祥一上殿就当着元世祖的面，指责元朝侵宋的非正义性。元朝之所以能亡宋朝，不过是依仗宋朝太皇太后年老，皇帝年幼，权臣误国，叛将献城而已。可谓先声夺人。但元世祖却不动声色，接连许以中书宰相和枢密使，文天祥则唯以一死对之。这比其他任何拒绝的语言，都更要坚决。

似乎这一天便是文天祥绝命之日了，可元世祖"犹不忍"杀他（《宋史·文天祥传》）。此夜，文天祥"回宿千户所"（邓光荐《文丞相传》）。

次日（初九日），"宰执奏：'文天祥既不愿附，不若如其请，赐之死。'麦术丁力劝之"，元世祖遂"可其奏"。这天，宣使以金鼓迎文天祥出狱，文天祥欣然道"吾事了矣！"（邓光荐《文丞相传》）从容地将春天所作的绝笔自赞，系于衣带间（刘岳申《文丞相传》）。"左右去其巾，戴黄冠，荷械出，颜色扬扬不变。"（《昭忠录》）当时，赵与𬇹以宋朝宗室，被监禁在另一间房子中，守卫兵士坐在地上，听到门外弓马驰骤，都站起来穴窗窥看，才知是出文丞相（邓光荐《文丞相传》）。文天祥既离监狱，"燕市观者如堵"。宣使遍谕观者："文丞相南朝忠臣，皇帝使为宰相不可，故随其愿，赐之一死，非他人比也。"且问文天祥："丞相今有甚言语，回奏尚可免死。"他的话表明元世祖直到这个时候，仍对文天祥抱有奢望。可文天祥却说："死则死耳，尚何言。"（《昭忠录》）他且行且歌，歌云：

　　昔年猃狁侵荆、吴，恃其戎马恣攻屠，忠臣义士有何辜，举家骨肉遭芟锄。我宋堂堂大典谟，可怜零落蒙尘污。……今朝此地丧元颅，英魄直上升天衢，神光皎赫明金乌，遗骸不惜弃草芜。谁人酹奠致青刍，仰天长恨伸呜呼！

此歌见于元人赵弼的《效颦集》。《文信国公集》卷十八《出狱临刑诗歌》录有全文。文天祥出狱后，观者既然如堵，他且行且歌，必有好事者记之。元人赵弼得到此歌，载之于集，是否原貌，无须追寻。要知文天祥就义，是既从容，又慷慨的。后人对此歌表示怀疑，按《指南后录》最后一首诗《有感》，已有"夜夜频危坐，时时亦自歌"的话。《出狱临刑诗歌》不过是"时时亦自歌"的延续，怀疑是无必要的。

关于文天祥的殉国情况，以邓光荐的《文丞相传》和赵弼的《义信公传》记述最详。邓光荐说他就义前，问左右何方是南方，左右告诉了他，他南向再拜说道："臣报国至此矣！"而《宋史·文天祥传》、刘岳申《文丞相传》都没有他南向拜时说的话。赵弼的《文信公传》则记述了文天祥的就义地点及南向拜后，索纸笔写的两首七律。赵弼说：

> 公至柴市，观者万人。公问市人曰："孰南面？"或有指之者，公即向南再拜，索纸笔书二诗云："昔年单舸走维扬（脱京口），万死逃生辅宋皇。天地不容兴社稷，邦家无主失忠良。神归嵩岳风雷变，气吐烟云草树荒。南望九原何处是？尘沙黯淡路茫茫。""衣冠七载混毡裘（自一二七六年出见伯颜于元营，至一二八二年就义于燕京，为时七年），憔悴形容似楚囚。龙驭两宫崖岭月，貔貅万灶海门秋。天荒地老英雄丧，国破家亡事业休。惟有一腔忠烈气，碧空常共暮云愁。"

按《出狱临刑诗歌》与此二律，《文信国公集》卷十八均曾收录。序中说："此殆出于成仁取义自赞之外者也。"这两首七律写出使元营及脱京口以来事，带有总结性质，《文信国公集》的编者，没有怀疑它的真实性，以为它是文天祥的真正的最后的绝笔。事实上《衣带赞》并非文天祥的绝笔，赞在春天作，夏天，他又写了《生日》《端午》《自叹》《病目》《有感》等诗。后世是无人怀疑赵弼所记文天祥就义于柴市的真实性的，他所记的文天祥刑场作诗的壮举，文天祥的真正绝笔是刑场所作二律而非《衣带赞》，我看也无须怀疑。文天祥临刑之前，观者之多，从无人否定。他就义在哪里，他在刑场写了什么，燕人是知道的。当时虽已流传但无人搜集。赵弼只是一个搜集者而已。可他的功劳不小。

最后一字写完，文天祥掷笔欣然引颈受刑，得年四十有七。燕人"见者闻者，无不流涕"（刘岳申《文丞相传》）。"南人留燕者，悲歌慷慨相应和，更置酒酹丞相，更相慰贺。"（胡广《文丞相传》）这真是死的光荣。

文天祥既受刑，"俄有诏使止之"（《宋史·文天祥传》）这件事各传都有记载，邓光荐《文丞相传》写得很具体。他说：穴窗窥看文天祥带枷出狱的赵与霖等人，"顷之，又闻驰骑过者。及回，乃闻有旨教再听圣旨，至则已受刑"。元世祖到最后一刻还在想留文天祥。

刘岳申《文丞相传》说：文天祥死之日，"大风扬沙石，昼晦，咫尺不辨人，城门昼闭"。邓光荐《文丞相传》更说："自是连日大风埃雾，日色无光，都城门闭，甲卒登城，街对邻不得往来，行不得偶语。"文天祥殉国之日是十二月初九日。这是北方的严寒季节，大风扬起沙石，无疑可信。甲卒登城，是防燕人为变。

文天祥死后的第一日（初十日），"欧阳夫人从东宫得令旨收尸。江南十义士奉枢葬于都城小南门外五里道傍，为他日归骨便路"（邓光荐《文丞相传》）。文天祥的遗骨何时归葬庐陵？元无名氏的《昭忠录》和陶宗仪的《辍耕录》都说当年张弘毅负其颅骨归。陶宗仪尚说：张弘毅曾"潜制一椟，公受刑日，即以藏其首。复访求公之室欧阳氏于俘虏中，俾出焚其尸"。他收拾了文天祥的骸骨，"袭以重囊，与先所函南归，付公家葬之"。然而，王炎午的《望祭文丞相文》，却只说"庐陵张千载心弘毅，自燕山持丞相发与齿归"。他所记无疑比《昭忠录》《辍耕录》所记要可信得多。这是他亲眼所见。文天祥的遗体，当年实留在燕京小南门外五里道傍。至元二十年（一二八三），文天祥枢才归至故里。二十一年（一二八四），葬于富川东南二十里的木（鹜）湖之原。这在《纪年录》壬午注中，记载甚为明白。

欧阳夫人的结局如何？《续资治通鉴》卷一百八十六元世祖至元十九年，紧接文天祥之死，写道："天祥妻欧阳氏曰：'我夫不负国，我安能负夫！'遂自刭死。"这比陈枢《文丞相传补遗》所说："丞相既俘，其夫人欧阳氏……遂自刭死"，时间推后了四年。但仍旧不实。按刘岳申《文丞相传》:"大德中,升奉母欧阳夫人归自丰州。"刘传为文升之子文富所刻,记述无疑可信。《纪年录》壬午注,说欧阳夫人"后随公主下嫁驸马高唐王,居大同路丰州栖真观。……大德二年(一二九八)戊戌冬,以年老不禁寒冻,得请向南去。至都城,男升迎养。……大德七年(一三〇三)癸卯腊,至宁州,时从子隆子任宁州判官……明年,归故里。"《纪年录》注两处引用过欧阳夫人的话。夫人并未死于文天祥就义之时,是明白的。她死在大德九年(一三〇五)二月十九日,葬于富川南二十里的洞源。距文天祥殉国,已二十三年。

文天祥二女,"柳小娘从公主下嫁赵王沙靖州,大德年间殁。环小娘从公主下嫁岐王西宁州"。至正元年(一三四一),犹传闻她在河州。

关于欧阳夫人和柳小娘、环小娘二女的记载,《文信国公集·纪年录》注有删削,《文山先生全集》所载《纪年录》注,则较详细。前书所删为从公主下嫁之语。

文天祥有无后嗣?

在道生死的那年(一二七八),文天祥写信给文璧,以文璧之子文升为嗣。《文集》卷十八有《狱中家书》(付男升子批),内中说道:"吾在潮阳,闻道之祸……即作家书报汝生父,以汝为吾嗣。"文升,据胡广《文丞相传》:"大德中,升奉母欧阳夫人归自丰州,适京师有欲官之者,辄辞。仁宗在潜邸,闻其名,召见之。及即位,官以集贤直学士。乞归,得代祀南海,道卒。"可知他在仁宗即位之年(一三一一),才出来做官。这年是文天祥死后二十九年,但不久文升便死了。

文升之子文富,据元许有壬《文丞相传序》:"孙富为湖广省检校官,始出辽阳儒学副提举庐陵刘岳申所为传,将刻之梓,俾有壬序之。"可知他是亲自把刘岳申的《文丞相传》,刻板印行的人。

文天祥殉国后,他的友人汪元量作《浮丘道人招魂歌》,王炎午作《望祭文丞相文》,谢翱作《登西台恸哭记》。这是三篇著名的纪念文天祥的文章。

《浮丘道人招魂歌》共有九歌,分别写文天祥及文天祥的母、弟、妹、妻、子、女、诗、卿相官职。从一歌中"一生能事今日终"来看，当写于文天祥殉国不久之时。汪元量为钱塘人，善抚琴，留燕甚久。兹录一歌与八歌，以见他所理解的文天祥。

> 有客有客浮丘翁（文天祥），一生能事今日终。啮毡雪窖身不容，寸心耿耿摩苍空。睢阳临难气塞充，大呼南八男儿忠。我公就义何从容，名垂竹帛生英雄。呜呼一歌兮歌无穷，魂招不来何所从？（一歌）
>
> 有诗有诗《吟啸集》（据此，疑《吟啸集》在文天祥生前，即已由民间刊），纸上飞蛇喷香汁。杜陵宝唾手亲拾，沧海月明老珠泣。天地长留国风什，鬼神呵护六丁立。我公笔势人莫及，每一呻吟泪痕湿。呜呼八歌兮歌转急，魂招不来风习习！（八歌）

"寸心耿耿摩苍空"，"纸上飞蛇喷香汁"，这样的诗句，不是深刻了解文天祥的品格和诗文的人，是写不出来的。文天祥当之无愧。

王炎午的《望祭文丞相文》，首云："相国文公再被执时，予尝为文生祭之。已而庐陵张千载心弘毅自燕山持丞相发与齿归。丞相既得死矣，呜呼痛哉！谨痛望奠，再致一言。"他在《生祭文》中，错误地理解了文天祥。现在，他见到文天祥的发与齿，内心是痛苦的，因而又作《望祭文》。望祭即望燕京而祭。由此亦可知文天祥棺木当时仍留燕京。祭文云：

> 呜呼！扶颠持危，文山、诸葛，相国相同，而公死节；倡义举勇，文山、张巡，杀身不异，而公秉钧。名相、烈士，合为一传，三千年间，人不两见。……乘气捐躯，壮士其或，久而不易，雪霜松柏。嗟哉文山，山高水深，难回者天，不负者心。……今夕何夕，斗转河斜，中有光芒，非公也耶？

写得沉痛。"名相、烈士，合为一传"；"久而不易，雪霜松柏"；"难回者天，不负者心"，把文天祥的英雄本色，写了出来。这样的祭文，非一般的祭文所可比拟。

这篇祭文写在张弘毅从燕京回到庐陵之时，文天祥于至元十九年十二月九日殉国，张弘毅持文天祥发、齿回到庐陵，早则在至元十九年年底，迟则要到二十年春初。

谢翱的《登西台恸哭记》，作于至元二十七年，文天祥死后八年。

《晞发集·登西台恸哭记》写了谢翱从、别、哭文天祥的经过。谢翱写道：

> 始故人唐宰相鲁公（指文天祥）开府南服（南剑），予以布衣从戎。明年，别公漳水湄。……余恨死无以藉手见公，而独记别时语，每一动念，即于梦中寻之。或山水池榭、云岚草木与所别之处，及其时适相类，则徘徊顾盼，悲不敢泣。又后三年，过姑苏。姑苏（平江），公初开府旧治也。望夫差之台而始哭公焉。又后四年而哭之于越台。又后五年及今，而哭于子陵之台。

文、谢二人，景炎二年（一二七七），漳水一别，便成永诀。谢翱始哭文天祥于姑苏之台，继而哭文天祥于越台，又继而哭文天祥于严州钓台，其情深，其意亦深。他是怎样登严州钓台哭文天祥的呢？《恸哭记》说：

> 先是一日，与友人甲、乙若丙约，越宿而集。午雨未止，买榜江涘。登岸，谒子陵祠，憩祠傍僧舍，毁垣枯甃，如入墟墓。还，与榜人治祭具。须史，雨止，登西台，设主于荒亭隅。再拜跪伏，祝毕，号而恸者三。复再拜……复东望，泣拜不已。有云从南来，滃浡淳郁，气薄林木，若相助以悲者。乃以竹如意击石，作楚歌招之曰："魂朝往兮何极？暮归来兮关水黑。化为朱鸟兮，有咮焉食？"歌阕，竹石俱碎。……

这是哭祭，无祭文的哭祭，文天祥死后八年的哭祭。八年后，还有人如此悲痛地哭祭，这种哀荣，在历史上，只有文天祥一人得过。

再说文天祥的诗文，在文天祥生前，传抄的便大有人在。汪元量的《浮丘道人招魂歌》提到《吟啸集》，这实际上是被人们从监狱中带出的《指南前录》《指南后录》中的诗，后来被搜集付印。至于整个诗文的收集、整理与刊行，在元代也已开始。文天祥曾要求文璧使他亲手编辑的《指南前录》《指南后录》"不泯于世"。关于《集杜诗》，他说过"非千载心不足以语此"的话。《集杜诗》和其他诗文，都由张弘毅带回庐陵。龚开曾说他尝见"青原人邓木之藏文公手书《纪年》，皆小草，首尾备具。因求得誊本，取其始末为传"（《宋文丞相传》）。

邓木之所藏《纪年》，即《纪年录》，为张弘毅自燕京带回的文天祥遗文之一。龚开说已经有了誊写本，这为文天祥全集的刊行，准备了条件。

继《吟啸集》刊行的比较完整的诗集，是《指南录》。许有壬《文丞相传序》说过："有壬早读《指南录》《吟啸集》，见公自述甚明。"（《文集》卷二十）许有壬是元朝人，他说他很早便读过《指南录》，说明《指南录》曾单独刊行。时间晚于《吟啸集》而早于全集。

文天祥诗文全集的刊行，始于元成宗元贞、大德间。《四库全书总目提要》卷一百六十四集部别集类《文山集》写到文天祥：

> 生平有《文山随笔》数十大册，常以自随，遭难后尽失之。元贞、大德间，其乡人搜访，编为前集三十二卷，后集七卷，世称道体堂刻本。考天祥有《文山道体堂观大水记》，称自文山门入，过障东桥，为道体堂云云。则是堂本其里中名胜，而乡人以为刊版之地者也。书中原跋九条，并详载本事，颇可以资考证。

这说得很清楚了，《文山集》本是文天祥乡人于元成宗元贞、大德年间，搜访、编辑、刊版的。因刊版之地为文山的道体堂，故称为道体堂刻本。这是最早的刻本。

文天祥生前所期望的："一联半句，使天下见之，识其为人，即吾死无憾矣，况篇帙之多乎！"（《指南录》卷一跋）毕竟实现了。

道体堂的刻本，到明朝初年又散失了。明初尹凤岐从内阁所得的、经他编排的文天祥诗文十七卷，"起宝祐乙卯，迄咸淳甲戌，皆通籍后及赣州以前之作"。宝祐乙卯即宝祐三年（一二五五），这年是文天祥举郡贡士的一年。咸淳甲戌即咸淳十年（一二七四），这年是文天祥出任赣州知州的一年。"尹本"只有这二十年的诗文。尹本经陈价、张祥先后刻印，附上了《指南前录》一卷、《后录》二卷、《纪年录》一卷及当时书肆所刊行的《吟啸集》。全书共二十一卷，今存《四库全书》中，然已非道体堂刻本全貌。明嘉靖中，鄢懋卿刻《文山先生全集》，自序有云："反复是集而编次之，统而名之曰《文山先生全集》，中有《文集》，有《别集》，有《附录》，如先生所作。集有未载者，为《拾遗》。后世为先生而作继《附录》者，为《续录》，凡若干卷。遂以授河间守董君策，俾教谕严顺校正，知县宁宠刻之。"此本较陈价、张祥先后刻本要全一些，但已散亡的，不可再得。

今天的通行本，为明神宗万历年间，庐陵胡应皋所刻《文山先生全集》本及清同治年间，楚醴景莱书室所刻《文信国公集》本。两本编次、卷次略同，但后本纠正了诗歌编排不妥之处，该编入《指南后录》的，从《吟啸集》中移入。

文天祥的诗文集，是他所留取的丹心的写照，是我国文化宝库中的一份极珍贵的遗产。

第八章　文天祥的爱国思想剖析

文天祥不仅是一个爱国者，而且是一个政治家；不仅是一个政治家，而且是一个思想家。他生当社会危机和民族危机都很严重的时代。他主张读书应当尽洗旧学，有补于世。对现实危机的观察和对书本瑰宝的寻求，使他在哲学思想和政治思想上，得出了崭新的结论。因此，他的爱国思想就不是古已有之，而有他的特殊点；就不是概念化的，而有丰富的内容；就不是拼却一死，而有深厚的哲学与政治基础。下分哲学、政治和抗元三个方面剖析他的思想。

第一节　文天祥爱国思想的哲学基础

七百年来，都以为文天祥爱国是受儒家思想乃至理学熏陶的结果。殊不知他的爱国思想扎根于他的生气勃勃的唯物思想中，含有强烈的反理学意义。

在宋朝，理学（道学）占据着统治地位，特别是在理宗赵昀时期，把提倡理学当作首要的政治任务。理学倡导万世不变的天理，而天理在宋朝也就是以守内虚外为特征的祖宗专制之法。不击破理学，政治是改革不了的，国家是振作不起来的。要击破理学，就要探讨世界究竟是精神第一还是物质第一，天理第一还是人事第一，变化第一还是不变第一。文天祥以他对世界的敏锐观察，以他"尽洗旧学读吾书"的精神，对世界的起源、运动、变化发展，提出了自己的看法，并运用到社会实践中去。这就是文天祥的爱国思想的哲学基础。

自《易经》以来，历史上一直存在着唯物主义与唯心主义、辩证法与形而上学的斗争。文天祥喜读《易经》，在他的《又赋》中，有"倦策除诗杖，频烧读易香"之句。在《过零丁洋》中，他说的"辛苦遭逢起一经"，是指靠《易经》中状元。他平时爱读《易经》，中状元也靠了《易经》，表明他的哲学思想导源于《易经》。为了搞清楚文天祥哲学思想的渊源与性质，话须从《易经》谈起。当然，渊源不等于同一。文天祥所处的时代与《易经》产生的时代，并不相同。

《易》，从自然和社会现象中，抽象出阴（--）和阳（一）两个基本范畴，说"一阴一阳谓之道"，或说"立天之道曰阴与阳"（《易·系辞》），世界也就是在阴阳推移下发生、发展的。阴阳组成八卦：天（乾☰）、地（坤☷）、雷（震☳）、火（离☲）、风（巽☴）、泽（兑☱）、水（坎☵）、山（艮☶）。八卦两个一组，错综配合，又组成六十四卦和三百八十四爻。在《易经》中，凡是吉卦，往往都是具有上下交感性质的卦。如咸卦，泽在上，山在下。《荀子·大略》解释说："咸，感也。以高下下，以男下女，柔上而刚下。"感即交感。所谓感，也就是一反常道。常道是山高泽低，现在一反常道，变成泽反而居上，山反而居下。这表示事物发生了变化，事物发生变化，才有发展，有前途，因而是吉卦。他如泰卦，坤上乾下；革卦，泽上火下，都具有吉的意义。

泰卦九三爻辞说："无平不陂，无往不复"，此之谓吉。反之，如果是"上而不能下，信（伸）而不能诎（屈），往而不能自返"，这叫"亢龙有悔"（乾卦上九）（《史记》卷七十九《蔡泽列传》），是不吉利的。换句话说：事物如果停滞不变则不吉，如果运动变化则吉。

《易经》认为一阴一阳谓之道，道者"立天之道"也。阴阳总是在那里交感着，运动着，道或天也总是在那里不停息地运行着。人法天，"天行健，君子以自强不息"（《乾卦·象辞》）。

《易经》用事物的是否交感变化，来看待事物的吉或凶，有前途或无前途，是合乎自然界与人类社会发展的规律的，是合理的。文天祥喜爱《易经》，也正是因为《易经》的说法，有它的合理之处。

《易经》说阴和阳的交感、运动叫作道或天道，后来的唯心论哲学家，却把天和道提到了阴阳上头，作了唯心主义的和神学的解释。宋朝的理（道）学家把理（道）或天理（天道），当作哲学的最高范畴。理（道）先于事物而存在着，人和物"都自这里出去"（《二程遗书》卷十八）。唯物论哲学家不同，他们继承和发展了《易经》中的唯物观念，提出元气或气是万事万物的本源，而道则被认为是元气交感、运动、变化的规律。张载在《正蒙·太和篇》中解释气说："太虚即气。""气块然太虚，升降飞扬，未尝止息"，"其聚其散，变化之客形尔"。气是本体，气的聚散形成万事万物（客形）。解释道说："太和所谓道，中涵浮沉、升降、动静相感之性，是生细缊相荡、胜负、屈伸之始。"元气的相对静止（和）与绝对变动的统一，就是道。

文天祥的哲学思想，来自《易经》，来自《易经》以后的唯物论哲学家。因为文天祥处在南宋晚期社会危机和民族危机都较为严重的时代，因此在他的思想中，含有强烈的时代气息。

文天祥探讨了事物的本原。他在《御试策一道》中说："臣请溯其本原言之。茫茫堪舆，块圠无垠，浑浑元气，变化无端。"在《熙明殿进讲敬天图周易贲卦》中说："臣窃惟天一积气耳，凡日、月、星、辰、风、雨、霜、露，皆气之流行而发见者。"在《赠谈命朱斗南序》中说："譬之生物，松一类也，竹一本也，或千焉，或万焉，同时而受气也。"这正是唯物的元气本原论。事物的本原，在他看来，是充满在天地之间的，总是在流行变化着的"浑浑元气"或"一积气"。日、月、星、辰、风、雨、霜、露、生物，都是在气的流行、运动中产生的，发见的。

我们还可看到，在文天祥的哲学思想中没有天命、鬼神的地位。在《赠谈命朱斗南序》中，他说："星辰之向背，日月之远近，东西南北天地之气，所受各有浅深……而吉凶寿夭变化交错，正自不等。"这是说，事物的吉凶寿夭，来自所受元气的浅深，而非来自天命。世界上没有什么宿命、命定、天命。因而他最后得出结论说："呜呼，论至此，则命书可废也耶？"

命书可废，神天乃至佛道，在文天祥看来，也都可废。文天祥的外祖父曾珏原来相信佛、道，"敬恭神天"，迷信到了"乃欲弃人间事，求长生之术"。到六十岁以后，曾珏"始闻正学"。他"恍然自失"，对佛、道不相信了，对人说："死生之说，鬼神之情状，讲探幽眇，顿改吾意。"卧病时，"服药外无所问，戒左右勿以巫祝从事"。临死又嘱咐二子："必不为佛事。"文天祥对他的觉悟很称赞，在《义阳逸叟曾公墓志铭》中写道："维二氏（佛、道）之蔽于死生兮，小其用于一身。一陷溺而忘返兮，鲜不惑于怪神。……微临绝之琅琅兮，公几混于常人。朝闻而夕死兮，何憾乎幽冥？"这又表明文天祥不仅是一个唯物论者，而且是一个无神论者。

文天祥的另一篇反佛文章《与济和尚西极说》（见《文集》卷九），在谈到天有无南、北极的问题时，文天祥说："非天之南北也，自中土而论，为人世南北之极耳。天之所极实不可知。"且说："敢问济和尚，西方有极处、无极处作么生？"济和尚自然答不出来。最后，文天祥声称："吾不学佛，佛何必西方？"这篇文章既对佛教进行了嘲笑，又阐述了宇宙的无极限。

再看文天祥对古代辩证法作出的贡献。文天祥在对世界作了唯物的解释之后，又进一步探讨了"物理"。《指南后录·彭城行》有"乘除信物理"之言。他认为"沧海变桑田，陵谷代不同。朝为朱门贵，暮作行旅穷"，都是物理，不是冥冥中有什么东西在作主宰。

他的所谓"物理"，指的是自然界的法则或必然性。在《王通孙名说》中，他说："有物"便"有则"。并且指出："天地之化，盈虚消息，往过来续，流行古今"，是万事万物的总法则。在"流行古今"后面，他用了"如此而已"四字作结。说明除了这个总法则以外，再也没有别的总法则了。这个总法则就是运动。对于这个总法则，《御试策一道》也曾作过阐述。他说："臣闻天久而不坠也以运，地久而不陨也以转，水久而不腐也以流，日、月、星辰而常新也以行。天下之凡不息者，皆以久也。"这说得更清楚，更精辟。万事万物的总法则便是运、转、流、行。这种运、转、流、行，是历万古而不息的，也就是永恒的。万物惟其运动不息，所以才能持久，才能常新。

说到这里，我们可以分析文天祥所谓"道"到底是什么东西了。懂得了他说的"道"的含义，有利于我们进一步了解他的思想。

在《御试策一道》中，文天祥说："所谓道者，一不息而已矣。"如果换用《王通孙名说》中的话，便是：所谓道者，"天地之化，盈虚消息，往过来续，流行古今，如此而已"。可见文天祥心目中的"道"，是物质的运、转、流、行，即物质的运动法则，亦即他说的物理或物则。这个理或则，他用了"不息"二字作总概括。

文天祥曾用川流来比方道。他说："子在川上曰：逝者如斯夫，不舍昼夜。道体流行之妙，往来而易见者，惟川流为然。圣人发其端倪，欲学者体认省察，而无一息之间断也。"（《文集》卷九《吴郎中山泉说》）道好比川水流逝，昼夜不停，无一息间断。这个比方很具体，很能说明文天祥所谓道，除了物质的永恒运动变化法则以外，别无它意。"阴阳造化荡昼夜"（《赠曾一轩》），这就是道。

文天祥在指出了道即物质的永恒运动变化法则之后，论证了物质与道（法则）之间的相互关系。他说：

> 自太极分而阴阳，则阴阳不息，道亦不息；阴阳散而五行，则五行不息，道亦不息……穹壤间生生化化之不息，而道亦与之相为不息。然则道一不息，天地亦一不息；天地之不息，固道之不息者为之。（《御试策一道》）

在"然则"二字之前，他把阴阳、五行、生生化化的不息，摆在道亦不息的前面，意思很清楚，宇宙间的万事万物本来就是各自都在运动不息的，由此形成了一个总法则——不息的道。换言之：运动的法则来自运动中的物质。这叫"有物有则"（《王通孙名说》）。在"然则"二字之后，他又说"天地之不息，固道之不息者为之"。意思是说，事物运动的总法则，反过来又对事物起支配的作用。这叫必然性。他这个思想在《跋彭叔英谈命录》中，有清晰的反映。他说："命者令也，天下之事，至于不得不然，若天实使我为之，此之谓令，而自然之命也。"看起来事物之所以这样变而不那样变，似乎是天决定，实际都是"自然之命"，都是由自然界的必然法则或者说事物本身的变化法则（物则）决定的。

我们还可从文天祥的文集中发现：他不仅说到了事物发生、发展的内在的必然性，而且还说到了事物发生、发展的偶然性。他说："十一曜之行于天，无日不有，无时不然；人物之生，亦无一日可息。"这是必然性。但"事适相值者，亦时而有之也"。这叫偶然性。他举例说："自古忠臣志士，立大功业于当时，往往邂逅，而计其平生，有非梦想所及。盖不幸而国有大灾、大患，不容不出身捍御。天实驱之，而非夫人所欲为也。"（上引见《跋彭叔英谈命录》）这里，他说的"天"，指"大灾、大患"。忠臣志士适与大灾、大患相值，出来捍御，因而建立起大功业。这有偶然性。而忠臣志士之所以能挺身而出，又在于他们平生"无一日可息"，在于他们本来就是"忠臣志士"。这又是必然性。偶然性是通过这种内在的必然性而起作用的，而这种必然性，又是通过大灾、大患这种偶然性来实现的。在文天祥以前，尚无一个哲学家把必然性和偶然性的关系，讲得这样清楚。

文天祥对必然性和偶然性关系的认识，使他深感要应付偶然发生的不幸事件，必须掌握必然性，尤其是要掌握天地运转无一日可息，"人物之生，亦无一日可息"的总的宇宙法则。只有无一日可息，自然、人事才能"常新"，才有前途。这就使他的哲学与"补世"结合起来，把停留在解释世界的哲学家抛在后头。

在《题戴行可进学斋》中，文天祥说：

> 乾称进德者三，而象曰：天行健，君子以自强不息。圣人复申之曰：终日乾乾，行事也。君子之所以进者无他，法天行而已矣（"法

天不息"）。进者行之验，行者进之事。进百里者，吉行三日；进千里者，吉行一月。……独有一言愿献于君者，日行行（"无一日可息"），固君子也。《书》曰：行之惟艰。《语》曰：行有余力。《中庸》曰：利行；曰：勉行；曰：力行。皆行也，皆所以为进也。不行而望进，前辈所谓游心千里之外，而本身却只在此，虽欲进，焉得而进诸？（《文集》卷九）

运动不息，自强不息，是自然界的永恒法则。作为人来说，也就应当"法天行"，"日行行"，不停顿地自强下去。此之谓"天行健，君子以自强不息"。行，才能进，才能自强，也才能"吉"。坐在那里不动，是永远也不能做成任何事业的，永远也不能自强的。吉，只能是梦。

"不息"，是文天祥强调的行的最本质的东西。在《御试策一道》中，文天祥曾向理宗进言："言不息之理者，莫如《大易》，莫如《中庸》。《大易》之道……乃归之自强不息；《中庸》之道……乃归之不息则久。"天地间的事物，都是在运动不息中的，如果运动停止，那就要灭亡。人们不仅应当行，而且应当把行持续下去，永远也不停歇。行而不息，进了百里再进千里……吉就一个跟着一个来临了。

"自强"，是文天祥强调"不息"的灵魂。《中庸》只说到"不息则久"。爱读《易经》的文天祥，牢牢抓住了《易经》讲不息之理，"归之自强不息"。他认为自强不息，既然符合"天行健"的法则，就应当应用到人事的各个方面去。他为戴行可题《进学斋》，强调的是治学应当自强不息；他向理宗进言，强调的是国家应当自强不息。在这个问题上，他提出了人为的重要性。"天行健，君子以自强不息"虽是真理，但并不是人人都能照着去做的。自强不息决定于人。他曾用反问的语气"古今世道不属之人乎"（《纪年录》辛卯宋祥兴元年注引邓光荐《文丞相传》），指出世道在于人为。他所谓的世道，就是自强。

文天祥把自强不息提到哲学的高度，宇宙根本法则的高度，"自然之命"的高度，最能表现他的哲学的补世精神，也最富于时代的气息。他这种哲学是与南宋的社会危机和民族危机紧密相连的。南宋的危机（大灾大患），在他看来，是偶然性的东西。人们如果懂得自强不息是必然的法则，并且努力去做，无一日可息，那就能够避免与消除突然发生的危机。这个问题在论述他的政治思想时再作详析。

从运行不息或自强不息这个宇宙的根本法则出发，文天祥与理学家进行了论战，对理学家的"诚"与"敬"，作了新的解释。

文天祥说"至诚"便是《易经·乾卦》说的"自强不息"，便是主观观念和客观法则的完全符合。像司马光所说的诚，其意不过是"主于不欺诈，无矫伪"而已，并非至诚（见《文集》卷九《西涧书院释菜讲义》）。至于敬，他说：

> 夫川之水，道之体也；山之泉，性之象也。是故善尽道者，以敬而操存之，则犹之川而不息焉；善尽性者，以敬而涵育之，则犹之泉而不杂焉。盖有欲则息，惟敬为能不息；有欲则杂，惟敬为能不杂。……敬者，圣学成始而成终者也。（《吴郎中山泉说》）

理学家把敬当作通向宇宙精神"君臣之道"的手段，文天祥则说：道"一不息而已矣"。敬，要求人们像川流不息、泉水不杂那样，永远地、完全彻底地法天而行，自强不息。

文天祥的这种解释，同样含有补世的目的。理学家讲诚与敬已经讲了两百年，想要扬弃这两个字是不行的，只有作出新的解释，才能使人们从天理的迷梦中醒过来，为自强不息而斗争。

综上所述，文天祥的哲学思想或者说天人观，其中心是"不息"二字，其出发点是物质世界（元气）的运动不息，新陈代谢不息，自强不息。因此，它的本质是唯物的，且含有辩证法的因素；精神是向上的，生气勃勃的。其中某些论点，如必然和偶然的关系，还超越了前人的成就。只要想一想文天祥成长的时代是理宗大倡理学的时代，想一想文天祥的治学宗旨"尽洗旧学"，就不难在文天祥的哲学思想中，嗅到浓郁的反理学的气息，发现时代的闪光。也就不难理解文天祥何以能成为一个一生都在斗争，从不停息的爱国者。他的哲学思想自斗争中来，又为他的斗争服务。他爱国愈久而愈坚，他力主改革不息，坚持抗元不息，正是因为他的哲学归宗，是元气的运、转、流、行不息，人物之生亦无一日可息。

文天祥的哲学唯物论思想，实践的意义很大，在古代哲学史上不可多得，可竟被埋没了七百年，以致在哲学史的著作中，竟无他的地位。现在是我们研究他的思想的时候了。

第二节　文天祥爱国思想在政治方面的表现

文天祥是一个爱国者，可人们只知道他的爱国在抗元，却不知道这只是他的爱国思想的一个方面的表现。另一个方面，而且是更重要的方面，是他不仅要求改革，而且要求改革不息；不仅要求改革宋太祖、太宗制定下来的祖宗之法，而且要求一直改下去，直到实现天下为公。

文天祥的爱国思想，是与宋朝的弊政紧密相连的。宋朝在与辽、夏、金、元的斗争中，之所以总是处于无能的地位，是因为祖宗专制之法在起作用。此法不去，国不可救。在两宋，能看到这个问题的，只有王安石与文天祥。但求抵御外侮，不求革除弊政，国是爱不成的。在宋朝，这种例子是不少的。

文天祥的爱国思想，与他的哲学思想也是息息相通的。其哲学思想是道"一不息而已矣"，引申到政治上，就必然要得出"法天地之不息"的结论。而法天不息，也就是"自强不息"。自强不息，也就是变通不息或改革不息。不改革何能自强？因此，文天祥的政治思想，既有近期目标——救国，又有长远目标——改革到万物各得其所。

《宋史·文天祥传》曾用"法天不息"四字，对文天祥的政治思想，作了高度的概括。文天祥的政治主张和要求，在他殿试时写的《御试策一道》中，说得很透彻，很具体。他说："道（自然界的运动法则）之在天地间者，常久而不息，圣人之于道，其可以顷刻息邪？"这是他政治上

"法天不息"的理由和根据。

"《中庸》之不息，即所以为《大易》之变通；《大易》之变通，即所以验《中庸》之不息。变通者之久，固肇于不息者之久也。盖不息者其心，变通者其迹，其心不息，故其迹（变通）亦不息。"这是文天祥的变通不息论，即改革不息论。

"天地之所以变通，固自其不息者为之，圣人之久于其道（变通），亦法天地而已矣。"这是说，圣人之所以为圣人，就在他能法天地之不息，改革不息。

文天祥认为天地既然运动不息，"圣人"既然要法天，政治上的"变通"，也就应当"常久而不息"。他的所谓变通，就是改革，革新。因此，他接着提出了六项改革主张，要求皇帝"持不息之心"，求"安民之道""淑士之道""节财之道""弭寇之道"。他还说：

> 既往之不息者易，方来之不息者难；久而不息者易，愈久而愈不息者难。……不息于外者，固不能保其不息于内；不息于此者，固不能保其不息于彼。乍勤乍息，乍作乍辍，则不息之纯心间矣。

可见他所主张的，是持久而又全面的改革。文天祥不愧是一个"改革不息论者"。

下面分析他的改革不息论的起点和终极目标。

文天祥主张改革不息，先从哪里入手呢？从祖宗守内虚外之法入手。这就抓到了时代的症结。

我们知道，宋初鉴于唐、五代方镇的为患和农民起义，采取了守内虚外的方针，制定了削弱宰相、六部及郡县权力，加强封建专制的一系列制度和政策，造成了许多流弊。这种流弊，历两宋三百年，积重难返。到南宋晚期，形成了最严重的社会危机与民族危机。文天祥看到了这个问题，曾在《缴奏稿上中书札子》中说："某私念今事变至此，冲决横溃，使宗社有不测之忧者，谁实为之？病根在内胶结不去，终不可以为国。"（《文集》卷四）病根在哪里呢？在《己未上皇帝书》中，他说得很明白：在"祖宗"之法。他说了三个具体的、带根本性的问题，无一不联系到祖宗。

其一，地方问题。他说："祖宗矫唐末、五代方镇之弊，立为郡县繁密之法，使兵、财尽关于上，而守、令不得以自专。……然国势由此浸弱。"他认为："夫郡县、方镇之法，其末皆有弊，所贵乎圣人者，惟能通变而推移之。故郡县所以矫方镇之偏重，方镇所以救郡县之积轻。"他大声疾呼："今郡县之轻甚矣，则夫立为方镇之法，以少变其委琐不足恃之势，真今日之第一义也。"须知这是要求废除祖宗的"守内虚外"方针，以此为改革的第一要义。

其二，三省、六部问题。他说："我朝三省之法，繁密细碎，其势固至此也。柳宗元有言：'失在于制，不在于政。'为今之计，惟有重六部之权，可以清中书之务。"大臣、三省呢？"大臣几于为奉承风旨之官，三省几于为奉行文书之府，臣恐天下公道，自此壅矣。……臣愿陛下重宰相之权，正中书之体。"（见《御试策一道》）他要求重宰相与六部之权，比要求立为方镇之法，更直截了当地把矛头指向宋初所强化的封建专制之制。

其三，用人问题。他说"本朝用人，专守资格。祖宗之深意，将以习天下之才。……然其弊也，有才者常以无资格而不得迁，不肖者常以不碍资格法而至于大用。天下卒有变，不肖者当之，而有才者拱手熟视，夫是以常遗国家之忧。"他愤慨质问："今何如时，尚拘拘孑孑于资格之末？"虽然，本朝标榜"以道立国，以儒立政"，无取于才，"然至于今日，事变丛生，人物落落，奈何不少变之哉？"这又是对祖宗制度而发的横议。

在宋代，除文天祥外，包括声称"祖宗不足法"的王安石在内（见《宋史·王安石传》），无人敢于明目张胆、联系宋朝太祖、太宗之法，提出改革宋朝祖宗之制的主张。祖宗之制被宋朝视为维护与强化封建专制的宝贝，文天祥敢去碰它，表明在他身上，封建专制的气息是不浓的。

改变祖宗之法，是文天祥改革不息论的起点，不是归宗。他的归宗或者说他的政治理想和终极目标是什么呢？

文天祥之所以要求革除祖宗专制之法，是因为有祖宗专制之法，就无

"公道"与"直道"之政。公道,他指的是"天下为公","万物之各得其所"。直道,他指的是通言路,"从众谋",含有后世"民主政治"的意思。这便是他的改革不息论的归宗,是他的政治理想和终极目标。在他的这个思想中,有两点值得注意。

其一,文天祥指出了公道和直道之政与封建专制的矛盾。

在《御试策一道》中,文天祥曾经说:"臣闻公道在天地间不可一日壅阏……直道在天地间不可一日颓靡。"而要张公道,就得"重宰相之权,正中书之体,凡内批必经由中书枢密院"。公事不得"悉达内庭,尽由中降"。他认为:"所以昭苏而涤决之者,宰相责也。然扶公道者宰相之责,而主公道者天子之事。天子而侵宰相之权,则公道已矣。"他深知皇帝一人说了算,就没有公道。要公道首先就必须改革封建专制制度,限制皇权,发挥中书枢密院的作用。他又说:"人君而至于沮君子之气,则直道已矣。"而宋朝是既无公道,又无直道。原因也就在专制制度上。皇帝一人想干什么就干什么,想用什么人便用什么人,不容许人们讲话。文天祥认为用人制度必须改革,台谏必须有权。只有破资格以用人,"收君子"而去"狐鼠辈",才能"壮正人之气,养公论之锋",也才能有直道可言。只有给"台谏得以直道纠官邪"之权,直道才能得到保证。

其二,文天祥阐述了公道和直道之政的含义及二者之间的关系。

直道是公道的先决条件。文天祥所谓直道,重在集众思,从众谋。他对诸葛亮的"集众思,广忠益"(《三国志·蜀志》卷九《董和传》),深为赞赏。他认为"诸葛亮以区区之蜀,抗衡天下十分之九,究其经济大要,则曰集众思,广忠益"(《己未上皇帝书》)。反顾宋朝,严重的实际上是内部的危机,而非外部。他说:"维今言路之不通,最为天下之大弊。缙绅以开口为讳事。"当时朝廷也谈"危机",朝廷谈的危机是什么呢?他发现既非社会危机,也非民族危机,而是"游谈",是不着边际的议论。这种观察,比宋朝任何一个官吏、士大夫都高明。而这却使他哭笑不得。他说:现在除了"惟从众谋""惟广忠益"以外,别无它途挽救国家的危亡,"公道"之政更无从谈起(《文集》卷五《贺吴丞相革启》)。而要做到集众思，从众谋，就必须改革吏政，澄清吏治。国多直臣，而后才能廷多直言，养成直道之风。

公道是直道所要求达到的目标。文天祥在《御试策一道》中，曾引用"大道之行，天下为公"来申述他所谓公道的最高宗旨。他说的大道之行，意义与《礼记·礼运篇》是不同的。大道之行，在他看来，是"一不息而已矣"，运用到人事上，是"法天不息"，也就是改革不息，直到实现"天下为公"。文天祥不止一次地论述过这种思想。在《集英殿赐进士及第恭谢诗》中，他说："但坚圣志持常久，须使生民见泰通。"泰通就是天下太平，"万物之各得其所"（《文集》卷九《徐应明恕斋记》），也就是天下为公。这只有靠把改革坚持下去，不息于既往、现在和将来，不息于内、外、彼、此，才能达到。

文天祥的改革不息论，是我国政治思想史上的一朵奇葩。那么，文天祥的改革不息论的社会、历史意义是什么呢？他是不是真心关心民物呢？

第二节说到理宗提倡理学，变更士习，其目的在于使君主专制的国家机器更加完备，更加强化，更能为"守内"服务。而所谓守内，本质上不过是残酷剥削与压迫人民的代名词而已。文天祥高明的地方，是他看出了民力的困竭，内外危机的加深，与这架专制机器的关系；看出了贪官暴吏"滔滔皆是"，生民被视为"家鸡圈豕，惟所咀啖"，是这架专制机器造成的。他要求改革不息，建立公道与直道之政，先从改革祖宗专制之法开始，确实抓到了根本。从这也可以看出，他的改革不息论，既是着眼于现实而又高于现实的基础之上的。

那么，文天祥的改革不息论，有无阶级和时代的局限性呢？马克思说过："单独的个人并不'总是'以他所从属的阶级为转移，这是很可能的；但是这个事实不足以影响阶级斗争。"（《道德化的批判和批判化的道德》）恩格斯也说过："主要人物是一定的阶级和倾向的代表，因而也是他们时代的一定思想的代表，他们的动机不是从琐碎的个人欲望中，而正是从他们所处的历史潮流中得来的。"（《致斐·拉萨尔》，1859 年 5 月 18日）文天祥早年曾在《赠莆阳卓大著顺宁精舍三十韵》中说道："天之生贤才，初意岂无为。民胞物同与，何莫非己累。"（《文集》卷十一）张载在《西铭》中曾说："民吾同胞，物吾与也。"文天祥是借用张载的话，来写自己的思想。在他看来，世界上没有一人、一物、一事，不是他所要关心的东西。这一思想，在他的《跋番易徐应明梯云帙》中，也可见到。在这篇文章中，讲了哲学问题，但核心的一句话是："圣贤非坐视民物之屯者而安于需。"屯卦，云（水）上雷下，"言阴阳始交雷未畅，犹世道方险阻之日"。需卦，云上天下，"言阴阳之气交感而未成雨，犹君子蓄其才德而未施于用"。作为圣贤或贤才，绝不能坐视世道险阻，民物的不得其所；绝不能安于"蓄其才德，不施于用"。而应当像时雨那样，"泽被天下"。可见他胸中是有民物的，并不总是以他所属的阶级为转移。他的法天不息、改革不息的理论，是他从他所处的历史潮流中得来的，是时代的呼声，或者说是在民族危机严重时刻，各个阶级阶层的有爱国心的人的共同要求。因为他有"民胞物同与，何莫非己累"的心，因而能将这种共同要求概括出来罢了。

革命是历史的火车头。文天祥的改革不息论，近于空想。但在当时能顺应历史潮流，作出这种理论思维的，却只有文天祥一人。我们不仅应当承认它的进步性，而且应当承认它在我国政治思想发展史上所具有的划时代的意义和里程碑的地位。

第三节 文天祥爱国思想在抗元方面的表现

改革不息论是文天祥政治思想中也是爱国思想中最本质的东西，最重要的内容。他不止一次地说过，不改革便不能抗元。爱国首先就应要求改革。这是我们研究他在抗元中所表现出来的爱国思想时，必须理解的东西。再者，文天祥在抗元中所表现的爱国思想，是与他的哲学唯物主义思想，特别是与他的"法天不息"思想联系在一起的，而非与儒家的忠孝仁义相联系；是与他的"民胞物同与，何莫非己累"的政治观念联系在一起的，而非单与地主阶级、赵家王朝的利益相联系。这又是我们所应注意理解的问题。下面分析他抗元的哲学与政治思想基础，以求对他在抗元斗争中所表现的爱国思想，得出一个正确的认识。

文天祥抗元，我想依据前面对文天祥的改革不息论所作的分析，可以了解：是为了"民胞""民物""生民"的利益。需要指出：他说的"民"，范围很广。元世祖至元十八年（一二八一），北方久旱逢雨，他在燕京监狱中欢喜地写下了"但愿天下人，家家足稻粱。我命浑小事，我死庸何伤"的诗句（《指南后录·五月十七夜大雨歌》）。诗中的"天下人"，包括了北方各族人民。这都是他所关心的民胞。他这种关心，即使遇到一次旱灾、即使在燕京蹲监狱时，也不例外，更不必说由蒙古贵族侵略，给各族人民带来的大灾大患了。正因如此，所以文天祥抗元，得到了各族人民的支持；他两次起兵抗元的军队，大都是由"百姓"组成；他在燕京就义时，"燕人凡有闻者，莫不叹息流涕"（《昭忠录》）。这里的燕人，也包括了北方各族人民。南北各族人民之所以独独支持他，是因为看清了只有他真心关心民物，真心抗元。由此可知他抗元的政治基础的广泛与深厚。同时代的张世杰、李庭芝也抗元，但看不到人民对他们的支持和他们对人民的态度（详后），这是因政治基础与文天祥有差别之故。

文天祥抗元的哲学基础，是他的道无一日可息，人物之生亦无一日可息的思想。因此，他能为民胞抗元不息。内则要求改革不息，外则坚持抗元不息，是繁殖在他的同一哲学土壤上的并蒂花。

文天祥曾多次把他的法天地之不息的思想与抗元斗争联系起来。

在《跋彭叔英谈命录》中，他在说到"国有大灾大患，不容不出身捍御"之后，又说："十一曜之行于天，无日不有，无时不然。人物之生，亦无一日可息。"

在被俘北上途中，乘船经过吉州时，他写了一首诗《发吉州》，内中有这样几句话："正气（后析）未亡人未息，青原万丈光赫赫，大江东去日夜白。"过南康军时，他写了一首词《南康军和东坡酹江月词，用原韵》，内中有这样两句话："乾坤未歇，地灵尚有人杰。"在将渡黄河的时候，他写了一首诗《发潭口》，又有这样几句："浩歌激浮云，亭亭复揽辔。羲驭几曾停，谁当扫幽翳？"这都是抗元的爱国诗篇。

这些，都说明他抗元之所以百折不挠，坚持到最后一息，就在于他深刻地懂得："天行健"，日月、乾坤、大江、羲驭一刻也不停歇地在那里运行，奔流。作为一个人，特别是人杰，就应当知道法天不息，不停顿地进行斗争。如不是这样，就不能消除大灾大患，扫尽天空中的幽翳。而蒙古贵族的侵略，给天空带来一片乌云，是最大的灾患。要驱逐敌人，就必须抗元不息。"正气未亡人未息"，他正是这样做的。

下举三事，以见文天祥抗元不息的精神，达到了何种程度。

其一，《指南录·后序》写他被北营拘留，以太皇太后谢氏为首的南宋朝廷投降，他"分当引决，而隐忍以行，昔人云将以有为也"。自出使北营之日起，到重返南国，他是"及于死者不知其几"。然而，"英雄未肯死前休"（《指南录·纪事》），他从镇江脱走，又在南剑树起了抗元的大旗。

其二，重新起兵失败，他被俘北上，途中曾欲绝食殉国，但船到丰城，他又进食了。为什么？他听到将"暂止金陵郡，出坎之会，或者有陨自天"（《集杜诗·过临江第八十三》），他又可以去救国难，拯民胞了。

其三，到燕京后，在最初写的《己卯十月一日至燕，越五日，罹狴犴，有感而赋》十七首中，曾用"无书求出狱，有舌到临刑"二语，表明他的态度。在三年多的监狱生活中，他正是这样用舌，用笔，同敌人进行斗争，直到刑场就义的。

然则，又怎样理解他说过的尽忠报国，成仁取义的话呢？他对忠、仁、义又是怎样理解的呢？

我们应当注意他所受的家庭教育，他所处的时代。他在治学上反对"滞学，守固"，主张"化学，来新"，直到"尽洗旧学读吾书"，反对无补而有害于世的理学家们对于仁义道德的说教。他对儒家的一切伦理概念，都作了新解，包括忠、仁、义等概念在内。

文天祥心目中的"忠"字，可用《纪年录》己卯宋祥兴二年记载的文天祥与元朝博罗丞相的对话，来作注解。

博罗："古时曾有人臣将宗庙、城郭、土地分付与别国人了，又逃走去，有此人否？"

文天祥："谓予前日为宰相，奉国与人而后去之耶？奉国与人是卖国之臣也。卖国者有所利而为之，必不去。去者必非卖国者也。"

博罗："弃嗣君（指降元的恭帝赵㬎）别立二王，如何是忠臣？"（在场的张弘范谓之为"篡"）

文天祥："德佑（恭帝年号）吾君也，不幸而失国。当此之时，社稷（国家）为重，君为轻。吾别立君，为宗庙、社稷计，所以为忠臣也。从怀、愍而北者非忠，从元帝为忠；从徽、钦而北者非忠，从高宗为忠。别立二王，亦何不可。"

这就完全可以说明：文天祥心目中的忠字，是忠于国家，不是"臣事君以忠"，跟着皇帝投降；不是奉君臣之道为"天下之定理，无所逃于天地之间"。恭帝虽然北去，而国家犹在。弃置国家于不顾，跟随这个投降皇帝北去的人，统统被他骂为卖国贼。历史上曾经追随被掳的皇帝怀、愍、徽、钦北去的人，也统统被他骂为卖国贼。而最大的卖国贼无过于投降皇帝本人。反之，如能以国家为重，不跟投降皇帝、被掳皇帝到敌人那里去，托庇于敌人卵翼之下，而高举战旗，保卫国家，斗争不息，血战到底，则被他认为忠。为救国别立救国之君，是忠非篡。

邓光荐的《文丞相传》，还说文天祥被俘至燕京后，投降皇帝赵㬎曾去劝说他降元，他一见赵㬎，便"北面拜号，乞回圣驾"（《纪年录》注引）。弄得赵㬎说不出一句话来。他对这个投降皇帝深恶痛绝，完全不"忠"。自孔子以迄宋朝的理学家，都倡导忠于君，文天祥则倡导忠于国，不是忠于哪个人。否则，不能叫忠。皇帝本身也有一个忠字的问题，不是只叫别人忠于皇帝。忠字在文天祥看来，是君臣同忠于国，而非臣忠于君。这是他对忠字含义的化学来新。君不忠于国，完全可以唾弃，别立他君。

再说仁、义。在文天祥的《衣带赞》中，有"孔曰成仁，孟曰取义，惟其义尽，所以仁至"的话。七百年来，人们之所以说文天祥爱国，得之于儒家仁义思想的熏陶，不过就是根据这几句话。我们来看文天祥自己是如何解释仁与义的。

文天祥在《指南录·后序》中说：

> 生无以救国难，死犹为厉鬼以击贼，义也。赖天之灵，宗庙之福，修我戈矛，从王于师，以为前驱，雪九庙之耻，复高祖之业，所谓誓不与贼俱生，所谓鞠躬尽力，死而后已，亦义也。

这就是文天祥的所谓义。义者，斗争不息，抗元不息，死而后已也。

仁呢？他说："天地生物之心，是之谓仁。"他认为"夫倡天地之仁者，盖自梅始"。为什么呢？因为"天地生意无容间息（亦即不息）"，"天地闭塞而成冬，万物棣（递）通而为春"。而梅却生于天地闭塞之后，万物未棣通之前。梅，岂不是天地之仁的首倡者吗？岂不是仁的化身吗？（引见《文集》卷八《萧氏梅亭记》）

文天祥十分喜爱梅花，吟咏梅花的诗颇为不少。在《赠梅谷相士》诗中，他写道："花有岁寒心，清贞坚百炼。"（见《文集》卷十一。下同）在《题陈正献公六梅亭》诗中，他写道："惟渠（梅）不变凌霜操，千古风标只自如。"在《梅》这首诗中，他写道："梅花耐寒白如玉，干涉春风红更黄。若为司花示薄罚，到底不能磨灭香。"又道："香者梅之气，白者梅之质。……我有天者在，一白自不易。"他还怕人们不懂他的意思，最后用了"诗翁言外意，不能磨灭白"作结。

这就是文天祥的所谓仁。

文天祥的所谓义，是为国家"鞠躬尽力，死而后已"。就是死了以后，也要为厉鬼以击贼。文天祥的所谓仁，是要求人们像梅花开在天地闭塞之时，万物尚未棣通之前那样，当国难当头，万民遭殃，乌云铺天，四野号哭之日，挺身而出，力挽狂澜，使春天重新来到人间，使千红万紫，接着梅花次第开放。是要求人们像梅花千古不变凌霜操那样，历千辛万苦，九死一生，也不改变自己的救国救民的初衷，直到最后一息。是要求人们像梅花那样，虽然零落，但犹保持香的气息，白的素质，就是死了，犹留正气在人间。

文天祥把义放在仁的前面，取义才能成仁，"惟其义尽，所以仁至"。为国家鞠躬尽力，一直到死，这叫"义尽"。义既尽了，仁也就成了，或者说，到底不能磨灭掉爱国者的香之气、白之质了。他释义，释仁，着眼点仍旧是法天不息。除非呼吸停止，决不放弃斗争。

这和理学家所谓"义、礼、智、信皆仁也"（《二程遗书》卷二），和"先儒""后儒"的"以博爱谓仁，而仁之道遂为小惠"（文天祥语，见《文集》卷九《徐应明恕斋记》），乃至和孔子、孟子所谓"克己复礼为仁"，"亲亲为仁"，是不相同的。

文天祥在论到"诚"的时候，曾经说过："诚之为言，各有所指"，周敦颐讲的诚和司马光讲的诚，就不相同（见《西涧书院释菜讲义》）。如果把文天祥讲的忠与仁、义，与儒家讲的忠与仁、义等同起来，那是文天祥所不能同意的。须知他所说的忠与仁、义，饱含时代气息。他是随着时代的脚步前进的，理学家则力图开倒车。他是中流砥柱，理学家则是水底泥沙。字虽然相同，各自的阐述怎能一致。

为什么人们总是以为文天祥所讲的忠与仁义和孔孟信徒、儒家者流讲的忠与仁义一致呢？我觉得原因有二：一是未细读文天祥的诗文，不知道文天祥是一个唯物论者，不知道他对忠、仁、义的解释，以致不能清除明清封建统治者散布的影响。二是不了解继承二字的理论含义。这里说说第二个原因。

列宁在《黑格尔〈逻辑学〉一书摘要》中写道："扬弃＝结束"，"＝保持（同时保存）"。辩证法所谓继承，首先是扬弃。扬弃等于结束，同时保存。结束是克服旧事物，保存是保留以往发展中对新事物有积极意义的东西，并把它发展到新的阶段。文天祥对忠与仁、义的新解正是如此。他的新解，既克服了旧的、联系封建君主专制的、对忠与仁义的反动解释，又保留了以往解释忠与仁义，多少带有积极意义的东西，并赋予适合时代要求的全新的含义。理学家的解释被他"结束"了，孟子说的"民为贵，君为轻，社稷次之"，诸葛亮说的"鞠躬尽力，死而后已"，被他保存了。而这种保存，在原来意义上又有发展。他释义与仁，把救国难，把万物能有春天，强调到了最高度，力要为此而尽，身要为此而死。我们始终不要忘记在继承问题上，黑格尔说过、列宁阐述过的关于扬弃的话。不然，就会把文天祥混同于常儒。

概括起来说：文天祥的爱国思想，是和他的"法天地之不息"紧密相连的，所以富有生命的。他的爱国思想包含内外两个方面，内则要求改革不息，外则要求抗元不息。而这两方面又是结合在一起的。只知抗元，不懂得"民胞物同与，何莫非己累"，不要求革新政治，自强不息，这种爱国思想，便缺了一半。历史上很少见像文天祥这样的全面的爱国者，在爱国上，他可谓异军突起。文天祥所解释的忠与仁、义的意义，实际上也包含了内外两个方面。他忠于国，是既要求改革内政，又要求抵抗外侮。他讲仁和义，是在要求改革上，在抗元上，坚持到底，无容间息。看文天祥，必须紧紧抓住他的法天不息思想，通观内外，才能看清楚，才不致为高唱名教的明清封建统治者、封建文人所迷惑，以为君君臣臣、儒家仁义真有什么大作用。在我国古代思想界，像文天祥这样把进步的哲学思想，进步的政治思想、爱国思想，融为一体，并且见之于行动，持之以常久的思想家，可谓凤毛麟角。这要有时代条件。南宋晚期，恰如文天祥所说，是一个"天地闭塞之后，万物未棣通之前"的严寒时期，内外危机重重。在这样一个时代中，是会产生志士仁人、卓越的思想家的。但这只是一个客观条件，除了这个条件，主观条件也不可或缺。文天祥之所以能成为一个卓越的思想家、政治家、爱国者，与他的主观努力，既能"尽洗旧学读吾书"，又能勇敢地、坚韧不拔地投身到国内外的斗争中去，是不可分离的。

第九章　文天祥在文学上的成就

文天祥在文学上的成就，比之唐、宋各大名家，毫无逊色。可是，他以爱国显名，如同他的哲学、政治思想上的成就一样，他的文学成就也被人们遗忘了、弃置了。

《四库全书总目提要》说得好：

> 天祥平生大节，照耀今古，而著作亦极雄瞻，如长江大河，浩瀚无际。其廷试对策及上理宗诸书，持论剀直，尤不愧肝胆如铁石之目。故长谷真逸《农田余话》曰："宋南渡后，文体破碎，诗体卑弱，惟范石湖、陆放翁为平正，至晦庵（朱熹）诸子，始欲一变时习，模仿古作，故有神头鬼面之论。时人渐染，既久，莫之或改。及文天祥留意杜诗，所作顿去当时之凡陋。"观《指南前、后录》，可见不独忠义贯于一时，亦斯文间气之发见也。（卷一百六十四集部别集类《文山集》）

这段话把文天祥在中国文学史上的地位，基本上揭示出来了。须知南宋一代，文体、诗体破碎，卑弱，朱熹以后，神头鬼面之论，泛滥成灾，只是到了文天祥，才以他的雄瞻如长江大河，浩瀚无际的文风与诗风，振起一代文章。这个问题，《农田余话》早有所见。遗憾的是，治文学史者，太多注意了范成大、陆游以及朱熹等人，太少注意了文天祥，没有为我们提供一个文学家文天祥的形象，更不谈给人以文天祥振起南宋一代诗文之感了。

下分四节论述，以明文天祥在文学上取得的成就。

第一节　文天祥论诗和他的早期诗歌

文天祥对诗歌，提出了自己的主张。

《文信国公集》卷八《罗主簿一鹗诗序》说："诗所以发性情之和也，性情未发，诗为无声；性情既发，诗为有声。闷之无声，诗之精；宣于有声，诗之迹。"可知文天祥认为诗是抒发性情的东西。这和我国诗坛自《诗经》以来，主张比、兴的优良传统，是相承的。文天祥说过："魏晋以来，诗犹近于三百五篇，至唐法始精。晚唐之后，条贯愈密，而诗愈漓矣。"（《文集》卷八《八韵关键序》）他重三百五篇，重唐诗，也就是因为三百五篇和唐诗，能"发性情之和"。他被拘留于元营时，曾"举宫词数章，比兴悠长，意在言外"者，教信云父以诗法（《指南录·信云父》）。原因也就在这数章宫词，符合他对诗歌的主张，"比兴悠长"，动乎情性。

文天祥是不赞成有意为诗的。他在序邓光荐《东海集》中说：邓光荐于诗，造诣很深，但丧乱以前的诗，虽然"浑涵有英气，锻炼如自然，美则美矣，犹未免有意于为诗也"。即非纯是动乎性情。自丧乱以来，邓光荐的诗不同了。"其惨戚感慨之气，结而不伸，皆于诗乎发之。盖至是动乎情性，自不能不诗，杜子美夔州、柳子厚柳州以后文字也。"（《指南后录·东海集序》）无疑，丧乱后的邓光荐的诗，比丧乱前的邓光荐的诗好得多。文天祥反对有意为诗，主张动乎情性，这种观点，是进步的文学观点。须知南宋自朱熹以来，那种获得神头鬼面之机的模仿古人的作品，正是有意为诗。

文天祥论诗到此并未停止。他认为动乎情性，虽然因人而异，但人非无共同的东西。他提出了自鸣与共鸣之说。在《跋周汝明自鸣集》中，他说："予以予鸣，性初（周汝明）以性初鸣，此之谓自鸣。虽然，凡音生于人心，其所以鸣则固同矣。"（《文集》卷九）很明白，他以为动乎情性，发乎声音，有自鸣，也有共鸣。但这种共鸣，是以共同的思想见解做基础的。不然，就难起共鸣了。在《集杜诗·自序》中，他说道："子美于吾隔数百年，而其言语归吾用，非情性同哉！昔人评杜诗为诗史，盖其以咏歌之辞，寓纪载之实，而抑扬褒贬之意，灿然于其中，虽谓之史可也。"他和杜甫有共同的情性，所以也就有共同的语言。他集杜句为己诗，也就不是不可能的了。而《集杜诗》却是《文山诗史》，不是杜甫的诗史。自鸣中有共鸣，这是文天祥得出的结论。好诗之所以能起到使人感愤、叹惜、振奋的作用，也就在它与人们的思想感情，发生了共鸣。不能引起人们思想感情上的共鸣的诗歌，没有什么价值。当然，能引起共鸣而无自己的特点，或者说不是自鸣，那就如同抄袭，同样无价值了。

　　哪一种作品最能引起人们的共鸣呢？文天祥说了，他读杜甫诗，集杜甫句，之所以"但觉为吾诗，忘其为子美诗"，就是因为杜甫能"以咏歌之辞，寓纪载之实，而抑扬褒贬之意，灿然于其中"。就是因为杜甫忧国（《题梅尉诗轴》有"忧国杜少陵，感兴陈子昂"之句）。这也就是说：只有能够反映时代精神，国家命运，人民苦、乐、爱、憎、愿望、理想的现实主义作品，才最能引起共鸣。反映得越深刻，或者说现实主义越强烈，像杜甫那样能道出数百年后"人情性中语"，所引起的共鸣就越大、越久，历千百年而不磨灭。文学史上，还没有哪一个文艺理论家用共鸣说来解释现实主义文学，用引起的共鸣的大小、深浅、久暂，来衡量现实主义文学作品价值的高低。应该说"共鸣论"（与自鸣相结合的共鸣论）是文天祥对文学理论尤其是现实主义文学理论的一大贡献。

　　任何一种文艺理论，都有它的思想基础。文天祥的共鸣论与他的哲学、政治思想密切相关。在哲学上，他曾用川流和泉水来比喻运动中的元气，静则如泉，动则为川，静是相对，动是绝对。又曾用川泉来比喻人的性情，说"泉犹性也"，泉动而出，变成川流，"犹性动而为情也"（《吴郎中山泉说》）。这是自然之理。因此他主张文学应当"动乎情性"，不应当有意为诗。而这种情性，从哲学过渡到政治范畴，便变成了他的"圣贤非坐视民物之屯者而安于需"的理论（《跋番禺徐应明梯云帙》，释见第八章第二节）。性是忧国忧民之性，情是忧国忧民之情。情如川流不可已，辞亦如川流不可已（《跋王元高词科拟稿》："辞之不可已也如是。"）。辞讲出来便成议论，写出来便成诗文。这就把他的哲学、政治和文艺思想贯通起来，而其共同基础，便是法天不息，便是"须使生民见泰通"。在这个问题上，不妨重提一下马克思的话："单独的个人并不'总是'以他所从属的阶级为转移。"恩格斯的话：主要人物"是他们时代的一定思想的代表"，他们的动机"正是从他们所处的历史潮流中得来的"。如果以为文天祥不能越过本阶级而看到民族、时代、历史潮流，那历史上就不会有文天祥。

文天祥反对的是什么？他最反对为文"滔滔然泻出来，无非贯串孔、孟，引接伊、洛，词严义正，使人读之肃容敛衽之不暇。然而外头如此，中心不如此，其实则是脱空涎漫。"他说："诞谩而无当，谓之大言；悠扬而不根，谓之浮言；浸润而肤受，谓之游言；遁天而倍情，谓之放言。"这几种人，言"出入乎性命道德之奥"，行则固有"如狗彘而不掩者"（《西涧书院释菜讲义》）。文章连"出于情性之正"（《题勿斋曾鲁诗稿》）都谈不上，更不消说益时补世。文天祥这种激烈的言论，是对朱熹以来南宋文坛神头鬼面邪风的痛斥。要振兴南宋文坛，不反对这种邪气，是办不到的。

由"民胞物同与，何莫非己累"出发，文天祥整个的诗歌，都有一种从心灵深处透出来的积极、健康、亲切的气氛；给人的感觉不是消沉而是振作，不是无为而是有为，不是庸俗的说教，而是生民的呼声。他的诗面很广，有写人民痛苦的，有写国家灾难的，有写个人思想和怀抱的，有咏史的，有咏物的……"民胞物同与"，都被他咏入诗歌中。而无论何诗，都洋溢着时代的气息，个人的情愫。整个诗章，则形成一部时代交响乐，从中可以清晰地听到历史的脚步声，人民的呼唤声，敌人的马蹄声，爱国英雄们的呼喊声，懦夫的啜泣声，逃兵的惊叫声，监狱中的铁镣声、大笑声。现实主义和浪漫主义结合得非常好，无论何人读了，都要与文天祥发生共鸣。这是人们无法否定的事实。这样的诗篇，除了杜甫，古代谁曾谱写过。

文天祥的诗，可以分为三期。第一期从二十岁（一二五五）赴临安，写出《次鸣宴诗》开始，到三十九岁（一二七四），在知赣州任内，所作各诗为止。第二期从四十岁（一二七五）起兵赣州开始，到四十三岁（一二七八）被俘于海丰五坡岭为止。相当于《指南录》所收之作。第三期从四十四岁（一二七九）被裹胁往崖山，写出《过零丁洋》开始，到四十七岁（一二八二）殉国时，写出《出狱临刑诗歌》为止。相当于《指南后录》所收之作。《集杜诗》写于这一时期，追述的时间，则到贾似道鲁港丧师。三期的诗，紧扣时代的脉搏，又形成"三步曲"。

我们先来看共鸣和自鸣、现实主义和浪漫主义，在文天祥第一期（早期）的诗歌中，是怎样得到统一的。

他用下面的诗句或诗篇，替我们勾画了他所处的时代的轮廓，把我们带入了南宋末年的社会当中。

"颓波直下谁障东"（《赠秘书王监丞》，见《文集》卷十一，下同），"世变江河渺未涯"（《挽李制帅》）。他所处的时代，不正是一个颓波直下，世变未已的时代吗？这短短的诗句，是极高的概括，而"谁障东"三字，使人有雷霆万钧之感。

颓波表现在哪里？请看他的《名姝吟》《贫女吟四首》和《东方有一士》等诗。《名姝吟》：

> 未有朱门中，而无丝竹声。……名姝从何来，婉娈出神京。京人薄生男，生女即不贫。东家从王侯，西家事公卿。……如何世上福，冉冉归婷婷？乃知长安市，家家生贵人。

这写出并斥责了临安朱门贵人的奢侈与淫靡。

另一方面，他对贫女却寄予了很深的同情。《贫女吟四首》，分别写了贫女在春、夏、秋、冬四个季节的痛苦。春天的贫女,"柴门寒自闭,不识赏花心。春笋翠如玉,为人拈绣针"。夏天的贫女,"竹扇掩红颜,辛苦绚白苎。人间罗雪香,白苎汗如雨"。秋天的贫女,"西风两鬓松,凉意吹伶俜。百巧不救贫,误拜织女星"。冬大的贫女,"巧梳手欲冰,小颦为寒怯。有时衿肘露,颇与雪争洁"。贫女春拈绣针,是为他人;夏绚白苎,汗下如雨;手有百巧,不救秋贫;冬天怯寒,只为衿破肘露。朱门丝竹,人间贫女,世道就是这样不平。

从《贫女吟四首》已可看到文天祥对贫女的同情。另外,我们还可从《题周山甫锦绣段》中,看到他对贫女的赞美。他写道:

> 客从西北来,遗我锦绣段。上有双凤凰,文采何灿灿。置之箧笥中,岁月亦已晏。天孙顾七襄,雷电下河汉。凤凰忽飞去,遽然失把玩。贫家机杼寒,秋虫助予叹。

那巧夺天工,文采灿灿的双凤凰,在雷电下河汉时,忽然飞去。这难道不是天孙所织,现在天孙要将它们收回吗?飞去是假,比喻巧夺天工是真;天孙所织是假,寄予贫家女以极高的赞美和极深的同情是真。后两句是点睛之作。全诗既是现实主义的,又是浪漫主义的。

把《贫家女四首》《题周山甫锦绣段》和《名姝吟》对比,便知道他的爱憎在哪里了。这是当时社会的一个侧面。

《东方有一士》,先写"万金结游侠,千金买歌舞。丹青映第宅,从者塞衢路。身为他人役,名声落尘土。他人一何伤,富贵还自苦"。讥刺了那些趋炎附势的人们。须知南宋"奔竞于势要之路,趋附于权贵之门"的人极多。后写"东方有一士,败垣半风雨。不识丝与竹,飞雀满庭户。一饭或不饱,夜梦无惊寤。此事古来多,难与俗人语"。称赞了不愿随波逐流的贫士。这是当时社会的又一个侧面。他的爱憎在哪里,也是明白的。

文天祥在《御试策一道》中痛斥统治阶级"靡金饰翠",大声疾呼"东南民力竭矣",正是内心郁结已久的不平之感的爆发。

　　除此以外，国家的灾难一日严重一日，也是他极为关心的问题。主张诗歌动乎忧国忧民的性情的文天祥，把这种思想感情也倾注到了他早期的诗歌中去。

　　他非常关心北方的战况。例如："近来又报秋风紧，颇觉忧时鬓欲斑。"（《题碧落堂》）"故人书问至，为言北风急。"（《山中感兴三首》其二）他总是在想着："何日洗兵马，车书四海同？"（《题黄冈寺次吴履斋韵》）"赢得年年清赏处，山河全影入金瓯。"（《和萧秋屋韵》）可是颓波直下，谁能障东？当时没有别人，只有文天祥自己了。

　　在《送朱制干象祖》诗中，有这样两句话："重寻范老忧时箸，旁竖文公卫道戈。"这两句不可等闲读之，它表明了文天祥决心担负起支撑东南、力挽颓波的重任。

　　一个既能"忧时"，又能"卫道（道者一不息而已矣）"的人，在任何时候，任何情况下，都不会消极、悲观，因而他的诗歌，总是给人一种壮志凌云、丹心贯日之感。这在他的早期诗歌中，已是如此。他的诗给人们带来的是力量和希望，而不是徒唤奈何，颓废，无所作为。价值之高，正在这里。试看：

　　　　终有剑心在，闻鸡坐欲驰。（《夜坐》）
　　　　夜阑拂剑碧光寒，握手相期出云表。（《生日和谢爱山长句》）
　　　　朝游昆仑暮崆峒，驾风鞭霆迎我公。丹崖翠壁千万丈，与公上上上上上。（《生日谢朱约山和来韵》）

　　"与公上上上上上"，多么好的诗句！古来尚未见过用五个上字，来表达胸襟，表现强烈的进取心的诗法。

　　即使在病中，他写的诗，也显示出了一种巨大的力量。

　　　　形羸心自壮，手弱笔仍道。（《又赋》）
　　　　睡余吸海龙身瘦，渴里奔云马骨高。"（《病中作》）

这是咏病的奇句。这种诗句，只有病中的文天祥才能写出来。这就叫自鸣，但又能引起强烈的共鸣。

"梦与千年接，心随万里驰。"（《病中作用前韵》）梦不在周围而接千年，心不在病痛而驰万里。病中襟怀如此开阔，现实主义和浪漫主义结合到了最高度。

他这种壮志是和丹心融在一起的，而非与作王侯将相连在一起。这就使他的诗歌，体现出一种极高的情操，读之使人口角生香。

"袖中莫出将相图，尽洗旧学读吾书。"（《赠叶大明》）"龙山马台事，糠秕旧王侯。"（《游集灵观》）王侯将相非我所欲，那些于国无补的旧王侯，等同糠秕。他愿做的又是一个什么样的人呢？

　　我有天者在，一白自不易。（《梅》）
　　世人识花面，识花还自浅。花有岁寒心，清贞坚百炼。（《赠梅谷相士》）
　　惟渠不变凌霜操，千古风标只自如。（《题陈正献公六梅亭》）
　　岭头更有高寒处，却是江南第一枝。（《赠南安黄梅峰》）
　　是处江山生酒兴，满天风雪得梅心。（《山中再次胡德昭韵》）

这都是咏梅，也都是自况。意境之高远远超过了陆游的咏梅诗。

　　流落丹心天肯未？峥嵘青眼古来稀。（《宣州罢任再赠》）
　　众人皆醉从教酒，独我无争且看棋。（《赣州再赠》）

丹心长在，青眼峥嵘，众人皆醉，而我独醒，这正是文天祥一生的操守所在。

但是，他不是孤高自赏，而是"冷眼向洋看世界"，独抱丹心向人民；是顺乎事物的发展，同乎人民的忧乐。这又把他和那些洁身自好，与世隔绝的人物，区别开来。他在《赠莆阳卓大著顺宁精舍三十韵》中，把"天之生贤才，初意岂无为。民胞物同与，何莫非己累"，归结为"顺事为大义"五字。所谓"顺事"，即顺乎民性、物性，顺乎客观规律，顺乎历史要求。在《京城借永福寺漆台口占似王城山》中，又说："多谢城山翁，一语迎禅锋。顾我尘俗人，与物方溶溶。"好一个"与物方溶溶"！他的思想感情，与民胞，与新生事物，溶溶无间。文天祥之所以最终成为一代伟人，原因正在这里。

写到这里，已可足见文天祥早期诗歌格调之高了。我们还可以发现，在他的诗歌中，弥漫着一种天光与春光。这正是"与物方溶溶"带来。他写道：

"吾方乐吾天，乐天故不忧。"（《白髭行》）他所乐的"天"是什么呢？《赠曾一轩》说："阴阳造化荡昼夜……我自存我谓之天。"

"泰宇有天光，八荒尽夷庚。"（《题颜景彝八窗玲珑》）这也是天，一片光明的天。

"日月四时黄道阔，江山一片画图长。"（《题滕王阁》）由天上到地下，地下是"江山一片画图长"，多么美好！

他很爱写春，因为春总是藏在他的胸中。在他的笔下，一片春色荡漾。例如：

夏气重渊底，春光万象中。（《山中立夏用坐客韵》）

夕风吹绛蜡，春色漾黄流。（《山中小集》）

细味诗工部，闲评字率更。大江流日影，时鸟说春荣。（《生日和聂吉甫》）

一水楼台开晓镜，万山花木放春闹。（《用前人韵招山行以春为期》）

啼鹃春浩荡，回雁晓殷勤。（赠李苎。原题过长，不录）

倚槛云来去，闲帘花送迎。江湖春汗漫，岁月老峥嵘。（《将母赴赣，道西昌》）

读来使人感到眼前一派春光。

他写春既是写他的怀抱如春，又是写江山的美丽如画，隐含了对山河的爱恋，全不同于一般骚人墨客的怀春、伤春之作。

这里，需要特别提出他在起兵前夕，在赣州与的诗歌。他的赣州诸作，把朔北的寒风和江南的春天，忧时和乐天，严酷的现实和诗歌所要求的浪漫主义，天衣无缝地结合到了一起，使人感到他在忧中，饱含了乐观主义的精神，万物不是幽暗而是明朗，充满了生机。试看他的《予题郁孤泉管，五湖翁姚濂为之和，翁官满归里。因韵赘别，并谢前辱》：

> 巢龟君往好，涌翠我来迟。夜雨呼三韭，春风试一旗。飞花行客梦，芳草故人思。何日五湖上，同看浴海曦？

他所说的"予题郁孤泉管"，指第二章第三节提到的《题郁孤台》诗。那首诗从"城郭春声阔"，写到"盖海出云旗"，使人预感到他即将率领义军，高举战旗，耳听城郭春声，大踏步迈出赣州城。姚濂和了一首，他又依前韵写出这一首。从"夜雨呼三韭，春风试一旗"之句，仿佛可以看到他正在借春风，试战旗，"盖海出云旗"已经不是梦想了。从"何日五湖上，同看浴海曦"之句，又仿佛可以看到海日出时，义军凯旋。这首诗与《题郁孤台》诗共同组成了一幅意境完美无缺，云旗漫卷春风的画图。读了这两首诗，再读辛弃疾的"郁孤台下清江水，中间多少行人泪"，就会觉得这二诗的意境与艺术水准，为辛词所不能及。再看下面两首。

> 矫矫临清泚，蒙蒙认翠微。绨春生客袖，铁冷上戎衣。柳眼惊何老，梅花觉半肥。新来有公事，白战破重围。（《翠玉楼观雪》）
> 晓色重帘卷，春声叠鼓催。长垣连草树，远水照楼台。八境烟浓淡，六街人往来。平安消息好，看到岭头梅。（《石楼》）

这样充满春意，充满战斗激情，但愿人间春色永葆的诗歌，这样清新、明快、浓丽的诗歌，放到唐朝五言律诗中去，也高居上游。

以上是就文天祥早期诗歌的内容、意境进行分析。此外，尚有必要谈一下文天祥诗的章法。

我国古代优秀诗文，除了重情性之外，还重风力或风骨。能动乎情性而不能出乎特有的风力，这种诗文只能居于中游，甚至落在下游。曹丕说："文以气为主。"（《典论·论文》）他所谓气，代表了建安诗文的风力。刘勰说："夫情致异区，文变殊术，莫不因情立体，即体成势也。"（《文心雕龙·定势》）他所谓势，也就是曹丕说的气。重气势或风力，是我国文学的又一个优良的传统。

文天祥的诗歌，既是动乎情性的，又是重乎气、力的。《农田余话》称他的诗文，"不独忠义贯一时，亦斯文间气之发见也"，完全正确。其实，不独《农田余话》，文天祥的朋友汪元量早就在《浮丘道人招魂歌》中说过："我公笔势人莫及，每一呻吟泪痕湿。"情、势并茂，使文天祥的诗文的艺术水准，在我国古代文学中，跻入了第一流。

不妨看一下文天祥的《文山观大水记》。咸淳四年（一二六八）五月十四日，文山大水，"水从六月雪而下，如建瓴千万丈，汹涌澎湃"。文天祥和杜伯扬、萧敬夫坐在亭上，观看大水，相约"赋唐律一章，纵其体状，期尽其气力，以庶几其万一"。文天祥赋："风雨移三峡，雷霆擘两山。"杜伯扬赋："雷霆真自地中出，河汉莫从天上翻。"萧敬夫赋："八风卷地翻雷穴，万甲从天骤雪鬃。"三章气势雄浑，颇得文山大水之状。而三章中，文天祥赋为上。"风雨移三峡"之句，笔力特重。萧敬夫为次，杜伯扬一般。此文告诉我们，文天祥非常重视诗文的气力。

在文天祥早期诗文中，"气之发见"，笔势人莫能及的，俯仰可拾。如《病中作》：

> 岁月侵寻见二毛，剑花冷落鹧鸪膏。睡余吸海龙身瘦，渴里奔云马骨高。百忌不容亲酒具，千愁那解减诗豪。起来大作屠门嚼，自笑我非女儿曹。

这真是"手弱笔仍遒"。全诗一气呵成，笔势超群。特别是"睡余吸海龙身瘦，渴里奔云马骨高"一联，可谓硬语盘空而起。再如《生日和谢爱山长句》：

> 寓形落落大块间，嘘吸一气自往还。桑弧未了男子事，何能局促甘囚山。……簸扬且听箕张口，丈夫壮气须冲斗。夜阑拂剑碧光寒，握手相期出云表。

这真是"纸上飞蛇喷香汁"，"我公笔势人莫及"。

再如"颓波直下谁障东？""丹崖翠壁千万丈，与公上上上上上"，古典文学中，笔势、风力有超过这样的诗章的吗？

刘勰说："夫情动而言形……然才有庸俊，气有刚柔，学有深浅，习有雅郑，并情性所铄，陶染所凝。是以笔区云谲，文苑波诡者矣。"（《文心雕龙·体性》）文天祥才俊，气刚（"至大至刚以直"），学深，又出之以丹心、青眼，因而笔下云起波翻，"如长江大河，浩瀚无际"。一代诗风，由此振起。

这尚是文天祥的早期诗歌。这一期的诗歌只是他的第二期、第三期诗歌的基础。然而，这个基础却是一个坚实的基础。

第二节　文天祥的第二期诗歌
（《指南录》）

从《指南录》开始，文天祥诗进入了自传式的史诗时代。而从这种自传式的史诗或诗史中，又可看到他身外的天地。前人只有咏怀诗和咏史诗，尚无一人把国家和个人的命运结合在一起，以诗的形式，写当代和个人的斗争历史。这在诗歌发展史上，是一个独特的创造。这种史诗，非但无愧于荷马、杜甫而已。

《指南录》共分为四卷。第一卷"自吴门被命入卫"起，至《使北》止。主要写的是在元营中的斗争情况。第二卷从《杜架阁》起，到《沈颐

家》止，主要写的是从临安到镇江一路的所见所闻和所怀。第三卷从《脱
京口》起，到《哭金路分应》止，主要写的是在江北所遭到的艰难险阻。
第四卷从《怀扬通州》起，到《自叹》止，主要写的是南归途中和南剑起
兵前后的见闻与怀抱。

许多篇章都有序。诗和序相结合，首首诗紧密相连，构成了一部长篇
史诗或乐章。"长江几千里，万折必归东"（《题黄冈寺次吴履斋韵》）；
"臣心一片磁针石，不指南方不肯休"（《扬子江》），是这部史诗或乐章
的主题或主调。

第一首《赴阙》在第三章第二节中曾经引述。这里不妨说一下它的艺
术成就及文天祥为什么把它作为《指南录》的第一首诗。

此诗起首二句"楚月穿春袖，吴霜透晓鞯"，犹如一幅夜月晓霜鞍马
倥偬的画图。三四句一转，"壮心欲填海，苦胆为忧天"，写出了马背上人
此刻的思想感情，笔力有千钧之重。五六句一沉，"役役惭金注，悠悠叹
瓦全"。最后两语，借问"丈夫竟何事"，以"一日定千年"作出回答，使
人感到陡然立起了一座高山，挡住了奔流直下的颓波。"一日定千年"之
句，气势雄浑莫敌。马背上人的壮心苦胆，都在这句诗中。文天祥之所以
把这首诗作为《指南录》的第一首诗，或者说序诗，正是因为：从他自赣
州起兵赴阙的时候起，到他在海丰五坡岭被捕的时候止，国家进入了一个
决存亡的时代；从他来说，则进入了一个"一日定千年"的时代。

从这首序诗开始，后面一连串多彩的篇章，接踵而来。

紧接《赴阙》，写的便是他在皋亭山元营的斗争，形成一组虎穴斗争
史诗。

元兵围临安，他自请赴皋亭山元营，说退敌兵。他写道："单骑见回
纥，汾阳岂易言。"（《铁错》）这不是一件容易的事，可他想到"三宫九
庙事方危，狼子心肠未可知。若使无人折狂虏，东南那个是男儿?"（《纪
事》）便毅然"单骑见虏"，以存宗国。你看他是怎样折狂虏的。

单骑堂堂诣虏营，古今祸福了如陈。北方相顾称男子，似谓江南

尚有人。(《纪事》)

写得自然、真实，而自然、真实中显出了一个堂堂的东南爱国男儿的英雄形象。

文天祥被留，痛骂敌人失信。敌人群起呵责，而文天祥骂不少歇。敌人转而"啧啧嗟叹，称男子心"。他又给我们留下了一首诗。

狼心那顾歃铜盘，舌在纵横击可汗。自分身为齑粉碎，虏中方作丈夫看。(《纪事》)

"舌在纵横击可汗"，写得何等壮烈！"虏中方作丈夫看"，又是何等奇伟！这样的诗，除了文天祥自己，旁人，即使是唐朝最有名的边塞诗人，也是写不出来的。

文天祥被留，贾余庆奉太皇太后谢氏之命，献国与人。谢氏、贾余庆和敌人串演的诡计，文天祥是不知道的。他们瞒着文天祥。这个重要的史实，只在文天祥的诗歌中，被记录下来。

百索无厌不可支，甘心卖国问为谁？豺狼尚畏忠臣在，相戒勿令丞相知。(《纪事》)

这首诗既斥责了敌人的百索无厌，谢氏等人的甘心卖国，又揭示了敌人和卖国贼的虚弱，肮脏买卖做成，不能让文天祥知道。

但是，一个真诚的爱国者，绝不会甘心国家被出卖的。他以激昂的言语高呼道：

"英雄未肯死前休"！虽然我现在"风起云飞不自由"，但是，"杀我混同江外去，岂无曹翰守幽州?!"(《纪事》)

这首诗又充满了英烈之气。这样的人，斗争不会止息。

他在敌人军营中，寄语被宋朝遣散南归的战友："只把初心看，休将

近事论。"(《所怀》)"南国应无恙，中兴事会长。"(《思蒲塘》)

他在敌营中，寄希望于已经出走的益、广二王："一马渡江开晋土，五龙来日复唐天。"(《二王》)

他不在敌营中，怒斥叛将、国贼以至"至尊"："不拼一死报封疆，忍使湖山牧虎狼。当日本为妻子计，而今何面见三光。"(《纪事》)"至尊驰表献燕城，肉食哪知以死争"；"拨取公卿如粪土，沐猴徒自辱衣冠。"(《使北》)

他在敌营中，严辞拒降。连敌人都称赞他："气概如虹俺得知，留吴那肯竖降旗！"(《气概》)敌人想用"大元宰相"的官位来打动他的心，他却说这样的宰相，"不直人间一唾轻"。他心中想的只是："但愿扶桑红日上，江南匹士死犹荣。"(《唆都》)

这些连缀组成的虎穴斗争史诗，是最佳的英雄史诗之一。读之使人感到鼓声阵阵，号角长鸣。

卷二包括了他自临安被裹胁北上，到镇江脱走前的篇章。即他在江南运河路上的篇章。这一卷诗，风格一变，故国之思，浸透字里行间。他想得很多，战友、敌人、卖国贼、烈士、人民、故园、历史，他都想到。而中兴之念，却是中心。

临安送人了，战友南归了，这真是"啼鸟乱人意，落花销客魂"。在他身边，最亲密而又最有智谋的人，只有杜浒。"独与君携手，行吟看白云。"(《杜架阁》)这是他最大的安慰吧？那些卖国贼，"把酒逢迎酋虏笑"，"樽前百媚佞旃裘"(《留远亭》)，则令他齿冷，发指。

他被裹胁北去，经过的地方，曾是战场，人民受害最深。那死去的英雄、黎民，都浮现在他的眼前。"魂魄丘中土，英雄粪上花"(《吊战场》)；"山河千里在，烟火一家无"(《常州》)。痛苦绞碎了他的心。然而，他不会让英雄、赤子白白死去，"中兴须再举，寄语慰重泉"(《吊五木》)。想到这里，他又变得平静了。

山河依旧，人民泪多，这使他想起了历史上许多爱国人物。过平江府时，他写道："楼台俯舟楫，城郭满干戈，故吏归心少，遗民出涕多。……使遂睢阳志，安危今若何?"(《平江府》)过无锡时，他写道:"英雄未死心为碎，父老相逢鼻欲辛。夜读程婴存赵事，一回惆怅一沾巾。"(《无锡》)到镇江，他写道:"铁瓮山河旧，金瓯宇宙非。……中流怀士稚，风雨湿双扉。"(《镇江》)他想做张巡、程婴、祖逖这样的人，可是宋朝不让他做。任它阻挠吧，他总是要救国的，救民的。他这种夙志，任何人也遮不住，挡不了。

如何逃出魔窟，收拾山河，日夜都在他的脑海中盘旋。"江山浑在眼，宇宙付无言。昨夜三更梦，春风满故园。"(《沈颐家》)他梦中回到江南了，开颜挺立在春风中。这是梦，又不是梦。对于壮志固在的爱国者来说，梦往往是会转化成现实的。

这些诗用爱国者的感伤故国，卖国贼的媚敌谄笑，城市的荒凉，人民的眼泪，战场的凄凉，历史上爱国人物的斗争，梦回故国，春风浩荡，谱成了一章五音错落的思念故国的交响乐。

第三卷是丰富多彩的"虎口余生录""东归历险记"。余生录、历险记，外国用小说体裁来写，被列入世界名著。用一首一首诗歌连缀起来，形成一部余生录、历险记的，则只有中国才有，但也只有文天祥写的一部。这是实录，是古今中外绝无仅有的创造，是我国文学宝库中的一朵奇葩。遗憾的是，宝珠在旁，治文学史者，却往往不去拾起它。

文天祥用了《定计难》《谋人难》等十五首难字诗与序，构成《脱京口》组诗。在这组诗中，波涛起伏，忽尔是急调，使人们为他又遇到的一座险关而焦急、担忧;忽尔是缓声，使人们为他越过这座险关而欢欣、甜畅。而记载之实，就寓在这种变换不停的音节中。

第一首是《定计难》。要逃出魔掌，极不容易，首先要定计，而定计就很难。关键的问题尚不是计谋难想，而是同逃的人决心如何。犹豫不定是想不出计谋的，想出了也没有人敢去做。此诗绘声绘影地把他们斩案立誓的情景写了出来。

　　　南北人人苦泣岐，壮心万折誓东归。若非斫案判生死，夜半何人敢突围？

读了这首诗，仿佛听到利刃插在桌案上的声音，仿佛看到桌案周围一张张严肃的脸孔，一双双坚定的目光。

第一座难关渡过来了，第二座难关又在他们面前竖起。出逃要船，船从何来？杜浒找船"毋虑十数"次，如果走漏一点风声，便是死路一条。第二首《谋人难》写道：

　　一片归心乱似云，逢人时漏话三分。当时若也私谋泄，春梦悠悠郭璞坟。

这是心声的描写。为找船而不得不"漏话三分"。所幸私谋未泄，心弦先是绷紧，后是松弛。一阵急促的音调过后，转入平缓。

第三座难关又竖立起来，"烟火连甍铁瓮关？要寻间道走江干"。这座"铁瓮关"是过不去的，只有绕道而行。但"何人肯为将军地"，引导他们走江干呢？音调不由又急促起来。幸而有一个"北府老兵思汉官"，答应引路（《踏路难》）。

第四首《得船难》写扬子江头，得一义士，慨然以船相助，不要千两银，只要一批帖，以便为他日投效之证。全诗说：

　　经营十日苦无舟，惨惨椎心泪血流。渔父疑为神物遣，相逢扬子大江头。

前两句是深忧，后两句是极大的喜悦。这一低一扬，把他们找到船只以后，紧锁的眉头突然放开的欢乐表情，仿佛推到我们的眼前。屈原于汨罗江遇渔父，文天祥于扬子江头遇渔父，这个渔父也许就是当年屈原所遇的渔父吧，要不，他为什么一个钱也不要，只要"一批帖"呢？用"渔父"比喻助船的人，用"神物遣"比喻爱国心的驱使，现实主义得到了浪漫主义的帮助，诗也就更为感人了。

第五首《绐北难》写"船关"渡过之后，忽然又遇到从未想到过的一座难关。就在出逃的那一天，元军偏偏驱迫他们过江北去。文天祥好不容易找了一个借口，推晚了一天。诗中先用"百计经营夜负舟，仓皇谁趣渡瓜洲"二语，写出了突然发生的情况给他们带来的焦急。琴弦绷得很紧，几乎要断了。而后一转，"若非绐虏成宵遁，哭死界河天地愁"。弦终于未断，音终于弛缓。

想不到的难关又出现了。出逃之夜，老兵中变，他的老伴欲唤四邻。亏得用银钱稳定了他们的心。第六首《定变难》写这个变故："老兵中变意差池，仓卒呼来朽索危。若使阿婆真一吼，目生随后悔何追。"好似扬子江刚转到正流，又忽然来了一个弯曲。

第七首《出门难》写夜买酒肉，醉居停主人，复醉王千户，等确知他们烂醉时，才启门出走。全诗说：

> 罗刹盈庭夜色寒，人家灯火半阑珊。梦回跳出铁门限，世上一重人鬼关。

如果说以前六道关还是鬼门关内之关，这座关便是鬼门关了。《出门难》写出了他们用计醉倒罗刹，跳出铁门限，飞渡鬼门关，进入人的世界自由呼吸的欢畅。那人间半已阑珊的灯火，不正是在招呼、欢迎他们胜利归来吗？

从这首起，后面两首用序写难，用诗写出走情况。第八首《出巷难》："不时徇铺路纵横，小队戎衣自出城。天假汉儿灯一炬，旁人只道是官行。"第九首《出隘难》："袖携匕首学衔枚，横渡城关马欲猜。夜静天昏人影散，北军鼾睡正如雷。"写得十分形象。人们似乎看到一小队化了装，穿上戎衣的"元军"，袖携匕首，衔枚疾走。前面有一盏"官灯"引导他们穿小巷，过城关，偶尔遇到几个人，都以为他们是官，有事夜行。关隘元军的鼾睡声，掩盖了马匹受惊的几声嘶鸣。八句诗把夜静出奔的情景写得如此逼真，不是大手笔，很难办到。

第十首《候船难》笔势又一顿，写既到江边，不见约定好的船只，只好"待船三五立江干"。时间在一秒一秒地过去，"眼欲穿时夜渐阑"。诗的节奏至此又紧起来了。幸而船只终于找到，可仍然心有余悸，"若使长年期不至，江流便作汨罗看"。他们只有投江。全诗景中有情，情中有景，情景交融，却是随手拈来。

第十一首《上江难》，写船从两岸敌船中间驶过，半途又遇巡船喝问，幸而巡船搁浅，化险为夷，他们扬帆而去。全诗前两句："蒙冲两岸夹长川，鼠伏孤蓬棹向前"，写穿行情景，历历如绘。第三句"七里江边惊一喝"，猛然一提，使人感到要发生什么事了。第四句"天教潮退阁巡船"，心中的一块石头顿时落了地。这种写实手法，非常高超。

第十二首写得风的喜悦感，第十三首写失风的紧迫状。摆脱敌船之后，半夜，他们忽听帆响，舻公在船头且拜且祷，说是专门送顺风的江河田相公来了。难道田相公不是来扶持中华义士的吗？这真是：

　　空中哨响到孤蓬，尽道江河田相公。神物自来扶正直，中流半夜一帆风。（《得风难》）

见景生情，因言而赋，现实主义和浪漫主义在这首诗中，又达到圆满的统一。"神物扶"比喻"正直"必胜。

可是单靠天帮忙，是不行的。风由大到小，到静，神物又不扶了，而天色已明，离真州城还远，这只有靠人的努力了。因而又产生一首写焦急心情和人的努力的佳作《望城难》。诗云：

　　自来百里半九十，望见城头路愈长。薄命只愁追者至，人人摇桨渡沧浪。（《望城难》）

心愈急，路愈长，心愁追者，手不停地摇桨，这种焦急之情和紧迫之状，只在二十八字中。

第十四首《上岸难》，先用"岸行五里入真州，城外荒凉鬼也愁"之句，把劫后真州城下的荒凉，拉到了人们的眼底，而后用"忽听路人嗟叹说，昨朝哨马到江头"之句，转到真州虽已在望，他们一行仍在害怕追骑的猝至。这是忽然拓开，写国家遭受的苦难，而后收拢，再写他们一行，转入主调的方法。

第十五首《入城难》先写"轻身漂泊入銮江，太守（苗再成）欣然为避堂（清边堂）"。似乎种种险境都已过去。可是，"若使闭城呼不应"，那就依然是"人间生死路茫茫"。这是倒写最后一难——入城难。即以"难"字结束全诗。

十五难全是如实描写，词句似行云流水，但在云水流行中，却处处激起惊涛骇浪。最后一曲，是英雄凯旋歌。但在这首歌中，也不是完全舒畅之调。它预兆着灾难还要发生。

《真州杂赋》是第二组诗，优点之一，便在杂字。真州的物情民心；敌人发觉文天祥逃跑，大索民间的惶恐情状；志士们的胜利归来；卖国贼的低眉北去；与真州将士一起，计划复兴；在清边堂上，为苗再成所藏《苏武忠节图》题诗，都一一写入赋中。优点之二，是杂而有章，音响步步高。先写他们见到真州人民和真州人民见到他们的真情实感，继写我的胜利，敌人的惊慌，卖国贼的低眉，音响已经高了。到《议纠合两淮复兴》，奏出了最强音。

"四十羲娥落虎狼，今朝骑马入真阳。山川莫道非吾土，一见衣冠是故乡。""聚观夹道卷红楼，夺取南朝一状头。将谓燕人骑屋看，而今马首向真州。"这是刚入真州的两首诗。写得感情真挚，场面活跃，人物融合无间。

"便把长江作界河，负舟半夜溯烟波。明朝方觉田文去，追骑如云可奈何。""十二男儿夜出关，晓来到处捉南冠。博浪力士犹难觅，要觅张良更是难。"这两首诗活画出了敌人无可奈何的神情，衬托出志士的智慧与自豪。由此笔锋一转，把逃出虎口的志士和低眉北去的公卿相对照，又谱出一首豪迈的七绝："公卿北去共低眉，世事兴亡付不知。不是谋归全赵璧，东南那个是男儿？"他的脱走，延长了宋朝历史。

《议纠合两淮复兴》诗共三首，第一首写真州守将苗再成献策："清边堂上老将军，南望天家雨湿巾。为道两淮兵定出，相公同作歃盟人。"第二首写两淮连兵大举的方略："扬州兵了约庐州，某向瓜洲某鹭州。直下南徐侯自管，皇亲刺史统千舟。"第三首写国家存亡，在此一举。"南八空归唐垒陷，包胥一出楚疆还。而今庙社存亡决，只看元戎进退间。"三首一气呵成，内容丰富，文字简洁，气势遒劲，使人感到两淮战鼓，即将响震云霄。

《出真州》是第三组诗，由《议纠合两淮复兴》那种最强音，陡然一转，变成了惊诧，失望，愤激，孤寂，饥寒难忍，危险层出，痛心少数人的叛逃，幸遇樵夫们的相助。忽低忽昂，忽急忽缓，五音错落而余韵无穷。这是继虎口余生、真州欢会之后，向意想不到的灾难的急骤跌落。全组诗既是一部历险续记，又是一首流离新曲。这组诗歌的产生，倒要感谢李庭芝，如果不是他硬要杀文天祥，我国文学宝库中便要少这一株异卉。

第一首写被骗出真州城外。"早约戎装去看城，联镳濠上叹风尘。谁知关出西门外，憔悴世间无告人。"第二首、第三首写原因。"扬州昨夜有人来，误把忠良按剑猜"；"赖有使君知义者，人言欲杀我犹怜"。扬州李庭芝捏造罪证，要杀文天祥；真州苗再成将信将疑，放走文天祥，李庭芝不如苗再成。第四首感慨"南北共知忠义苦，平生只少两淮缘"。第五首感伤纠合两淮复兴，徒成画饼。他痛苦到了"南望端门泪雨流"。第六首忽然一转，觉察到了元军并不知他夜走真州，岂有派人诈入扬州，行反间计，诬他往真州赚城之理。李庭芝的行为可疑。他写道："天地沉沉夜溯舟，鬼神未觉走何州。明朝遣间应无是，莫恐元戎（李庭芝）逐客不？"如果联系《宋史·姜才传》有关李庭芝不坚定的话，我深感以往对李庭芝的评价过高了。第七、八、九三首写真州派人来试探，最后终于发现了文天祥"一个怎么人，口口是忠臣"。第九首写道："荒郊下马问何之，死活元（原）来任便宜。不是白兵生眼孔，一团冤血有谁知？"白兵生眼孔五字，骂倒了李庭芝。白兵还能最后认清文天祥是"忠臣"，想不到"千金犯险脱旆裘"，反见仇于李庭芝。（第八首）这又是一个转折。第十首至第十三首，写从真州到扬州路上的情景，中有"白兵送我扬州去，惟恐北军来捉逃""夜静衔枚莫轻语，草间惟恐有鸥鹮"；"真州送骏已回城，暗里依随马垛行"之句。这些诗句把得到真州义兵送行，夜行寂如衔枚，以及尾随马垛子（贩鬻者）而行的情状，都一一刻画出来。

文天祥要往扬州，是想见一见李庭芝，分辨忠奸，再图复兴。可是，既至扬州城下，反而进退维谷。自第十四首至第十九首，写出了他们一行人在扬州城下，自一更到四更的彷徨狼狈之状，是传神之笔。

第十四首写夜宿扬州西门三十郎庙："此庙何神三十郎，问郎行客忒琅珰。荒阶枕藉无人问，风露满堂清夜长。"他们太累了，倒地便睡，不管垣断壁残，风寒露湿。

第十五首写鼓打四更，他们走近城门不敢进，城上有人喝问，又不敢回答，惶遽之状可掬。"谯鼓冬冬入四更，行行三五入西城。隔濠喝问无人应，怕恐人来捉眼生。"心情、神态写得十分细腻，逼真。

第十六首进一步渲染气氛。城下风露凄然，城上鼓角又有杀伐之声，这就更加彷徨，无以自处了。"怅怅乾坤靡所之，平山风露夜何其！翁翁岂有甘心事，何故高楼鼓角悲？"叩门必见杀害，鼓角声中，已见预兆。

"城上兜鍪按剑看，四郊胡骑绕团团。平生不解杨朱泣，到此方知进退难。"这是第十七首。到此，人，难住了；诗，收住了。

第十八、十九两首又一转，写杜浒、金应，一个说死于扬州城下无益，不如求至通州，渡海归江南；一个说出门便是哨，通州去不了，不如死于扬州城下，何况李庭芝不一定要杀我们。诗人觉得杜浒的话有理，"吾载吾头向广陵，仰天无告可怜生。争如负命投东海，犹会乘风近玉京"。又觉得金应的话有理，"海云渺渺楚天头，满路胡尘不自由。若使一朝俘上去，不如制命死扬州"。这便如何是好？

笔锋转处，救星来了。"路旁邂逅卖柴人，为说高沙可问津。此去侬家三十里，山坳聊可避胡尘。"（二十首）可杜、金之争尚未解决。他想随卖柴人走，"去数步则金一边来牵住，回数步则杜一边又来拖住。"正是："且行且止正依违，仿佛长空曙影微。从者仓皇心绪急，各持议论泣牵衣。"（二十一首）正在难从难违之间，意料不到的事情发生了，余元庆等四人携金不告而别。这是叛变。诗，一下子又转到了四个叛徒身上。"问谁攫去橐中金，僮仆双双不可寻。折节从今交国士，死生一片岁寒心。"（二十二首）这倒使他拿定了主意，随卖柴人走。

从第二十三首起，写在人民的帮助下，离开扬州城下，到贾家庄去的一路经历。用词造句，起伏缓急又有不同。

他写饥饿疲惫，"饥火相煎疲欲绝，满山荒草晓沉沉"。写天明难行，"戴星欲赴野人家，曙色纷纷路愈赊。仓卒只从山半住，颓垣上有白云遮。"人们一般用晓景写舒畅，他却用晓景写窘迫，而写得恰到好处。写买米作炊难，"袖有金钱无米籴，假饶有米亦无炊"。写败屋中坐卧，"扫退蜈蜒枕败墙，一朝何止九回肠。睡余扪虱沉沉坐，偏觉人间白昼长"。真情实景，入木三分。

忽然屋后有数千敌骑驰过，又忽然黑云骤起，风雨大作。"何处人声似潮溯，黑云骤起满山风"；"隔壁但闻风雨过，人人顾影贺更生"。才听人声如潮，又见乌云骤起；才见铺天乌云，又闻满山风雨，紧得密不通风。而后一句"人人顾影贺更生"，却使人们顿觉舒了一口气。

然而，一波未平，一波又起。饥渴在威胁着他们的生命。卖柴人入城籴米，"眼穿只候卖柴回"，可偏偏遇到"今日堡城门不开"。吕武、邹捷下山弄水，求米，可偏偏遇到敌人哨兵骤至。他们用钱买哨，得免一死。文天祥用了"青衣山下汲荒泉，道遇腥风走不前。向晚归来号且哭，胡儿只为解腰缠"之句，来写吕、邹二人的遭遇。荒泉、腥风、号且哭、解腰缠，使人感到哭中有笑。钱可通神，元兵非神，可以畅通。

最后三首由清调换成了平调，由急奏转成了缓弹。绝望中显露出一线光明。如第一首："既投古庙觅藜羹，三五樵夫不识名。僮子似知予梦恶，生柴烧火到天明。"他们得到人民的援助，饥供食，寒供火，火烧到了天明。第三首："樵夫偏念客途长，肯向城中为裹粮。晓指高沙移处泊，司徒庙下贾家庄。"前途呈现了曙光，节奏变得轻快起来。

这是一组最精彩的诗，全组共三十三首七言绝句，首首纪实。连动照相机，照不出诗中的意境；长轴连环画，画不出诗中的好词好句。这些诗，是现实主义和浪漫主义高度结合的产物。

第四组诗起自离扬州，止于离通州。第一首《贾家庄》（五律）写得到了一个歇脚的处所和前进的基地。最后二首《哭金路分应》，悼念金应不幸病逝于胜利到达通州之日，结得庄严肃穆。

他写暂歇贾家庄，"露打须眉硬，风搜颧颊高。流离外颠沛，饥渴内煎熬。"打，硬，搜，高，外，内，一字不可换。

他写《扬州地分官》："五骑驰来号徼巡，咆哮按剑一何嗔！金钱买命方无语，何必豺狼骂北人。"驰来，咆哮，按剑以及金钱买命，把官军的凶狠贪婪，形象而又准确地反映出来。

这一组诗的高潮所在，是《高沙道中》。这是一首长篇五言古诗，艺术水平不减《北征》。

他写夜走高沙迷路，"疾驰趋高沙，如走阪上园。夜行二百里，望望无人烟。迷途呼不应，如在盘中旋。皆雾腥且湿，怒飙狂欲颠。流澌在须发，尘沫满橐鞬"。写平明遇敌，"胡行疾如鬼，忽在林之巅。……仓皇伏幽篠，生死信天缘。铁骑俄四合，鸟落无虚弦。……既无遁形术，又非缩地仙。……游锋几及肤，怒兴空握拳"。写闻敌人用火攻，"须臾传火攻，然眉复相煎。一行辄一跌，奔命度平田"。写脱险上路，"鹊声从何来，忽有吉语传。此去三五里，古道方平平。行人渐复出，胡马觉已还。回首下山阿，七人相牵连"。写樵子以竹箩当车相助，"道逢采樵子，中流得舟船。竹畚当安车，六夫共赪肩。四肢与百骸，屈曲如杯棬"。后面写怀抱，"中兴奋王业，日月光重宣。报国臣有志，悔往不可湔"。全诗秩序井然，写经历情景如绘，用比喻（如竹畚当安车）妥帖入微。读之不能不与诗人起共鸣，同忧乐。

在这首五言长篇之后，诗转趋清壮，因为最大的危险已在高沙道中过去了。从高沙到通州坐船，诗人的心情可以稍稍舒展了。《发高沙》："晓发高沙卧一航，平沙漠漠水茫茫。舟人为指荒烟岸，南北今年几战场？"
这近似唐人的七绝。此诗由四首七绝组成，这是第一首。

第二、三两首写城子河之捷，着眼点却不是捷字，而是现实。"城子
河边委乱尸，河阴血肉更稀微"；"一日经行白骨堆，中流失柁为心摧。"
读了这些诗句，谁能不痛恨元朝发动的不义之战？捷字只在"大行南北燕
山外，多少游魂逐马蹄"二句中点出。这比单写捷字高得多。第四首：
"小泊稽庄月正弦，庄官惊问是何船？今朝哨马湾头出，正在青山大路
边。"由惊问转到关心，又是一种写法。

《旅怀》三绝，有总结性质。"天地虽宽靡所容，长淮谁是主人翁？"
李庭芝不容他在长淮立脚，但李庭芝就是长淮主人吗？这一问问得好极
了。"江南父老还相念，只欠一帆东海风。"你不容我，江南父老还念我
呢，抗战并非无望啊！

《哭金路分应》二绝，写南国在望，痛失战友。"通州一丘土，相望泪
如倾"，写得沉痛极了。他能闯过重重难关，到达通州，只是因为有金应
这样一些"险夷宁异趣，休戚与同情"的战友。

第四卷前面的诗，是一出海上进行曲。格调以清俊见长。环境不同
了，心情和诗的风格也不同了。而每一首仍然是现实主义的，动乎情性
的，笔势遒劲的。

《石港》："乾坤万里梦，烟雨一年春。起看扶桑晓，红黄六六鳞。"清
丽至极。

《卖鱼湾》："风起千湾浪，潮生万顷沙。春红堆蟹子，晚白结盐花。
故国何时讯，扁舟到处家。狼山青两点，极目是天涯。"海上美景，故国
情深，浑然融为一体。

《扬子江》："几日随风北海游，回从扬子大江头。臣心一片磁针石，
不指南方不肯休。"你拨它向北，它又回头指南。"几日随风北海游，回从
扬子大江头"，想到磁针石，由磁针石想到自己的心，最后以"不指南方
不肯休"之句作结，使这诗成了一首在风格上、联想上、比喻上，都是极
好的诗。这是《指南录》的主题诗。

海上有海潮、海盗，不会一帆风顺，因此也有这样的诗句："雨恶风狞夜色浓，潮头如屋打孤蓬。漂零行路丹心苦，梦里一声何处鸿？"（《夜潮》）"鲸波万里送归舟，倏忽惊心欲白头。"（《夜走》）这些诗句使全组的诗歌，更加符合现实主义的要求。风格仍然不脱离情势并茂四字。

第四卷后面的诗，即在台州登岸以后至被捕以前所作的诗，看来已经不全。所存只有《绿漪堂》（台州作）、《过黄岩》等十三首。兹以第五章第二节引述过的在汀州作的《呈小村》，与刘禹锡诗《酬乐天扬州初逢席上见赠》相比较，以见文天祥诗达到的水准，并以此作为本节的结束语。

刘诗："巴山楚水凄凉地，二十二年弃置身。"文诗："万里飘零命羽轻，归来喜有故人迎。"气氛以文诗为胜。

刘诗："怀旧空吟闻笛赋，到乡翻似烂柯人。"文诗："疑是仓公回已死，恍如羊祜说前生。"意境以文诗为胜。

刘诗："沉舟侧畔千帆过，病树前头万木春。"文诗："雷潜九地声元（原）在，月暗千山魄再明。"笔力相当，可是刘禹锡把自己划在千帆过、万木春之外，而雷声原在、月魄再明，则包括文天祥自己在内。刘诗依然不及文诗。

刘诗："今日听君歌一曲，暂凭杯酒长精神。"文诗："夜阑相对真成梦，清酒浩歌双剑横。"两两相较，刘诗远为逊色。

这难道还不足以说明文天祥诗，达到了何种水平吗？

自"单骑见虏"到第二次起兵，是文天祥一生中最复杂而又最多彩的一段经历。用诗歌的形式去表现复杂、多彩的经历，而这种经历又和国家的命运密切相关，这在诗歌史上尚是一次尝试，它是诗，又是史；是自传式的史诗，又是国史；是纪事，又是抒情。以现实主义为基础的现实性和浪漫性的统一，被运用到了最熟练、最圆满的程度。这一期的诗歌，以七言绝句为主，间或使用长篇五古、七律、五律的形式，像一连串发光的蓝宝石中，镶嵌了几颗红宝石，因而也就显得更加光辉夺目了。姑且不谈思想水平，即就艺术水平而论，文诗也已赶上唐代第一流诗歌水平。

第三节　文天祥的第三期诗歌
（《指南后录》和《集杜诗》）

文天祥被俘以后的诗歌，是丹心和血泪凝成。艺术水平达到了高峰。代表作是《指南后录》和《集杜诗》。

《指南后录》共分三卷。文天祥自序说："予《指南后录》第一卷起（祥兴二年己卯）正月十二日《赋零丁洋》，第二卷起八月二十四日《发建康》，今为第三卷，盖自庚辰《元日》为始。"（卷三序）第一卷又分上下两卷。下卷起《出广州第一宿》。

《指南后录》以《过零丁洋》冠全录。这首七律是爱国的绝唱，其含义在第六章第一节中已经说到。它的艺术特征是，概括了文天祥半生的爱国活动，音节响亮，丹心跳跃。自这首诗开始，后来的诗歌，几乎首首都紧扣着人们的心弦，时代的脉搏，发出不同的奇光异彩。

卷一上除了《过零丁洋》外，收录了南海、广州诸作。南海诸作，包括《元夕》《怀赵清逸》《二月六日海上大战，国事不济，孤臣天祥坐北舟中，向南恸哭，为之诗曰》《又六噫》《南海》和《有感》等首。每首都是血和泪、爱和恨的结晶。像"孤臣腔血满，死不愧庐陵"（《元夕》）、"故人髯似戟，起舞为君伤"（《怀赵清逸》）、"惟有孤臣雨泪垂，冥冥不敢向人啼。六龙杳霭知何处，大海茫茫隔烟雾"（海上为诗恸哭）、"飓风起兮海水飞？噫！……鸿鹄欲举兮将安归？噫！"（《又六噫》）都是亡国恨的杰作。而"一山还一水，无国又无家。男子千年志，吾生未有涯"（《南海》）、"壮士千年志，征夫万里程。夜凉看星斗，何处是欃枪"（《有感》）。又在亡国恨之外，使人感到一股誓雪国耻的力量。

广州诸作中的《张元帅谓予国已亡矣……》和《登楼》二首，是拒降诗。前首有"高人名若浼，烈士死如归"之语；后首有"茫茫地老与天荒，如此男儿铁石肠"之语。王应麟说文天祥"忠肝如铁石"，在这两首诗中，充分表现出来。而《言志》："平生读书为谁事，临难何忧复何惧"，则表现了由铁石心肠产生的无畏的精神。

从卷一下《出广州第一宿》起，便是咏万里行役的诗了。自广州到建康，亡国的余痛，仍在咬嚼着文天祥的心。他曾绝食八天，以求以身殉国。因而亡国恨仍然洋溢在每首诗的字里行间。例如：

　　一样连营火，山同河不同。（《出广州第一宿》）
　　禾黍西京梦，川原落日悲。（《又呈中斋二首》）
　　山河千古在，城郭一时非。（《南安军》）
　　翠玉楼前天亦泣，南音半夜落沧浪。（《赣州》）
　　忠节风流落尘土，英雄遗恨满沧浪。（《苍然亭》）
　　苍然亭下楚囚立，山河颠倒纷雨泣。（《发吉州》）

首首都包含了亡国恨，首首都显出了极高的格调。

更可贵的，他不是徒恨亡国，而能从亡国的痛苦中摆脱出来，寄希望于未来。像到赣州，他已经绝食，而在《赣州》一诗中，除了痛心国亡城非之外，写出了"江山不改人心在，宇宙方来事会长"之句。发吉州，他绝食已有六天了，而在《发吉州》一诗中，除了"山河颠倒纷雨泣"之句外，更多的是骂贼，是写正气必胜，因为人的斗争不会停息。"姜姁偷生自为贼，英雄扼腕怒须赤"，这种对比的写法，衬托的写法，把英雄的形象，写得栩栩如生。而"正气未亡人未息。青原万丈光赫赫，大江东去日夜白"之句，则把常言所道的"英雄末路"，反转到青春常在上。因为"正气未亡人未息"，所以英雄从不会走到末路。

这样的亡国恨之作，意境就不是灰暗而是明朗，不是绝望而是对未来充满信心。

在建康停留的日子里，自入秋以后，文天祥写了十首七律，气势的苍劲不减杜甫的《秋兴八首》。举两首以见。

　　万里金瓯失壮图，衮衣颠倒落泥涂。空流杜宇声中血，半脱骊龙颔下须。老去秋风吹我恶，梦回寒月照人孤。千年成败俱尘土，消得

人间说丈夫。(《金陵驿》第二首)

　　不教收骨瘴江边，驱向胡沙着去鞭。旧夺宫袍空独步(喻中状元)，新食官饭饱孤眠。客程恰与秋天半，人影何如月倍圆？犹是江南佳丽地，徘徊把酒看苍天。(《中秋》)

　　第一首末尾"消得人间说丈夫"句，把"万里金瓯失壮图"以后，山河颠倒，人物全非的景象，用千钧的力量扛过。第二首起句，变韩愈的"好收吾骨瘴江边"，为"不教收骨瘴江边"，已是非凡。末二句"犹是江南佳丽地，徘徊把酒看苍天"，是清新、通脱、高格调的佳句。它把空独步，饱孤眠，中秋客程半，月圆人不圆的忧伤感情，一扫而光。如果把看苍天改为诗人们常用的"问苍天"，那就不是文天祥的诗了。

　　第二卷起自己卯年(至元十六年，一二七九年)八月二十四日《发建康》，止于在燕京监狱中写的《己卯岁除有感》。主要是过江以后，北上途中的作品。各诗写作的时间、地点、包含的内容，已在第六、七两章中说过。这里只从诗歌艺术角度进行分析。

　　第二卷的诗歌和第一卷在江南途中所作的诗歌大不相同。内容不同，形式也不同。原因在北国和江南许多方面都不一样。以现实主义为依归的文天祥的诗，自不能不有所变化。

　　从第二卷可以看到，文天祥在入淮以后，五言古风写得特别多，其次是五律。全卷五言古风近三十首，继承了《古诗十九首》和建安以来我国五言古诗的优良传统，而格调之高，又凌超古人。试拿他的《发高邮》等三诗来作分析。

　　《发高邮》是现实主义和浪漫主义相结合的杰作。"初出高沙门，轻舫绕城楼。一水何曲折，百年此绸缪。北望渺无际，飞鸟翔平畴。寒芜入荒落，日薄行人愁。"格调已经很高。中间忽然想到"欲寄故乡泪，使入长江流"。这是奇句。随即转写"篙人为我言，此水通淮头。前与黄河合，同作沧海沤"。你的眼泪，顺此水只能流入淮河、黄河、沧海，是流不进长江，流不进吉州之水的。这就更奇。篙人的话，是不是使他收住了眼泪呢？没有。"踟蹰忽失意，拭泪泪不收"，泪水反而更难止住了。这种写法，使感情显得多么深厚！又多么沉痛！流水无情，船只远去。接着，他的笔锋又转到："吴会日已远，回首重悠悠。驰驱梁、赵郊，壮士何离忧！吾道久已东，陆沉古神州。"所以"离忧"，便在陆沉古神州。家、国恨串连到、融化到一起。结语猛然发出壮烈的声音："不能裂肝脑，直气摩斗牛。但愿光岳合，休明复商周。不使殊方魄，终为异物羞。"这样高格调的五言古风，在唐朝以前不可多得，元明以下更无足论了。

《来平馆》："憔悴江南客，萧条古郓州。雨声连五日，月色彻中流。万里山河梦，千年宇宙愁。欲鞭刘豫骨，烟草暗荒丘。"无论起句、中联、结语，都极高超。特别是欲鞭刘豫骨，使此诗的意境，深刻异常。如果把刘豫改成胡虏，那就平常。

紧接《来平馆》写出的《发郓州喜晴》。前四句写凌晨风势，"烈风西北来，万窍号高秋。宿云蔽层空，浮潦迷中州。"笔势极为雄浑。昨夜的"月色彻中流"，变成了今晨的"万窍号高秋"。接着写行人之苦，"行人苦沮洳，道阻路且修。流澌被鞍鞯，飞沫缀衣裘"。下面一转，马背上行人，抬头忽然望到"昏鸦接翅落，原野惨以愁。城郭何萧条，闭户寒飕飕"。感情由个人行役之苦，移到了兵后北国的萧条上。太阳出来了，"微见扶桑红，隐隐如沉浮。身游大荒野，海气吹蜃楼。须臾划当空，六合开沉幽。千年厌颜色，苍翠光欲流"。这是单写景致吗？不是的，这是写"六合开沉幽"。只要联系下面四句："太阳经天行，大化不暂留。辉光何曾灭，晻霭终当收"，诗人的思想心情，便明白如画了。天地运动不息，人的斗争不息，国家的沉幽、晻霭自有打开、扫除之日。这首五言古风，在思想高度和艺术高度上，都高居上游。

至此，我们可以了解，文天祥在诗歌上的成就是多方面的。无论古风、律诗、绝句，放到古代诗歌的海洋中去，都是第一流的作品。写景，景见其美；写情，情见其深；写人事，人事见其实；写思想，思想见其高。而景、情、世变人事、思想观点，又融为一体，出之以雄健的笔势，反映出时代的风貌，这正是他的高超之处。

《指南后录》第三卷自庚辰年（至元十七年，一二八〇年）的《元日》起，除了《出狱临刑诗歌》外，都是在燕京监狱中所作，可以名为"狱中诗"。

在燕京监狱中，文天祥在诗歌上的成就，也极为辉煌。脍炙人口的是他的《正气歌》。前章对这首诗歌的思想性进行了分析，这里再就它的文学价值，谈谈我的看法。

《正气歌》的主题是阐述正气的伟大力量。这首诗把他的唯物学说和爱国思想结合到了毫发无间的程度。全诗层次井然，首段自"天地有正气"到"杂然赋流形"，是述正气充满在天地之间，日、星、河、岳、人杰都是禀赋正气而生。这是从他的唯物思想元气运行不息，万物受气而生，得出的结论。他把元气分成了正邪，把受气分出了深浅，这里阐发的是正气和正气的作用。第二段自"皇路当清夷"到"道义为之根"，是写正气和丹心的结合，产生出历史上无数杰出的人物。"乾坤未歇，地灵尚有人杰"，在这里得到了阐发。正气是因，丹心是果，二者一经结合，便表现了巨大的力量，"地维赖之以立，天柱赖之以尊"。第三段自"嗟余遘阳九"，到"仰视浮云白"，是写他的失败并不表现正气的无力量，"逮也实不力"，原因在于"独柱擎天力弗支"（《指南后录·感怀》）。他之所以久在阴房鬼火中而"阴阳不能贼"，正是因为正气有力量，因为正气未亡，丹心未息。第四段"悠悠我心悲，苍天曷有极"以下，既是自叹"落落惟心在，苍苍有意无？江流总遗泪，何止失吞吴"（《吟啸集·自叹》），又是申述他将凭着正气与丹心，斗争到底。全诗把正气的伟力，表达得极简净，极明白，极壮丽，因而也就极能起到鼓舞人心的作用。它既是诗，又是战斗的号角。这是一首极为罕见的把文、史、哲结合到一起的诗，把国家的命运和个人的遭遇结合到一起的诗，把现实的悲剧和未来的希望结合到一起的诗。它的文学价值之高，也就可以想见了。

要看到《指南后录》第三卷所收的文天祥狱中诗，有八十一首之多，《正气歌》不过是较为突出的一首而已。他如"楚囚一杯水，胜似九霞卮"；"铁马行鏖南地热，赭衣坐拥北庭寒。朝餐淡薄神还爽，夜睡崎岖梦自安";"朝登蓬莱门，暮涉芙蓉城。忽复临故国，摇摇我心旌"(《生日》)；都是不可多得的宝唾。

除了《指南后录》所收诗歌以外，文天祥在燕京监狱中，还有一个引人注目的成就，这就是《集杜诗》。

文天祥在狱中集杜句演述南宋末年的历史，倾注自己的感情，提出自己的看法，是我国诗歌发展史上一个独特的创造，一次空前的尝试。这里要着重分析《集杜诗》的价值。

关于《集杜诗》，《四库全书总目提要》卷一百六十四《文信公集杜诗四卷》说：

> 一名《文山诗史》，宋文天祥撰。盖被执赴燕后于狱中所作。前有自序，题岁上章执徐，月祝犁单阏，日上(尚)章协洽。案上章执徐为庚辰岁，当元世祖至元十七年，乃其赴燕之次年。……诗凡二百篇，皆五言二韵，专集杜句而成。每篇之首，悉有标目次第。而题下叙次时事，于国家沦丧之由，生平阅历之境，及忠臣义士之周旋患难者，一一详志其实，颠末粲然，不愧诗史之目。

《提要》说《集杜诗》(《文山诗史》)不愧诗史之目是对的，但须知《集杜诗》虽为集杜句而成，然已不再是杜诗，而是文天祥诗了。集杜诗而成自己的作品，数量达二百首之多，再加《指南后录》中的《胡笳曲》十八拍，总数为二百一十八首，如果对杜诗不烂熟，又如果杜诗面不广，价值不高，杜甫忧国忧民的心不和文天祥相似，再有天大的本事，也集不成、变不了自己的诗。文天祥在《集杜诗·自序》中说得好：

> 余坐幽燕狱中，无所为，诵杜诗，稍习诸所感兴，因其五言，集为绝句，久之，得二百首。凡吾意所欲言者，子美先为代言之，日玩之不置，但觉为吾诗，忘其为子美诗也。乃知子美非能自为诗，诗句自是人情性中语，烦子美道耳。子美于吾隔数百年，而其言语为吾

用，非情性同哉？昔人评杜诗为诗史，盖其以咏歌之辞，寓纪载之
实，而抑扬褒贬之意，灿然于其中，虽谓之史可也。予所集杜诗，自
余颠沛以来，世变人事概见于此矣。是非有意于为诗也。后之良史，
尚庶几有考焉。

此序说诗是"人情性中语"，"非有意于为诗"，与《指南后录·东海
集序》所说："动乎情性，自不能不诗"，而不能"有意"为诗，是相同
的。此序说杜甫言语之所以能为他所用，是因为杜甫与他"情性同"。这
和《跋周汝明自鸣集》中所说："予以予鸣，性初以性初鸣，此之谓自鸣，
虽然，凡音生于人心，其所以鸣则固同矣"，也是相同的。因为鸣同，所
以他能集成杜句；又因为鸣不同，所以他集杜成句，此句便成己句，不再
是杜句。

文天祥深深懂得诗义，他对诗歌的论点，同样是文学优秀遗产之一。
正因为他论诗从情性出发，而于情性中又揭出了同和异、共鸣和自鸣的区
分，从而产生出《集杜诗》这部名著。而《集杜诗》的产生，又可反证文
天祥对诗歌论点的正确。

我深感文天祥懂得杜诗，是杜甫的知己。那些喜欢压低杜诗成就的
人，恐怕没有读过文天祥的《集杜诗》，如果读过，那就应该知道杜甫的
诗句，居然能被一代爱国者、民族英雄文天祥所借用，形成《文山诗史》
二百首，必杜诗有其不朽的价值。而这种价值，超乎唐代任何诗人之上。
不然，何从借用？又何从变化为爱国的名篇。

"杜陵宝唾手亲拾，沧海月明老珠泣。"（《浮丘道人招魂歌》）汪元
量对《集杜诗》作了最好的评价。

《集杜诗》何以是诗史呢？这可从三个方面反映出来：一为目录，二
为序言，三为诗歌本身。

前四十四首写宋亡经过，目录顺次如下：

《社稷》、《理宗、度宗》、《误国权臣》、《泸州大将》、《襄阳》、《荆湖
诸戍》、《黄州》、《阳罗堡》、《京湖宣阃》、《渡江》、《鄂州》、《江州》、《安

庆府》、《鲁港之遁》、《建康府》、《相陈宜中》、《召张世杰》、《镇江之战》、《将相弃国》、《京城》二首、《陵寝》二首、《江陵》、《淮西帅》、《扬州》、《京湖、两淮》、《景炎拥立》、《福安府》、《幸海道》、《景炎宾天》、《祥兴登极》、《祥兴》七首、《陈宜中》、《张世杰》二首、《苏刘义》、《曾渊子》。这四十四首起自贾似道丧邦，终于崖山之败，是宋末信史。目录连缀，大事毕见。文天祥懂得目录学。

自第四十五首到第五十二首，杂写死于国事的人物，包括《江丞相万里》《赵倅昂发》《将军王安节》《李安抚芾》《李制置庭芝》《姜都统才》《张制置珏》《陆枢密秀夫》。

从第五十三首开始，至第一百零四首为止，写他自己的抗元斗争经历。起于赣州勤王，终于被囚于燕京监狱。目录顺次如下：

《勤王》、《苏州》、《拜相》、《出使》、《发京师》、《去镇江》、《至真州》、《行淮东》、《自淮归浙东》、《至福安》、《福安宰相》、《南剑州督》、《汀州》、《梅州》、《赣州》、《江西》二首、《复入广》、《驻惠境》、《驻潮阳》、《同府之败》、《行府之败》、《南海》二首、《至广州》、《至南安军》、《过章贡》、《至吉州》、《吉州》二首、《过临江》、《过隆兴》、《江行》五首、《北行》六首、《至燕城》三首、《入狱》六首。共五十二首。这五十二首是极珍贵的文天祥的抗元斗争史。

从第一百零五首起，写与他共同斗争的战友。这也是极珍贵的史料。包括《怀旧》五首、《金应》、《张云》、《刘钦贡元》、《吕武》、《巩宣使信》、《张秘撰汴》、《缪朝宗》、《闽三士》、《诸幕客》、《赵太监时赏》、《刘沐》、《孙栗》、《彭司令震龙》、《萧从事焘夫》、《萧架阁（明哲）》、《陈督干（子敬）》、《陈少卿（龙复）》、《邹处置（沨）》二首、《刘监簿（子俊）》二首、《萧资》、《杜大卿浒》二首、《徐榛》、《林检院琦》、《曾先生（凤）》、《邓礼部（光荐）》。共三十三首。另有一首《家枢密铉翁》。次序依死事先后。

自第一百三十九首起，写家庭。包括《坟墓》、《宗族》、《母》、《舅》、《妻》、《二女》、《次子》、《妻子》二首、《长妹》、《长子》、《二女》、《弟》

四首、《次妹》。共十七首，是家史或家传。

自第一百五十六首起，至第一百六十二首止，凡七首，"皆思故乡，怀故山之情"（《思故乡第一百五十六》序）。自第一百六十三首起，至第一百九十一首止，凡二十九首，"杂然写其本心"（《第一百六十三》序）。自第一百九十二首起，至第二百首止，凡九首，"泛然为世道感叹"（《叹世道第一百九十二》序）。这些，可视为《文山诗史》的侧面。

《集杜诗》二百首，有序的达一百零五首。这一百零五篇诗序，是最直接、最原始、最信实、最有价值的有关南宋末年历史的史料。如：

《黄州第七》序说："始谓房以襄阳船自汉入江，后乃知房之未渡，蕲、黄已先降，故其渡也，襄、汉、蕲、黄之船皆在焉。"而《续资治通鉴》卷一百八十宋度宗咸淳十年（一二七四）十二月，却在阿珠（阿术）渡江之后，记"元诸将议师所向，或欲先取蕲、黄"。卷一百八十一宋帝㬎德祐元年（一二七五）春正月，又据《元史》，记"癸未，元兵攻蕲州，知州管景模以城降"。这便失实。因为阿术渡江，襄、汉、蕲、黄之船皆在，必阿术未渡之前，蕲、黄已先降元，而非阿术先渡，蕲、黄后降。元军渡江史实，应据文天祥《集杜诗·黄州第七》序文订正。

《京湖、两淮第二十七》序："东南兵力尽在江北，金城汤池，国之根本。高（达）以荆州降，夏（贵）以淮西降，李（庭芝）死，淮东尽失，无复中原之望矣，哀哉！"此序为我们画出了一张宋末东南兵力部署图。大军云集于江北荆州、淮西与淮东之地。如果朱禩孙、高达、夏贵、李庭芝这些大将能协同作战，而不是怕死投降，不是"惟闭门自守"（《扬州第二十六》序），是能有所作为的。文天祥在真州计议纠合两淮谋复兴，原因也在这里。惜乎宋朝的守内虚外政策，京湖、两淮宣阃之不得其人，使江北大军一点作用未起。

《幸海道第三十》序："自三山登极，世杰遣兵战邵武，大捷，人心翕然。世杰不为守国计，即治海船，识者于是知其陋矣。至冬闻警，即浮海南去，天下事是以不可复为，哀哉！"《张世杰第四十一》序："然其人无远志，拥重兵厚资，惟务远遁，卒以丧败。"《至福安第六十二》序："至行都，即再相。然国方草创，陈宜中尸其事，专制于张世杰。余名宰相，徒取充位，遂不敢拜，议出督。"这为我们指出了临安陷落后，帝昰、帝昺何以不能再谋复兴的政治原因。

即此数序，已可见其价值的珍贵。

再看所集杜句，全是精华所在。试看他是怎样用杜句来写宋朝末代历史的。

《社稷第一》："南极连铜柱，煌煌太宗业。始谋谁其间，风雨秋一叶。"始谋谁其间是提出问题。序说"三百年宗庙社稷为贾似道一人所破坏"，诗却提太宗。太宗是他指责的祖宗之制的制定者，谁指何人，自可联想。

《误国权臣第三》："苍生倚大臣，北风破南极。开边一何多，至死难塞责。"这是写贾似道"丧邦之政，不一而足"，而"其羁虏使，开边衅，则兵连祸结之始"（序）。所集之句，天衣无缝，写出权奸的误国。

《襄阳第五》："十年杀气盛，百万攻一城。贼臣表逆节，胡骑忽纵横。"元军的南侵，襄阳的围城，吕文焕的投降，元兴宋亡的转机，尽在这四句杜诗而又非杜诗中。

《荆湖诸戍第六》："长啸下荆门，胡行速如鬼。门户无人持，社稷堪流涕。"襄、樊失陷后，元军直下鄂州，而鄂州守将与援鄂诸将皆不得其人，国家危机深化。四句所表达的史实极贴切，极丰富。

《鄂州第十一》："鄂渚分云树，春城带雨长。惜哉形胜地，河岳空金汤。"鄂州是长江中流的枢纽，金城汤池，却被逃将、降将夏贵、朱禩孙、张宴然等，拱手送给敌人，令人痛惜。集句是随手拈来。

《鲁港之遁第十四》："出师亦多门，水陆迷畏途。蹭蹬麒麟老，危樯逐夜乌。"贾似道、夏贵、孙虎臣等人的出师，心里的恐慌，夏贵的解舟而去，贾、孙的单舸奔扬州，尽在此诗中。特别是"蹭蹬麒麟老，危樯逐夜乌"二句，写师相贾似道乘船夜逃扬州，显得再贴切不过了。

《镇江之战第十八》："海潮舶千艘（张世杰多海舟），肉食三十万（兵多而无用）。江平不肯流（张世杰的海舟本来就大，又以十舟为一方，抛锚于江心，江水平，动不得，被阿术火焚），到今有遗恨（以兵力而言，本可打胜而打败）。"每一句都切合实际情况。

《将相弃国第十九》："扈圣登黄阁（喻陈宜中），大将赴朝廷（喻张世杰）。胡为入云雾，浩荡乘沧溟？（喻陈、张弃临安）"临安围城之际，将相浮海南奔，登黄阁，赴朝廷，不成了讽刺吗？

《京城第二十》："当宁陷玉座，两宫（喻太皇太后谢氏、太后全氏）弃紫微。北城悲笳发，失涕万人挥。"这首绝句写两宫的卖国，临安的投降，元军的入城，人民的痛心疾首，无一语不逼真。杜诗被运用到如此烂熟、圆润的程度，真正使人叹为观止。

《淮西帅第二十五》："借问大将谁？战骨当速朽。逆节同所归，水花笑白首。"骂得老贼夏贵好。夏贵年八十余，为淮西制置使，"以淮西全境献北为己功"（序）。从此江北唯有东。

《扬州第二十六》："城峻随天壁，胡来但自守。士卒终倒戟，仰望嗟叹久。"担任淮东制置使的李庭芝，在扬州十多年，"畏怯无远谋，惟闭门自守，无救于国"（序）。所以是"城峻随天壁，胡来但自守"。赵昰登极，"以为首相，乃引兵轻出，渡海南归，朱焕寻以城献虏"（序）。所以是"士卒终倒戟，仰望嗟叹久"。四句概括了扬州守城的历史，反映了李庭芝的面貌。

《幸海道第三十》："天王守太白，立国自有疆。舍此复何之？已具浮海航。"端宗浮海，并非为元军所迫，而是张世杰的"无远志，拥重兵厚资，惟务远遁"造成。立国有疆，浮海安能立国，抗敌？文天祥深知浮海远遁，后果不堪设想，可他不在其位，不谋其政，奈何？

《祥兴第三十四》："弧矢暗江海，百万化为鱼。帝子留遗恨，故园莽丘墟。"第一句，喻崖山海战时，"炮火雷飞箭星落"；第二句，感伤"尸浮海上者十余万人"；第三句，写陆秀夫背负帝昺投海；第四句，归结到亡国之恨。一场前史所无的大海战，竟如此贴切地被文天祥概括到这四句杜诗中。

《陆枢密秀夫第五十二》："文采珊瑚钩，淑气含公鼎。炯炯一心在，天水相与永。"陆秀夫是文天祥的同年进士，小文天祥两岁。用这四句杜诗来写陆秀夫，怀陆秀夫，也是最贴切不过的。

这难道不是诗史吗？集杜句，写南宋末年的历史，句句切合，首首相连，一代事变，清晰如画，非大手笔不可能做到。

再看他是怎样集杜句写他自己的抗元斗争和他所念的战友、亲人的。

《勤王第五十三》："出师亘长云，尽驱诣阙下。首唱恢大义，垂之俟来者。"这把他起兵赣州，奔赴临安的壮烈气氛以及他的想法，都写出来了。文天祥"首倡大义"，连太皇太后谢氏都承认（见《纪年录》乙亥注太皇太后诏）。他首创大义，正如当时士友所说："先将十万来迎敌，最好诸军自裹粮。"（《纪年录》乙亥注引《管史》）这就是"垂之俟来者"。

《出使第五十六》："隔河见胡骑，朝进东门营。皇皇使臣体，词气浩纵横。"这把他昂然出使敌营，开陈大义，词气慷慨的大无畏精神，完全展现在我们的面前。河者，江南运河也。东门营，皋亭山元营在临安城东面。此诗连地理方位也是切合的。

《发京师第五十七》："东下姑苏台（江南运河由临安东北行至秀州，再北行至平江），挥涕恋行在。苍茫云雾浮，风帆倚翠盖。"元军挟持文天祥乘船离开临安，顺运河北去，文天祥内心十分痛苦。这四句有哪一句不是写实？

《至福安第六十二》："握节汉臣回，麻鞋见天子。感激动四极，壮士泪如雨。"写从敌营经历患难归来，多么动人！

《南剑督第六十四》："剑外春天远，江阁邻石面。幕府盛才贤，意气今谁见？"南剑的风貌，同督府的盛况，爱国者的意气，都在此诗中。

《行府之败第七十四》："翠盖蒙尘飞，仗钺奋忠烈。千秋沧海南，事与云水白。"第一句喻"自国难后"，第二句喻"行府白手起兵，展转患难，东南跋涉万余里"，尽心为国。第三句喻"事不幸不济"，五坡岭被执。第四句喻一心为国的高贵品质。这四句，概括了自临安失陷后，文天祥救国的思想与行动。

《吉州第八十一》："泊舟沧江岸，身轻一鸟过。请为父老歌，歌长击樽破。"文天祥被掳北上，经过故乡庐陵，这首诗把过庐陵时的感愤，反映无余。

《江行第八十八》："连山暗烽燧，川谷血横流。挥泪临大江，上有行云愁。"写江行感慨，令人有不堪回首话长江之叹。

《北行第九十》："浮云暮南征，我马向北嘶。荆棘暗长原，子规昼夜啼。"写亡国、北行感情，如此自然，如果不说是杜句，谁能想到是杜句呢？

《入狱第一百二》："劳生共乾坤，何时有终极。灯影照无睡，今夕复何夕？"只有长年关在监狱中的爱国者，才有此情怀。

《怀旧第一百六》："天寒昏无日，故乡不可思。访旧半为鬼，惨惨中肠悲。"《怀旧第一百八》："故人入我梦，相视涕阑干。四海一涂炭，焉用身独完。"这是最好的缅怀战友诗。

《金应第一百一十》："追随三十载，艰难愧深情。何处埋尔骨，呼号傍孤城。"文天祥说：金应"以笔札往来吾门二十年"，出使元营，"惟应上下相随"，脱京口，"更历险难，奔波数千里"，休戚与共，金应"以为当然"。金应不幸病死通州，葬于西门外，文天祥哭之痛绝。金应得此四句，虽死可以无憾了。

《杜大卿浒第一百三十二》："昔没贼中时，中夜间道归（喻夜走真州）。辛苦救衰朽，微尔人尽非（喻脱身京口，杜浒出力最多）。"用这四句写杜浒，也是恰如其分的。

《邓礼部第一百三十七》："南宫吾故人，才名三十年。江城（喻建康）秋日落，此别意苍然。"至元十六年（一二七九）秋八月，文天祥与邓光荐别于建康。这首诗难道不是一首情深意挚的秋日赠别诗吗？

从《勤王》起，构成了文天祥自己的一部抗元斗争诗史。以上各首，只是一个片段而已。最难得的是首首都如实录，而这却是杜甫之句。

即使写家庭，《集杜诗》也无一首不恰到好处，不符合事实。例如：

《妻第一百四十三》："结发为妻子，仓皇避乱兵（喻空坑之败）。生离与死别，回首泪纵横。"

《二女第一百四十四》:"床前两小女(柳娘、环娘),各在天一涯。所愧为人父,风物长年悲。"

这两首诗中,有哪一句、哪一字不适合,不妥帖,不见深情呢?

《指南后录》中的《胡笳曲》十八拍,也是集杜诗而成。像 拍:"风尘倾洞昏王室,天地惨惨无颜色。而今西北自反胡,西望千山万山赤。叹息人间万事非,被驱不异犬与鸡。不知明月为谁好,来岁如今归未归?"十七拍:"江头宫殿锁千门,千家今有百家存?面妆首饰杂啼痕,教我叹恨伤精魂。自有两儿郎,忽在天一方,胡尘暗天道路长,安得送我置汝傍?"这完全是文天祥自己的抒情诗。

由上可知:《集杜诗》纯粹是文天祥的诗,是文天祥用诗的形式撰写的南宋末年的信史,是我国文学宝库中的无上珍品。

诗歌,在南宋初年,首推陆游;在南宋晚年,首推文天祥。这二人的诗,同是用爱国心和泪水写成。文天祥虽以民族英雄见称,但写中国文学史,不应当忘记他的激励人心的众多诗篇;不应当忘记他在南宋文坛上,振起过一代文风;不应当忘记他是我国古典作家中,现实主义文学巨匠之一。

第四节　文天祥的散文与词

文天祥的散文,比之于唐宋八大家的散文,毫无逊色。

《四库全书总目提要》说宋南渡后,"文体破碎"。朱熹等人"欲一变时习,模仿古作,故有神头鬼面之论。时人渐染既久,莫之或改"。文章走到了绝路。有幸南宋末年出了一个文天祥,文章极其"雄赡",一洗南宋文章卫道之气,振起一代文风。他在散文发展史上,也有很高的地位,不可忽视。

文天祥的散文,是情、理、势并茂。所谓情,指的是他的爱国爱民的思想感情,这种感情,不仅织进了他的诗中,而且织进了他的散文中。所谓理,指的是说服力。他的散文,尤其是论说文章,说理非常透彻,使人们不能不信服。所谓势，指的是气势。或如行云流水，或如江河直下。跌宕起伏，而又层次井然。情、理、势浑然一体，是他的文章的最大特色。

文天祥的散文，包括书信在内，是很多的。不可能都拿来分析。下面只说他的《御试策一道》《指南录·后序》等四篇体裁有所不同的文章。

文天祥的廷试对策及上理宗诸书，不仅"持论剀直"，而且"不愧肝胆如铁石之目"。他的《御试策一道》，充分地表现了这个特点。

"辛苦遭逢起一经"，《御试策一道》，是他的廷试对策，凭借这篇对策，他考中了状元。在这篇对策中，他联系现实，阐发了《易经》中"天行健，君子以自强不息"的思想，得出了"所谓道者，一不息而已矣"的结论，要求理宗"法天地之不息"，改革政治，不断自强。这篇对策便是一篇情、理、势并茂的文章。

考官王应麟读了这篇文章，便有"是卷古谊若龟鉴，忠胆如铁石，臣敢为得士贺"的极高评价。所谓古谊若龟鉴，忠肝如铁石，体现了一个"情"字。我们只要读一读下面一些文字，就可知此文贯注了他的爱民爱国之情，而情中又有理与势。

> 陛下以为今之民生何如邪？今之民生困矣！自琼林、大盈积于私贮而民困，自建章、通天频于营缮而民困，自献助见叠于豪家巨室而民困，自和籴不间于闾阎下户而民困，自所至贪官暴吏视吾民如家鸡圈豕，惟所咀啖而民困。呜呼！东南民力竭矣。《书》曰："怨岂在明，不见是图。"今尚可谓之不见乎？《书》曰："怨不在大，亦不在小。"今尚可谓之小乎？生斯世，为斯民，仰事俯育，亦欲各遂其父母妻子之乐，而操斧斤，淬锋锷，日夜思所以斩伐其命脉者，滔滔皆是。……臣愿陛下持不息之心，急求所以为安民之道。

"今之民生困矣"，"东南民力竭矣"，"今尚可谓之不见乎？""今尚可谓之小乎？""生斯世，为斯民……而操斧斤，淬锋锷，日夜思所以斩伐其命脉者，滔滔皆是。"这些话是为人民大声疾呼，情字呼之欲出。而情中见理，五个"而民困"，把民困的理由，充分地讲了出来，更何况贪官暴吏，"滔滔皆是"。情中、理中又有势。这整段文字，一气呵成，咄咄逼人，层次井然。五个"而民困"犹如波涛翻滚，到"日夜思所以斩伐其命脉者，滔滔皆是"，形成一股冲天水柱。而后用"臣愿陛下持不息之心，急求所以为安民之道"，陡然刹住，余韵无穷。

在这段文字里，他骂官府骂得很厉害，我真不知道理宗何以选他做状元？能在考状元的文章中，指责贪官暴吏滔滔皆是，正是文天祥之所以为文天祥处。

这只是《御试策一道》中的一个片段。全文贯穿了这个特点。文章长达一万一千六百五十一个字，可以分成三大段。第一大段演述"法天不息"之理，第二大段联系不息之理和现实情况，提出四个所急需解决的问题——安民、淑士、节财、弥寇（御虏）之道，归结于既往与方来、外与内、此与彼，都要改革不息，自强不息。第三大段联系不息之理和宋朝积弊的病根，提出他的政治主张，树立公道与直道之政。最后以"握笔至此，不自知其言之过于激，亦不自知其言之过于泛，冒犯天威，罪在不赦，惟陛下留神！臣谨对"作结。道体堂为此文作跋，有云："至殿廊，恭受御策题，就题命意，文思涌泉，运笔如飞，所对且万言，未时已出矣。或谓有神物者，荡涤其中，以吐其奇，是岂偶然之故哉！"此文的写法，道体堂说"是岂偶然之故哉！"说对了。但说"或谓有神物者荡涤其中，以吐其奇"，则说错了。文天祥之所以能文思如泉涌，运笔如飞，写出这样一篇奇文，就在他情在心中，理在胸中，势在笔下；就在他能"尽洗旧学读吾书"，"鸡鸣奋发，壮怀固在"。

我们再来看看他的另一种格调的文章《指南录·后序》。

此文把序诗、叙事、抒情、说理结合到了最高度，同样显出了情、理、势并茂的特点，而中心是一个情字。

文章开头写他出使北营的原因，在北营的遭遇和为什么不自引决而在镇江逃脱。他写道：

国事至此，予不得爱身，意北亦尚可以口舌动也。初奉使往来，无留北者，予更欲一觇北，归而求救国之策。于是辞相印不拜，翌日以资政殿学士行。初至北营，抗辞慷慨，上下颇惊动，北亦未敢遽轻吾国。不幸吕师孟构恶于前，贾余庆献谄于后，予羁縻不得还，国事遂不可收拾。……予分当引决，然而隐忍以行，昔人云：将以有为也。

爱国之情，洋溢于纸面。"将以有为"之心，跳动在字里行间。接着他用极简洁的笔墨，写他脱逃后的经历。

维扬帅下逐客之令，不得已，变姓名，诡踪迹，草行露宿，日与北骑相出没于长淮间。穷饿无聊，追购又急，天高地迥，号呼靡及。已而得舟，避渚洲，出北海，然后渡扬子江，入苏州洋，展转四明、天台，以至于永嘉。

文字紧凑异常。因为是序诗，不是叙事，不能展开来写江北的经历。历难的原因，用维扬帅下逐客之令一语点破。历难的情景，用"变姓名，诡踪迹……号呼靡及"，几句话，作了逼真的概括。"已而"以下一转，到了永嘉，文字也不多，可十分清晰。这种勾划的功夫，极不容易。

作者既是为《指南录》作序，重点便在把《指南录》中各首诗的写作背景讲出来，而后归结到目的宗旨。因而他刚刚写了"以至于永嘉"，文章便陡然翻起波澜。他用"呜呼！予之及于死者，不知其几矣！"引出了十九个死字，无数条生死界线，只要再跨出一步，他便立即为死亡之神所俘虏。这种方法，把《指南录》产生的背景，写得既具体，又概括，既明白如画，又云谲波诡。例如：

他写在敌营中，"诋大酋当死，骂逆贼当死；与贵酋处二十日，争曲直，屡当死"。写逃出镇江与真州被逐，"去京口，扶匕首，以备不测，几自刭死；经北舰十余里，为巡船所物色，几从鱼腹死；真州逐之城门外，几彷徨死"。写从真州到扬州,"如扬州,过瓜洲扬子桥,竟使遇哨无不死;扬州城下进退不由,殆例送死"。……都是死。但有"当死""几死""无不死""例送死"之别。而一波接着一波,有条不紊。最后他用"固付之度外矣"一语作结。似乎是一部死亡进行曲。而各诗写作背景尽在这部死亡进行曲中。

文章至此,转到了《指南录》。

> 呜呼!死生昼夜事也,死则死矣,而境界危恶,层见错出,非人世所堪,痛定思痛,痛何如哉!予在患难中,间以诗记所遭,今存其本,不忍废,道中手自抄录……将藏之于家,使来者读之,悲予志焉。

他冒万死而不辞,志在哪里?"臣心一片磁针石,不指南方不肯休",便是他的志。题名为《指南录》,正表现了他的"不指南方不肯休"之志。因为有这种志,所以,虽然境界危恶,层见错出,屡次濒临死亡的边缘,他都度过来了。"使来者读之,悲予志焉",二语点出了他写《指南录》的目的。

文章似结束又未结束,最后转到说"义",而说中又见他的爱国情操。好似五色祥云,飞腾碧霄。

> 生无以救国难,死犹为厉鬼以击贼,义也。赖天之灵,宗庙之福,修我戈矛,从王于师,以为前驱,雪九庙之耻,复高祖之业,所谓誓不与贼俱生,所谓鞠躬尽力,死而后已,亦义也。……复何憾哉?

这是序《指南录》时,爱国感情的升华,是序的必然发展。情操、风骨、肝胆、丹心,都写在后面这几句话中。而"义"字也在这几句话里,得到了与旧学完全不同的解释。

这难道不又是一篇情、理、势并茂的文章吗？

纯粹说理的文章，像《又拟》，文字的简洁，说服力的极强，曾使师相贾似道惊慌失措。贾以告退来要挟君王的诡计濒于破产，乃至不得不偷偷摸摸另外找人代拟御笔。《又拟》文字不多，不妨全录以见。

> 周公相成王，终身未尝归国。孟子当齐世不合，故致为臣。盖常情以去就为轻，惟大臣以安危为重，苟利诸国，皇恤其身。若时元勋，为我师相，先帝（理宗）付托，大义所存；太母（谢氏）留行，前言可复；胡为以疾，而欲告休？惟医药所以辅精神，惟安身所以保国家。古者之赐几仗，虽当七十，而不得引年；我朝之重辩章，虽过九旬，而尚使为政。勉厘重务，勿固眇怀。所请宜不允。

此文不过一百多字，却从历史，从先帝、太后嘱咐，从本朝制度、先例，透彻说明了大臣应以安危为重之理。而这种说明反过来又是对贾似道恤身不恤国的深刻揭露。文中用了最难写的四言句，可是从"苟利诸国，皇恤其身"以下到"胡为以疾，而欲告休"，却像江河奔流直泻，势不可挡。师相贾似道岂能不心惊胆寒？

最后，再看他写的《文山观大水记》。此文写观大水，步步演进，文字奇丽。

> 未至天图画，其声如疾风暴雷，轰殟震荡而不可御。临岸侧目，不得往视，而隔江之秧畦菜陇，悉为洪流矣。

这是先写闻声。"秧畦菜陇，悉为洪流"，只是为下文的大水奇观作引线。

> 及松江亭，亭之对为洲，洲故坦然隆起，及是仅有洲顶，而首尾俱失。老松数十本，及水者争相跛曳，有偃蹇不伏之状。

洲余孤顶，首尾俱失，这已经奇了，老松与水争相跋曳，有偃蹇不伏之状，就更奇。偃蹇不伏是传神之笔。但还未解答"声"字。

> 至障东桥，坐而面上游，水从六月雪而下，如建瓴千万丈，汹涌澎湃，直送乎吾前，异哉！

声字至此作出了答案。水如建瓴千万丈，直送到我跟前，才是真正的奇观、异观。

> 至道体堂，堂前石林立，旧浮出水面，如有力者一夜负去。

如同有力者一夜负去，写得奇特。改为石林失所在，就索然无味。

> 酒数行，使人候六月雪可进与否，围棋以待之。复命曰"水断道"，遂止。

这是忙中有闲，文字简洁，情趣自见。

> 如银湾，山势回曲，水至此而旋。前是立亭以据委折之会，乃不知一览东西二三里，而水之情状，无一可逃遁，故自今而言，则银湾遂为观澜之绝奇矣。

大水尽入眼底。至此"观大水"刹住，转入与杜伯扬、萧敬夫赋诗以状大水。

这样的记叙文，在古典文学中，也不可多得。

长谷真逸《农田余话》说文天祥"不独忠义贯于一时，亦斯文间气之发见也"，一点也不假。南宋文章的破碎，"神头鬼面"的文风，至文天祥，得到了扭转。唐宋八大家后继有人，这人就是文天祥。

文天祥写的词，《文信国公集》收录的不多，有的尚须考证是不是文天祥的作品。可以确定下来的文天祥词，有《齐天乐》二首（载《文集》卷十二），《南康军和东坡酹江月词用原韵》一首，《和王夫人满江红韵，以庶几后山妾薄命之意》一首，《代王夫人作》（《满江红》）一首，《题张、许双庙》（《沁园春》）一首。《指南后录·拾遗》所载《驿中言别，友人和东坡酹江月词，用原韵》，则为邓光荐所作。《再和》，当为文天祥所作。因为就前首题目来看，"驿中言别"显然是指文天祥、邓光荐在金陵驿中话别；"友人和东坡酹江月词"，显然是指文天祥的《南康军和东坡酹江月词用原韵》；"用原韵"，显然是指邓光荐的和作。词中有"堂堂剑气斗牛空，认奇杰"之句。上语是指文天祥的诗"丈夫壮气须冲斗。夜阑拂剑碧光寒，握手相期出云表"（《生日和谢爱山长句》）；下语"认"的主语是邓光荐，宾语"奇杰"则是文天祥。文天祥《酹江月》原词曾以"人杰"自许。文天祥读了邓光荐这首和词之后，又作了一首《酹江月》词，这就是《再和》。词中的"镜里朱颜都变尽，只有丹心难灭。去去龙沙，向江山回首青山如发，故人应念杜鹃枝上残月"，都是文天祥的口气；"江流如此，方来还有英杰"，则是对邓光荐所说："堂堂剑气斗牛空，认奇杰"的回答，有自谦意。

下面分析他的两首《酹江月》词和一首《沁园春》词，以见他在词上的成就。

文天祥《酹江月》主题是"法天不息"，点睛处是"乾坤未老，地灵尚有人杰"（《过南康军和东坡酹江月词用前韵》，下称前作）；"江流如此，方来还有英杰"（《再和》）。这和苏轼的《酹江月》（《念奴娇》）"大江东去，浪淘尽，千古风流人物"相比，是别开生面。须知文天祥是有意要翻苏词。苏轼看到了大江东流不息，但是却得出了豪杰淘尽，"人生如梦"的结论。文天祥则以为乾坤不息，江流不息，古代豪杰"横槊题诗，登楼作赋，万事空中雪"（《再和》），统统过去，无足俱论。乾坤、江流不息，只意味着"地灵尚有人杰（当今和方来的人杰）"，他们是国家的希望。其意境无疑比苏词高多了。

　　就文字而论，文天祥的《酹江月》词也不比苏轼的《酹江月》词为弱。文词："雁过孤峰，猿归老嶂，风急波翻雪"（前作），功力与苏词"乱石穿空，惊涛拍岸，卷起千堆雪"相敌，但色彩更为浓丽，力量更为劲迈。尤其是"空翠晴岚浮汗漫，还障天东半壁"（前作）二语，前语使人感到整座郁郁葱葱的庐山都在汗漫的湖水中浮荡。后语"还障天东半壁"是突发奇想，笔力不减他早年的诗歌"颓波直下谁障东"之句。读来使人感到一代与方来的人杰，呼之欲出。他这种感情，是苏轼所不能具有的。我这样比较，无意否定苏轼的《酹江月》为绝唱，但只是当时的绝唱，非千古绝唱。认为苏词《酹江月》为千古绝唱的，不妨读一下文天祥的《酹江月》词。文词《酹江月》前作的上半阕，已在第六章第二节中引过。二词文字过长，这里不再引录。

　　《题张、许双庙》（《沁园春》），在谢翱的《登西台恸哭记》中，曾经提及。谢翱说："明年，别公漳水湄。后明年，公以事过张睢阳及颜杲卿所尝往来处，悲歌慷慨，卒不负其言，而从之游。今其诗具在，可考也。"《题张、许双庙》即为其中的一首。

　　按《指南后录》，在《白沟河》《过雪桥、琉璃桥》两首之间，有《怀孔明》《刘琨》《祖逖》《颜杲卿》《许远》诸诗。从这些诗的排列次序看，当作于由白沟河到雪桥、琉璃桥之时。《题张、许双庙》虽不一定写于过白沟河以后，但必为一二七九年（祥兴二年，至元十六年）北行途中的作品。谢翱说到他和文天祥告别的地点是漳水湄。文天祥于一二七七年正月，自汀州移屯漳州龙岩县，谢翱向文天祥告别的时间，也就是一二七七年。"后明年，公以事过张睢阳及颜杲卿所尝往来处，悲歌慷慨"。一二七七年的后明年，正是一二七九年。"公以事"则是不忍言文天祥被俘北去。江南无张巡、许远庙，这庙只有北方才有。文天祥过张巡、许远双庙，又显然在一二七九年八月发建康以后。

　　张巡、许远在睢阳抗击安禄山南下江淮之兵。睢阳为今河南省商丘市。《指南后录》在《沛歌》后，有《固陵道中》三首。固陵在今河南淮阳县西北。文天祥并未去固陵，中间是否绕道睢阳，不可得知。《许远》

诗中，有"睢阳水东流，双庙垂百世"之句。文天祥即使未到睢阳，但却经过了睢阳东边。从睢阳水东流来看，我疑张、许双庙在睢阳东流水畔。《题张、许双庙》一词，当作于过徐、沛，至鱼台之间，即作于一二七九年九月初十日左右。在这首《沁园春》词中，文天祥写道：

> ……嗟哉人生，翕歘云亡，好烈烈轰轰做一场。使当时卖国，甘心降虏，受人唾骂，安得流芳？古庙幽沉，遗容俨雅，枯木寒鸦几夕阳？邮亭下，有奸雄过此，仔细思量。（见《指南录·拾遗》）

文句如一股流水，把一个爱国者的人生观托起，送入我们的眼界之中。这首词，爱国者读过，将被激励去"好烈烈轰轰做一场"；卖国者读过，将感到心惊胆颤。"有奸雄过此，仔细思量"，写得正气浩然。

文天祥的诗文，尽洗南宋卑弱、破碎、凡陋、装腔作势的文体与诗体，在南宋末年的文坛上，巍然崛起。他的诗文，揭开了我国文学史的新的一页。

第十章 关于文天祥的传记与祠祀

第一节 关于文天祥的传记

首先是《纪年录》。按此录辛巳注："是年，公手编其诗，尽辛巳岁为五卷，自谱其平生行事一卷。"文天祥自谱的《平生行事》，即《纪年录》，等于自传。此录虽然简略，但因是文天祥自谱，价值极高。它不仅为后人提供了一条线索，借以摸清文天祥毕生的全貌，而且，某些年代，如生年、中状元之年，可以订诸史之讹；某些事迹，如元枢密院的引问，可以补诸史之阙。

此录有注。卷首说道："附归全文集注，杂取宋礼部侍郎邓光荐中甫所撰《丞相传》《附传》《海上录》，宋太史氏管发《国实》……旁采先友、遗老话旧事迹。"所取可谓广博。有一些是很珍贵的史料。像金地坊陈银匠案；空坑陈师韩所说"民老幼负荷，奔走填塞"及"相公石"等，只见于《纪年录》注。从此注只引邓光荐《文丞相传》而未引刘岳申《文丞相传》及《宋史·文天祥传》来看，从此注引用了遗老陈师韩乃至欧阳夫人的话来看，完成的时间当在刘岳申《文丞相传》刻印之前。

为文天祥写传记的第一个人，应是邓光荐。邓为文天祥和文天祥的战友作传，是受文天祥的嘱托（见第六章第二节）。可惜他的《文丞相传》全文不存，《纪年录》注所引，只是各个片段。然即使是片段，已可见其价值之高。邓传不仅记载信实，而且保留了文天祥的著述。像文天祥的《狱中与弟书》，即在邓传中。《纪年录》注在保存邓传方面，是有功绩的。

宋郑思肖的《文丞相叙》，据他自己说，是"谅书所闻一二，助他日太史氏采摭，当严直笔，使千载后逆者弥秽，忠者弥芳，为后世臣子龟鉴"。郑叙起自德祐元年（一二七五）文天祥勤王，因为他的目的是使逆者弥秽，忠者弥芳，因而骂贼之语居多。文中有的是符合史实的，如"公宝祐四年（一二五六）年二十一岁，廷对擢为大魁"。有的则不符合，如"公叫扬州城，扬州疑公不纳，复西行叫真州城"。有的为他传所不载，如文璧"尝以鞑钞四百贯遗兄，公曰：'此逆物也，我不受。'璧惭而卷归"。有的比他传详尽，如元世祖欲降文天祥，《宋史·文天祥传》只有"百计训之"一语，郑叙则很详细、具体。虽有所失，但不失为一篇较早、较好的传记。

宋龚开的《宋文丞相传》，是第一篇根据文天祥的《纪年录》写的传记。他在传后说："仆见青原人邓木之藏文公手书《纪年》，皆小草，首尾备具。因求得誊本，取其始末为传。"因为是根据《纪年录》写出，所以比较翔实。此传的特点，在探索了文天祥致败的原因。他认为，"拥将相虚名，而遣解兵印"，是文天祥失败之因。看得相当深刻。文天祥逃脱虎口南归之后，虽有枢密使、同都督诸路军马之名，但宋朝的兵马都在张世杰手上，他并无一兵一卒。他的人马是在南剑招募而来。如果他真有指挥宋朝全部兵马之权，那局势就会不同。要说缺点，龚传的缺点，在广度上受到了《纪年录》的限制；在深度上，没有看到宋朝的病根在哪里。

元成宗元贞、大德年间，道体堂刻本文天祥文集即《文山集》问世，为文天祥作传记的条件更具备了。此本在元时不可能广泛流传，但当有见到的人。元末的许有壬说他"早读《指南录》《吟啸集》，见公自述甚明。三十年前游京师，故老能言公者尚多，而讶其传之未见于世也。"（《文集》卷二十）可见《指南录》《吟啸集》，在元朝的时候，已经有了读者。许有壬说："讶其传之未见于世"，表明邓光荐《文丞相传》、郑思肖《文丞相叙》、龚开《宋文丞相传》、《宋史·文天祥传》、《昭忠录·文天祥》，在他那个时候，都未刻印。许有壬见到的传记，是刘岳申的《文丞相传》，因而他为刘传作序。刘岳申《文丞相传》，应是元朝人写的最早的一篇关于文天祥的传记。明朝永乐年间，胡广作《文丞相传》，提到刘岳申所作的传记。他说：

> 乡先生前辽阳儒学副提举刘岳申，为《丞相传》，比国史（《宋史》）为详。大要其去丞相未远，乡邦遗老犹有存者，得于见闻为多。又必参诸丞相年谱（《纪年录》），及《指南录》诸编，故事迹核实可征。故元（顺帝）元统初，丞相之孙富，既以刻梓，后复刊见《岳申文集》。近年乐平文学郡人夏伯时，亦有镂版，于是岳申所撰《丞相传》，盛行于天下，而史传（《宋史·文天祥传》）人盖少见。

可知刘传写得既早，流行也比《宋史·文天祥传》要广。

刘岳申写的《文丞相传》，由文天祥的孙儿文富（文升之子）刻印，许有壬作序。时间在元统元年（一三三三），距文天祥殉国五十一年。许有壬说：文富为湖广省检校官，"始出辽阳儒学副提举庐陵刘岳申所为传，将刻之梓，俾有壬序之"。他"伏读慷慨，惜京师故老之不见及也"。文富将此传付印，"可谓能后者也"。落款是"元统改元十二月朔，参议中书省相台许有壬序"。这又说明刘传原为文富所藏，元统元年十二月才拿出来，请许有壬作序，以便刊行。刘传在元朝虽然刻印，但流行仍是不广的。此传的"盛行于天下"，得力于明初夏伯时的重新制版。至于邓传，似从未刻印。

刘岳申《文丞相传》既然得到文富的"批准"，事迹无疑较为核实、详尽，有《宋史·文天祥传》所不及之处。对于文天祥的评价，如"夫非诸葛公所谓鞠躬尽瘁（力），死而后已者乎？"也有一定的见解。然而正如胡广所说："岳申之赞，本乎天运而言"，是它的缺点。所谓"天之所废，不可兴者耶？"倒不如《宋史·文天祥传》的"揆诸人事而言"了（胡广语）。

对于《宋史·文天祥传》，胡广除了指出它着重人事这个优点之外，又说："广集庐陵先贤传，恒病《宋史》文丞相传简略失实，盖后来史臣，为当时忌讳，多所删削，又事间有牴牾。"这是缺点。

我觉得《宋史·文天祥传》有一个很突出的优点，就是抓住了"法天不息"四字。《宋史》的作者当然不可能对这四个字进行阐述，只说"天祥以法天不息为对"。但抓住了这四个字，就抓住了文天祥平生思想和活动中最本质的东西。

元时尚有赵弼的《文信公传》，此传突出之处是，记文天祥就义地点与就义情况甚详，惜全文不存。

明初，翰林学士吉州郡人胡广又作《文丞相传》。胡广在传后说："广窃观二传（指刘岳申《文丞相传》和《宋史·文天祥传》），详略不同，不能无憾，因参互考订，合而为一，中主岳申之说为多，并取证于丞相文集，芟其繁复，正其讹舛，庶几全备，使人无惑。"胡广的传记，基本上是抄刘岳申的《文丞相传》，间以《宋史·文天祥传》补之。因而比较全面。可是该订正的，尚有未订正处，如刘岳申《文丞相传》和《宋史·文天祥传》，都说文天祥年二十举进士，而文天祥的《纪年录》明言为二十一岁。倒不如郑思肖的《文丞相叙》得实。《宋史》的"天祥以法天不息为对"，在胡广的传记中，也未见采纳。

至于清初陈宏绪的《文天祥传》，则仅仅是因为"病其蒌荼，别为之传"。即删节前人传记而成。陈传载《清朝文录》。

宋、元、明、清，有这么多人为文天祥作传，这件事情本身，就足以说明文天祥事迹的深入人心。胡广说："广龆龀时，犹及闻先辈言丞相遗事，赫赫悚动人听。虽小夫妇人，皆习闻而能道之。"可见历整个元朝，文天祥的事迹，是家喻户晓的，人人喜听乐闻。

但所有的文天祥传都有两个基本的缺陷：一是从忠君立论，二是但述事实经过，而又偏重起兵勤王以后的经历。这是封建时代传记的通病。人们之所以认为文天祥受孔、孟仁义思想的熏陶，而不知文天祥"尽洗旧学读吾书"；之所以但知文天祥抗元，而不知文天祥力主政治改革，并为此提出改革不息的理论，无疑是深受这些传记的影响，有了先入之见。

文天祥的爱国活动史，是由文天祥和他的战友共同谱写的。为文天祥作传，不能忘记他的战友，不能不为他的战友作传。文天祥的《集杜诗》，自《金应第一百一十》到《邓礼部（邓光荐）第一百三十七》，便是为他的战友作传。写入《集杜诗》的战友，有金应、张云、刘钦、吕武、巩信、张汴、缪朝宗、谢杞、许由、李幼节、吴文焕、林栋、赵时赏、刘沐、孙栗、彭震龙、萧焘夫、萧敬夫、萧明哲、陈子敬、陈龙复、邹㵆、刘子俊、萧资、杜浒、徐榛、林琦、曾凤、邓光荐等二十九人。有的是"合传"。除文天祥本人以外，在这方面，最有见识的是邓光荐。他既写了《文丞相传》，又写了《文丞相督府忠义传》。他的《文丞相督府忠义传》，包括赵时赏、巩信、邹㵆、张汴、陈龙复、林俞、林元甫、吕武、缪朝宗、尹玉、刘子俊、刘洙（刘沐）、杜浒、陈继周、林琦、谢杞、许由、李幼节、吴文炳、林栋、刘钦、鞠华叔、颜斯立、颜起岩、曾凤、张云、孙栗、彭震龙、萧敬夫、萧焘夫、陈子敬、赵璠、张唐、熊桂、刘斗元、吴希奭、陈子全、王梦应、陈莘、谢梦得、傅卓、何时、罗开礼、刘伯文、李梓发、黄贤、张哲斋、刘士昭、唐仁、钟震、萧兴、胡文可、胡文静、金应、萧资、徐榛、萧明哲等五十余人。他在赞中说：

> 文丞相僚将宾从，牵联可书者四十余人。其他遥请号令，称幕府文武士者，不可悉数。虽人品不齐，然一念向正，至死靡悔。盖贪生畏死，人之常情，而能夷、险一节，杀身成仁，君子所取焉。

此赞对文天祥的战友作出了评价。他的《文丞相督府忠义传》最大的优点，是人物众多。凡接受文天祥同督府号令的，几乎都搜罗无遗。他们的爱国事迹的留传，全靠了邓传。

《宋史》卷四百五十四《邹㵆传》又说："当是时，从天祥勤王死事者，㵆与刘子俊等，凡十有九人。"这十九人是：邹㵆、刘子俊、刘沐、孙栗、彭震龙、萧焘夫、陈继周、张汴、吕武、巩信、萧明哲、杜浒、林琦、萧资、徐榛、金应、陈龙复、张镗（唐）、张云。后三人在《宋史》中，有目无文。《宋史》突出这十九人，有一定的见地。然而，无以观文天祥战友的全貌，因而也就无以观文天祥爱国活动影响面之广，程度之深。

近人为文天祥写的年谱，迄今为止有两本，一本是吴兴杏荫堂刊的许浩基的《文山年谱》，大抵录《纪年录》的原文，不详尽；一本是商务印书馆发行的杨德恩的《文天祥年谱》，比许谱详细多了。杨谱不仅逐年记载了文天祥的事迹，而且考证了文天祥的一些著作的年代，列入年谱中，尤其是早期的著述。这是杨谱的功绩。可是，年谱重在纪年，不能左右展开，无从代替传记。

前人对文天祥做了许多研究工作，但用马克思主义来研究文天祥，尚是一个新任务。本传正是在这方面进行尝试。

第二节　关于文天祥的祠祀

自元朝以来，人民纪念文天祥，封建统治阶级也纪念文天祥，二者目的不同。

《纪年录》壬午注："至治（元英宗年号）三年（一三二三），吉安郡庠奉公貂蝉冠法服像，与欧阳文忠公修、杨忠襄公邦乂、胡忠简公铨、周文忠公必大、杨文节公万里、胡刚简公梦昱序列，祠于先贤堂。士民复于城南忠节祠增设公像，以肯斋李芾配。"这是最早的祠祀。忠节祠，据同治《庐陵县志》卷八《建置志·祠》，在庐陵府治南关外古慈恩寺右，为宋吉州州守李芾所建，祀欧阳修、杨邦乂、胡铨、周必大、杨万里五人。元至治三年，又加上了文天祥、李芾二人。

由郡到县，两年后（元泰定帝泰定二年），又祠文天祥于庐陵县学乡贤祠中（见同治《庐陵县志》卷十四《学校》引刘岳申《至正重修庙学记》）。

由县到乡，文天祥的后裔，又祠文天祥于富田（富川）（见《文集》

卷二十罗明伦《宋丞相文信国公祠堂记》）。据同治《庐陵县志·建置志·祠》："文丞相祠在舜化乡富田，元末祠及祭皆废。"可知富川之祠亦建于元朝。

在元朝，只能在文天祥的家乡庐陵，为文天祥立祠祭祀，还不可能在燕京为文天祥立祠。而元时祠祀文天祥，也不过把他看作与欧阳修、杨邦乂等先贤一类的人物罢了。庐陵忠节祠和富川文天祥祠，据同治《庐陵县志》，元末皆废，恢复在明朝。

明洪武九年（一三七六），刘嵩于北平教忠坊建文天祥祠，于是文天祥殉国之地，也有了祠堂。明杨士奇《文丞相祠重修记》说得很明白："北京之有公祠，洪武九年，前北平按察副使刘崧始建于教忠坊，今顺天府学之右，而作塑像焉。"到了明成祖永乐六年（一四〇八），"太常博士刘履节，奉命正祀典，始有春秋之祭，于有司岁以顺天府尹行事"。明宣宗宣德四年（一四二九），顺天府尹李庸，又"遵用诏旨，葺而新之，而凡祀神之器，靡不备具。又求刘传（刘岳申《文丞相传》）刻石"。北京的文天祥祠，遂成了一座最大的祠堂。明代宗景泰二年（一四五一），又因江西巡抚韩雍的奏请，"诏谥天祥忠烈"（《明史》卷一百七十八《韩雍传》），北京文天祥祠遂成了忠烈祠。

明孝宗弘治十五年（一五〇二），御史周建中（庐陵人），上疏"乞敕所司于吉郡建忠义庙，令（赵）时赏辈得配食于左右，春秋守臣致祭，以表往励来，丕振风教。制曰可"（明尹直《文丞相忠义祠记》，载同治《庐陵县志·建置志》）。据同治《庐陵县志》：文丞相忠义祠在庐陵府治东北五里螺山下，"祀文天祥及殉节忠义赵时赏、巩信、邹㵱、张汴、陈龙复、刘子俊、刘洙（刘沐）、杜浒、陈继周、何时、傅卓、尹玉、缪朝宗、萧明哲、林奇（琦）、曾凤、谢杞、吴文炳、林栋、孙栗、彭震龙、张云、赵璠、王梦应、罗开礼、李梓发、吕武、熊桂、陈莘、金应、萧资、徐榛、陈子敬、刘伯文、张唐、萧焘夫、刘斗元、刘钦、萧敬夫、谢梦得、林愈、林元甫、鞠华叔、颜斯立、颜起岩、吴希奭、陈子全、黄贤、唐仁、钟震、萧兴、张哲斋、刘仕昭、黄士敏等五十四人"。从此，文天祥的战友，也得到了祠祀。

在元末被"兵毁"的庐陵府治南关外的忠节祠，于明宣宗宣德年间，得到重建（见同治《庐陵县志·建置志》）。富川的文天祥祠，元时"废于兵燹，夷为田畴"。明宪宗成化年间，永丰罗伦"尝白诸臬司，赎以淡金……然未有以祠之"。世宗嘉靖六年（一五二七），富田（富川）人王乔相"慨然捐己资若干金，鸠工聚材，托先生（指文天祥）十一世孙毓彦者，测前田十之二而构祠焉"。题为"文山旧隐"（《文集》卷二十王育仁《文山旧隐祠记》）。

明朝人修建文天祥祠堂，热情为什么这样高？请看明人千篇一律的、迭次重弹的老调。

杨士奇《文丞相祠（北京祠）重修记》谓："忠孝人道之大节，治化所先，而崇礼先贤，表励后人，尤守令之急务。"罗伦《宋丞相文信国公祠堂记》谓："富田之祠，元辛兵燹，为横民所夺。龙凤间，金事李公敛冰复之。正统间，知府陈公本深继之。……是皆有功于名教，可书，故书之，以诏后世之为人臣者。"彭序《文信国公祠堂祭田记》谓：罗伦的怅叹，"副宪太守之用心，非私于公（文天祥），为世教虑，忠义劝也"。韩雍《谥文信公疏》谓：加文天祥谥号，春秋祭祀，"其于纲常，诚非小补"。尹直《文丞相忠义祠记》谓："夫忠义系于世教，历代推褒，正以励臣节，式不轨也。"王育仁《文山旧隐祠记》谓："夫人臣之忠其君（按文天祥系忠于国，君不忠于国，篡之可也），根于所性，无智愚，无古今，感于此，应于彼，勃乎其不可遏者也。……彼有教化之责者，其为之尚欲以风于世……"一句话，明人之所以热衷于为文天祥建祠，写祀记，是为了扶名教。而名教中核心的东西是纲常，纲常中核心的东西是君臣之道，是臣民的忠于其君，是封建专制万世不易的统治。他们所塑造的文天祥，与文天祥本来的思想风貌，战斗经历，大异其趣。甚至，连妇孺皆知的文天祥的爱国，在明人笔下也被冲淡。文天祥在明朝，居然变成一个卫道的君子了。他们把文天祥当作了加强明朝封建专制统治的工具，而从不敢碰文天祥要革除祖宗专制之法。

到清朝，文天祥的遭遇并没有好一些。道光二十四年（一八四四），清廷以文天祥入祀文庙西庑，至此，文天祥进一步变成了孔子的门人。清礼部煞有介事地说什么：文天祥"学宗孔孟"，"多与程、朱之说相印证"。"扶植纲常"，且能"身体力行"。"附飨文庙，必其人扶持名教，羽翼圣经"乃可。文天祥符合这个标准，因此可以从祀文庙（同治《庐陵县志》卷二十六《人物志》引《从祀案略》）。须知道光二十四年，是签订《南京条约》后二年。文天祥主张改革政治，抵抗元军，作为清廷来说，如果爱国，就应宣传文天祥的爱国思想与业绩，借以鼓励人心，与西方殖民主义者作斗争；就应当改革内政。可清廷不此之务，反而在签订丧权辱国的《南京条约》之后，迫不及待地把文天祥送进文庙，大讲特讲纲常名教。这只能说明反动腐朽的清政府，害怕多了文天祥这种主张改革和抗战的人，不如赶紧送他入文庙，免得被人民作为一面改革内政、抵抗外侮的旗帜举起来，招来大麻烦。文天祥的本来面貌，到清朝，更被掩饰、歪曲得不像样子了。

明清封建统治者歪曲文天祥，只不过片面抓住文天祥说过忠与仁义罢了。至于文天祥说的法天不息，改革不息，社稷第一，尽洗旧学读吾书，他们就是不敢拿出来。或者对此根本无知。这正如列宁所说："哲学唯心主义是把认识的某一个特征、方面、部分片面地、夸大地、发展（膨胀、扩大）为脱离了物质、脱离了自然的、神化了的绝对。"他们的目的，是要"把人们（如果只见树木不见森林的话）引到泥坑里去，引到僧侣主义那里去（在那里统治阶级的阶级利益就会把它巩固起来）"（《谈谈辩证法问题》）。对明清统治者说来，是要把人们引到君臣定理中去。

"真理是全面的"，"是由现象、现实的一切方面的总和以及它们的（相互）关系构成的"（《黑格尔〈逻辑学〉一书摘要》）。我们研究文天祥，必须占有关于文天祥的全部史料，并熟读他的全部诗文；必须从哲学、政治、军事、文学各个方面去考察他的思想与活动，抓住他的根本之点——法天不息；必须把他放到当时的历史潮流中和整个宋朝的"内在精神"（守内虚外）中去衡量，看他是随着历史的脚步前进，还是为宋朝祖宗专制之法所俘虏。不如此不能对他得出正确的认识。

当前研究文天祥，多在他的抗元方面。须知历史上抵御外侮的民族英雄不乏其人，但能懂得革新内政对于抵御外侮的重要性的人极少。至于提出改革不息论的，除了文天祥，再无第二人。专门抵抗外侮的人，像贾宝玉说的那种"武死战"的人，封建统治者一般说尚能容忍。但到统治者觉得他的死战有碍妥协、投降的时候，就不能容忍了。兼而有之，既求革新内政，又求抵抗外侮，并为此奋斗不懈，像文天祥这样的人，那就成了封建统治者最讨厌的人物。文天祥之所以未遭到宋朝的杀害，只是因为他徒"拥将相虚名"而已。南宋统治者连初年某些"中兴之臣"提过的"循环救弊之法"，暂时建立方镇以抗金兵，然后再回原状的主意，也不能接受，何况文天祥的改革不息论。而这正是南宋灭亡悲剧原因之所在。到南宋末年，爱国而不要求政治改革，单去抗元，这种爱国是没有生命力的。抗元是文天祥一生活动的重要方面，需要研究，但现在应是综合研究文天祥的时候了。

应该如何评价文天祥？

文天祥无疑也有他的阶级局限性和历史局限性。幻想改革不息，就是这种局限性的表现。然而，他的法天地之不息的哲学思想，改革不息的政治思想，"丹崖翠壁千万丈，与公上上上上上"的人生观，为国为民，"英雄未肯死前休"，直至"留取丹心照汗青"的实际行动，他留下的余香阵阵的诗文，都给我国各族人民爱国优秀传统，增添了很多光辉的不可磨灭的新东西。他代表的是民族的利益，包括蒙古族人民的利益在内。他的足迹留在历史前进的道路上。他爱国首先是要求把国家改革好，不是不管内政好坏，只求抵御外侮。说他是民族英雄，他比只知抵御外侮的民族英雄，形象要高大多了。

文天祥事迹编年

年　代	经　历	著　作	史事札记
1236年(丙申,宋理宗端平三年。蒙太宗窝阔台八年),一岁	此年五月二日子时,文天祥诞生于吉州庐陵县的富川镇	—	蒙军侵入蜀、汉及江淮地区。孟珙破蒙军于江陵,夺回为蒙军所俘人口二万
1237年(丁酉,宋理宗嘉熙元年,蒙太宗九年),二岁	—	—	杜杲破口温不花蒙军于黄州、安丰城下
1238年(戊戌,嘉熙二年,蒙太宗十年),三岁	—	—	蒙古派王檝来宋议岁币银、绢各二十万,史嵩之力主和议。杜杲破察罕蒙军"八十万"于庐州
1239年(己亥,嘉熙三年,蒙太宗十一年),四岁	—	—	孟珙与蒙军三战,收复信阳军及樊城、襄阳,不久又收复光化军。息、蔡蒙军投降。孟璟收复夔州
1240年(庚子,嘉熙四年,蒙太宗十二年),五岁	—	—	—
1241年(辛丑,宋理宗淳祐元年,蒙太宗十三年),六岁	文天祥开始从父亲文仪学习,文仪治学以"化学来新"为宗旨,对文天祥督责甚严	—	窝阔台死,皇后乃马真氏称制。月里麻思来宋议和,被囚于长沙飞虎营。江万里知吉州,创白鹭洲书院

年　代	经　历	著　作	史事札记
1242年(壬寅,淳祐二年,蒙太宗皇后称制元年),七岁	文天祥之弟文璧开始与文天祥同读。自此名师端友,招聘仍年	—	蒙古自乃马真氏称制,庶政多紊
1243年(癸卯,淳祐三年,蒙太宗皇后称制二年),八岁	游乡校,见所祀乡先贤欧阳修、杨邦乂等人祠像,慨然道:"没不俎豆其间,非夫也。"	—	播州冉琎、冉璞兄弟向余玠进言:蜀口形胜之地,莫若钓鱼山。为西蜀之计,莫若徙合州城。余玠采纳了冉氏兄弟之议
1244年(甲辰,淳祐四年,蒙太宗皇后称制三年),九岁	居家读书	—	蒙古中书令耶律楚材,以朝政日非,忧愤成疾而死
1245年(乙巳,淳祐五年,蒙太宗皇后称制四年),十岁	居家读书	—	—
1246年(丙午,淳祐六年,蒙定宗贵由元年),十一岁	居家读书	—	蒙古皇子贵由即位,是为定宗,朝政仍出于乃马真氏。蒙古行省范用吉,向宋京湖安抚制置大使、夔路策应大使,兼知江陵府孟珙密通降款,孟珙言之于朝,朝廷不纳。孟珙忧死,朝廷以贾似道代之
1247年(丁未,淳祐七年,蒙定宗二年),十二岁	居家读书	—	—
1248年(戊申,淳祐八年,蒙定宗三年),十三岁	居家读书	—	蒙定宗死。此年蒙古国内大旱,河水尽涸,牛马十死八九,人不聊生

年　代	经　历	著　作	史事札记
1249年(己酉,淳祐九年,蒙定宗皇后称制元年),十四岁	居家读书	—	—
1250年(庚戌,淳祐十年,蒙定宗皇后称制二年),十五岁	居家读书	—	贾似道任端明殿大学士、两淮制置大使,兼淮东、淮西安抚使,知扬州。蒙古诸王拔都、木哥,大将兀良合台议定,推蒙哥为主
1251年(辛亥,淳祐十一年,蒙宪宗蒙哥元年),十六岁	居家读书	—	蒙哥即位,是为宪宗。以弟忽必烈总治漠南
1252年(壬子,淳祐十二年,蒙宪宗二年),十七岁	居家读书	—	蒙古置经略司于汴州,分兵屯田。命忽必烈征云南
1253年(癸丑,宋理宗宝祐元年,蒙宪宗三年),十八岁	文天祥在邑校(乡校)。此年邑校帘试,全篇论题为《中道狂狷,乡原如何》。文天祥名列第一(冠榜)	—	宋召四川制置使余玠为资政殿学士,余玠一夕暴卒。蒙古忽必烈征云南,分兵三道,兀良合台由西道,抄合由东道,忽必烈由中道。大理投降,忽必烈班师,留兀良合台攻诸蛮
1254年(甲寅,宋理宗宝祐二年,蒙宪宗四年),十九岁	—	—	蒙军侵合州,为合州守将王坚所败

续 表

年 代	经 历	著 作	史事札记
1255年(乙卯,宝祐三年,蒙宪宗五年),二十岁	入吉州白鹭洲书院。以字(天祥)举贡士,弟文璧同举。腊月望日,文仪携文天祥、文璧赴临安,以应明春进士考试。由提举知吉州郡李迪举送,取道玉山	—	内侍董宋臣引西湖妓入禁中,又起梅堂、芙蓉阁、香兰亭,强夺民田,弄权纳贿,无所不至。人以董阎罗目之。蒙古大将兀良合台自吐蕃攻西南夷,西南夷被征服。欧阳守道任白鹭洲书院山长
1256年(丙辰,宝祐四年,蒙宪宗六年),二十一岁	二月朔日,礼部开榜,中正奏名,文天祥兄弟同登。夏五月八日走对,有司置文天祥卷为第七卷,理宗易为第一卷。二十四日,集英殿赐第,唱名。唱名后,赐闻喜宴,文天祥进谢宴诗。二十八日,文仪病逝于临安旅舍。六月一日,文天祥兄弟扶枢南归。庐陵知县刘汝砺建"进士第一堂"于县学	《御试策一道》。以"法天不息"为对。《集英殿赐进士及第恭谢诗》。内有"但坚圣志持常久,须使生民见泰通"之句	贾似道任参知政事。蒙古以开平为上都,燕为中都
1257年(丁巳,宝祐五年,蒙宪宗七年),二十二岁	九月九日,葬父文仪于庐陵富川之佛原。此年家居守丧	《先君子革斋先生事实》。阐述文仪的"化学来新"思想,追思文仪对他与文璧、文璋读书要求之严,教诲之勤	贾似道知枢密院事。兀良合台还镇大理,派人招降安南,为安南所拒,遂征安南。九月,蒙古商议出师南伐

年　代	经　历	著　作	史事札记
1258年(戊午,宝祐六年,蒙宪宗八年),二十三岁	八月,或劝文天祥通书于右丞相丁大全求仕,文天祥说:"仕如是其汲汲耶?"吉州郡守又欲请朝廷为文天祥官职,文天祥力辞,得止	—	蒙古大举南侵。命忽必烈攻鄂州,命塔察儿攻荆山,命兀良合台自交、广北进,与忽必烈会师鄂州,进取临安。宪宗自将大军,由西蜀进。宋以丁大全为右丞相,兼枢密使
1259年(己未,宋理宗开庆元年,蒙宪宗九年),二十四岁	丙辰榜,文璧落第。此年正月,携文璧赴廷对,取道赣江、鄱阳湖、长江,由京口沿江南河至临安。五月,临轩策士,文璧登第。此月除授文天祥签书宁海军节度判官厅公事,文天祥乞行进士门谢礼,旨令门谢讫赴任。九月,文天祥再入临安,冬,行门谢礼。时边报日急,内侍董宋臣请理宗迁都四明,以避敌锋。十一月,文天祥上疏请仿方镇以建守,乞斩董宋臣。书奏不报,返里	《己未上皇帝书》。建议简文法以立事,仿方镇以建守,就团结之中,破资格以用人,斩董宋臣以安社稷,以一人心	二月,蒙军四万围合州。六月,蒙前锋将领为飞石击毙。七月,蒙宪宗蒙哥死于钓鱼山。丁大全罢相,以贾似道为右丞相兼枢密使,吴潜为左丞相兼枢密使。贾似道入黄州,私自与忽必烈议和,许以割江为界,岁奉银、绢各二十万。忽必烈因宪宗之死,借和议撤兵,鄂州解围。兀良合台攻潭州甚急,忽必烈派兵来迎兀良合台,兀良合台解围而去

年　代	经　历	著　作	史事札记
1260年(庚申,宋理宗景定元年,蒙古忽必烈中统元年),二十五岁	主管建昌军仙都观	《敬书先人题洞岩观遗墨后》	蒙古忽必烈即位,立中书省,建年号为中统,蒙古有年号始于此年。贾似道还朝,吴潜罢相。忽必烈以翰林学士郝经为国信使,出使宋朝,求修和好。贾似道命两淮制置使李庭芝,幽禁郝经于真州忠勇军营
1261年(辛酉,景定二年,蒙古中统二年),二十六岁	春游龙泉太霄观。十月,除授秘书省正字	《王通孙名说》。在此说中,提出人者"阴阳之交","五行之秀","天地之化,盈虚消息,往过来续,流行古今,如此而已"。	七月,忽必烈命将士举兵攻宋。八月,贾似道因妒嫉王坚,调王坚出知和州,王坚郁郁而死。江万里除授端明殿学士,同签书枢密事。十二月即罢任
1262年(壬戌,景定三年,蒙古中统三年),二十七岁	四月,就正字职。寻兼景献太子府教授。五月,充殿试考官,进校书郎	《上丞相(贾似道)书》。书中有"公尔忘私,国尔忘家"之语。《义阳逸叟曾公墓志铭》。铭中以为佛道蔽于生死	邓光荐、刘辰翁进士及第(壬戌榜)。以夏贵知庐州、淮西安抚副使
1263年(癸亥,景定四年,蒙古中统四年),二十八岁	—	《癸亥上皇帝书》论董宋臣之恶	贾似道献买公田之策
1264年(甲子,景定五年,蒙古改元至元元年),二十九岁	十月,召赴行在。寻除礼部郎官。十一月,除授江西提刑	有《题碧落堂》诗。内有"修复尽还今宇宙,感伤犹记旧江山"之句。《跋诚斋锦江文稿》《西涧书院释菜讲义》	贾似道请行经界推排法于诸路,于是江南之地,尺寸皆有税。十月,理宗死,度宗即位

年 代	经 历	著 作	史事札记
1265年(乙丑,宋度宗咸淳元年,蒙古至元二年),三十岁	平反临江城中金地坊陈银匠冤案。四月,台臣黄万石以"不职"论罢文天祥江西提刑职务。 是年,辟文山	有《答欧阳秘书承心制说》《与朱太傅埴书》及《辟山寄朱约山》诗	加贾似道太师,进封魏国公,称之为"师臣"。以江万里为参知政事。忽必烈拜伯颜为左丞相
1266年(丙寅,咸淳二年,蒙古至元三年),三十一岁	长子道生生	有《与胡端逸书》《通庙堂》	—
1267年(丁卯,咸淳三年,蒙古至元四年),三十二岁	次子佛生(母黄氏)、次女柳娘、三女环娘(母颜氏)生。 九月,除授尚书左郎官。十二月,赴临安就职	《回衢教授曾凤先生》《回邓县(今邓州市)尉中甫(光荐)》	宋降将刘整向忽必烈进经略襄阳、浮汉入江的平宋之策。忽必烈征诸路兵,命阿术、刘整经略襄阳。宋以吕文焕改知襄阳府,兼京西安抚副使
1268年(戊辰,咸淳四年,蒙古至元五年),三十三岁	正月,兼学士院权直,兼国史院编修官、实录院检讨官。也就在这个月,台臣黄镛又奏免了文天祥所任的官职。此年冬至日,有福建提刑之授,台臣陈懋钦奏寝新命	《文山观大水记》	阿术城白河口及鹿门山,断绝襄阳粮道,又筑台于汉水中,与夹江堡相策应,断绝宋朝援军
1269年(己巳,咸淳五年,蒙古至元六年),三十四岁	四月,差知宁国府。十一月,领府事,奏免宁国府税收。在宁国仅一个多月,又受命入朝	有《题滕王阁》《题宣州叠嶂楼》《题宣州推官厅览翠堂》《登双溪阁》诸诗,《宣州劝农文》,《回钟编校尧俞》	以李庭芝为两淮制置大使,兼知扬州。以江万里为左丞相。蒙古颁行国师八思巴所创蒙古新字

续　表

年　代	经　历	著　作	史事札记
1270年（庚午，咸淳六年，蒙古至元七年），三十五岁	除军器监,寻兼崇政殿说书,兼学士院权直,兼玉牒所检讨官。六月,贾似道以去职要挟度宗,文天祥当制,裁之以正义。内制相承,必先呈稿于宰相,文天祥独不循此例。贾似道十分不满,讽别院官改作。度宗采用了改作之辞,文天祥援杨亿(杨大年)故事,坚求解职。贾似道使台臣张志立奏免文天祥所居官。此年秋,庐陵半亏,文天祥致书赣守李雷应、吉守江万顷,陈赈济之策,建议并要求通赣州之米以济之	《熙明殿进讲敬天图周易贲卦》。提出:"天一积气耳,凡日月星辰、风雨霜露,皆气之流行而发见者"。《轮对札子》。《拟进御笔》《又拟》,二文对贾似道裁以正义。《翰林院权直罢归和朱约山韵》《回赣守李宗丞雷应书》《与知吉州江提举万顷书》	蒙古立尚书省,制国用使阿合马平章尚书省事,史天泽用张弘范计,城万山以断襄阳之西,立栅灌子滩以绝襄阳之东。宋左丞相江万里罢
1271年（辛未,咸淳七年,元世祖至元八年）,三十六岁	家居是岁,起宅文山	有《山中堂屋上梁文》《山中厅屋上梁文》及《山中六言》三首、《山中感兴》三首、《山中和韵》等诗。《山中感兴》第二首有"故人书问至,为言北风急"之句。《回宁国陈节推容书》	十一月乙亥,蒙古建国号曰大元,取《易经》"大哉乾元"之义,从太保刘秉忠之请

年 代	经 历	著 作	史事札记
1272年(壬申,咸淳八年,元至元九年),三十七岁	家居	五月二日生日,有和谢爱山诸友诗。《生日和谢爱山长句》有"丈夫壮气须冲斗"之句。六月,病疟,有《病中作》诸诗。又有《回谢教授爱山四帖》,内有"安得知己握手长吟,写胸中之耿耿,以相慰藉耶"之句	元并尚书省入中书省,阿合马为中书平章政事。改中都(燕)为大都。宋民兵部辖张顺、张贵乘汉水方涨溯流发舟,转战一百二十里,突重围入襄阳,张顺死之。张贵乘舟还郢,力战被执,遇害
1273年(癸酉,咸淳九年,元至元十年),三十八岁	正月,欧阳守道死,文天祥祭之以文。同月,除授湖南提刑。此年夏天,见江万里于长沙。江万里素奇文天祥志节,语及国事,悯然道:"吾老矣,观天时人事,当有变。吾阅人多矣,世道之责,其在君乎!"文天祥在湘疏决滞掩,一路无留狱。此年冬,差知赣州	《祭欧阳巽斋先生文》。《通潭州安抚大使江丞相书》。《断配典吏侯必隆判》。《平反杨小三死事判》。《门示荣陵周舍为诉刘权县事判》。《与湖南大帅江丞相论秦寇事宜札子》。《题楚观楼》诸诗	正月,樊城破。二月,宋京西安抚副使吕文焕以襄阳降元。宋以李庭芝为淮东制置使,兼知扬州;以夏贵为淮西制置使,兼知庐州。江万里为湖南安抚大使,兼知潭州
1274年(甲戌,咸淳十年,元至元十一年),三十九岁	三月初二日到赣州。"初至如人家,风雨四壁,逐处经理。""可因者因,可革者革。"平易近民。六月,祖母生日,集城中内外老人,自七十一岁至九十六岁,一千三百九十人,犒恤有差	有《与宋衡州书》《与吉州刘守汉传书》《与赣州属县宰书》《与文侍郎及翁书》,谈治赣方针及治绩。又有《题郁孤台》《翠玉楼观雪》《合江楼》《石楼》《禅关》《尘外》《云端》诸诗	元诏中书省签新军十万人,大举南伐,以伯颜都督诸军。伯颜会师襄阳,分军三道并进。元军进至长江北岸,淮西制置使夏贵、京湖宣抚使朱禩孙,率军奔还庐州、江陵。鄂州权守张宴然、荆鄂都统程鹏飞降敌。伯颜留军戍鄂,与阿术沿江东进。宋度宗死,恭帝立。十二月,鄂州陷,诏天下勤王

续　表

年　代	经　历	著　作	史事札记
1275年(乙亥,宋恭帝德祐元年,元至元十二年),四十岁	正月十三日,由太皇太后谢氏下达的召诸路勤王的诏书,送到赣州。十六日,文天祥移檄诸路,聚兵积粮,纠募吉赣等地民兵五万人,尽以家产充军费。四月,领兵下吉州。有旨,留屯隆兴。文天祥力争,驳斥江西副使黄万石对义军的诬蔑,朝廷才允许文天祥率军赴临安。七月,发吉州,所过秋毫无犯。八月,至临安,驻兵西湖上。九月,朝廷又命文天祥出知平江府。文天祥上书请斩主降派吕师孟衅鼓,建置扬州等四镇以抗元兵,不报。十月,文天祥至平江,派尹玉等援常州,因张全蓄意破坏,败于五木。朝廷调文天祥守独松关,未至而关破。十二月,签书枢密院事	《指南录》第一首诗《赴阙》,作于此年十一月自平江至临安路上。诗中有"楚月穿春袖,吴霜透晓鞯。壮心欲填海,苦胆为忧天。……丈夫竟何事,一日定千年"之句	吕师夔以江州降元。范文虎以安庆降元。贾似道出师,次于芜湖,派人通吕师夔以议和。又派宋京使元军,请称臣,奉岁币。元兵攻池州,知州王起余逃走,都统张林投降,通判赵倅死节。贾似道兵溃鲁港。饶州通判万道同降元,知州唐震、故相江万里死难。贾似道罢相,十月被杀于漳州。江淮招讨使汪立信死,伯颜入建康。宁国府、隆兴府等守将,或逃,或降。宋以陈宜中为右丞相,兼枢密使。五木兵败,元军攻陷常州、平江府。朱禩孙、高达以江陵降元。张世杰兵败镇江

年　代	经　历	著　作	史事札记
1276年(丙子,宋德祐二年。五月,端宗即位,改景炎元年。元至元十三年),四十一岁	正月十三日,杜浒见文天祥于西湖上。夜,文天祥闻陈宜中将以十五日会见伯颜,议定降款,力阻陈宜中之行。十九日,除授右丞相兼枢密使,都督诸路兵马,辞相印不拜。二十日,诣北营陈大义,被拘留。二十一日,太皇太后谢氏派贾余庆等赴元营,奉表献土。二十五日,文天祥勤王义军被遣散。二月初九日,文天祥被迫北去。二十九日,与杜浒以下十一人夜走真州。三月初一日入真州城,议纠合两淮谋复兴,为李庭芝所忌。李庭芝欲杀文天祥,文天祥间关走通州,浮海南归。闰三月三十日,至台州。四月八日至温州。七月十三日,至南剑,以枢密使、同都督诸路军马,开府聚兵。十一月入汀州,刘沐等皆自江西引兵来会。端宗入海,福安陷落,文天祥一进江西失败。此年长女定娘、幼女寿娘病逝于广东河源之三角	《指南录》(自第二首《所怀》至《呈小村》各诗)。闰三月,在通州作《指南录·自序》。五月,在福安编辑《指南录》,并作《后序》	正月,潭州陷落,湖南安抚使知潭州李芾死难。吉州陷落,知州赵良淳死难。临安被围,太皇太后谢氏派监察御史刘岊奉表称臣,乞存境土,且约伯颜与陈宜中会于长安镇以输平,为文天祥所阻。十八日,伯颜至皋亭山,陈宜中逃。二十日,文天祥抗言于北营。二十一日,太皇太后谢氏以国降元。二月,夏贵以淮西降元。三月,帝㬎与全太后北去,伯颜北还。闰三月,陈宜中、张世杰等在温州,奉益王赵昰为天下兵马都元帅。五月,赵昰即位于福安,是为端宗,此月,文天祥到福安。七月,朱焕以扬州降元,李庭芝、姜才被执于泰州。八月,真州陷,苗再成死难。太皇太后谢氏北去。元兵分道攻闽、广,十一月,陈宜中、张世杰奉端宗浮海逃遁

续 表

年　代	经　历	著　作	史事札记
1277年(丁丑,宋景炎二年,元至元十四年),四十二岁	正月,移屯漳州龙岩县。叛将吴浚奉命来龙岩招降,被斩。唆都、王积翁各致书文天祥招降,文天祥复书拒绝。 三月,至梅州,与一家相见。五月,入赣州会昌县。六月三日,战雩都大捷。二十一日入兴国县,遣兵攻赣、吉二州。江州斩伪天子黄从,临、洪、袁、瑞豪杰响应,兴国军黄州新复,号令通江淮。 八月,攻赣、吉兵败,行府趋永丰,与处置司会兵。寻为元军追骑所及,巩信以数十卒阻击元大军于庐陵东固方石岭下。十七日,文天祥至空坑,兵败,战友牺牲不少,欧阳夫人等被执。十月入汀州,十一月至循州,屯南岭	《正月书》。又《指南录》中的《二月晦》《有感呈景山校书诸丈》《即事》与《自叹》五首,均作于此年	七月,张世杰自将淮兵讨蒲寿庚于泉州。元置行中书省于江西,以塔出为右丞,麦术丁为左丞,李恒、蒲寿庚、程鹏飞并为参知政事,以对付文天祥。八月,文天祥兵败于空坑。九月,元命李恒、吕师夔以步卒入大庾岭,忙兀台、唆都、蒲寿庚、刘深以舟师下海,合追宋二王。 九月,宋端宗次于广之浅湾,张世杰与蒲寿庚战不利,还军浅湾。十一月,刘深攻浅湾,张世杰奉端宗走秀山、井澳。陈宜中逃往占城。十二月,刘深攻井澳,端宗复逃海上

年　代	经　历	著　作	史事札记
1278年(戊寅,宋景炎三年。五月,帝昺即位,改祥兴元年。元至元十五年),四十三岁	二月,进兵海丰县。三月,屯丽江浦,遣间使沿海访问端宗消息。五月,始闻端宗死,帝昺即位。六月,移屯船澳。求入朝,受阻。八月授少保信国公。母曾氏被封为齐魏国夫人。九月七日曾氏病逝于船澳。长子道生继而又病逝于惠阳郡治中。十一月,进屯潮州潮阳县(今潮阳市)。邹㴐、刘子俊引兵自江西来会。十二月十五日移屯,欲自海丰入南岭,进入江西。二十日,陈懿引敌骑于海丰上岸,追及于五坡岭。文天祥服脑子不死,被执。邹㴐、萧资、陈龙复及二女监娘、奉娘遇难,刘子俊诡称文天祥遇害,林琦被捕	一	四月,端宗赵昰以惊悸成疾而死,赵昺即位。六月帝昺徙居崖山。同月,元世祖以张弘范为蒙古汉军都元帅,进取闽广。张弘范荐李恒为副。七月,元世祖复命塔出、吕师夔、贾居政行中书事于赣州,福建、江西、广东皆求之。策应张、李二军,并供军需。十一月,张弘范以舟师由海道袭漳、潮、惠三州,李恒以步骑由梅岭袭广州。东西二路夹攻文天祥。文天祥兵败五坡岭

年　代	经　历	著　作	史事札记
1279年(己卯,宋帝昺祥兴二年,元至元十六年),四十四岁	正月二日,张弘范下海,置文天祥于舟中。初六日,发潮阳,十二日,过零丁洋,有《过零丁洋》诗。十三日,至崖山。张弘范要求文天祥作书招降张世杰,文天祥书《过零丁洋》给张弘范。二月六日,崖山兵败,文天祥哭以长诗。三月十三日还至广州。四月,张弘范派兵护送文天祥去大都。五月二十五日,至南安军。自南安军至丰城绝食八日。六月十二日至建康。八月二十四日发建康。十月一日至大都(燕京)。赵㬎等来说降,被拒。初五日,被系于兵马司监狱。十一月初九日,被领赴枢密院引问,抗词不屈。对答中,对"忠"字作出了新解	《指南后录》卷之一上、卷之一下和卷二所录各诗。起己卯正月十二日《过零丁洋》,止《己卯岁除有感》。包括北上途中所有的诗歌。《南康军和东坡酹江月词用原韵》《代王夫人作》《题张、许双庙》等词。《指南后录·东海集序》《吟啸集·告先太师墓文》	二月六日,崖山海上大战,张世杰舟师兵溃,陆秀夫负帝昺投海,南宋灭亡。文璧以惠州降元。五月,南安军陷落,李梓发死难。太学生庐陵王炎午作《生祭文丞相文》以速文天祥之死。《生祭文》张于赣州至隆兴路衢,文天祥未曾见到

年　代	经　历	著　作	史事札记
1280年（庚辰，元至元十七年），四十五岁	春，收柳娘信。致书于长妹文懿孙，附以《六歌》三章。五月，文璧至燕。八月中秋，汪元量来兵马司监狱慰问文天祥，抚琴作《胡笳十八拍》。九月，汪元量复来监狱。文天祥集杜句成《胡笳曲》十八拍	正月，跋《指南后录》。这年的诗歌被收在《指南后录》中的，有《元日》、《庚辰岁》、《庚辰四十五岁》、《感伤》、《五月二日生朝》、《胡笳曲》十八拍、《得儿女消息》等篇。被收在《吟啸集》中的较多，自《感兴》以下至《除夜》二首，凡三十四首。又正月集杜诗为五言绝句，至二月集毕，凡二百首。即《集杜诗》，一名《文山诗史》。《集杜诗》为这一年最重要的著作。又"达百五贤妹书"，见清厉鹗《宋诗纪事》	此年春正月，张弘范死。元世祖命水军万户都元帅张禧与范文虎、李庭等征日本。飓风大作，战舰悉坏。漳州陈吊眼起义，众数万
1281年（辛巳，元至元十八年），四十六岁	此年，文璧被授为临江路总管兼府尹。夏日，文璧与文懿孙自燕京南归。七月，大雨，兵马司墙壁颓落，移住官籍监。十一日回兵马司，另得一室，高燥而空凉。八月，又返兵马司旧日监禁之处，臭腐湿蒸，依然如昔	《指南后录》中，自《上巳》以下至《除夜》诸诗，除《得儿女消息》外，均为此年所写。著名的《正气歌》，作于此年六月。《吟啸集》中，自《元日二首》（辛巳）以下，至《元夕二首》，共七首，亦为此年所作。《狱中家书》（赐男升子批）	元征日本军败。陈吊眼聚众至十万，连五十余寨，扼险自固，以孤立而失败

年　代	经　历	著　作	史事札记
1282年(壬午,元至元十九年), 四十七岁	八月,元世祖谋授文天祥以大任,王积翁等致书文天祥喻旨,文天祥复书拒绝。麦术丁参政,每倡言杀之便,下千户所,收文天祥棋弈、笔墨、书册。 十二月初八日,元世祖召文天祥入殿,许以中书宰相之职,又为文天祥所拒。初九日(1283年1月9日),宰执奏请赐死,麦术丁力劝之,遂杀文天祥。初十日,欧阳夫人得令旨收尸,江南十义士奉柩葬于都城小南门外。吉水士人张弘毅携文天祥齿、发及遗文归	《指南后录》中壬午以下诸诗。 《纪年录》(《平生行事》)。按文天祥自谱其平生行事至壬午年春作赞(《衣带赞》)止。《平生行事》为入狱后随时写成,非作于一时。《与方伯公书》。《出狱临刑诗歌》	春,闽僧进言:"十一月,土星犯帝座,疑有变。"未几,中山府薛宝住聚数千人,声言是宋真幼主,要来取文丞相。又有人在牒上写"两卫军尽足办事,丞相可以无虑"。元大臣疑所谓丞相为文天祥。太子得牒上奏,京师戒严,迁赵氏宗族往开平之北。这年三月,益都千户王著与高和尚合谋,结聚八十余人,夜入京城,击杀中书左丞相阿合马

编后记

历时四载，经过大家的辛勤努力，《万绳楠全集》今天与大家见面了！

万绳楠（1923—1996），江西南昌人，安徽师范大学教授，著名历史学家。1942年万绳楠先生考入西南联合大学历史系，受教于翦伯赞、陈寅恪、吴晗等。1946年大学毕业后他考取清华大学历史研究所，师从陈寅恪教授。新中国成立后，先生先后任教于安徽大学、合肥师范学院、安徽师范大学，是安徽师范大学历史系创办者之一。

万绳楠先生在其近50年的治学生涯中，始终潜心育人，笔耕不辍，在魏晋南北朝史、宋史、区域经济社会史等诸多领域都作出了重要学术贡献，而于魏晋南北朝史研究用力最勤。先生著述宏富，发表专业论文近百篇，著有《魏晋南北朝史论稿》《魏晋南北朝文化史》《陈寅恪魏晋南北朝史讲演录》《文天祥传》《中国长江流域开发史》等著作。先生治学不因陈说，锐意创新，持之以恒，晚年生病住院期间，仍坚持写作，带病完成《中国长江流域开发史》等著作。除了在史学研究上的成就外，先生在人才培养方面也做出了杰出贡献，他于20世纪80年代即招收研究生，为史学界培养了许多杰出人才。

安徽师范大学历史学院历来注重学术传承，近年来先后整理了诸如胡澱咸、陈正飞、光仁洪、张海鹏、陈怀荃、王廷元、杨国宜等老一辈的文集十余种。2019年学院又组织专门力量，启动汇编《万绳楠全集》工作，通过整理先生著作，继承先生事业，光大师大史学，并为2023年纪念先生百年诞辰做准备。本次整理先生全集，除了汇编先生已经出版的论著外，我们还通过多方努力征集先生手稿，收集先生文稿，将先生发表在各种报刊、文集中的文章和尚未发表的40余万字成果编入全集中。先生治学功力深厚，著述宏富，因整理者学力不逮而导致的错漏在所难免，请读者批评指正，以俟来日修正。

借此机会，向指导和帮助全集整理和出版工作的汪福宝、卜宪群、陈力、马志冰、庄华峰、于志斌等表示诚挚的感谢！万先生文稿收集和全集编纂的具体工作由安徽师范大学历史学院庄华峰、刘萃峰、张庆路、林生海、康健等老师负责，尤其是刘萃峰老师，在协调和统校方面做了大量工作。参与收集、录入、校对工作的有蒋振泽、谭书龙、马晓琼、丁雨晴、白晓纬、姜文浩、李英睿、庞格格、罗世淇、王吉永、刘春晓、蔡家锋、谷汝梦、黄京京、吴倩、武婷婷、姚芳芳、刘瞳玥、张丽雯、高松、张昕妍、宋雨薇、陶雅洁、王宇、郑玖如、冯子曼、程雯裕、包准玮、李静、李金柱、欧阳嘉豪、郭宇琴等师生。在此，对参与全集整理工作的师生们表示衷心感谢！

还要感谢安徽师范大学出版社的张奇才、戴兆国、孙新文、何章艳、蒋璐、李慧芳、翟自成、王贤等同志，他们对文稿的编校至勤至谨，付出很多。安徽师范大学档案馆提供了万先生手迹、照片等珍贵资料，庄华峰为全集书写了题签，在此也一并致以谢忱！

还要特别感谢万先生哲嗣万小青、女儿万小莉的无私授权和大力支持，使我们能够顺利完成全集的整理和出版工作。

2023年是万绳楠先生一百周年华诞，这部《万绳楠全集》的出版，是我们对先生最好的纪念！

安徽师范大学历史学院

2023年10月